D1672387

Wolfgang Bader (Hrsg.)

Querschnitte
Frühjahr 2011

frühlings stimmung(s) poesie

novum ◢ pro

Bibliografische Information
der Deutschen Nationalbibliothek:

Die Deutsche Nationalbibliothek
verzeichnet diese Publikation in der
Deutschen Nationalbibliografie.
Detaillierte bibliografische Daten sind
im Internet über
http://www.d-nb.de abrufbar.

© 2011 novum publishing gmbh

ISBN 978-3-99003-733-1
Lektorat: Mag. Petra Vock
Innenabbildungen: Archiv,
www.pixelio.de
Abbildung Seite 211: Claire C. Olbricht

Die Abbildungen wurden in der
bestmöglichen Qualität gedruckt.

Gedruckt in der Europäischen Union
auf umweltfreundlichem, chlor- und
säurefrei gebleichtem Papier.

www.novumpro.com

AUSTRIA · GERMANY · HUNGARY · SPAIN · SWITZERLAND

Vorwort

Im vorliegenden Buch entfaltet sich vor Ihnen eine Potpourri von Stilen; konventionell trifft auf experimentell, lyrische Stimmungen stehen handlungsreicher Prosa gegenüber.

Die Anthologien des novum pro Verlags präsentieren stets eine Vielfalt an Themen und einen Mix verschiedener Genres. Ihr Ziel ist es, zeitgemäße Texte zu fassen, seien es Essays, Kurzgeschichten, Auszüge aus Manuskripten oder Gedichte, und einen Querschnitt der aktuellen Literaturszene abzubilden. Auf den folgenden Seiten begegnen Ihnen Trauer, Schmerz, Hass, Ungläubigkeit, Angst und Sprachlosigkeit in ihrer literarischen Umsetzung. Ihnen gegenüber stehen die Suche und das Finden von sich selbst oder einem Seelenverwandten, absolute Freude und Gefühle des Friedens. Und das eine oder andere Mal werden Urlaubsimpressionen Sie in fremde Länder entführen.

Genießen Sie die Vielfalt der Literatur und schaffen Sie sich anhand der folgenden Texte einen Überblick über die aktuellen Literaturtrends.

Inhaltsverzeichnis

Gedichte

Einweihung

Ich steige hinab in die Unterwelt Xibalbas[1]
und treffe dort auf meine dunklen Schöpfungen.
Geflügelt und kriechend,
zähnefletschend und fauchend,
pechschwarz und turmhoch.
Sie alle wollen mich zermalmen,
das Licht fressen.
Und doch verspüre ich keine Furcht.
Aus tief empfundenem Mitgefühl
segne ich alle Ausgeburten der Todesangst
meines Egos,
übergebe sie der Liebe Kemes[2].
Nach und nach kehrt Ruhe ein,
und mein zu steinerner Unbeweglichkeit
verdichteter Körper wird wieder
leicht.

Aus der Tiefe steige ich auf
zum Licht hinter dem Licht.
Im sphärischen entmaterialisierten Strahlen
nehmen mich meine himmlischen Eltern in Empfang.

---

1 Untere Welt.
2 Bruder Tod.

Ein tiefschwarzes Loch,
geballte Kraft der Dunkelheit,
beginnt das Licht aus seinem Zentrum heraus aufzusaugen.
Ich gebiete ihm Einhalt,
und es verschwindet im Ozean aus Licht.

Ein weißer Phönix erhebt sich aus meinem Herzen.
Auferstehung des Kreuzes.
Die Liebe des Himmelsfürsten zieht ein,
und eine gleißende Sonnenscheibe
erhebt sich am Horizont des Leidensweges.

Der weiße Löwe und der weiße Puma
zu meiner Rechten und Linken
wollen von mir geliebt werden,
suchen beide meine Umarmung.
Wir balgen uns.
Großmutter Schildkröte sitzt unbewegt zu meinen Füßen,
bereit zu dienen.
Weiße Eule sieht mir mitten ins Herz,
kühle Weisheit im Blick.

Gespaltener Berg teilt sich.
Weite.
Flimmernde Lichtkugel füllt die Mitte,
bin gänzlich umhüllt von reiner Energie.
Unendlicher Raum,
frei.
Weißer Kegelberg erhebt sich aus der lichten Ebene,
umhüllt vom ozeanischen Blau Pachamamas[3].
Kommt!
All ihr Frauen dieser Erde,
meine geliebte Tochter,
kommt!

---

3 Mutter Erde.

Hier findet ihr Schutz.
Ich ergebe mich.
Mein Körper, ein Tor,
öffnet sich,
nicht länger nur mein Gefäß.
Sprengung.

Moses teilt mit einem Stab die Wellen,
die Sphinx und steinerne Löwen
bewachen das Pyramidenpaar.
Von gleicher Schönheit,
berühren sie sich an einem Punkt in ihrem Fundament,
sind auf ewig miteinander verbunden.
Engel wachen.

Sieben Strahlen im Sternenring der heiligen Geometrie.
Eine gewaltige Lichtsäule verbindet Himmel und Erde.
Ich löse mich vollständig auf in ihr.
Nichts bleibt als Freude.
Gloria!
Gracia!
Frieden in bewegungsloser Ausdehnung.
Bin Teil des Schöpfungstanzes,
wirble im Licht.
Bin Licht.
Bin.
Stille.

Chacaruna – Brückenbauer

Geführt durch eine innere Kraft,
die sanfte Stimme deiner tiefsten Sehnsucht,
verlässt du die Welt des Zweifels und der Angst,
betrittst die liebevolle Weite eines belebten Kosmos.
Alles spricht mit dir, lädt dich ein.
Du reist durch die Sphären nach innen,
verbindest,
öffnest die Schau für die Wunder der allgegenwärtigen Liebe.
Brücke bist du,
von der bewegungslosen Dichte der unteren Welt,
in der Seelen starr verharren,
bis hin in die ephemere Leichtigkeit
himmlischer Gefilde des Lichts.
Du urteilst nicht,
gibst dich hin im Dienst von Mutter Erde,
Bruder Tod und der kosmischen Schlange.
Herzensfeuer verbrennt Angst zu nichts!
Getragen im feinenergetischen Engelsgewand
folgst du den Stimmen der Meister ins Unbegrenzte.
Jetzt ist deine Kraft!
Deinem Vertrauen enthüllen sich Wunder um Wunder.
Erleuchtet wird die dunkle Nacht der Seele,
auf dass die Gepeinigten ihren inneren Schatz entdecken,
Verzweiflung,
in inniger Umarmung mit dem Göttlichen,
sich in reine Freude verwandle!
Die ewigen Spiralen des Lichts
tragen dich durch die Dimensionen.
In deinem liebevollen Herzen,
einer Wiege gleich,
sammeln sich die Verlorenen,
um auf dem Gefährt deiner Bedingungslosigkeit
in lichtere Welten zu gelangen.
Der violette Strahl beschleunigt die Transformation.

Aus der reinen Kraft deiner Herzensliebe
stellst du dich zur Verfügung.
Deine kindliche Unschuld bereitet den Weg,
auf dem die verirrten Seelen wandern.
Du musst nichts wissen!
Verbunden mit allem entschlüsselt
deine Hingabe die kosmischen Geheimnisse.
Die Türen sind offen!
Trittst du über die Schwelle,
verlierst du dich
und
findest
ALLES.

Leere, die alles in sich trägt

Spreize dich nicht gegen die große Leere!
Du kannst nicht verloren gehen.
Die Zwischenräume verbinden dich mit dem weiten Kosmos,
aus dem du dich immerzu neu erschaffst.
Jede Identität, jede Rolle, die du dem Urozean entschneidest,
entschwindet sogleich,
um sich aufs Neue zu erfahren in wechselbarer Gestalt.
Lass deine Atome tanzen im Reigen der Götter!
Auch die Dichte ist leer,
die Geschwindigkeit ein Trugbild.
Es gibt sie nicht, die Festigkeit,
die unwandelbare Form.
Lass den Wind des Lebens durch deine Knochen blasen,
deine Karten neu mischen!
Sieh zu und genieße!
Alles kann geschehen,
mit Leichtigkeit.
Wo die Form nicht fest gehalten wird,
entsteht der zart-biegsame Reigen der Liebe.
Welche Glückseligkeit!
Mutter des Lichts,
aus deinen Tiefen entstehe ich,
in deine Tiefen sinke ich.
In dir
BIN ICH.

Mama Cocha Titikaka

Mama Cocha,
meine geliebte Mutter Titikaka,
dein tiefblauer Saphirspiegel erfüllt mich mit tiefem Glauben.
Du bist meine liebevolle Mutter seit undenklichen Zeiten,
Zentrum des Weiblichen unserer Pachamama,
unserer angebeteten Mutter Erde.
Ich, deine ehrfürchtige Tochter,
tauche ein in dein Fruchtwasser,
auf dass deine heilige Gebärmutter mir Leben schenke,
erneuert, rein und voller Vertrauen.
Die schneebedeckte Cordillera
betrachtet mich mit ruhigem Auge.
Ihre Weisheit verbindet mich mit der Unerschütterlichkeit
von Wesen, die wissen, dass die Zeit nicht existiert.
Ein Augenblick der Ewigkeit dehnt mich aus,
hebt mich hinaus über allgemeingültige Grenzen.
Alles löst sich in ein Nichts auf,
erfüllt mit Liebe.
Das bin ich.

Gedichte

Allegretto

Ein Nussbaum
Steht in Lichtenthal,
Vom Winde arg
Zerzaust; in seinem
Schatten
Manches Mal
Da hast auch du
Gehaust.

Ein Blatt,
Das niemals bunter
Vom welken Astwerk
Blinkt', entseelt,
Verbraucht
Hinunter
Zur kühlen Erde
Sinkt.

Der Tod,
Der ihm das Gold
Und Rot
Auf seine Wangen
Haucht.

❧

Die Geranie

Von den weißen Bergen
Weht der kalte Wind
Durchs Fenster und
Vor meinem Hause
Steht die Geranie
Zitternd wie
Gespenster.

Was noch gestern
Grell und neu, ist
Heute ohne Wert.
Grau und trocken
Sticht die Streu aus
Zu Stein gefrorner
Erd'.

Mondlicht sickert durch
Die Zweige silbern
Wie in einem Traum
Und der Wind mit
Seiner Geige spielt
Den alten Schnee vom
Baum.

Was mir gestern
Viel bedeutet, hat
Heute nur noch ein Wort.
Kann mich nicht mehr
Recht entsinnen,
Längst vergessen und
Weit fort.

❧

Pfefferkuchenhaus

Müllerstochter, Müllerssohn
Weiß nicht aus noch ein,
Hat zu viel von nichts,
Könnte besser sein.
Und dann

Ausbruch aus der engen Hütte
In die weite Welt hinaus,
Keine Angst vor niemand,
Hexenküche, Knusperhaus.
Will sich

Mit den Besten messen,
Königstochter, Königsglück,
Träumt von zwanzig Daunendecken,
Kann nicht mehr
Zurück.

Rotes Käppchen, Kuchen, Wein,
Apfelgift und Ebenholz,
Perlen, Gold und Edelstein,
Schneiders Mut und Ritterstolz.
Und hat

Keinen Becher ausgelassen,
Niemand einen Kuss verwehrt,
Keine Chance unversucht
Geadelt, doch nicht unversehrt.
Keine Spur

Von ew'ger Jugend,
Keine Spur vom Münzenbaum,
Wie ein Ring am Meeresgrund
Kammerzofenjungferntraum.
Niemand

Fährt am Weberschiff,
Goldne Gans ist nicht zu fein,
An der Spindel klebt
Das Blut, färbt das Garn wie
Purpur ein.

ॐ

Ehno

Ehno isdaschneedo afdahöhno,
Woigehdo, trinkanteeno
Afdahöhdo.

Woistehno afdahöhdo isjoehno
Sovielschneedo, woigehno,
Woigehdo.

Issoschianno undsogriando, tuatollsblianno,
Konnnostiando, muaßnitgianno,
Nitschiantiando.

Issoschianno, brauchnixriando, mechtdostianno
Undnixtiando, muaßnitgianno,
Issoschiando.

ॐ

Seemann

Pflügt durch das Meer und
Fängt sich den Wind ein,
Reitet auf Wellen
Hin und her.
Seemann, was ist es,
Das dich hinaustreibt?
Dein Schiff liebt den Hafen
Nicht sehr.

Misst Sternenlicht,
Die Welt teilt nach Graden,
Kompass und Faden,
Verirrt sich nicht.
Seemann, was ist es,
Das dich dahintreibt?
Nur Wasser begrenzt
Deine Sicht.

Furcht vor dem Grund,
Den unendlichen Tiefen,
Sucht Heimat im
Feuchten Tropenschlund.
Seemann, was ist es,
Das dich umhertreibt?
Es jagt dich der Sturm wie
Ein Hund.

Reißt der Orkan an
Segel und Tauen,
Brechen die Masten
Wie ein Span.
Seemann, was ist es,
Das dich davontreibt?
Die Sehnsucht verzehrt dich
Im Wahn.

Die Tröge

Tröge
Die Tröge

Von Trögen voller Trüffel
Träumen
Zur Tränke wie in Trance
Traben
Den trügerischen Treibern
Trauen

Sogar den trend'gen Trieben
Trotzen
Die Treu' nicht von den Trümmern
Trennen
Und Trauernden die Tränen
Trocknen

Auch diesen Traum zum Tresen
Tragen
Zum Trost gibt es vom trüben
Tropfen
Doch Trunk und Trübsal machen
Träge

Trommel und Tröte
Trichter und Tritt

Es baut der Triumph
Der Tröge
Auf die Träume
Der Trinker
Und die Tränen
Der Trottel

ৡ

Ablebensversicherung

Was macht dich eigentlich
So sicher,
Dass dir
Auch morgen noch
Die Sonne scheint,
Dass dein Teller voll
Sein wird
Und niemand deinen Tod
Beweint?

Was gibt dir immer noch
Die Kraft,
An deinem vorgefassten
Denken
Festzuhalten,
Vergangenes nur schön
Zu reden,
Dein klares Urteil völlig
Auszuschalten?

Was lässt dich
Immer noch
Das Gute an dem
Stückwerk
Sehn, auch ohne dir
Bekanntes Ziel
Trotz vieler Angst
In ungewisse Zeiten
Gehn?

Mein silbergrauer Wolf

Nun sitzen wir, ich meine mich und meinen silbergrauen Wolf, an unserem Campingtisch und versuchen die Kälte mit ein paar Kippen zu bekämpfen.

Es regnet; es ist ein angenehmer, erfrischender Regen, der unsere verwundeten Seelen heilen möchte.

Mein silbergrauer Wolf schaut mich so traurig an, dass ich heulen könnte, doch ich beherrsche mich. Die Blitze aus seinen rot unterlaufenen Augen treffen mich wie ein Pfeil ins Herz.

Seit ein paar Jahren, wie viele vergangen sind, weiß ich nicht mehr und es interessiert mich auch nicht, wandern wir so durch die Welt.

Wer würde mir glauben, dass ich einmal eine der berühmt-berüchtigtsten Persönlichkeiten dieses Erdballes war?

Ich habe angefangen als eine von den vielen Mitarbeiterinnen des Pop-Art-Königs Andy Warhol; ich habe nach seinem Prinzip gelebt und bin tatsächlich genauso berühmt und umstritten geworden, wie er es gewesen ist. Manche haben in langen Dissertationen über mein Leben und Werk geäußert, ich hätte ihn eingeholt. Haargenau und skrupellos habe ich seine Worte in die Tat umgesetzt: „Jeder hat seine Probleme, aber es geht darum, aus dem Problem kein Problem zu machen. Angenommen, du hast kein Geld und du machst dir deshalb dauernd Sorgen, dann bekommst du ein Magengeschwür und hast dann ein richtiges Problem, aber immer noch kein Geld, weil die anderen es nämlich spüren, wenn du verzweifelt bist, und keiner etwas mit einem verzweifelten Menschen zu tun haben will. Aber wenn es dir nichts ausmacht, dass du kein Geld hast, dann bekommst du von den anderen Geld, weil es dir ganz gleichgültig ist und sie dann auch denken, es sei nichts wert, und es hergeben, es dir richtig aufdrängen. Aber wenn du ein Problem darin siehst, kein Geld zu haben und welches anzunehmen, und du denkst, du könntest es nicht annehmen, und Schuldgefühle dabei hast und unabhängig sein willst, dann ist das ein Problem. Aber wenn du das Geld einfach nimmst und ohne schlechtes Gewissen verschleuderst, als sei es nichts, dann ist es kein Problem und die anderen wollen dir sogar mehr geben."

Man muss aber eine Dosis angeborene Impertinenz besitzen, um das machen zu können. Bei mir hat es funktioniert.

Ich war in Afghanistan, Pakistan, Iran, Irak, Israel und Ägypten, um nur ein paar Länder zu nennen. Ich habe dort eine Menge politische und ethische Filme gedreht, deren Schwerpunkt die brutale Versklavung der Frauen war. Ich habe auch fotografiert und Bilder gemalt, die in den bedeutendsten Ausstellungen der Welt zu sehen sind.

Bei einem Bombenanschlag wurde mir meine linke Hand weggefegt; wie immer in meinem Leben habe ich Glück gehabt – ohne eine bestimmte angeborene Dosis Glück kann man nichts erreichen, also versucht mich bitte nicht nachzuahmen, wenn euch das gewisse Etwas fehlt – ein berühmter Chirurg war zufällig dabei und hat mir in einer zehnstündigen Operation meine Hand an meinen Arm angenäht. Währenddessen habe ich alles mit meiner rechten Hand gefilmt und wurde noch berühmter.

Sogar der Papst wollte mich sprechen. Um ehrlich zu sein, mag ich den Papst nicht. Er ist so frauenfeindlich, auch wenn er sich Mühe gibt, das zu verbergen; aber das konnte ich dem Stellvertreter Gottes nicht sagen, ein wenig Diplomatie gehört in meiner Branche dazu …

Ich hatte so viel Geld, dass ich aus Geld Klamotten angefertigt und Ausstellungen gemacht habe, die mir das zehnfache Geld gebracht haben.

Zum Schluss habe ich sogar über den prächtigsten Wohnsitz in Hollywood verfügt … einmal … bis dieses Burn-out-Syndrom gekommen ist … kann jeden von uns treffen, einen armen Schlucker genauso wie einen König. Ich bin einer von den vielen Menschen, die mit diesem sogenannten Virus infiziert wurden.

Ja, meine Lieben, eines schönen Tages habe ich alles, was ich hatte, in Brand gesetzt, meinen ganzen Reichtum … ich hätte es wenigstens verschenken können, aber nein, ich habe es verbrannt.

Ich hatte es satt. Ich wollte diese Rolle nicht mehr spielen; es war mir zu langweilig.

Nun sitze ich hier mit meinem silbergrauen Wolf, rauche eine Kippe nach der anderen, mein Wolf raucht nämlich mit, ich habe ihm das beigebracht.

Es ist mir egal, ob ich mir dabei die Lunge ausspucke … ich habe alles verloren und das absichtlich. Ich bin obdachlos und ein paar von euch werden finden, dass es komisch und anormal ist, das nicht zu bereuen.

Wenn dieser silbergraue Wolf mich nicht gerettet hätte, damals im Wald, wo ich fast erfroren wäre, läge ich jetzt unter der Erde.

Diesem silbergrauen Wolf mit den rot unterlaufenen Augen verdanke ich mein Leben. Ab und zu glaube ich, er sei ein übernatürliches Wesen.

Und so reisen ich und mein silbergrauer Wolf durch die Welt …

Ab und zu gönnen wir uns auch ein paar herrliche Tage, manchmal auch Wochen; manchmal wache ich aus diesem zerstörerischen Zustand auf; ja, ich habe meinen Überlebenstrieb nicht total verloren. Mein Gehirn funktioniert ab und zu hervorragend, und dann gönnen wir, ich und mein silbergrauer Wolf, uns ein paar märchenhafte Tage.

Ich kam auf die Idee – eigentlich kamen wir beide auf diese Idee –, meinen Wolf auf die Jagd zu schicken. Ich band ihm eine Gürteltasche um den Hals und mein Wolf verschwand für ein paar Tage und kam mit einer mit Geldscheinen gefüllten Gürteltasche zurück. Ich nahm das Geld, ungefähr 600 Euro, und mein silbergrauer Wolf ging wieder klauen.

Was weiter geschehen ist, könnt ihr euch selbst ausdenken.

Nach ein paar Monaten hatten wir so viel Geld angesammelt, dass ich ein paar Zimmer in einem Luxushotel für uns beide mieten konnte; ich könnte, wenn ich wollte, das Leben, das ich einmal geführt habe, fortsetzen.

Wenn ich wollte … wäre nicht dieses Gefühl der Sinnlosigkeit … denn, das verrate ich euch erst jetzt, am Ende dieser Erzählung, ich bin seit zwanzig Jahren von Ärzten abgeschrieben, sie haben bei mir eine unheilbare Krankheit entdeckt … und ich lebe noch … ab und zu denke ich, ich sei unsterblich … ich und dieser mein silbergrauer Wolf.

Und so reisen ich und mein silbergrauer Wolf durch die Welt …

Ohne Gewissensbisse

Die Erinnerungen rollen auf meiner Haut; hin und her, wie Glaskugeln. Bald werde ich von ihnen überdeckt. Ich habe aber keine Angst, im Gegenteil, ich genieße die Wirkung jeder Glaskugel. Ich selbst werde zu einem Haufen Ameisen und dringe in jede Kugel ein.

Die Erlebnisse kommen auf mich zu.

Vor mir liegt das Meer. Ich kenne seinen Namen nicht und empfinde auch nicht die geringste Notwendigkeit, ihn zu erfahren. Die Wellen rauschen in meinen Ohren. Kurze Stilettstiche und eine objektlose Sehnsucht, die einen ins Niemandsland treibt.

Ich lebe in dieser Hütte da am Meer. Es ist alles hier so von meinen Gefühlen durchtränkt, dass ich manchmal glaube, bald werde ich ersticken. Ich raffe mich zusammen. Bald kommt der Sonnenuntergang. Wie gewöhnlich werde ich mein Bad nehmen. Die Fische, meine einzigen Freunde, werden sich wie gewöhnlich von mir essen lassen. Ich werde sie wie gewöhnlich töten, braten und verschlingen.

Zynismus nennt man das.

Zuerst spielen wir, flüstern uns ins Ohr die sogenannte Sesseltanzmelodie. Sie sind so erfinderisch, meine Lebenspartner, die Fische.

Es gibt hier in den Meerestiefen allerlei Arten von Fischen: blitzschnelle, ruhige, gelangweilte Fische, allerlei Dimensionen und Farben. Meine Augen unter der Wasserfläche fangen Impressionen, dehnen, verlängern sich, machen Purzelbäume. Der Körper wird weich, dann leicht, immer leichter, bis ich ihn nicht mehr wahrnehme. Nur ein Sprudel von Farben, die betäuben. Wir schwimmen nacheinander, hintereinander, gegeneinander, ich und meine Lebenspartner.

Wir fangen einander, halten uns fest zusammen, unsere Haut wird zu einer einzigen Haut, es ist, als ob ich mit meinen

Fischen Liebe machte. Ich verliere mein Gleichgewicht, falle von Zeit zu Zeit in Ohnmacht.

Als ich wieder aufwache, befinde ich mich auf dem feuchten Strand.

Allmählich komme ich wieder zu Sinnen. Ein Riesenhunger bemächtigt sich meiner, sodass ich wahnsinnig werde, mich ins Wasser hineinwerfe, meinen Lebenspartner in die Hand nehme und erdrossle. Und sie kommen, meine Lieblinge, sanft und mutig lassen sie sich von mir erwürgen. Sie wehren sich nicht, als ob das normal wäre, und diese Ruhe, diese Hingabe machen mich verrückt. Aber ich tue nichts dagegen. Mein Heißhunger wird immer größer. Kaltblütig erdrossle ich sie und verschlinge sie ohne Gewissensbisse.

Gedichte

Im Frühling

Zarte Pflanzen, das erste Grün,
wir wandern aus dem Schatten,
lass uns erleben das neue Blühn,
wir wollen nicht länger warten.

Ein tiefer Atem lässt uns genießen
den frischen Duft in Wald und Flur.
Wenn alles will nun neu erfrießen,
erleben wir es nah und pur.

Obwohl wir durch Erfahrung wissen,
was uns der Frühling immer bringt,
so wollen wir es nicht vermissen,
was alles fliegt und tanzt und singt.

Und ganz im Innern fühlen wir
ein Streicheln und ein wenig Glück,
denn diese Zeit, die ist jetzt hier,
wir schauen vorwärts, nicht zurück.

Gib mir die Hand, lass uns erleben
gemeinsam diese schöne Zeit!
Was uns getrennt, sei nun vergeben,
wir sind fürs Glück jetzt ganz bereit.

❧

Das Wunder der Natur

Wenn die warmen Sonnenstrahlen
im Frühling die Natur ermahnen
zu neuem Leben in Wald und Garten,
kann Paulchen kaum es noch erwarten,
den Tieren wieder nah zu sein,
ob große Tiere oder klein.

Mit Vater geht es dann hinaus
zum Garten hinterm Elternhaus.
Ein neuer Strauch, den Paul gesetzt,
ist jetzt von Bienen voll besetzt.
Sie finden hier die ersten Pollen,
die den Maden schmecken sollen.

Ein Wurm kriecht langsam übers Blatt
und frisst sich durch, bis er bald satt.
An einem seidenen Faden hier
hängt nun das kleine dünne Tier.
Bis er das nächste Blatt erreicht,
er sinkt herab ganz ruhig und leicht.

Und Paul schaut ruhig weiter still,
was wohl der Wurm so alles will.
Im Winde wird der Wurm bewegt
und wird so richtig durchgefegt.
Papa erzählt dem Sohnemann,
was so ein Wurm so alles kann.

Im Strauch, da piepst es jetzt gar sehr,
die Vögel werden immer mehr,
sie zupfen hier und fressen da,
sie sind nicht fern, sie sind ganz nah.
Der Wurm am Faden hängt herunter,
er ist noch da, er ist noch munter.

Doch die Gefahr kommt immer dann,
wenn man es nicht erwarten kann.
Denn diese Vögel haben Kinder
und brüten jetzt nach langem Winter.
Ein kleiner Wurm ist dann die Beute,
den jungen Vögeln ganz zur Freude.

Der kleine Paul sieht, was geschehen,
und will nun von dem Strauche gehen.
Der Vater schaut den Jungen an:
„Du bist doch schon ein kleiner Mann.
In der Natur geschehen Sachen,
die nicht immer Freude machen.

Du hast heute viel gesehen,
es ist ein Kommen und ein Gehen.
In der Natur, so ist es eben,
da wollen alle überleben.
Und morgen hängt am Faden wieder
ein kleiner Wurm im großen Flieder."

༄

Die Wanderung

Ein Kind sieht eigentlich nur das,
was ihm gerade Freude macht.
Doch mit den Eltern ganz allein,
ob Regen oder Sonnenschein,
die Welt erkennen, darüber reden,
es muss doch noch etwas Schöneres geben.

So ist der Tag nun endlich um.
Ich sitze auf dem Sofa stumm
und denk', was sollte dieser Tag,
muss alles tun, was ich nicht mag.
Die Zeit vergeht, ich sitz allein,
da kam der Schmerz im linken Bein.
Ich musste wochenlang nun ruhn.
Ich hatte gar nichts mehr zu tun.

Wie war das noch im dichten Wald,
an diesem Tag war's auch noch kalt.
Der lange Weg durchs Dickicht dort,
ein schöner Weg, ein bunter Ort
mit Pilzen und dem kleinen Reh,
jetzt tut mir der Gedanke weh.

Ich wollte ja das alles nicht,
was bin ich doch ein dummer Wicht!
Die Welt erkennen, das möcht' ich wieder.
Wir wandern weit und singen Lieder.
Doch bald ist es dann doch so weit.
Für alles bin ich jetzt bereit.
Wenn ich dann wieder laufen kann,
dann steh ich wieder wie ein Mann.
Ich lauf dann schnelle um die Wette,
bin ich erst raus aus diesem Bette.

❦

Die Glucke

Im dichten Stroh auf einem Nest
ein dickes Huhn sich niederlässt.
Fünf Eier von der Ente hier,
die liegen warm nun unter ihr.
Die Ente lässt es ruhig sitzen.
Das Huhn soll für sie tüchtig schwitzen.
So ist es schließlich auch geschehn.
Die Ente kann spazieren gehn.
Das Huhn, das sitzt nun viele Tage
und ändert ständig seine Lage.
Die Wärme, die dadurch entsteht,
ist wichtig für das Eierbeet.
Es dauert lang, bis es dann glückt,
und vom Erfolg ist ganz entzückt
die Hühnermutter mit den Enten.
Sie wird sich nun für sie verwenden.
An einem Teich sucht dann die Mutter
für ihre Kinder gutes Futter.
Nach kurzer Zeit ist es geschehn:
Die Enten woll'n ins Wasser gehn.
Die Glucke hält sie sanft zurück,
doch Schwimmen, das ist Entenglück.
Sie steht am Rand, schaut traurig zu
und findet lange keine Ruh.
Sie ruft sie noch nach ein paar Stunden;
die Enten sind für sie verschwunden.

Erst später sind sie wieder da
und laufen schnell zu der Mama.
Sie nimmt sie auf, sie ist versöhnt;
nun wird ein jedes Kind verwöhnt.
Die Mutter führt sie in das Nest.
Sie schlafen still und tief und fest.

❧

Auszug aus Manuskript:
Das Tal der blinden Vögel

... etwa 20 Jahre vor dem Besuch

Er hatte Angst. Sie alle hatten Angst. Seit drei Wochen waren sie in den viel zu engen Käfigen eingesperrt. Zwar bekamen sie ausreichend Futter und Wasser, aber aus dem Verschlag kamen sie nicht heraus. Kein Tageslicht drang zu ihnen. Einmal den Himmel sehen, einmal den Wind spüren, einmal wieder so richtig durchatmen. Wäre das schön! Was wollten diese Männer eigentlich von ihnen? Warum hatte man sie gefangen genommen? Er hatte ein ungutes Gefühl. Er war auch zu dämlich gewesen, in ihre Falle zu gehen. Jetzt konnte ihm und noch vier weiteren Vögeln, darunter eine Nachtigall, keiner mehr helfen. Zwei von den gefangenen Vögeln waren wie er Singdrosseln. Der andere Vogel war eine Taube, die ununterbrochen gurrte.

Er hörte sie kommen. Er kannte ihre Schritte. Seine Angst wurde größer. Die beiden Männer sprachen über die letzten noch zu treffenden Vorbereitungen für die in wenigen Stunden beginnende Vogeljagd. Seine Käfigtür wurde geöffnet. Er zitterte jetzt am ganzen Körper. Eine Hand griff nach ihm. Er versuchte sich zur Wehr zu setzen. Umsonst! Wie ein Schraubstock umklammerte ihn die Hand. Verzweiflung packte ihn. Dann sah er das Messer und spürte gleichzeitig einen stechenden Schmerz. Der Mann hatte ihm den Bauch aufgeschlitzt. Er merkte, wie sein Blut die Bauchfedern verklebte, der Schmerz intensiver wurde. Er verlor fast die Besinnung. „Es ist ein Männchen", sagte der Mann. Dann spürte er Stiche, Stiche, die er nur noch im Unterbewusstsein wahrnahm. Sein kleiner geschundener Körper bäumte sich nicht mehr auf. Der Mann setzte ihn zurück in den Käfig. Völlig benommen sah er, wie sie es bei den anderen beiden Artgenossen ebenfalls so machten. „Ein Weibchen", sagte der eine, „unbrauchbar!" Er warf das Tier mit geöffnetem Bauch in die Mülltonne. Dort würde es verbluten. Der dritte hatte Glück, wenn man hier überhaupt von Glück reden konnte, es war ein Männchen. Es wurde gebraucht und wieder zugenäht.

Dann kam die Nachtigall an die Reihe. Was hatte er mit der vor? Er sah, wie der zweite Mann einen Draht in seine Feuerzeugflamme hielt und diesen so zum Glühen brachte. Dann stach er damit blitzschnell in die Augen des Vogels. Er blendete ihn. Ein Zucken ging durch die Nachtigall, dann hing sie leblos in der Hand des Mannes. Sie musste vor Schmerzen ohnmächtig geworden sein.

Nach etwa einer Stunde brachte man sie alle nach draußen und band sie an das dort aufgespannte riesige Netz. Er bemerkte einen festgebundenen Sperling, der verzweifelt versuchte an eine vor ihm eingegrabene Büchse mit Wasser zu gelangen. Er konnte sie nicht erreichen. Die Fäden waren so gespannt, dass er nie zu dem Wasser kommen würde.

Plötzlich geschah etwas Unvorstellbares. Die Nachtigall begann zu singen. Jetzt wusste er, warum man sie geblendet hatte. Nachtigallen singen vorwiegend im Dunkeln. Was für eine Ironie des Schicksals! Ihr Gesang war so schön, so klar und doch so traurig, dass ihm ein Schauer über sein Gefieder lief. Jetzt gab es auch für ihn kein Halten mehr. Obwohl jeder Zentimeter seines Körpers schmerzte, stimmte er in den Gesang mit ein. Sein Artgenosse folgte. Es war überwältigend. Sie sangen zum letzten Mal in ihrem Leben und gaben ihr Bestes. Die Männer, mittlerweile waren es sieben geworden, hatten allerdings kein Ohr für dieses Konzert. Sie schauten zum Himmel und dann sahen sie sie. Zugvögel, Hunderte von ihnen. Sie kreisten jetzt über der Fanganlage. Sie sahen ein Paradies. Singende und spielende Vögel. Dicke, rote Beeren und Wasser. Saftige Wiesen und Schutz bietende Büsche und Bäume. Das Elend dort unten sahen sie nicht. Sie sahen auch die verzweifelten Versuche des Sperlings und der Taube nicht, sich zu befreien. Sie hielten das wilde Geflatter für Spiel und entschieden sich, in diese Idylle einzutauchen. So hatten sie es sich immer vorgestellt. Hier konnte man überwintern. Sie flogen direkt in den Tod.

Der Besuch

Das Telefon klingelt. Es ist früher Morgen. Zumindest für mich. Noch nicht einmal 09.00 Uhr. Um diese Zeit stehe ich gerade erst auf. Meine Frau ist schon munter und bereitet das Frühstück vor. Sie bringt mir das Telefon ans Bett. „Ein gewisser Guido", flüstert sie und hält die Sprechmuschel zu. „Dem Akzent nach ein Italiener. Seit wann hast du in deinem Bekanntenkreis Italiener?" Ich zucke mit der Schulter. Sie gibt mir den Apparat. „Guido Badusi", stellt sich die Stimme am anderen Ende der Leitung vor. „Sie kennen mich nicht und ich bitte um Entschuldigung, dass ich Sie so früh schon störe. Ich bin auf der Durchreise und rufe an, weil ich einem alten Mann versprochen habe, Sie, wenn ich wieder einmal in Deutschland bin, aufzusuchen. Er hat Ihre Bücher über die Sperlinge gelesen und hofft, Sie für den Vogelfang und seine barbarischen Fangmethoden in Italien interessieren zu können. Ich bin Rechtsanwalt und muss spätestens morgen weiter nach Leipzig. Können wir uns sehen?" Ich überlege kurz, schaue aus dem Fenster, herrliches Wetter. „O. k.", sage ich. „Kennen Sie das Café Griesbach? Ein Restaurant mit herrlichem Blick auf Dresden. Dort können wir uns treffen. So gegen 18.00 Uhr. Wenn es Ihnen passt. Sie können den Bus Linie 90 nehmen, dann sind es nur noch wenige Meter von der Haltestelle Neunimptscher Straße. Die Busse fahren alle 20 Minuten." „Ich werde es sicherlich finden", antwortet er, „und nochmals Entschuldigung. Bis später dann! Ich freue mich."

Es ist ein herrlicher Juliabend, als meine Frau und ich uns mit dem Italiener im Café Griesbach treffen. Er ist ein überaus sympathischer Mensch und wir verstehen uns gleich prächtig. Sein Deutsch ist ausgezeichnet und den Akzent bemerkt man im direkten Gespräch kaum. Er ist begeistert von der Aussicht und wenig später auch von der Küche, die hier bürgerlich gut ist. Meine Frau und ich sind bei gutem Wetter öfters hier und genießen die Abende auf der Terrasse bei einem guten Glas Wein. Bei günstigem Wind steigen vom Elbufer Heißluftballons auf, die dann direkt in unsere Richtung fliegen. Ein herrlicher Anblick. Bis zu neun Ballons haben wir schon gezählt.

Guido bestellt sich das sächsische „Nationalgericht" – Rindersauerbraten mit Rotkohl und Klössen. Meine Frau und ich trinken wie immer ein Glas Rotwein, dazu essen wir etwas Käse. Signore Badusi erzählt uns vom Vogelfang in Italien und den grausamen Methoden beim Einsatz von Lockvögeln. Meine Frau und ich sind entsetzt. „Ich habe Herrn Brignone, das ist der Herr, der mich gebeten hatte Sie aufzusuchen, im vergangenen Jahr bei einem Prozess in Italien vertreten. Er hatte drei Jugendliche angezeigt, die in seinem Garten Zugvögel, welche sich dort ausruhten, geschossen haben. Es muss furchtbar gewesen sein. Der alte Herr war völlig außer sich. Die drei Burschen bekamen kleine Geldstrafen. Lächerlich, eine Farce.

Herr Brignone war maßlos enttäuscht. Für ihn, einen Tierfreund durch und durch, ein unmögliches Urteil. Herr Brignone hofft nun, dass Sie, wie Sie es mit Portugal getan haben, den Vogelfang in Italien in einem Buch aufgreifen, natürlich auf Ihre Art."

„Ich werde es mir überlegen. Es wird nicht einfach werden, zumal ich den Vogelfang in Italien zu wenig kenne. Mit Portugal war das etwas anderes. Dort haben wir längere Zeit gelebt, kannten die Sitten und Gebräuche sowie die Essgewohnheiten der Leute. Bevor ich mich entscheide, brauche ich mehr Informationen. Das, was Sie mir mitgebracht haben, wird ein Anfang sein. Ich werde Sie und Herrn Brignone sicherlich noch das eine oder andere Mal befragen müssen. Vielleicht fahre ich selbst einmal dorthin." „Wenn Sie dies wollen, sind Sie uns jederzeit willkommen. Wir werden einiges organisieren.

Signor Brignone wohnt in unmittelbarer Nähe von Tolmezzo, ein Gebiet, wo man dem Vogelfang besonders stark frönt. Von ihm können Sie alles erfahren. Er kann Ihnen auch Vogelfanganlagen dort ganz in der Nähe zeigen."

In diesem Moment sieht man die ersten Ballons. Bunte, riesige Kugeln, die majestätisch in den Abendhimmel aufsteigen. Leider fliegen sie diesmal nicht in unsere Richtung.

Kurzgeschichte

Maria, 46 Jahre alt

Eine völlig verzweifelte Frau mittleren Alters suchte mich auf. Sie hatte kurz nach ihrer Scheidung, die sich über lange Jahre hingezogen hatte, einen schweren Schlaganfall erlitten. Sie saß immer noch im Schock und hoffte, bald wieder für den von ihr geliebten Beruf als Lehrerin einsetzbar zu sein.

Sie war eine alleinerziehende Mutter einer pubertären Tochter von 14 Jahren und wusste nicht mehr, wie es weitergehen sollte.

Eine Sprachaufnahme zeigte auf, dass sie schwere Wortfindungsstörungen hatte und immer wieder Flickwörter einfügte, u. a. immer wieder „am, am, am", bzw. lange Überlegungspausen machen musste, um den roten Faden nicht zu verlieren.

Sie erzählte mir, wie alles passiert sei:

Nach einer kleinen Feier im Freundeskreis und der Freude über die Einrichtung eines neuen Wohnzimmers sei ihr plötzlich im Badezimmer schwarz vor Augen geworden und sie sei gestürzt. Dann erinnerte sie sich an nichts mehr.

Im Nordwestkrankenhaus in Ffm sei sie dann auf der Stroke-Abteilung aufgewacht. Dort weigerte sie sich, in einen Computer-Tomografen zu gehen, da sie große Platzangst hatte.

Da sie keinerlei Lähmungserscheinungen aufwies und die Sprache noch einigermaßen verständlich erschien, konnte man sich erst nach einer erneuten Untersuchung ein Bild über ihre Erkrankung machen.

Leider erlitt sie vor lauter Aufregung im Krankenhaus erneut einen schweren Schlaganfall und war ab diesem Zeitpunkt halbseitig gelähmt. Auch ihre Sprache war nicht mehr verständlich.

Sie wurde zur Reha-Kur geschickt und erlebte dort – wie sie mir sagte – den schlimmsten Horror ihres Lebens. Man legte sie in ein Gitterbett, damit sie nicht herausfallen konnte.

Da sie sehr große Platzangst hatte, sich jedoch nicht mehr sprachlich äußern konnte, musste sie der Schwester gestikulierend klarmachen, dass sie diese Art des Bettes niemals ertragen kann, und bekam dann ein normales Bett zugewiesen.

Die entsetzliche Gewissheit, dass sie, die eine junge, schöne Frau war, nun stigmatisiert ist, war mit einem Mal bei ihr gegenwärtig und wie ein Gespenst greifbar. Jetzt erst wurde ihr klar, dass sie plötzlich nicht mehr in der Lage war, sich auch sprachlich verständlich auszudrücken.

Mit Grausen erkannte sie, dass sie beim Gehen nicht mehr mobil sein konnte, da sie halbseitig gelähmt war.

Ein neues, sehr eingeschränktes Leben hatte für sie begonnen.

Sie sagte mir unter Tränen, dass nur die Sorge um ihre minderjährige Tochter sie davon abhalten konnte, Suizid zu begehen.

Inzwischen stellte sie fest, dass ihre Rehabilitation, insbesondere im sprachlichen und krankengymnastischen Bereich, große Fortschritte machte.

Sie konnte deshalb mit ihrer Tochter in ihrer vertrauten Wohnung weiterleben.

Als sie nach diesem langen Leidensweg eines Tages zu mir in meine logopädische Praxis kam (sie konnte sogar wieder Treppen steigen), hatte sie immer noch die Hoffnung, wieder in ihrem geliebten Lehrer-Beruf arbeiten zu können.

Meine Therapeuten-Katze Funny hat ihr seelisch sehr helfen können, begrüßte sie immer mit liebevollem Miauen und ließ sich auch gerne von ihr streicheln. Die Frau konnte erleben, dass solch ein liebes, anschmiegsames Kätzchen ein Labsal für die Seele ist und zum Heilungsprozess enorm beitragen konnte.

Sie hatte plötzlich den Mut und die Idee, sich auch ein kleines Kätzchen aus dem Tierheim zu holen. Mit einem Schlag war die Einsamkeit, in die man hineingeworfen wird, wenn man plötzlich so schwer erkrankt ist, verschwunden.

Die Liebe, die sie jetzt diesem Tier geben konnte, mit welchem sie auch viel sprach, bekam sie von diesem auch zurück.

Ihr Sprechverhalten verbesserte sich enorm und sie konnte auch ihre finanzielle Situation klären, nachdem man ihr mitgeteilt hatte, dass ein Neubeginn im Schuldienst als Lehrerin leider nicht mehr möglich ist. Damit war der Druck, wieder genauso funktionieren zu müssen wie vor der Erkrankung, von ihr genommen. Endlich konnte sie wieder ihrem Hobby, viele Bücher zu lesen, nachgehen, ohne dass die Buchstaben vor ihren Augen verschwammen und sie den Inhalt nicht erfassen konnte.

Ihre Lebensqualität hatte sich mit dem Wiederfinden ihrer Sprech- und Lesefähigkeit entscheidend verbessert. Sie konnte wieder Freude an ihrem neuen Leben finden.

~

Verena, 24 Jahre alt, Studentin

Als Verena zum ersten Mal zu mir in die Praxis kam, hatte sie eine schiefe Kopfhaltung und eine heisere Stimmgebung. Die Diagnostik hatte ergeben, dass sie links eine durch Ödeme verdickte Stimmlippe hatte.

Hinzu kamen ein Räusperzwang und ein geringer Stimmumfang, sie konnte also kaum laut reden und wenn, dann nur mit verstärkter Anstrengung. Dadurch hatte sie immer wieder Stimmausfälle und war oft krankgeschrieben.

Ihr Studium der Sonderpädagogik war demnach in Gefahr, da man ja eine belastbare Stimme haben muss, wenn man mit großen Gruppen arbeiten möchte.

Ich riet ihr, sich an der Uni-Klinik in Marburg/Lahn gründlich untersuchen zu lassen, damit man aufgrund eines genauen Befundes die richtige Sprachtherapie einleiten konnte.

Die Diagnose ergab, dass sie an einer funktionellen Dysphonie litt, das ist eine Stimmstörung, die funktionell bedingt ist. Der Aryknorpel links war ödematös verdickt, was sich auf dem Farbbild als große Blutblase auf dem linken Stimmband zeigte.

Dadurch entstanden ein Tonusverlust sowie eine eingeschränkte respiratorische Beweglichkeit.

Dies zeigte sich auch in massiven Atemstörungen, d. h. Kurzatmigkeit beim Treppensteigen und größeren sportlichen Anstrengungen. (Sie spielte aktiv Tischtennis im Verein.)

So konnte es nicht weitergehen. Die Therapie musste also vorsichtig mit Resonanzübungen beginnen, und begleitend riet ich ihr dringend einen Krankengymnasten aufzusuchen, der ihre schiefe Kopfhaltung korrigieren könnte. Das Wichtigste für eine gesunde Atmung ist die gerade Kopfhaltung.

Vor dem Spiegel mussten wir immer ihre Kopfhaltung, die sehr schief war, korrigieren. Dies hatte ihr noch keiner gesagt und ich musste es ihr immer wieder bewusst machen, daran zu arbeiten.

Viele Zwerchfellatmungs-Übungen und ein Stimm-Training konnte ich ihr zeigen, sie übte täglich.

Bereits nach vier Monaten zeigte sich, dass der eingeschlagene Weg der Therapie von Erfolg gekrönt war. Die Universitäts-Klinik in Marburg, Abteilung für Phoniatrie und Pädaudiologie, konnte eine wesentliche Verbesserung gegenüber dem vorherigen Befund feststellen. Die Beurteilung dieser Patientin ergab, dass eine Verbesserung des Stimmklanges erreicht wurde, die Heiserkeit war fast verschwunden und ein Stimmband-Schluss war erfolgt, was auch wichtig für die klare Aussprache ist. Die Atemspanne hatte sich ebenfalls sehr verbessert und sie musste beim Treppensteigen nicht mehr zwischenatmen.

Bei der erneuten Befunderhebung der Universitäts-Klinik Marburg stellte sich u. a. auch heraus, dass die noch bestehende Stimmfunktionsstörung mit einer sogenannten Rest-Mutation in Verbindung stand. (Ähnlich wie bei den Knabenstimmen, die in den Stimmbruch kommen und heiser werden für einige Zeit.)

Die Patientin war also fast geheilt und zu ihrer großen Freude teilten die behandelnden HNO-Ärzte ihr mit, dass ihren Plänen, als Lehrerin zu arbeiten, und das mit Sicherheit langjährig, stimmlich nichts mehr im Wege stehe. Kontrollmäßig sollte sie jedoch noch weitere logopädische Übungen machen, um das Erreichte zu festigen.

$\sim$

Martha, 5 Jahre alt

Sie kam wegen eines Lispelfehlers zu mir in die Praxis.

Martha war bei allen Übungen mit Freude dabei und konnte wunderschön malen. Es waren immer originelle Bilder, die sie mir von zu Hause mitbrachte. Auch Basteleien konnte sie mit ihren sehr geschickten kleinen Händen anfertigen, die wirklich außergewöhnlich waren.

Ihre Mutter sagte mir, dass sie aus jedem Stoffrest oder auch aus Steinen und Moos im Garten die schönsten Dinge kreieren konnte. Die Kreativität konnte sie auch bei der Sprachtherapie gut umsetzen. Wir malten einen Zauberbaum, in den der Zauberer Worte mit S-Lauten am Anfang, in der Mitte und am Ende hineinzaubern konnte.

Das Lispeln hatte sich inzwischen zwar gebessert, es war jedoch immer noch ein Zischen zu hören, das mich hellhörig machte und mich veranlasste, die Mutter auf weitere diagnostische Maßnahmen hinzuweisen. Unter anderem sollte sie bei einem Kieferorthopäden vorstellig werden, ehe ich mit der Sprach-Therapie fortfahren konnte.

Die Vorstellung bei einem Kieferorthopäden ergab dann auch, dass sich das Kind in einer sogenannten Wechselgebiss-Phase befand und bei ihm ein tiefer Biss in Kombination mit einem hyperaktiven Musculus mentalis festzustellen war.

Erst mit dem Schneidezahnwechsel könne man wieder weitertherapieren, da dann eine positive Reaktion auf die Zunge, die ja beim Lispeln trainiert werden muss, zu erwarten sei.

$\sim$

Jana, 16 Jahre alt

Jana konnte sehr gut singen und hatte bereits mehrere Preise gewonnen. Leider hatte sie sich durch eine falsche Stimmgebung jedoch so sehr verausgabt, dass eine heisere und krächzende Stimme bei ihr zu hören war, als ich sie auf Tonband aufnahm.

Sie war ganz verzweifelt, da sie auch häufig unter Erkältungen und Heiserkeit litt. Dies hatte in den vergangenen Jahren auch zugenommen und sie war sehr unglücklich darüber, da sie ihr Ziel, ein Musicalstar zu werden, so niemals erreichen würde.

Bei all meinen Fortbildungen, bei welchen es teilweise auch um eine gute Stimmgebung für Sänger ging, lernte ich, dass nicht nur eine gute Atmung (die Zwerchfellatmung ist bei Sängern sehr wichtig) beachtet werden muss, sondern insbesondere auch eine gute körperliche und mentale Kondition die Voraussetzung für eine gute, klare Stimmgebung ist. Dies wird in der Regel immer unterschätzt.

Jana lernte bei mir viele Zwerchfell-Atmungs- und Stimm-Übungen kennen. Sie machte ein Konditions-Training und achtete auf eine richtige Ernährung. Ein Durchbruch gelang. Sie wurde als lokales Talent für eine Musical-Aufführung entdeckt und hat u. a. im Jahr 2008 auch Preise bei einem Gesangswettbewerb im Rahmen eines Rock-Pop-Festivals gewonnen. Wie ich erfuhr, wird sie bald zum ersten Mal bei einem Musical auf der Bühne stehen und kann somit ihr großes Talent einem größeren Publikum nahebringen und sich ihren Traum erfüllen.

~

Manuskriptauszug:
„Iss einen Apfel – oder was DU willst"

… Ein großer Fehler in der allgemeinen Einschätzung des Gesundheitswertes einer schlanken Figur besteht darin, den „Dünnen" grundsätzlich eine bessere, bedarfsgerechtere Ernährung zu unterstellen.

Ist das eigentlich logisch? Wenn ich eine relativ kleine Menge an Lebensmitteln zu mir nehme, ist die Wahrscheinlichkeit geringer, dass sich darunter die angemessene Menge an Vitaminen, Mineralstoffen und sekundären Pflanzenstoffen befindet, es sei denn, ich kenne mich mit den Nährstoffdichten der gewählten Lebensmittel sehr gut aus.

Mit anderen Worten: Ein realisiertes Idealgewicht muss nicht zwingend mit einer optimalen Ernährung und einem idealen Ernährungsstatus einhergehen.

Und im Gegenzug bedeutet es: Übergewicht heißt nicht automatisch Fehlernährung bei den Mikronährstoffen. Andererseits ernähren sich übergewichtige Menschen nicht automatisch bedarfsgerechter, nur weil sie von vielem mehr essen.

Insofern müssen wir unsere Alltagsbeobachtungen relativieren. Doch eine Tatsache bleibt, nämlich dass ein zu geringes oder zu hohes Körpergewicht, unabhängig von dem Versorgungszustand mit essenziellen Nährstoffen, ein Risikofaktor für zahlreiche Folgeerkrankungen bleibt – für sich allein genommen …

… Absolut wichtig ist es, in diesem Prozess des Abnehmens die „Bestie Hunger" zu zähmen. Sie werden es kaum glauben, aber das Biest lässt sich tatsächlich domptieren! Ihr Berater oder Ihre Beraterin wird Ihnen viele alltagstaugliche Hilfen an die Hand geben können. Und schließlich wird Ihr Körper alle Mikronährstoffe erhalten, die für Fitness und Wohlbefinden benötigt werden …

… Ein wenig erinnert diese Aufzählung an ein magisches „Viereck", sozusagen an die Quadratur des Kreises. Das ist der

Hauptgrund, warum Sie sich auf dem Weg der Reduktion Ihres Körpergewichtes professionelle Unterstützung holen sollten. Sie brauchen einen „Trainer", der an Sie glaubt, Sie lobt und mit Ihnen die Schritte in der richtigen Reihenfolge geht. Denn Ihr Ziel muss es sein, wohlbehalten und fit, effektiv und nachhaltig, mit guter Stimmung das Körpergewicht zu reduzieren und dabei Ihre Gesundheit im Sinne der Salutogenese nachhaltig zu verbessern.

Bei Übergewichtigen ist es ein weit verbreiteter Glaubenssatz, dass dünne Leute eher gestresst, schlecht drauf oder zickig seien.

Damit wird eine Entscheidung für die Gewichtsabnahme erfolgreich verhindert. Ähnlich verbreitet ist die Wahrnehmung bei Übergewichtigen, dass Leute, die gerade sichtbar an Gewicht verloren haben, „ganz schlecht aussehen", „krank aussehen" bis hin zu Mutmaßungen über die Art der Erkrankung.

Auch dies ist eine todsichere Methode, sich gemütlich und dauerhaft in seiner Komfortzone einzurichten …

… Regelmäßig finden sich in der Zeitung Artikel, die sich mit dem *Japanischen Club der 100-Jährigen* befassen. „Mit Sushi und Sesam … 100 Jahre", titelten zum Beispiel die „Kieler Nachrichten" vor einiger Zeit. Studien belegen, welche Vorteile Reis, Sojabohnen in allen Variationen und Fisch haben. Gehen wir auf die ernährungswissenschaftliche Suche, werden wir auch fündig: Die Japaner führen mit ihrer üblichen Kost, die reich an Sojabohnen, Reis und Fisch ist, ihrem Körper in deutlich höheren Mengen Omega-3-Fettsäuren zu, das heißt in höheren Konzentrationen, als wir es bei unseren westlichen Verzehrgewohnheiten üblicherweise tun …

… Der Vergleich zwischen Bedarf an Energie und Nährstoffen und der tatsächlichen Zufuhr wird landläufig als Ist-Soll-Vergleich bezeichnet. Entsteht tagtäglich eine negative Bilanz bei essenziellen Mikronährstoffen, sprechen wir von Fehlernährung. Eine dauerhafte Fehlernährung wegen Unterversorgung mit essenziellen Mikronährstoffen zeigt sich zunächst nur in unspezifischen Mangelsymptomen und Missempfindungen. Das Körpergewicht ist davon gar nicht betroffen, es kann im absoluten Idealbereich liegen.

Erst auf Dauer entstehen bei unseren üblichen Essge-wohnheiten schleichend chronische Erkrankungen, anfangs ohne spürbare Symptomatik, wie z. B. bei Arteriosklerose oder Krebs.

Die Entstehung von Arteriosklerose assoziiert jeder „Ess-Normalo" mit cholesterinreichen Lebensmitteln: „Oje, Choles-terin, das ist ja so schlimm und gefährlich!" Die Rolle des Cho-lesterins bei der Entstehung von Arteriosklerose ist aufgrund des jahrzehntelangen Margarine-versus-Butter-Streites in allen Köpfen so präsent, dass es vielen als gesichertes Wissen gilt, Cholesterin per se sei schädlich. Dabei hat Cholesterin auch wichtige Funktionen in unserem Stoffwechsel, nämlich als Provitamin D, als Ausgangsprodukt für Hormone, Gallensäuren und als unentbehrlicher Bestandteil der Zellmembranen …

… Götterspeisen sind die wahr gewordenen Geschmacks-träume, direkt eingeflogen aus dem Schlaraffenland, die Köst-lichkeiten, die es immer geben müsste, die uns trösten, die uns stärken, die uns beflügeln und wachsen lassen, die uns satt und wirklich wunschlos glücklich machen.

Götterspeisen fallen vom Himmel auf die Erde und sind der Himmel auf Erden.

Götterspeisen sind die Geschenke von lieben Menschen, die uns Wohlgefühl, Wärme und Liebe geben.

Mein Gedanke ist, dass Götterspeisen immer etwas mit unseren Beziehungen zu anderen Menschen zu tun haben. An die allerersten Beziehungen können wir uns nicht wirklich er-innern, aber wie auf einer Traumreise können wir so tun, als wenn wir uns erinnerten …

… wieder etwas von diesem Paradies, etwas, was man sich ganz und gar einverleiben möchte, etwas, was man ganz und gar aufnimmt, etwas, was uns wärmt und nährt, so gut und so schön.

Einfach glücklich und satt.

Die erste Götterspeise.

So oder ähnlich haben wir vielleicht unsere erste Mahlzeit erlebt. Wie auch immer, unsere ersten und prägenden Ernäh-rungserlebnisse verknüpfen sich mit Personen. Wir erfahren neben der existenziellen Versorgung mit den Makronährstoffen Fett, Eiweiß und Kohlenhydraten die positiven, freudigen, begeisterten oder auch genervten, gelangweilten Gefühle der Menschen „hinter der Nahrung". Diese Erfahrungswerte werden im Laufe unserer ersten Jahre immer differenzierter. Nach einem Jahr steigen wir fast vollständig auf feste Erwachsenenkost um, stellen uns auf das Ernährungsmilieu ein, in das wir hineingeboren wurden …

… „Was ist dein Lieblingsgericht?", habe ich im Jahr 2009 junge Erwachsene zwischen 18 und 25 Jahren gefragt. Hier kommt eine Auswahl:

„Selbst gemachte Nudelsuppe; esse ich 1–2 Mal im Monat, meistens am Wochenende, am Esstisch, in Ruhe; es schmeckt frisch durch das Gemüse, würzig; Wohlgefühl, angenehme Wärme, Kindheitserinnerungen werden wach."

„Omas Nudeln in Tomatensoße. Das esse ich bei Oma, zu Festen, mit der Familie. Es schmeckt süß, cremig, nach Tomate, Zwiebeln, würzig, nach der Kindheit. Gefühle? Freude, Erinnerung an den Oma-Opa-Urlaub, an die Gemeinschaft."

„Grüner Spargel mit Schinken, Kartoffeln und zerflossener Butter; esse ich nur ab Mai/Juni, zu Hause, ist mein Geburtstagsessen, selbst gemacht von Mama, aus dem Garten; schmeckt frisch, saftig, leicht. Das löst bei mir sommerliche Gefühle, Zufriedenheit und ein Gefühl der guten Ernährung aus."

„Döner! Esse ich am späten Nachmittag, abends bei Larils oder im Kronshagener Grill (Dönerladen von meinem Onkel), auf dem Teller, mit Messer und Gabel; Fleisch schmeckt saftig, würzig, der Salat knackig, frisch, sahnig, die Soße scharf, tomatig, würzig; das esse ich in bestimmten Situationen (denkt man immer wieder dran), Gemeinschaftsgefühl (esse ich dort immer mit Freunden), ich werde satt, es hat geschmeckt, Wohlbefinden, weil es Spaß macht …"

… Zwischen Goethe und seiner Spät-Ehefrau Christiane sind zahlreiche Briefe dokumentiert, in denen er sich bestimmte Speisen wünschte oder ihr bestimmte Lebensmittel schicken ließ, damit die erträumten Leibspeisen auch wirklich fertig waren, wenn er in Weimar eintraf. Viele Lebensmittel, die in diesem Rezeptaustausch zwischen dem Geheimen Rat und seiner begeisterten Köchin Christiane eine Rolle spielten, gelten gemeinhin als Lust und Leidenschaft anregend, wie der Spargel, Austern, Sellerie …

… Bei großen Familienfeiern spielt das Menü eine wichtige Rolle, angefangen bei der Kindstaufe, Kommunion, Konfirmation oder Bar Mitzwa, bei Hochzeiten allemal. In jeder Familie werden dazu Ess-Geschichten erzählt, was wem an Missgeschicken beim Kochen, Verwechslungen bei Zutaten, Peinlichkeiten bei Tisch und so weiter alles passiert ist. Logischerweise kann bei „Slow Food" mehr geschehen, erlebt und erzählt werden als bei „Fast Food" …

… Genuss-Steigerungen erleben wir oft, wenn sich Kontraste zu einer harmonischen Vielfalt verbinden und die verschiedenen Arten der Sinneswahrnehmung das alles potenzieren. Die Katalanische Creme ist für mich ein hervorragendes Beispiel: süße Kompaktheit der Creme ist mit der Zerbrechlichkeit des Zuckerspiegels kombiniert, vanillegelb und rohrzuckerbraun, dazu das Geräusch des leise brechenden Zuckerspiegels … ein kleines Fest der Sinne …

… Hierzu ein bewährter Tipp: Bei diesem Geschmacks-Test verlangsamen Sie Ihre Essgeschwindigkeit so, dass Sie etwa 3–5 Minuten für ein Stück Schokolade brauchen. Diese kleine „Schokoladenübung" beginnt mit dem genauen Anschauen, Beschnuppern und Befühlen, bevor Sie es ganz im Mund verschwinden lassen.

Bewegen Sie Ihr Schokoladenstückchen im Mund mal nach oben, an die Seiten, mal nach vorn und hinten! Hören Sie dabei, was Ihre Zunge und Ihr Mund Ihnen erzählen: Wie schmeckt das eigentlich genau? Stoppen Sie ruhig die Zeit, damit Sie Ihr Testprodukt nicht ratzfatz verschlucken! Wenn Ihnen der Test gelingt, werden Sie staunen und mit einer Fülle neuer Eindrücke belohnt! …

… Genuss ist zelebrierte Gegenwart, bedeutet es doch, seine gesammelte Aufmerksamkeit auf all die Sinneseindrücke zu lenken, die mit dem Essen einhergehen. Eine außerordentlich wichtige Zutat zu diesem Genusserleben ist Zeit. Wenn wir genussvoll essen wollen, brauchen wir Zeit.

… Was, glauben Sie, bewirkt die Ernährung in Ihrem Leben und für Sie ganz persönlich? Eine Frage zur Bedeutung der Ernährung bei den jungen Erwachsenen in meiner Umfrage lautete:

„Was, glauben Sie, wird durch eine richtige und passende Ernährung positiv *verbessert?*"

Hier eine Auswertung in Prozent:

„Meine Stimmung, mein allgemeines Wohlgefühl", sagten 100 % der Befragten.

Für 92 % sind sportliche Fitness und die gesamte Lebensqualität verbessert.

88 % sehen ihre Haut durch die Ernährung verbessert.

„Meine Konzentrationsfähigkeit und mein Schlaf", sagen 84 % der Befragten in diesem Kontext.

Die Elastizität der Blutgefäße, das Aussehen im Allgemeinen und die physische Ausdauer werden von 80 % genannt.

76 % nennen Nägel, 68 % nennen Haare, ebenfalls 68 % die Merkfähigkeit, 48 % Intelligenz, 44 % sexuelle Lebensfreude und 40 % Erinnerungsvermögen.

Was glauben Sie? Was antworten Sie, wenn Sie nach der Bedeutung Ihrer täglichen Ernährung gefragt werden? Wann starten Sie den historischen Selbstversuch und schreiben Ihre persönliche, ureigene, phänomenale Essgeschichte?

—⟞⟝—

Der grüne Fisch –
Eine märchenhafte Geschichte

Christian ist krank. Wie lange schon? Es war so ungefähr um die Weihnachtszeit vor einem Jahr. Da fing es an mit diesem Übelgefühl.

Bald darauf ging es los mit dem Nicht-mehr-richtig-laufen-Können. War das der Anfang vom Ende? Würde er nun immer im Rollstuhl sitzen müssen?

Christian hat heute einen schlechten Tag. Da kommen manchmal Gedanken, die ihn weit in die Vergangenheit, aber auch die Zukunft führen. Was für eine Zukunft? Er ist nicht der einzige Junge im Rollstuhl. Da sitzt Roland, dort sitzt Annette und im Flur flitzt der kleine Marco. Warum ist er gerade heute so traurig? Weihnachten ist vorbei. Aber das ist nicht der Grund. Seine Mutter war gestern bei ihm, wie so oft. Also auch er hatte Besuch und Geschenke, genug. Dort steht noch der große Christbaum und in zwei Tagen ist Silvester. Ist doch eine schöne Zeit. Ja, aber alles anders als früher. Und er fühlt sich gefangen in seiner Krankheit. Da stößt Marco mit dem Rollstuhl an ihn.

„Willst du nicht eine Runde mit mir drehen?"

„Wohin? Ist doch immer dasselbe."

Marco zwinkert und das wirkt komisch, sodass Christian über den Kleinen lachen muss. „Was hast du vor?"

Geheimnisvoll kommt es von Marco: „Den grünen Fisch will ich dir zeigen."

Christian wird neugierig: „Machst du Witze? Wo soll da ein Fisch sein?"

Marco streckt Christian seine Hand rüber und sie fahren ein Stück nebeneinander Hand in Hand.

Was für eine Überraschung: In einer Nische der Halle des Krankenhauses steht ein großes Aquarium. Im grünlichen Wasser mit vielen Pflanzen schimmert es in dunklen Farben und kleine runde Bläschen steigen nach oben.

„Schau mal!", sagt der Kleine verzückt. „Schau nur, da drin schwimmt er, der grüne Fisch! Wenn das kein Wunder ist! Christian, vor zwei Nächten habe ich von dem Kerl geträumt. Dann habe ich es meiner Tante Emmi erzählt und die hat mich ausgelacht. Also vom Christkind ist der nicht gekommen. Tante Emmi hat mir heute am Telefon gesagt: ‚Träume können in Erfüllung gehen.'"

Der Kleine ist ganz außer sich und reißt vor Begeisterung am Ärmel von Christian. „Siehst du, wie schön er grün leuchtet? Wenn man mit dem Finger an das Glas stippt, kommt er und küsst dich."

Christian berührt das Glas und schaut dem grünen Fisch tief in die Augen. Sie reden lautlos miteinander.

Der grüne Fisch: „Hey, Christian, bin froh, dass du mich besuchst. Ist so langweilig da drin. Meine Freunde musste ich alle zurücklassen. Das ist schwer für mich."

Christian versteht ihn und tröstet: „Nur keine Sorge, hier drin im Krankenhaus gibt es viele von deiner Sorte – ich meine, die ihre Freunde zurücklassen mussten. Wir aber kümmern uns umeinander. Einer hilft dem anderen. Auch du bist jetzt einer von uns, ein ganz besonderer. Du wirst sehen, wie du uns durch dein Dasein Freude machst. Du gehörst jetzt zu uns."

Christian bekräftigt dies, indem er dem grünen Fisch durchs Glas einen Kuss gibt.

Der grüne Fisch bekommt vor Freude Tränen in seine Fischaugen und schlägt aufgeregt hintereinander mit der Schwanzflosse. Dann blubbert er fröhlich ein Fischlied vor sich hin und kurvt seine Runden.

Christian versteht und ist froh, dass er den grünen Fisch zum Singen gebracht hat.

„Komm!", sagt er zu Marco. „Aber jetzt machen wir eine Rallye!" Und ab geht die Post. Sie sausen über die Station, sodass der Stationshilfe vor Schreck fast das Tablett aus der Hand fällt.

„Treibt es nicht so toll, ihr zwei!", ruft sie ihnen nach.

Doch sie sind schon um die Ecke verschwunden und lachen, die zwei Lausbuben. Das sind sie geblieben, auch in ihrer Krankheit, zum Glück!

29.12.

Der grüne Fisch ist allein. Er hat Heimweh nach Blackmolly.

„Mein Zuhause, das Aquarium in der Klinikhalle, ist nicht groß, aber immerhin kann ich darin kleine und große Runden drehen, ohne dass ich anstoße.

Na ja, man hat halt nie alles. Früher war ich in einem riesigen Aquarium mit Hunderten von kleinen und großen Fischen zusammen. Das war auch nicht immer die reinste Freude. Wenn ich nur an den eingebildeten Barsch denke. Nein, mit dem habe ich jetzt nichts mehr zu tun. Darüber bin ich froh. Wann immer der konnte, hat er mir mit seiner Schwanzflosse in den Bauch geschlagen. Dagegen war der Schwertträger friedlich. Nur wenn er gerade um ein Weibchen Werbung machte, musste man ihm aus dem Weg gehen. Lustig dagegen waren die vielen Goldfische. Die waren immer für kleine Späßchen zu haben. Sie waren eben die Goldkinder. Auch die Menschen haben offensichtlich an ihnen einen Narren gefressen. Befreundet war ich jedoch mit einem besonderen Fisch und das war die Blackmolly. Oh, war sie schön, sie hatte orangefarbene Streifen! Wir waren fast immer zusammen. Ob ich Blackmolly mal wiedersehe?" Sehnsüchtig schaut der grüne Fisch in die Halle.

Da kommt ein dunkelhaariges, bezopftes Mädchen an der Hand einer Pflegerin hereingehumpelt. Neugierig schaut es in das Aquarium.

„Siehst du", sagt es zu der Pflegerin, „Marco hat recht, hier drin ist ein großer grüner Fisch. Christian hat mir erzählt, dass der sogar reden kann."

Die Pflegerin lächelt: „Und das hast du geglaubt?"

Ronja zögert nicht: „Ja, warum denn nicht? Christian hat gesagt, es sei ein Wunder geschehen."

Zweifelnd kommt es zurück: „Soso, ein Wunder. An so etwas glaubst du noch?"

Ronja empört: „Ich weiß das schon immer, dass gerade in der Weihnachtszeit auf der ganzen Welt Wunder geschehen."

„Woher weißt du das?"

„Von meiner Oma und die muss es ja wissen. Sie ist schon alt, schätze, so 50 Jahre lebt sie schon."

Ronja geht ganz nah an das Aquarium und klopft vorsichtig an das Glas. Sofort schwimmt der grüne Fisch dicht heran. Sie schauen sich in die Augen und Ronja versucht einen kleinen Kuss an das Glas zu drücken. Dann rückt sie etwas ab, und mit prüfendem Blick auf den Fisch bestätigt sie: „Siehst du, er hat mir auch einen Kuss gegeben, noch ist sein Mäulchen am Glas."

Sie geht wieder dicht zu dem Fisch und flüstert: „Du, ich muss dir was Wichtiges erzählen, aber das geht nur, wenn wir allein sind. Du hast mich verstanden?"

Der grüne Fisch klappt ein Auge zu und wieder auf und wieder zu und wieder auf.

Ronja ist zufrieden: „Er hat mich verstanden."

An der Hand der Pflegerin, im Weggehen, ruft sie in Richtung Aquarium: „Morgen komme ich wieder!"

30. 12.

Auf der Pflegestation kommen die Kinder zusammen und es gibt heute nur ein Thema: Morgen ist Silvester. Was wird da alles passieren? Sicher gibt es wieder ein großes Feuerwerk. Die meisten der Kinder freuen sich darauf.

Wenn das alte Jahr zu Ende geht, wird auch in der Kinderklinik gefeiert. Die Kinder sind schon aufgeregt. Viele Eltern haben ihren Besuch angesagt. Der Zivi Klaus hat sogar seine Gitarre gebracht. Er sitzt lässig da. Ab und zu zupft er ein wenig an den Saiten, das klingt warm und schön.

Ronja sitzt auch im Rollstuhl. Sie blättert lustlos in einem Buch. Ab und zu schaut sie suchend raus in den Garten. Nein, zu ihr kommt niemand. Sie setzt den Rollstuhl in Bewegung und umfährt elegant eine Gruppe spielender Kinder. Sie rollt in die belebte Halle. Stimmengewirr dringt ihr entgegen. Ärzte und Pflegepersonal gemischt mit Eltern und Kindern unterhalten sich hier miteinander. Sie machen einen Weg für Ronja frei, sodass sie mühelos das Aquarium erreicht. Hier ist sie nun Auge in Auge mit dem grünen Fisch, der sich leicht hin und her bewegt. Ronja beugt sich vor und drückt heimlich ihren Mund an das Glas. Dann flüstert sie:

„Siehst du die vielen Menschen, fast alle haben Besuch, ich nie. Das ist es, was ich dir gestern schon sagen wollte. Glaube mir, ich bin so traurig wie kein Mensch auf der Welt, weil ich keine Mutter habe. Einen Vater habe ich, doch der muss immer arbeiten."

Sie macht eine Pause und wirft den Kopf zurück. Schaut nach hinten und nähert sich wieder dem Fisch: „Den anderen, den Kindern, habe ich erzählt, dass meine Eltern in Australien leben. Verstehst du? Die wissen überhaupt nichts, gar nichts!"

Dann energisch:

„Ich will auf keinen Fall, dass jemand merkt, wie traurig ich bin. Vielleicht mögen sie mich dann nicht mehr, weil doch jeder da drin genug mit sich zu tun hat. Das wär's dann, grüner Fisch, du verstehst mich, ja?"

Ronja schaut ihn erwartungsvoll an. Der grüne Fisch ist in unveränderter schaukelnder Bewegung.

Ronja tippt an das Glas: „Na, sag schon was!"

Sie wartet ein Weilchen, doch sie hört nichts.

Ein wenig enttäuscht: „Hast du heute einen schlechten Tag? Oder kannst du gar nicht sprechen. Heißt es nicht: ‚Stumm wie ein Fisch?'"

Sie fährt nachdenklich zurück zur Station.

Dort überfällt sie Christian mit den Worten:

„Du, der grüne Fisch kann gar nicht sprechen, das hast du nur geträumt. Aber er kann so gut zuhören, das ist vielleicht noch wichtiger."

Christian hört ihr aufmerksam zu. Es wird ihm bewusst, dass Ronja zu einem Teil recht hat.

Will der grüne Fisch nur mit ihm reden?

Christian muss das genau wissen. Sobald er kann, wird er den grünen Fisch besuchen. Jetzt gleich geht es nicht, denn der kleine Marco hat wieder einmal etwas vor. Er zieht zappelig an Christian herum.

„Du, morgen wird hier etwas passieren, dafür werde ich sorgen!"

„Um Gottes willen, Marco, was soll denn das sein?", fährt ihn Christian an.

„Na, was macht man an Silvester? Es wird knallen und zwar hier drin."

Christian wird böse:

„Du spinnst, mach nur keine Sachen!"

Marco grinst über sein Kindergesicht und verzieht sich Richtung Zimmer. Sein großer Bruder Tom hat nämlich Tischfeuerwerk für die Silvesterfeier auf der Station gebracht. Eigentlich hat er es für das Pflegepersonal hingelegt. Aber Marco war schneller. Ein Feuerzeug hat er mal von einem der Tischchen draußen in der Halle mitgenommen. Nun will er der große Mann des Tages werden, einmal wenigstens. Sonst ist er immer nur der Kleine.

Er lacht in sich hinein:

„Morgen um Mitternacht werde ich das loslassen, das wird eine Freude geben für alle. Ich kann es kaum erwarten. Sicherheitshalber werde ich mal eine kleine Rakete gleich ausprobieren."

Er macht geübt das Feuerzeug an. Das Feuer wird an den Zünder der Rakete gelegt.

Brennt es wirklich?

Bevor Marco seine Hand weggezogen hat, gibt es einen Knall und Fetzen fliegen über das Bett. Marco schreit laut. Schon ist das Zimmer voll mit Pflegepersonal. Marco ist verletzt, doch er hat noch Glück. Nur seine rechte Hand hat eine große Brandwunde. Sein Gesicht ist schwarz, aber unversehrt. Er wird leise weinend in die Ambulanz geschoben und dort ärztlich versorgt.

Als er auf die Station zurückkommt, liegen alle schon im Bett.

Der Stationsarzt mitleidig:

„Ja, lieber Marco, dein Silvesterfeuerwerk hast du heute vorab selbst übernommen. Eigentlich kannst du morgen Nacht ruhig schlafen und dir das große Feuerwerk sparen. Wir denken darüber nach. Gute Nacht!"

Marco ist müde, aber auch noch trotzig: „Das sage ich morgen dem grünen Fisch: Er wird mich verstehen."

31.12.

Heute ist Silvester. Seit heute früh knallt es draußen immer wieder und manche Rakete ist schon vorzeitig in den Himmel geflogen.

Christian macht sich Gedanken um die Tiere im Freien. Mit seiner Mutter hat er schon darüber geredet und sie hat versprochen, dass Rudi, seine Lieblingskatze, und Dusty, sein Hundchen, bis die Schießerei aufhört, eingeschlossen werden. „Die Tiere wissen ja nicht, was los ist", erklärt Mutter. „Wenn ich an die armen Vögel draußen denke! Wie werden sie erschrecken! Für die Tiere ist die Böllerei nämlich Horror. Außerdem, denkt da eigentlich niemand an die Luftverschmutzung? Was könnte man mit den Millionen Euro, die in die Luft geschossen werden, Gutes für die Armen tun!"

Christian ist besorgt um den grünen Fisch.

Oje, was machen wir denn da? Obwohl heute niemand mehr von der Station wegsoll, schafft er es, heimlich mit dem Rollstuhl zum grünen Fisch zu fahren.

Er redet mit dem Fisch und erklärt ihm, was morgen Nacht passieren wird. Da kommt die junge Pflegerin Betty vorbei und wundert sich: „Was machst denn du noch hier?"

Christian erklärt das Problem.

„Mach dir keine Sorgen!", meint Betty. „Ich habe zu Hause auch ein Aquarium. Da weiß ich Bescheid. Ich hole eine große Decke und lege die mal vorsichtshalber über den armen Fisch. Du hast recht, die Menschen sind gedankenlos. Sie denken viel zu wenig an die Tiere. Aber jetzt ab und schnell zur Station zurück!"

Christian ist beruhigt und kehrt um.

Auf der Station ist alles für einen besonderen Spieleabend vorbereitet und alle warten schon auf ihn.

Marco mit eingebundener Hand blinzelt wieder in seiner unwiderstehlich komischen Weise: „Gibt's was Neues vom grünen Fisch?"

Da kann Christian nur noch lachen, der kleine Knirps hat ihn durchschaut.

Zivi Klaus sitzt bei Ronja und legt ihr die Gitarre in den Schoß.

„So, meine Liebe, jetzt wollen wir mal zusammen etwas spielen."

Er nimmt ihre Hände in die seinen und sie fangen an ein Weihnachtslied zu spielen.

Ronja ist begeistert.

„Glaubst du, das könnte ich lernen?"

Zivi Klaus: „Wenn man will, kann man fast alles. Was ist? Willst du?"

Ronja: „Nichts lieber, das wollte ich schon immer, weil …"

Zivi Klaus: „Weil? Was?"

Ronja: „Mein Vater spielt auch Gitarre."

Zivi Klaus: „Na, dem werden wir es zeigen, ab heute bekommst du von mir Unterricht."

Ronja ist glücklich. Ein Gefühl, wie sie es fast vergessen hatte. Sie wird Gitarre spielen lernen.

Der Stationsarzt kommt herein und bittet Christian zu sich.

„Setz dich ein wenig zu mir und höre gut zu: Deine Mutter kann heute und morgen nicht kommen, aber ihr könnt ja telefonieren. Sie ist ausgerutscht und kann ein paar Tage nicht gehen.

Dafür kommt jetzt die bessere Botschaft: Junge, dein Blutbild sieht sehr gut aus. Noch eine Überprüfung ist nötig. Doch ich denke, dass du in 14 Tagen nach Hause kannst. Gratuliere! Was sagst du dazu?"

Christian ist überrascht. Er kann das nicht verstehen. Noch vier Wochen zuvor hieß es doch was ganz anderes. Deshalb fragt er misstrauisch: „Soso, ich kann nach Hause. Und der Rollstuhl? Wir wohnen im 4. Stockwerk ohne Aufzug!"

Der Arzt lächelt.

„Christian, erwarte doch nicht gleich ein Wunder! Den Rollstuhl brauchst du – vorläufig noch. Wie lange, weiß ich auch nicht. Aber das wird."

Christian ist außer sich: „Natürlich erwarte ich ein Wunder. Ich will nicht heimgefahren werden, sondern ich will gehen. Nein, nein, dann bleibe ich lieber hier."

Er flieht mit seinem Rollstuhl raus in Richtung Halle.

In seiner Verzweiflung redet er laut mit dem grünen Fisch:
„Du bist doch so ein Wunder-Fisch, ich bitte dich, lass für mich ein Wunder geschehen! Ich will doch unbedingt wieder Fußball spielen. Dort sind meine alten Freunde. Du weißt doch, wie das ist, das Eingesperrtsein. Du kannst ja aus deinem Aquarium nie mehr raus – da musst du dich mit abfinden. Aber ich muss aus diesem verdammten Rollstuhl raus. So will ich nicht leben."

Der grüne Fisch schaut Christian tiefsinnig an. Dann spricht er zu ihm:
„Christian, mein Freund, natürlich musst du aus dem Rollstuhl wieder raus. Versuche es doch!"

Christian verdutzt: „Wie soll ich das, einfach aufstehen, einfach davonlaufen?"

Der grüne Fisch: „Ja, du stehst jetzt auf, glaube mir, es geht!"

Christian versucht aufzustehen, es ist schwer und zunächst ist es, als zöge ihn ein Zentnergewicht zurück. Doch er schafft es.

Der grüne Fisch fordert ihn auf: „Und jetzt Schritt für Schritt … geh!"

Christian geht um den Rollstuhl herum und fängt an, diesen wegzuschieben. Er ist außer sich vor Freude, denn er kann es fast nicht glauben. Er ruft dem Fisch zu: „Es klappt wirklich, ich kann gehen! Danke, im neuen Jahr besuche ich dich wieder."

Als Christian den Rollstuhl schiebend in der Station eintrifft, sind alle verblüfft.

Schwester Betty ruft: „Was ist jetzt los, unser Christian kann ja wieder laufen! Ist da ein Wunder geschehen?"

Christian lachend und glücklich: „Ja, ein Wunder ist geschehen, ich habe schon immer daran geglaubt. Der grüne Fisch hat mir dabei geholfen. Meint ihr nicht auch, dass wir ihm die Freiheit geben sollten? Er wünscht sich doch so sehr wieder zurück in sein großes Aquarium."

Das wurde ein wunderschönes Silvesterfest und das Feuerwerk war der Höhepunkt des Tages.

Als Christian am ersten Tag des neuen Jahres dem grünen Fisch noch mal Danke sagen wollte, war das Aquarium weg. Dafür lag später ein Brief in grünem Umschlag auf seinem Bett:

Lieber Christian, ich bin wieder glücklich mit meiner Black-molly. Sie ist die Schönste von allen. Aber wir zwei, du und ich, bleiben Freunde für immer.

Für Christian war damit seine kleine Welt wieder in Ordnung. Er setzte langsam seine Beine in Bewegung.

Das neue Jahr hatte gut angefangen.

Nacherzählung aus dem russischen Tagebuch des Prinzen Gottfried zu Hohenlohe-Schillingsfürst in St. Petersburg

Jagdausflug an den Ladogasee September 1903

Nachdem ich Anfang September meine Arbeit beendet hatte, nahm ich eine Einladung meines Freundes Theodor Nieroth[1] an, der mich aufforderte, mit ihm an den Ladogasee zu fahren und auf Wasserwild zu jagen.

Wir fuhren nachmittags auf einem der kleinen Dampfer vom Quai in Petersburg Newa aufwärts bis Schlüsselburg und von da über den Ladogasee. Die Dampfer sind nicht groß und namenlos schmutzig, sodass wir es vorzogen, es so lange wie möglich zu vermeiden, eine nähere Bekanntschaft mit unseren Kabinen zu machen. An Bord waren auch einige „politische" Sträflinge, die nach Schlüsselburg gebracht wurden. Ich erinnere mich noch, welch unsäglich melancholischen Eindruck es auf mich machte, als diese Leute durch Soldaten, deren Boote an unserem Dampfer anlegten, von Bord geholt und in die Festung hinübergerudert wurden. Es war ein dunstiger September-Abend, natürlich schon weit herbstlicher als bei uns um diese Zeit; aus dem grau-grünen Schilfmeere, das sich ringsum am Newa-Ufer und an jenem des vor uns liegenden Sees ausdehnte, stieg die unheimlich düstere Festung mit ihren kurzen schweren Türmen als dunkle Masse empor. Schwermütige Weisen singend, ruderten die Soldaten die neuen Gäste, die stumpf vor sich hinbrütend in dem Schiffe kauerten, ihrem künftigen Heime, der Zitadelle am Ladogasee, entgegen, in der einst der unglückliche Sohn des großen Peter sein trauriges Dasein beschlossen hatte. Wir sahen gerade noch, wie sich eines

---

1 Theodor, Graf Nieroth; geboren in St. Petersburg am 03. August 1871; gestorben in Amblainville am 26. März 1952.

der beiden Tore öffnete und den Kähnen Einlass gewährte, um sich dann vielleicht für immer hinter diesen armen Menschen zu schließen, die ein unbarmherziges, oft vielleicht auch ein unverdientes Geschick in diese grausige, ungesunde Zwingburg geführt hatte.

Das Wetter war leider immer schlechter geworden und es begann heftig zu regnen und zu stürmen, sodass wir trotz des Widerwillens, den wir dagegen empfanden, gezwungen waren, unsere Kabinen aufzusuchen, in welchen wir außer der bereits konstatierten Unreinlichkeit sehr bald auch das Vorhandensein von allerhand Ungeziefer feststellen konnten.

Die Überfahrt über den See war daher alles andere als angenehm, zumal das Schiff bei dem immer heftiger einsetzenden Wind von einer Seite auf die andere rollte. Da der Ladogasee wegen seiner Stürme bekannt ist, denen schon mancher dieser alten, nicht gerade hervorragend seetüchtigen Dampfer zum Opfer gefallen ist, muss ich gestehen, dass ich herzlich froh war, als wir gegen 02.00 Uhr früh in einer Bucht am Ostufer des Sees anlegten.

Wir verließen den Dampfer, um auf Ruderbooten, die uns dort erwarteten, in einen Ort zu gelangen, in dem die Petersburger Gesellschaft, die hier die Jagd auf Wasserwild betreibt und der auch Nieroth angehörte, ein Haus gemietet hat. Nach kurzer Fahrt erreichten wir das sonderbare, auf Piloten gebaute Dorf, dessen Name mir nicht bekannt ist, und legten an dem betreffenden Hause an. Wir kochten uns rasch Tee und brachen gleich auf, um uns in denselben Booten zu den Schirmen bringen zu lassen, in denen wir den Morgenstrich der Enten erwarten wollten.

Es war noch dunkel, der Regen hatte glücklicherweise aufgehört und auch der Sturm hatte sich gelegt, ja man sah sogar einige Sterne blinken, was mich auf einen schönen Morgen hoffen ließ. Langsam wurde es heller und ich konnte nach und nach die Gegend erkennen, in der ich mich befand; nichts als Schilf, so weit man sehen konnte, dazwischen ab und zu ein breiterer oder schmälerer Wasserspiegel und kleine Inseln, wie jene, auf denen einige Hundert Schritte voneinander unsere

Schirme angebracht waren. Die Ruderer waren nach Hause geschickt worden mit dem Auftrag, uns gegen 06.00 Uhr wieder abzuholen. Noch bevor es anfing völlig schusshell zu werden, hörte man schon einzelne Enten streichen; und als die Dämmerung endlich den ersten Sonnenstrahlen wich, denen es glücklicherweise doch gelungen war, das Gewölk zu durchbrechen, begann der eigentliche Zug, der circa zwei Stunden ununterbrochen dauerte. Ich glaube wirklich, alle Arten von Enten, die es gibt, kamen hier vorbeigeflogen. Die einen turmhoch über unseren Köpfen, andere unmittelbar über dem Schilf, wieder andere im Zickzackfluge nach Art der Bekassinen; kurz es gab eine immerwährende Abwechslung, nicht nur in der Gattung des Wildes, sondern auch in der Art, wie es gezogen kam. Das Schießen war infolgedessen nicht leicht, immerhin hoben wir, als mein Ruderer mit dem Boote wiederkehrte, nach langem mühevollen Suchen im Schilfe ungefähr 60 Enten verschiedenster Gattung auf; viele waren allerdings auch verloren gegangen, da wir keinen Hund hatten. Nieroth erlegte annähernd die gleiche Anzahl wie ich.

Zu wenig Ornithologe, um die einzelnen Entengattungen bestimmen zu können, begnügte ich mich, als wir nach unserer Rückkehr zu Hause unsere Gesamtstrecke besichtigten, damit, die Anzahl der verschiedenen Spezies festzustellen und sie nach Größe und Farbe zu ordnen.

Am nächsten Morgen begaben wir uns wieder in aller Früh in unsere Schirme, aber leider nicht mit dem gleichen Erfolg wie tags vorher. Sei es, dass unsere Kanonade vom Vortage den Enten missfallen hatte, sei es, dass sie überhaupt nur unregelmäßig zogen, bis 06.00 Uhr konnte jeder von uns nur einige Enten schießen. Wir unternahmen dann noch eine Bootsfahrt auf dem Swir, dem Flusslauf, der die Verbindung zwischen Ladoga- und Onegasee darstellt.

Soweit man sah, wieder nur Wasser und Schilf, eine ganz einsame, außer vom Wasserwild von allen übrigen Lebewesen verlassene Gegend, welche aber durch ihre schier unbegrenzte Ausdehnung und lautlose Ruhe einen imposanten Eindruck macht; man hat das Gefühl, dass es hier vor Hunderten von

Jahren schon so ausgesehen haben muss und dass darin auch kommende Jahrhunderte schwerlich Wandel schaffen werden!

Gegen Mittag kehrten wir in unser Absteigquartier zurück, um nachmittags die Rückfahrt anzutreten, welche wir diesmal etwas abänderten, indem wir die Fahrt über den Ladogasee vermieden, indem wir uns bis in den nächsten größeren am Seeufer liegenden Ort rudern ließen. Von da gelangten wir in stundenlanger Wagenfahrt durch die endlosen Wälder des Gouvernements Olonez an einen der Kanäle, die sich von der Newa bis tief in das Innere des Landes ziehen. In einem größeren Orte fanden wir glücklicherweise einen der hier verkehrenden kleinen Flussdampfer, welcher eben im Begriff war, nach Petersburg zu fahren, sodass wir unsere Reise gleich fortsetzen konnten. Nach einer ruhigen Nachtfahrt, die wir bei schönem Wetter sehr angenehm an Deck des Dampfers verbrachten, langten wir in aller Früh in Petersburg ein.

Aehrenthal[2] befand sich schon in Wien, wo Anfang September König Eduard und Mitte des Monats Kaiser Wilhelm geweilt hatten. Ende des Monats sollte Zar Nikolaus dort eintreffen; den erhaltenen Weisungen entsprechend begab ich mich um den 20. d. M. nach Wien, um daselbst die Ankunft des Zaren zu erwarten.

---

2 Aloys Graf Aehrenthal; geboren am 27. September 1854; gestorben am 17. Februar 1912.

Die Menschmaschine

„Nerd", „Uncool" und „Freak". All diese Bezeichnungen habe ich schon oft in Bezug auf meine Person gehört. Der Satz „Du misanthropische Assel, beweg deinen Arsch, sonst wird nie was aus dir!", war mir allerdings neu. Noch dazu entstammte diese verbale Entgleisung der Frau, die mich unter Höllenqualen geboren hatte.

Ich gebe zu, dass mein Ordnungssinn nicht dem eines Normalsterblichen entspricht, aber schon der gute Albert Einstein sagte, dass nur ein Genie das Chaos beherrschen könne. Allerdings beschränkt sich mein Chaos auf 16 Quadratmeter und befindet sich im Keller meines Elternhauses. Während meine hobbitgroße Mutter die Arme in die Seiten stemmt und mir eine ihrer üblichen Standpauken hält, überlege ich, ob ich ihre Augenbrauen mit meinem Lötkolben verschönern könnte. So eine Art „Permanent-Make-up". Plötzlich bin ich mit den Gedanken wieder im Jetzt, da meine Mutter die Frage „Hast du das verstanden?" ausstößt. Wie aus der Pistole geschossen, fährt mir ein „Jawohl, Frau Blockwart" aus dem Mund. Zu allem Überfluss salutiere ich auch noch. Das Ergebnis – sie beraubt mich meines Laptops und wirft die Tür hinter sich zu. Die Ansage, dass ich heute mit meiner Gilde einen Raid geplant hätte, hat sie offensichtlich nicht überzeugt. Was bildet die zwergenhafte Hexe sich nur ein? So kann man ein Kind behandeln, aber nicht mich. Schließlich bin ich ein 27-jähriger Physikstudent und ein Nachtelfendieb der Stufe 32 in „Dungeons and Dragons".

Think smart. Be smart. Smartphone. Ein brillanter Geist wie der meine lässt sich nicht so einfach kappen. Ein schneller Griff in meine Hosentasche, ein Wischen über das Display und ein Druck auf den Browser-Button. Kein WLAN-Empfang. Hat sie doch tatsächlich den Stecker vom Router gezupft und mich so von meiner virtuellen Lebensader getrennt! Wer ist diese Frau, neben der Superschurken wie Fantomas, Lex Luthor und der Joker wie Waisenknaben aussehen? Ich will meiner Wut und Frustration Ausdruck verleihen und meinem besten Freund per Kurzmitteilung schildern, was meine Mutter mir angetan hat. Die Hürden der Technik bringen mich diesmal zu Fall. Das Wörterbuch meines allmächtigen iPhones scheint die essenziellsten Fäkalausdrücke also nicht zu kennen. Verflucht sei Steve Jobs, lang lebe Bill Gates! Man betrachte allein die Firmenlogos: ein Fenster – frische Luft und Freiheit auf der einen Seite, ein Apfel – Fäulnis und Fruktoseunverträglichkeit auf der anderen. Egal – ich kann meinem Unmut in Form einer Beschwerdemail an Apple Ausdruck verleihen, sobald ich wieder online bin. Also geht der Kampf gegen meine Nemesis, den Mikro-Mussolini, weiter. Ich höre Schritte über mir. Jemand ist im Wohnzimmer. Na gut – dann tragen wir den Kampf eben im nächsten Level aus. Wie ein Wiesel schleiche ich die Stufen hinauf, quetsche mich wie James Bond die Wand entlang und linse durch die offene Tür in das soziale Zentrum unseres Hauses. Dort steht er: mein Laptop. Vom Feind ist nichts zu hören und auch mein olfaktorischer Sinn nimmt keine Partikel von Parfum in der Luft wahr. Die Luft ist also im wahrsten Sinne des Wortes „rein". Ich könnte nun ins Zimmer stürmen, meinen Computer an mich reißen und dann laufen, so weit meine Füße mich tragen. Das wäre zu einfach. Ich will Rache. Nach kurzer erhöhter Aktivität meiner Synapsen und Transmitter habe ich beschlossen, meinen perfiden Plan in die Tat umzusetzen. Vorsichtig taste ich mich zu meinem Rechner vor, tätige ein paar Mausklicks, verlasse raschen Schrittes den Tatort und haste nach draußen vors Wohnzimmerfenster, um den weiteren Verlauf der Dinge zu beobachten. Es dauert keine fünf Minuten und meine Mutter betritt den Raum. „Ihre Niederlage wird so bitter sein wie der Kaffee, den sie gerade trinkt", denke ich mir händereibend. Sie wirft einen Blick auf den Bildschirm. Irgendetwas hat sich verändert. Ein neues Fenster hat sich geöffnet. Darauf zu sehen: Herzbuben, Kreuzdamen und noch vieles mehr füllen den Screen. Wie eine neugierige, aber

scheue Katze stupst sie die Maus an und klickt auf eine der Karten. Aus den Lautsprechern ertönt ein Geräusch. Sie greift nochmals zur Maus. Diesmal zieht sie eine der Karten über den Bildschirm und freut sich diebisch, als diese an einer anderen Stelle des Bildschirms hängen bleibt. Spieltrieb geweckt: Mission accomplished. „Spider Solitaire – keeping mothers busy since Win 3.1." Vielleicht versteht sie meine Welt dann besser. Befriedigt ziehe ich mich in meine Gemächer zurück. Meinen Computer habe ich zwar noch immer nicht zurück, doch unterhält mich das Kopfkino gerade mehr als ausreichend. Mit einem schelmischen Grinsen im Gesicht schlafe ich ein.

Langsam öffnen sich meine Augenlider. Die blinkenden LEDs an meinem Radiowecker zeigen an, dass es bereits zwei Uhr früh ist. Schlaftrunken gehe ich nach oben, in der Absicht, meinen Laptop aus dem Wohnzimmer zu holen. Dass dies ein historischer Moment sein sollte, der mein Leben für immer verändern würde, wusste ich noch nicht. Es ist ruhig im Haus. Lediglich aus dem Wohnzimmer kommen regelmäßige Geräusche: „Klick, klick, klick." Mir schwant Übles. Ich trete in den Raum. Es ist dunkel. Lediglich ein Gesicht ist im kühlen Licht des Computerbildschirms schemenhaft zu erkennen. Es ist meine Mutter. Das Mobiliar um mich herum verändert sich zu einer geistigen Grotte, geschaffen von J. R. R. Tolkien. In Crocodile-Hunter-Manier schleiche ich und erkläre meinem imaginären Publikum, wie ich mich gleich auf die wilde Bestie stürzen werde. Aus dem Stand hechte ich auf sie zu und versuche ihr meinen Laptop zu entreißen. Da stößt das Wesen die Worte „Mein Schaaatz" aus. Ich halte mich für den vermeintlichen Adressaten dieser Botschaft und setze dazu an, meine Mutter zu umarmen. Doch mit flinken Fingern entwendet sie mir den Rechner, nimmt die Beine in die Hand und schließt sich mit ihrer Beute in der Toilette ein. Und wieder beginnt es: „Klick, klick, klick." Ich habe meine Mutter verloren – gefangen im Netz von Spider Solitaire.

Ich muss aber zugeben, dass sich die gesamte Familie recht rasch mit der Situation und der Sucht meiner Mutter arrangiert hat. Mein Vater und ich haben einen Stammtisch im städtischen Wirtshaus gegründet und zu den Klickgeräuschen gesellt sich mittlerweile in regelmäßigen Abständen das „Wuuusch" der Toilettenspülung.

Dienstag bei den Schlurpfen

Kennt ihr Schlurpfe?

Ich meine, habt ihr schon mal einen gesehen?

Einige von euch denken jetzt: „Das heißt nicht Schlurpfe, sondern Schlümpfe, du Blödi!"

Aber ich sage euch, es gibt sie, und ich weiß es deshalb so genau, weil ich einen gesehen habe, vergangenen Dienstag.

Ihr glaubt mir nicht?

Dann hört euch mal meine Geschichte an, die mir und meinem Bruder Jona wirklich passiert ist!

Nach der Schule gingen mein Bruder und ich in den kleinen Wald, der direkt an unseren Garten grenzt, um dort zu spielen.

Erst sind wir nur umhergelaufen, haben Stöcke gesucht und ein bisschen mit unseren Taschenmessern geschnitzt.

Dann schlug Jona vor, Verstecken zu spielen.

Eigentlich verstecke ich mich gerne, aber meine Jacke ist rot, Jonas Jacke ist grün.

Da ratet mal, wer immer als Erstes gefunden wird, wenn wir uns im Wald verstecken.

Trotzdem habe ich mitgemacht, denn es macht Spaß, über den Waldboden zu robben und dieses Kribbeln im Bauch zu spüren, wenn der Sucher ganz in der Nähe ist, dich aber noch nicht entdeckt hat.

Jona zählte bis 20 und ich krabbelte unter eine dicke Tanne ganz in der Nähe.

Die Äste hingen bis auf den Boden und ich kroch dicht an den Stamm.

Es roch herrlich nach Harz und Waldboden.

Ich konnte Jona „Hinter mir und vor mir gilt nicht, ich komme!" rufen hören.

Ich lauschte und hörte ihn näher kommen.

„Mäuschen, sag mal Piep!", rief Jona, das war schon ganz nah.

Natürlich antwortete ich nicht. Rote Jacke und dann auch noch piepen, wie leicht sollte ich es Jona eigentlich noch machen?

„Hab dich!", schrie Jona plötzlich auf und kurz danach sah ich ihn auf die dicke Tanne zulaufen.

Jetzt musste ich zusehen, dass ich mich am Abzähl-Baum freischlug.

Rasch kroch ich unter der Tanne hervor und richtete mich stolpernd auf.

Jona war mir auf den Fersen.

Ich schlug einen Haken und wetzte in Richtung Abzähl-Baum.

Dabei übersah ich einen Baumstumpf und schlug der Länge nach ins weiche Laub.

Der Stumpf war durch den Aufprall meiner Füße zur Seite geschoben worden und hatte ein Loch freigelegt, in das ich jetzt erstaunt hineinblickte.

Jona kam nun auch heran und hielt sich japsend die Seiten.

„Bist ganz schön geflitzt, Alter!"

Eigentlich bin ich gar nicht so alt, gerade sieben Jahre alt geworden, aber Jona sagte immer „Alter".

Gemeinsam schauten wir in die freigelegte Grube und sahen tatsächlich – Haare!

Stellt euch das vor!

Wir sahen Haare auf einem Kopf, der im Waldboden steckte.

Unsicher blickten wir einander an.

Aber viel Zeit blieb uns nicht zum Nachdenken, denn der Kopf begann sich aus der Erde zu schieben.

Jona machte einen entsetzten Sprung nach hinten, ich konnte mich nicht von der Stelle rühren, sondern blieb wie angewurzelt stehen!

Der Kopf war jetzt so weit aus dem Boden heraus, dass man eine breite Stirn erkennen konnte. Dann kamen die Augen, Nase und runde, weiche Wangen. Danach ein großer Mund und schließlich ein kleines Kinn.

Der große Kopf drehte sich hin und her und schüttelte sich den Waldboden aus Haar und Ohren.

Die bernsteinfarbenen, runden Augen sahen erst Jona, dann mich an.

„Hallo!", sagte der Kopf.

„Ha-hallo!" Ich war benommen und konnte nur stehen und staunen.

„Hallo!", sagte der Kopf noch einmal. „Ich bin ein Schlurpf! Ein Baumschlurpf genauer gesagt! Du hast mich geweckt! Jetzt habe ich Hunger!"

„Ho-hoffentlich nicht auf uns!", brachte mein Bruder mühsam hervor.

„Nö! Ich esse doch keine Kinder! Wir Schlurpfe lieben alles, was im Wald wächst! Wir sind Pflanzenesser! Aber nun tretet etwas zurück und erschreckt nicht, ich komme jetzt heraus!"

Wie ein Wurm aus einem Erdloch schob sich der Schlurpf Zentimeter für Zentimeter aus seiner Grube.

Dem schon recht großen Kopf folgen ein kurzer, stämmiger Hals und dann Schultern und Brust.

Die Arme, die der Schlurpf offensichtlich in seinem Loch vor dem Körper verschränkt gehalten hatte, lösten sich aus der Erde und stützten sich mit riesigen Händen an beiden Seiten des Loches auf den Waldboden.

„Jetzt wird's etwas knifflig! Meine Beine sind nämlich eingeschlafen, aber es ist ja auch eigentlich noch keine Zeit für mich zum Aufstehen, da kann ich den beiden keinen Vorwurf machen!"

Er kicherte.

Mit einem Ruck zog er sich ganz aus dem röhrenförmigen Loch.

Er klopfte sich die Erde von Armen und Beinen, dann richtete er sich auf.

Jona und ich sahen mit offenen Mündern zu ihm hoch.

„Alter!", brachte Jona schließlich heraus. „Du bist ein Riese!"

„Irrtum! Riesen gibt es nämlich nur in Märchen oder Sagen! Wenn du aber mit ‚Riese' meinst, ich sei groß, dann hast du die anderen Schlurpfe noch nicht gesehen. Ich bin nämlich für einen Baumschlurpf ausgesprochen klein!"

„Na ja, du bist aber der Größte, den ich kenne!"

Der Schlurpf bückte sich nach dem Baumstumpf und setzte ihn sich wie einen Hut auf den Kopf.

„So, ihr zwei! Ich mache mich jetzt mal auf die Suche nach etwas Leckerem zum Essen!"

„Dürfen wir mitkommen?", rief ich nach einem raschen Blick auf Jona.

„Meinetwegen! Aber bleibt hinter mir, dass ich nicht aus Versehen einem von euch auf die Füße trete!"

Der Schlurpf setzte sich in Bewegung.

Ich wollte ihm folgen, doch Jona packte mich fest am Arm und machte hektische Zeichen mit den Händen.

„Was?", fragte ich ungeduldig und er legte sofort den Finger auf die Lippen.

„Lass uns abhauen!", wisperte er mir hinter vorgehaltener Hand zu. „Der merkt gar nicht, dass wir ihm nicht folgen, und wir rennen schnell nach Hause!"

„Ich will nicht weglaufen!", flüsterte ich zurück. „Auf mich macht er einen harmlosen Eindruck!"

„Wer weiß, was er wirklich vorhat! Vielleicht ist das ja alles nur ein Trick und er will uns verschleppen und aufessen!"

„*Wir* wollten doch mit ihm gehen, schon vergessen? Außerdem, wenn er uns verschleppen wollte, hätte er das schon längst gekonnt. Seine Schultern sind breit genug, um uns beide huckepack zu tragen!"

Der Schlurpf war stehen geblieben. Nun wandte er seinen runden Kopf und blickte uns verschmitzt an.

„Ihr traut mir wohl nicht? Kann ich mir denken! Eure Eltern haben euch bestimmt gewarnt, nicht mit Fremden mitzugehen. Sehr gut! Aber ich bin kein Fremder, sondern ein Schlurpf! Ein liebenswerter noch dazu!"

Verblüfft sahen Jona und ich ihn an. In den sanften Augen des Schlurpfes blitzte es so freundlich, dass wir all unsere Bedenken in den Wind schlugen und ihm in den Wald folgten.

„Wo willst du überhaupt hin?", fragte ich. Er wandte erneut seinen Kopf, ging aber mit großen Schritten weiter.

„Ich habe eine Lieblingsstelle hier im Wald, an der ich gerne esse. Eigentlich kommen wir nur nachts aus unseren

Löchern. Man kann nie wissen, was einem Erwachsenen in den Sinn kommt, wenn er plötzlich einem ausgewachsenen Schlurpf gegenübersteht. Vor den Jägern haben wir natürlich am meisten Angst, aber die jagen gottlob nicht oft in diesem Teil des Waldes!"

„Warum bist du denn aus dem Loch gekommen, wenn du doch solche Angst vor den Menschen hast?", fragte ich erstaunt.

„Hättest du mir nicht meinen Hut vom Kopf gestoßen, wäre ich sicher nicht aufgewacht und dann hätte ich keinen Hunger bekommen! Es ist aber nun mal alles so gekommen, wie es gekommen ist, und daher gibt es jetzt leckere Rinde für mich, bevor ich mich wieder schlafen lege! Hier ist es schon!"

Wir traten auf eine kleine Lichtung hinaus. Der Schlurpf machte sich an den umliegenden Kiefern zu schaffen.

Die Sonne schien hell auf den Schlurpf und er kniff seine Augen zusammen, um nicht geblendet zu werden.

Wir beobachteten ihn, wie er die Rinde von den Stämmen zupfte und sich genießerisch in den Mund stopfte.

„Diese Rinde ist die beste im ganzen Wald!", schwärmte er, während seine Zähne das Holz mahlten. „Probiert doch mal!"

Jona machte eine abwehrende Handbewegung. „Nee, danke! Mir ist ein richtiges Mittagessen lieber!"

„Ich will probieren!"

Der Schlurpf warf mir ein Stück Rinde zu und ich kaute versuchsweise darauf herum.

Dann spuckte ich aus und sah den Schlurpf entschuldigend an.

„Bitte sei nicht böse, ja? Aber Rinde ist nichts für mich. Viel zu hart und die Holzsplitter piksen im Mund!"

„Schon gut!" Der Schlurpf setzte seine Mahlzeit ohne weitere Unterbrechung fort.

Ich ließ mich neben Jona ins Gras fallen und sah ihm beim Essen zu.

Er konnte ganz schön was verdrücken, das könnt ihr mir glauben!

Doch schließlich war sein Hunger gestillt und er nahm neben uns auf dem Boden Platz.

„Ich habe noch nie mit Menschen gesprochen!", sagte er und sah uns abwechselnd an. „Warum seid ihr so wenig im Wald? Mögt ihr die Bäume nicht mehr? Früher habe ich jeden Tag die Erschütterungen gespürt, wenn sich Menschen im Wald über mir aufhielten. Nun ist es so ruhig, dass man meinen könnte, es gäbe gar keine Menschen mehr!"

„Es gibt noch Menschen, aber sie bleiben zu Hause! Sie sitzen auf ihren Terrassen, in ihren Gärten!", erklärte Jona.

„Und die Kinder?"

„Die würden vielleicht gerne in den Wald gehen, doch die Eltern haben Angst, dass den Kindern allein im Wald etwas passiert, aber auch keine Lust, sie zu begleiten! Die Natur ist den meisten Erwachsenen egal!"

„Wie kann jemand den Wald nicht mögen?" Der Schlurpf sah uns erstaunt an.

„Die Erwachsenen kommen müde von der Arbeit und sind froh, endlich zu Hause zu sein!"

Der Schlurpf nickte. „Zu Hause ist es am allerbesten! Ich habe auch mal den Wald verlassen, um mir die Welt dahinter anzuschauen. Doch die Sehnsucht nach meinem Loch und nach meiner vertrauten Umgebung war so groß! Ich bin nie wieder fort gewesen!"

„Was machst du denn, wenn du nicht gerade schläfst?", wollte ich wissen.

Der Schlurpf umschlang seine Beine mit den Armen und stützte das Kinn auf die Knie.

„Tagsüber schlafe ich, das habe ich ja schon gesagt!" Er gähnte herzhaft, dann fuhr er fort:

„Abends, wenn die Vögel schlafen gehen und die Nachttiere herauskommen, dann wachen wir auf. Wir haben eine innere Uhr, wisst ihr? Meistens treffen wir uns erst mal alle zum Plausch, dann gehen wir gemeinsam oder auch allein auf die Suche nach einer leckeren Mahlzeit.

Wir sind ziemlich wählerisch und essen nicht alles, das könnt ihr mir glauben! Mein Nachbar isst zum Beispiel nur Rinde, die älter als fünfzig Jahre ist. Er behauptet, dann wäre das Holz edler!"

Jona schnaubte amüsiert auf.

Der Schlurpf fuhr fort: „Nach dem Essen treffen wir uns wieder und dann haben wir Spaß! Wir machen Musik auf selbst geschnittenen Pfeifen und stampfen den Takt mit den Füßen. Wir sind nicht die allerbesten Sänger, aber unser Gebrumm ist große Klasse!"

„Wie kommt es, dass wir noch nie einen Schlurpf gesehen haben? Ihr hinterlasst doch Spuren auf dem weichen Waldboden und ihr habt eure Schlafröhren! Irgendein Förster muss euch doch schon mal gesehen haben?!" Ich konnte nicht glauben, dass die Baumschlurpfe schon so lange unbemerkt unter uns lebten.

„Wir Schlurpfe sind zwar groß, aber wir sind nicht so tollpatschig wie die Wildschweine, die alles durchwühlen und ihre Spuren, für alle Welt sichtbar, zurücklassen! Wir lieben den Wald und gehen behutsam mit ihm um!"

„Hat wirklich noch nie jemand eure Anwesenheit bemerkt? Es muss doch Spaziergänger geben, die sich nach Einbruch der Dunkelheit im Wald aufhalten?"

„Kommt nicht oft vor! Wenn wir aber doch mal einen späten Besucher im Wald haben, dann erlauben wir uns einen Spaß! Wir knacken im Unterholz und biegen die Bäume, bis sie schaurig knarren! Es ist herrlich, die verängstigten Gesichter zu sehen!"

Der Schlurpf gähnte erneut, hielt sich aber höflich eine Hand vor den riesigen Mund.

„Alter! Deshalb ist der Wald im Dunkeln unheimlicher als im Hellen: wegen der schaurigen Geräusche – und die macht ihr!"

Jona fand die Vorstellung ausgesprochen komisch, dass abendliche Fußgänger sich vor den harmlosen Scherzen der Schlurpfe fürchteten.

„Wo kommt ihr her?", wollte ich wissen. „Wart ihr immer schon in diesem Wald? Gibt es noch viele Schlurpfe?"

„Ich bin vor vielen, wirklich vielen Jahren zum ersten Mal aus meinem Erdloch gekrochen. Die Schlurpfe legen, wenn sie alt sind, eine Larve in den Waldboden. Es gibt keine Mütter wie bei den Menschen. Wir alle sind gleich und wir alle können vor unserem Ende eine neue Larve legen!"

Ich sah mich auf der Lichtung um und ließ meinen Blick auch durch den umliegenden Wald schweifen. Hier konnten überall Baumschlurpfe unter uns vergraben sein und nur darauf warten, ausgewachsen und reif zu sein, um zum ersten Mal aus ihren Erdröhren zu kriechen.

„Hat jeder Schlurpf so einen Hut wie du?", wollte Jona wissen.

Der Schlurpf fasste sich bedächtig an den Baumstumpf, den er wie einen Zylinder auf seinem Kopf trug.

„Gefällt er euch? Wir bedecken unsere Erdröhren gern mit Baumstümpfen oder Ästen. Nötig wäre es nicht, aber die Wahrscheinlichkeit, so entdeckt zu werden, ist gering! In diesem Teil des Waldes habe ich noch ungefähr zwanzig Nachbarn! Wir kennen uns schon unser ganzes Leben lang! Schon deshalb bin ich damals zurückgekommen, hier wohnen meine Freunde!"

Er erhob sich gähnend.

„Wenn ich jetzt nicht zurück in meine Schlafröhre komme, dann bin ich heute Nacht zu nichts mehr zu gebrauchen!"

Er wandte sich zum Gehen. Wir waren auch aufgesprungen und ich ergriff die riesige Hand des Schlurpfes. „Werden wir dich wiedersehen?"

„Ihr wisst ja jetzt, wo ich meine Röhre habe! Also warum nicht! Um eines möchte ich euch aber bitten, redet zu keinem Erwachsenen darüber, dass es uns gibt! Sie würden es nicht verstehen und vielleicht würden dann noch weniger Kinder in den Wald kommen, wenn ihre Eltern uns fürchten! Ich liebe nun mal das Getrippel von Füßen, wenn ich schlafe!"

„Das versprechen wir dir! Wir werden nur unseren Freunden von euch erzählen, das geht doch in Ordnung, oder?"

„Das geht in Ordnung!" Der Schlurpf drückte kurz, aber fest meine Hand, dann machte er sich auf den Rückweg.

Wir folgten ihm bis zu seinem Loch. Ein wenig traurig sahen wir, wie er sich wieder in die Röhre gleiten ließ.

„War nett, euch kennenzulernen!", sagte er, als nur noch der Kopf aus dem Boden ragte.

Dann war auch der verschwunden. Der Baumstumpf, der immer noch auf dem Kopf saß, verschloss das Loch wie ein Korken.

Jona und ich blickten uns an, dann den Stumpf. Wir konnten es eigentlich schon jetzt nicht mehr glauben, was uns da eben passiert war.

Steckte unter dem Stumpf wirklich ein echter Schlurpf?

Jona legte den Arm um meine Schultern. „Komm, Matthes! Lass uns nach Hause gehen!"

„Was fangen wir jetzt mit dem Wissen an, dass es Geschöpfe wie den Schlurpf gibt?"

Ich ließ mich widerstrebend fortziehen.

„Vermutlich wird uns die Sache sowieso keiner glauben!", meinte Jona achselzuckend.

Ich warf noch einen letzten Blick auf den Baumstumpf, unter dem der Schlurpf bestimmt schon ruhig schlummerte.

„Ich werde dich besuchen!", flüsterte ich dem schlafenden Schlurpf zu. „Ich werde dich besuchen kommen, wenn ich alt genug bin, nachts allein in den Wald zu gehen! Vor den Geräuschen brauche ich mich ja jetzt nicht mehr zu fürchten, denn ich weiß nun, dass sie nichts Böses bedeuten!"

Jetzt wisst ihr also, was Schlurpfe sind. Behaltet dieses Wissen aber für euch und lasst eure Eltern ruhig in dem Glauben, dass Wälder im Dunkeln unheimlich sind! So schützt ihr den Baumschlurpf und seine Nachbarn.

Wenn ihr aber mal einen Heckenschlurpf sehen wollt, dann legt euch nach Einbruch der Dunkelheit auf die Lauer! Vielleicht wohnt ja auch einer in eurer Hecke und ihr könnt ihn beim Essen beobachten.

Viel Glück und keine Angst, Schlurpfe sind Pflanzenesser!

Leben im Kreislauf der Gefühle

„Ich denke nicht daran, mit euch zur Silvesterparty des Konsuls Streit zu gehen. Was soll ich dort?"

Ungehalten blickte Michael Weber zwischen seinen Eltern hin und her. Energisch, die Endgültigkeit seiner Worte unterstreichend, drehte er sich zur Tür, um das Wohnzimmer zu verlassen.

„Halt, Junge! Du hast wohl nicht begriffen, wie wichtig diese Einladung des Konsuls für uns und das Geschäft ist?", rief ihm der Vater zu.

„Und", ergänzte die Mutter, „besonders diese Party, ein gesellschaftliches Ereignis von höchster Wichtigkeit, eine einmalige Gelegenheit, in die Prominenz von München eingeführt zu werden. Es ist die Chance für dich, eine ordentliche Bekanntschaft zu machen und nicht ein so armseliges Ding aufzugabeln, wie wir es zuletzt im Sommer erleben mussten."

Michael wandte sich nochmals den Eltern zu und sein Blick fiel durch das Glas der Terrassentür zum verschneiten Park, dessen Eiskristalle blitzende Lichtstrahlen in das Wohnzimmer warfen. Eine Erinnerung wurde wach. Es war Sommer gewesen. Das Sonnenlicht hatte dieses elegante Wohnzimmer durchflutet. Vor seinem Auge erstand das Bild jenes Mädchens, seines Mädchens aus dem Gymnasium, Grit Gerharts, die zugleich mit ihm das Abitur abgelegt und in die er sich so verliebt hatte, dass sie jetzt noch immer seine Gedanken beherrschte. Er sah den Moment vor sich, als ihr Tränen aus den Augen rollten, und wie gern hätte er sie doch tröstend in den Arm genommen, wäre nicht er selbst die Ursache dieser grausamen Auseinandersetzung gewesen, die so unerwartet über sein geliebtes Mädchen hereingebrochen war.

Er hatte geglaubt seine Eltern zu kennen, die ihm jeden Wunsch von den Augen ablasen. Sie würden Grit wie eine

Tochter aufnehmen, davon war er überzeugt gewesen. Die spontane Reaktion der Mutter war ihm so unverständlich.

Als sie den Namen des Mädchens hörte, gefror das freundliche Begrüßungslächeln.

„Gerharts? Sind Sie nicht die Tochter dieser Flickschneiderin?" Ihr stechend gewordener Blick fiel auf ihren Mann, dessen wohlwollendes Lächeln erlosch.

„Das ist kein Umgang für meinen Sohn." Hysterisch schrie sie auf: „Verschwinden Sie aus unserem Haus!"

Grit sprang auf und rannte, wie von Furien gehetzt, nur weg, weg von allen, die sie so unglaublich beleidigt hatten. Michael stand starr da, keines Wortes mächtig und konnte nicht fassen, was er soeben von seiner Mutter hatte hören müssen. Dann aber kam er in Bewegung und lief Grit nach. Sie war verschwunden.

Alle Bemühungen, mit ihr in Kontakt zu kommen, blieben erfolglos. Auch Grits Mutter, die ihm sehr herzlich begegnet war, lehnte es ab, Aufklärung über Grits Verbleib zu geben, ja sie wollte mit ihm überhaupt kein Wort mehr wechseln. Selbst seine eigene Mutter dachte nicht daran, ihr Verhalten zu begründen. Sogar der Vater blieb stumm und eigenartig passiv. Das alles war Michael völlig unverständlich. So kannte er den Vater nicht. Normalerweise gab er in der Familie den Ton an und hielt mit seiner Meinung nicht hinter dem Berg. Michael schien es, als habe sich das Familienklima seit jenem Eklat verändert. Die Mutter hatte nun in allem das letzte Wort. Auch jetzt, in Sachen Silvesterparty, ging die Initiative wohl von ihr aus. Das irritierte ihn und umso weniger war er bereit, dem Wunsch seiner Eltern zu folgen. Er war entschlossen Silvester mit seinen Freunden zu feiern.

Wütend verließ er den Raum und schmetterte die Tür zu.

Im Künstlerhausrestaurant, einem Stammlokal der Gymnasiasten, fand in den Sälen die traditionelle Silvesterparty statt. Hier würde er Freunde treffen und hier wollte er den Jahreswechsel verbringen. Gegen zwanzig Uhr betrat er das Lokal und blickte sich suchend um. Er schob sich zwischen den schon zahlreichen Besuchern zur Theke. Schon wollte er ein Getränk bestellen, da sah er sie. Er glaubte seinen Augen nicht trauen zu können. Vergeblich hatte er nach ihr gesucht. Sie war einfach verschwunden gewesen und jetzt, so unerwartet, stand Grit, seine Grit, plötzlich vor ihm. Er stürzte auf sie zu und nahm sie einfach in den Arm. Erschrocken schaute sie auf. Ihre Augen leuchteten und glücklich barg sie ihren Kopf an seiner Brust.

„Ich hab mich so nach dir gesehnt und jetzt bist du endlich wieder bei mir", flüsterte sie leise. Er rührte sich nicht und sog den Duft ihrer Haare ein. Dann schob er sie von sich und betrachtete sie, als könne er immer noch nicht glauben, dass er sie wirklich im Arm hielt.

„Du bist fülliger geworden. Das steht dir."

Sie lächelte.

„So, meinst du? Gefällt es dir? Aber so bleibt es nicht."

Sie errötete.

„Siehst du nicht? Ich bekomme ein Kind, dein Kind. – Jetzt sind wir beide so glücklich, weil wir dich wiederhaben. – Aua!", stöhnte sie leise und griff sich an den Bauch.

„Ja, auch sie freut sich."

Trauer legte sich auf ihre Augen.

„Aber deine Mutter? Sie wird auch das Kind ablehnen."

„Hab keine Angst! Ich steh zu dir. Niemals hätte ich dich gehen lassen, aber du bist mir einfach davongerannt." Sein Blick bat um eine Antwort.

„Deine Mutter hat mir deutlich gesagt, dass sie mich nicht will. Ich konnte mich doch nicht zwischen dich und deine Eltern schieben. Ich hab dich viel zu lieb. Das konnte ich dir nicht antun …"

Er verschloss ihren Mund mit einem Kuss.

„Weißt du, wie verzweifelt ich war, weil du verschwunden bist? Nicht einmal deine Mutter wollte mit mir sprechen."

„Ich weiß, aber für mich war plötzlich die Welt untergegangen. Ich konnte mit dir nicht mehr reden. Ich musste einfach weg."

„Wo warst du? Was hast du gemacht?"

„Zuerst wollte ich gar nicht mehr leben. Mama hatte größte Mühe, mir das auszureden. Plötzlich war mir schlecht. Sie schickte mich zum Arzt und da erfuhr ich von meinem Glück. Mit einem Mal war alles anders. ‚Ich muss eine gute Ausbildung haben, damit ich das Kind versorgen kann‘, waren meine ständigen Gedanken. Immer schon wollte ich Jus studieren, aber wer sollte das bezahlen? Von meiner Mutter konnte ich das nicht erwarten. Mir ist es ein Rätsel, wie sie es trotzdem geschafft hat, bis jetzt das Geld aufzubringen.“

„Du brauchst dir keine Sorgen mehr zu machen, denn nun bin ich ja da und morgen klären wir alles mit meinen Eltern.“

Spät erschien Michael am Neujahrstag zum Mittagessen. Ohne Umschweife eröffnete er den Eltern, dass er Grit wiedergefunden hatte.

„Ihr könnt sagen und tun, was ihr wollt. Ich werde mich von ihr nicht mehr trennen. Sie bekommt unser Kind.“

„Hat sie es also doch geschafft? Das habe ich befürchtet.“

Wütend drehte sich die Mutter zum Vater.

„Nun will sie ihn also mit einem Kind hereinlegen, diese Schlampe. Helga, ihrer Mutter, wäre es bei dir auch fast geglückt, wenn ich nicht rechtzeitig eingegriffen hätte …“

„Wobei du“, setzte der Vater erregt fort, „mit Michael genau das getan hast, was du Grit jetzt unterstellen willst. In einem schwachen Moment, unter Alkohol, ist es dir gelungen, mich zu verführen und vor die vollendete Tatsache zu stellen, sodass ich nicht mehr anders konnte und meine Liebe aufgeben musste. Aber lassen wir es gut sein! Michael hat durch deine Eifersucht schon genug gelitten.“

„Na, so groß kann Helgas Liebe zu dir doch nicht gewesen sein“, höhnte sie. „Grit ist der Beweis, dass sie sich schnell mit einem anderen getröstet hat.“

Er winkte verächtlich ab.

„Was weißt denn du davon, wie es war! Helga hat verstanden, dass ich mich unter diesen Umständen von ihr trennen musste. Um zu vergessen, stürzte sie sich spontan in eine neue Beziehung. Leider hat sie Pech gehabt und ist mit ihrem Kind allein geblieben. Sie war ohne Arbeit, als ich sie zufällig traf. Da merkte ich, wie schuldig ich an ihr geworden war. Deshalb hab ich sie auch all die Jahre finanziell unterstützt, das Geringste, was ich für sie tun konnte."

Entgeistert starrte ihn seine Frau an.

„Sag, dass das nicht wahr ist!"

„Doch", erwiderte der Vater vergnügt. „Eine meiner besten Taten. Darauf bin ich stolz", und in Richtung Mutter ergänzte er: „Grit und unser Enkelkind sind uns herzlich willkommen. Ist das klar, Großmutter?"

Das Märchen von der geschenkten Zeit

Der Mülleimer quoll über und begann bereits unangenehm zu riechen. Die junge Frau saß wie ein grauer Schatten davor, starrte ihn an und konnte es nicht übers Herz bringen, ihn anzufassen und nach draußen zu tragen.

Das war doch seine Aufgabe!

In einem blitzsauberen Rechteck aus hellem freundlichen Holz, glänzenden Fliesen und hübschen dekorativen Keramikgefäßen bildeten die Frau, der Mülleimer und das Spülbecken mit benutztem Geschirr einen unnatürlichen, trostlosen Schmutzfleck.

Die Frau saß zusammengesunken auf der Stuhlkante, mit gesenktem Kopf und leeren Augen, spröden Händen und strähnigem Haar. Auf dem Schoß verstreut hielt sie geöffnete Briefumschläge und beschriebene Karten, die ihr plötzlich aus den Händen glitten und sich wie ein kalter, mit Worten besprenkelter Schneeteppich zu ihren Füßen ausbreiteten. Die Umrisse verschwammen vor ihren Augen und sie glaubte, das kühle Weiß unter den Füßen zu spüren. Sie hatte Schuhe und Strümpfe schon vor einiger Zeit irgendwo abgestreift und bewegte nun leicht die klammen Zehen, um die Schneedecke zu durchstoßen.

Als sie sich schließlich apathisch nach den Papieren bücken wollte, schob sich ein glänzender Sonnenstrahl ins Fenster und tauchte alles um sie herum in goldenes Licht; sie schniefte und kräuselte die Nase, um nicht laut losniesen zu müssen.

Es war einmal – vor einigen Jahren – ein junges Mädchen, das war nicht glücklich und nicht unglücklich, nicht übermütig und nicht traurig, es lebte ein normales Leben mit guten und schlechten Tagen, es war jung und zuversichtlich und vertraute darauf, dass nach schlechten Tagen auch immer wieder gute kamen.

Etwas in seinem Leben aber fehlte – der Teil, der es zu einem Ganzen machen würde, die Hälfte, die es vervollständigen würde: ein Mann, die große Liebe!

Sie wünschte es sich so sehr – komplett zu sein, zu jemandem zu gehören, jemanden zu lieben und geliebt zu werden – sie malte sich ihr Leben mit *ihm* in den schillerndsten Farben aus.

Und dann geschah es eines Morgens: Sie trat aus dem Haus, es war noch Herbst, aber in der Nacht hatte es geschneit und vor ihr bildeten Gehweg und Straße einen ebenen Platz, ein großes weißes Blatt, das mit Tausenden kleiner gelber Blätter besprenkelt und wie mit unverständlichen Worten beschrieben war. Noch niemand war darübergegangen, niemand hatte die Schrift zerstört!

In zwei Sekunden hatte sie Schuhe und Strümpfe abgestreift und tanzte und drehte sich mit nackten Füßen über den Platz, der in diesem Moment nur ihr allein gehörte.

Doch dann stand *er* plötzlich vor ihr. Solche durchdringenden, strahlenden Augen hatte sie noch nie gesehen! In seinen Pupillen sah sie ihr Spiegelbild und ihre eigenen, aufgerissenen Augen – minutenlang, wie ihr schien. Sie fühlte sich wie ein Kind bei etwas Verbotenem ertappt, das sie jedoch nicht genau benennen konnte.

Er lachte sie an, deutete auf ihre Füße und schüttelte ungläubig den Kopf. Dann drehte er sich um, kreuzte ihre nackten Fußspuren und verschwand kopfschüttelnd um die nächste Straßenecke.

Sie sah ihm nach, fühlte, wie Kopf und Füße knallrot wurden und heiße prickelnde Wellen aussandten, die in ihrer Körpermitte aufeinandertrafen.

Sie hatte sich verliebt!

Es gab kein Gut und kein Böse mehr, kein Zurück, keinen Ausweg, es gab nur noch *ihn* in ihren Gedanken.

In dieser Nacht schlief sie schlecht, sie strich über das Laken neben sich und dachte an ihn. Sie sah auf die Schneeflocken vor ihrem Fenster, die dem bunten Herbst auch in dieser Nacht noch einmal das baldige Ende andeuteten.

Irgendwann begann es zu dämmern, erste Helligkeit schlich sich ins Zimmer – doch was war das?

War das ein Traum oder Wirklichkeit?

Die Gardinen bewegten sich, zuerst sanft wie ein leichter Windhauch, dann immer schneller wie ein Schneeschauer, der nun auch von ihr Besitz ergreifen wollte. Das ganze Zimmer verschwamm in einem undurchdringlichen schwankenden Nebel, der die Umrisse verwischte und sie glauben machte, in ihrem Bett auf sanften Wellen getragen zu werden.

Dann schob sich ein Sonnenstrahl ins Fenster und tauchte alles um sie herum in goldenes Licht; sie schniefte und kräuselte die Nase, um nicht laut losniesen zu müssen. Hunderte Facetten von goldenen Lichtern, grünen Tupfen und bunten Blüten vor ihrem Fenster gaukelten ihr eine frische, erwachende Frühlingslandschaft vor.

Sie war geblendet von all diesem Licht und den herrlichen Farben, sie schlug die Hände vor die Augen und fiel in ihre Kissen zurück.

Das Licht konzentrierte sich schließlich wie in einem Wirbelsturm direkt vor ihrem Bett und plötzlich erschien darin eine wunderschöne Frau.

Eine Fee.

Das Mädchen nahm die Hände vom Gesicht, es sah die Fee klar und deutlich vor sich stehen, sie sah genauso aus wie in den Märchenbüchern seiner Kindertage:

In einem langen weißen, über und über goldbestickten Kleid – mit funkelnden goldenen blütenübersäten Haaren, die ihr in sanften Wellen wie ein Wasserfall bis auf die Füße fielen – von einem rotgoldenen Schein umgeben. Das Mädchen hätte die Hände nur ein wenig ausstrecken müssen, um eine Haarsträhne, eine Blüte oder eine Stofffalte berühren zu können, ja es konnte die glühende Ausstrahlung der schönen Gestalt förmlich auf der Haut spüren und ihren himmlischen Duft riechen.

Das war so real, das konnte doch kein Traum sein!

Die Fee lächelte das Mädchen an, breitete anmutig die Hände aus und sagte mit heller, wohlklingender Stimme: „Ich bin eine gute Fee, und du hast einen Wunsch bei mir frei. Ich kann dir helfen, dass er in Erfüllung geht!"

Das Mädchen schüttelte den Kopf zuerst ungläubig, als wollte es das Trugbild abschütteln, dann noch einmal energischer, um wieder zu sich zu kommen. Die Fee aber verschwand davon nicht, sie schloss nur lächelnd die Augen und nickte dem Mädchen aufmunternd zu.

„Na gut", sagte das Mädchen, „ja, natürlich … ich habe einen Wunsch, einen einzigen Wunsch: Ich habe gestern früh", es schaute noch einmal verwundert auf die Frühlingslandschaft vor dem Fenster, „… draußen im Schnee … meinen Traummann getroffen. Ja! Ja, ich habe mich verliebt und ich möchte, dass auch er mich liebt, und ich möchte mit ihm glücklich werden, nur mit ihm, *für immer!*"

Die Fee lächelte weiter, aber ihre Augen verdunkelten sich ein wenig und sie schüttelte leise den Kopf: „Ein *Für-Immer* gibt es nicht! Nicht für dich. Diesen Wunsch kann ich dir nicht erfüllen, tut mir leid. Du wirst ihn *nie wieder* sehen!"

„Waaas?", rief das Mädchen entsetzt. „Was soll das heißen? Wenn es kein *Für-Immer* gibt, gibt es auch kein *Nie-Wieder!* Was bist du eigentlich für eine Fee? Hast du deinen Beruf nicht ordentlich gelernt? Du kannst mir nicht die Erfüllung eines Wunsches versprechen und dann einen Rückzieher machen. Das kannst du mit mir nicht machen, *nicht mit mir!* Und überhaupt, ich habe dich nicht gerufen! Was soll das alles? Was soll ich mit einer Fee? Ich komme sehr gut allein zurecht!"

Die Fee lächelte amüsiert und das Mädchen wurde immer wütender. Die Fee beugte sich vor und streckte ihre zarte weiße Hand aus, als wollte sie das Mädchen sanft berühren. „Du willst ihn also wirklich?", fragte sie mit gedämpfter, fast geheimnisvoller Stimme.

„Ja klar! Um jeden Preis!"

„Um *jeden* Preis?"

„Ja, um jeden Preis!"

Die Fee dachte nach. „Willst du dir nicht doch etwas anderes wünschen? Einen neuen Job vielleicht? Oder ein Auto? Eine Reise?"

„Nein", das Mädchen äffte frech den Tonfall der Fee nach, „keinen Job, kein Auto, keine Reise!!! Ich will nur *ihn!* Ihn und keinen anderen. Jetzt und sofort! Und ich kriege ihn, ob mit oder ohne deine Hilfe!"

Die Fee lächelte und sagte: „Du weißt, was du willst, das muss ich schon sagen. Das gefällt mir. Na gut, dann sollst du ihn haben! Jetzt und sofort. Ich schenke dir eine Stunde mit ihm!"

„Liebe gute Fee, ich weiß das zu schätzen und ich danke dir unendlich. Und wenn ich eine Stunde mit ihm habe, werde ich überglücklich sein, ich werde ihn küssen und ansehen und streicheln, und er wird mich küssen und wir werden uns lieben ... und diese Stunde wird die glücklichste in meinem ganzen Leben sein und ich werde sie niemals vergessen! Aber meine Sehnsucht nach ihm ist so riesengroß! Und es gibt so viele schöne Dinge, die man zu zweit erleben kann. Geht es denn nicht ein kleines bisschen länger, nur ein *ganz kleines bisschen* ...?"

Da musste die Fee nun doch wieder herzlich lächeln, da sie merkte, dass sie es mit einem ganz besonderen Mädchen zu tun hatte, einem, das nicht nur genau wusste, was es wollte, und sich nicht mit Halbheiten abspeisen ließ, sondern das auch bereit und fähig war, mit allen Mitteln für sein Glück zu kämpfen.

„Gut", sagte die Fee, „ich kann dir auch ein *kleines bisschen* mehr geben als nur eine Stunde. Vielleicht zwei Stunden, vielleicht einen Tag oder ein Jahr, vielleicht sogar noch mehr als ein Jahr ..."

Nun jubelte das Mädchen und strahlte und hätte die Fee am liebsten umarmt. „Ist das wahr? Noch mehr als ein Jahr?"

„Ja", antwortete die Fee mit traurigen Augen, „noch mehr als ein Jahr. Aber der Preis dafür ist hoch. Ich kann dir nicht alle Zeit der Welt geben. Lass die Zeit, die ich für euch beide habe, eine glückliche Zeit werden! Wenn du glaubst, dass du ihn nicht verstehst, oder wenn du spürst, dass du einen Fehler begangen hast, dann mache einen Schritt nach vorn und tritt an seine Stelle, sieh mit seinen Augen, denke mit seinen Gedanken und fühle mit seinen Gefühlen! Betrachte die Situation aus einem anderen Blickwinkel und lenke sie dann in die richtige Richtung! Dann kann zwischen euch nichts schiefgehen."

„Es wird nichts schiefgehen, das verspreche ich dir!" Das Mädchen sprang aus dem Bett, warf die Arme in die Höhe und drehte sich tanzend im Kreis, es war so verliebt und so glücklich und wusste nun, dass sein Wunsch in Erfüllung gehen würde!

Es wollte aus dem Zimmer laufen, auf die Straße hinaus, dorthin, wo es ihn gestern getroffen hatte. Nichts konnte es mehr halten.

„Aber der Preis ist hoch", rief ihr die Fee noch einmal nach, „denn wenn die Zeit vorbei ist, wirst du allein sein und unglücklicher als je zuvor! Die glücklichen Tage werden deine Einsamkeit niemals aufwiegen! Du wirst dir wünschen, ihn nie gekannt, ihn nie geliebt zu haben!"

„Das ist doch kompletter Unsinn! Ich soll auf das Glück verzichten, nur um kein Unglück zu erleben? Das Glück kann mir doch keiner wieder nehmen!"

„Überleg es dir! Noch kann alles so bleiben, wie es ist!"

„Niemals!", rief das Mädchen und seine Stimme kam schon aus weiter Ferne. „Endlich werde ich glücklich sein! Und wenn es auch nur *eine Stunde* gewesen wäre, ich hätte dazu *Ja* gesagt!" Die nächsten Worte drangen nicht mehr in das Ohr der guten Fee, wohl aber in ihr Herz: „Kein Kummer und kein Leid können je so groß sein, dass sie das Glück aufwiegen! Danke für die Zeit!"

Als das Mädchen aufwachte, konnte es sich an nichts mehr erinnern.

Es ging aus dem Haus wie an jedem Morgen. Der Schnee war weg, es regnete und die braunen Blätter bildeten einen schmutzigen, matschigen Teppich. Es war kalt, grau und nebelig. Aber in seinem Herzen und auf seinem Gesicht strahlte die Sonne. Ein junger Mann kam dem Mädchen entgegen, blieb kopfschüttelnd vor ihm stehen und sah es ungläubig an: Wie konnte man bei so einem Wetter so gut gelaunt sein?

Aus einer glücklichen ersten Stunde wurde ein wunderbarer Tag, aus dem ersten herrlichen Jahr wurden viele schöne Jahre.

Aber es gab auch schlechte Tage – es gab Streit, Eifersucht, Missverständnisse. Laute Worte. Stumme Nächte.

Aber immer wenn sie glaubte, dass er im Unrecht war, und sie ihn nicht verstehen konnte oder wenn sie einen Fehler gemacht oder er sie verletzt hatte, dann trat sie im Geiste an seine Stelle, betrachtete sich selbst und die Situation mit seinen Augen, dachte seine Gedanken und fühlte seine Gefühle.

Und manchmal hatte sie das Gefühl, dass auch er das tat, dass er plötzlich innehielt und aus seiner Position in die ihre schlüpfte, bis dann unversehens ein Licht in seinem Gesicht erstrahlte und die Lösung, die vorher undenkbar gewesen war, nun auf der Hand lag.

So füllten sie ihre Zeit mit Liebe und Lust, Einvernehmlichkeit und Auseinandersetzung, Ausgelassenheit und Vertrautheit.

Die Frau starrte auf die verstreuten Trauerkarten zu ihren nackten Füßen, auf die weiße Schneedecke mit den vielen tröstenden Worten, auf den glänzenden Sonnenstrahl, der alles um sie herum in goldenes Licht tauchte und die Kälte aufzulecken begann. Sie schniefte und kräuselte die Nase, um nicht laut losniesen zu müssen.

Die Gardinen begannen sich im leichten Windhauch zu bewegen, fast wie im Tanz, obwohl die Fenster geschlossen waren. Sie starrte darauf und plötzlich kam ihr eine vage Erinnerung – an einen Traum, den sie irgendwann einmal geträumt hatte, und sie hörte die Worte noch einmal:

„... *wenn die Zeit vorbei ist, wirst du allein sein und unglücklicher als je zuvor ... du wirst dir wünschen, ihn nie gekannt, ihn nie geliebt zu haben ... überleg es dir!*"

<hr/>

„*Niemals ... endlich werde ich glücklich sein ... und wenn es auch nur* eine *Stunde gewesen wäre, ich hätte dazu* Ja *gesagt ...*"

Sie zog ihre nackten Füße aus dem Schnee und hob den Kopf. Sie sah sich in ihrer Küche um, sah den vollen Mülleimer und das schmutzige Geschirr. Seit Tagen war sie unfähig gewesen, auch nur einen Finger zu rühren.

Da stand *er* plötzlich vor ihr. Seine durchdringenden, strahlenden Augen sahen sie zärtlich an, in seinen Pupillen sah sie ihr schwarzes, jammervolles Spiegelbild und sie fühlte sich wie ein Kind bei etwas Verbotenem ertappt.

Er lachte, deutete auf ihre nackten Füße und schüttelte den Kopf. Dann drehte er sich um, kreuzte ein letztes Mal ihre Fußspuren und verschwand.

Für immer.

Sie sah ihm nach, fühlte, wie Kopf und Füße heiß wurden.

Er war glücklich gewesen bis zuletzt.

Er hatte sein *Für-Immer* bekommen.

Sollte sie ihm das übel nehmen?

Sollte sie sich weiter an den Müll klammern, an verbrauchte, schmutzige, kaputte, weggeworfene Dinge, nur weil *er* sie noch in der Hand gehalten hatte?

Sie erhob sich, trat an seine Stelle und betrachtete sich selbst mit seinen Augen, dachte seine Gedanken und fühlte seine Gefühle: „Schon eine Stunde mit dir hätte mich unendlich glücklich gemacht. So viele Jahre sind es geworden. Ich danke dir für die glückliche Zeit!"

In ihrem Herzen und auf ihrem Gesicht war es noch kalt, grau und nebelig. Aber durch das Fenster strömten schon in hellen Farben Dankbarkeit, Trost und Hoffnung herein.

Ihre eigenen Worte drangen warm wie der Sonnenstrahl in ihr Herz: Kein Kummer und kein Leid können je so groß sein, dass sie das Glück aufwiegen!

Danke für die Zeit.

Gedichte

Wer ich bin

Mein Ahne war Schamane,
Der nächste ein Islame.

Ein andrer entstammt dem Judentum.
Großmutter ward getauft im Christentum.

Der Großvater war Kommunist,
Die Eltern beide Atheist
Und mein Bruder ist Buddhist.

Ich bin von allem nur ein Teil.
Jedoch im Ganzen bin ich heil.

❧

Frage

Bist du der Eine, oder bist du das Ganze?
Uns Menschen erscheinst du im heiligen Glanze.

In der Welt gibt es oft um dich Krach,
Drum ich mir häufig Gedanken mach.

Du bist doch auch immer das Gute im Menschen.
Warum wollen wir dann um deine Gunst kämpfen?

Wenn wir uns liefern gar eine Schlacht,
Wird doch die Liebe kaputt gemacht.

Dank an die Bäume

Mein geliebter Baum,
Wunderschöner Traum,

Du sättigst die Lunge
Und labst meine Zunge,

Musizierst mit den Sinnen
Zutiefst in mir drinnen,

Gibst allen vielfach Kraft und Halt,
In deinem Schatten werd' ich alt.

❦

Erdenkinder

Mein Kind,
Gestern warst du noch ein Traum.
Heute füllst du unsern Raum.

Bist so empfindsam klein,
Mit einer Seele unendlich rein.

Du hast ein helles Lachen
Und machst recht lustig' Sachen.

Durch dich wird unsere Welt verzückt.
Für immer und ewig sei dein Glück.

❦

Rückblick aus dem Weltall

Seht die Erde, wie sie schwebt,
Blauen Zauber um sich trägt.

Auf diesem herrlichen Saphir
Ereignet sich unser Leben hier.

Von Weitem scheint sie zart und klein.
Ihr Schutzschild könnte größer sein.

Man empfindet die große Verletzbarkeit
Und will Gaia bewahren für alle Zeit.

Im All wirst du diese Liebe entdecken
Und möchtest sie gerne in allen erwecken.

❧

Die Liebe

Aus himmlischer Liebe wird alles gewebt,
Sie ist das Fundament für jeden, der lebt.

Ihr Funke ist dem göttlichen Selbst entsprungen
Und in allen Wesen wie eine Sinfonie erklungen.

Sogar der Hass nährt sich aus ihren Wunden.
Auch er wird nahe von Liebe gefunden.

Mann und Frau sind durch die Liebe vereint.
In ihr das Wunder neuen Lebens keimt.

❧

Charakterisierung

Die sowohl persönlichen als auch universellen
Gedichte stellen eine Synthese der Essenz aus
Weisheiten verschiedener Dimensionen her.

Sie wollen Antwort geben auf Lebensfragen
Heutiger Zeit und können Anregung sein,
Über die Zukunft tiefer nachzudenken.

Mittels einer schlicht gehaltenen Form werden
Erwachsene und Kinder gleichermaßen
Angesprochen.

Eine sinnig aufeinander aufbauende und in sich
Geschlossene Anordnung reflektiert den magischen
Kreis des Lebensmandalas.

Die Illustration mit Kinderbildern verleiht dem
Ausdruck einen besonderen Charme.

Charité II.

6. Kapitel

Stone stand nach dem Anruf Feuerbachs, der ihm gewährt hatte, Sarah zu kontaktieren, im Eingangsbereich der Charité; eines monströsen Gebäudes, wobei er jetzt schon Angst hatte, sich ohne fremde Hilfe darin völlig zu verirren. Er hatte eben von Haus aus keinen guten Orientierungssinn; musste er von seiner Mutter geerbt haben. In seiner Hand hielt er einen hübschen Strauß Astern, den er schnell noch an einer Bahnhofsstation gekauft hatte. Liebevoll schaute er die Blumen an, während er langsam die paar Treppenstufen zum Pförtnerhäuschen emporstieg. Ein alter Mann mit einer Schirmmütze lugte hinter dem Glashäuschen hervor.

„Guten Abend!", sagte Stone höflich.

„Würden Sie bitte so freundlich sein und mir die Station sagen, in der sich eine Patientin namens Sarah La Torre aufhält?"

Der Pförtner schaute erst Stone durchdringend an, danach wanderte sein Blick auf den Asternstrauß. Dieser schien ihn zu überzeugen, denn er sprach:

„Eine Patientin mit dem Namen La Torre, mal schauen, ja, das geht dann wohl in Ordnung, Station 5, drittes Stockwerk bitte, Zimmer 27."

„Vielen Dank!", erwiderte Stone und begab sich in das Gebäude.

Lange, sterile Flure definierten das Haus. Aufgeregte Ärzte und Arzthelfer waren zu beobachten. Einige Krankenbetten wurden durch die Gänge geschoben und man hatte Angst, dass an jeder Biegung ein Unfall passieren würde. Stimmengemurmel und Geräusche von Türen waren zu vernehmen. Stone suchte einen Aufzug und fand diesen auch nach einigen Metern.

Nachdem er den Fahrstuhl gerufen hatte, ging einige Sekunden später auch schon eine Aufzugtür auf, aus der ein Patient im Rollstuhl herausfuhr. Hinter dem alten Mann schob eine Schwester leicht gelangweilt den Stuhl zu seinem Bestimmungsort.

Stone betätigte den Knopf für die dritte Etage und sauste empor. Der Flur dieser Etage war genauso steril wie das Erdgeschoss, nur war es hier etwas ruhiger. Er ging die Zimmernummern ab, bis er endlich vor der 27 stand. Er spürte ein leichtes Herzflackern und überlegte sich schon einmal seine Wortwahl, denn er wollte sich nicht seine Aufregung in solch einem Moment anmerken lassen.

Stone klopfte zaghaft und trat vorsichtig in das Zimmer ein.

Dort ruhte sie. Den hübschen Kopf zur Seite geneigt, schien sie im Dämmerzustand das trübe Herbstwetter durch das verwaschene Fensterglas zu beobachten. Er ging näher an sie heran. Ihre Augen waren verquollen und sahen müde aus. Als er noch näher an Sarah herantrat, bemerkte sie ihn endlich. Er war überrascht, dass ihr Gesicht, als sie ihn anblickte, derart traurig und recht verstört aussah. Völlig anders als bei ihrer ersten Begegnung in der Galerie. Sicher hatte sie immer noch mit den vergangenen Geschehnissen zu tun …

Als die ersten Worte aus ihm herausbrachen, hatte Stone den Eindruck, seine Zunge würde ihm den Dienst versagen; er räusperte sich erneut:

„Nun, guten Tag, Miss … Ein Herr Feuerbach sagte, es sei in Ordnung, wenn ich Sie hier aufsuchen würde." Er wartete eine Reaktion ab. Nichts.

„Ferner sagte er, dass er die Anzeige auf unbekannt setzt, aber keinerlei Versprechen hinsichtlich eines Fahndungserfolges machen kann. Das ist wohl der momentane Stand der Dinge."

Hastig zog er den Strauß Astern hervor. „Eine kleine Aufmerksamkeit … ich stelle sie hier in die Vase."

Sarah reagierte kaum, doch ein winziges Lächeln umspielte ihre lasziven Lippen, als ihre Nase den Duft der frischen Blumen aufnahm.

„Wie geht es Ihnen?", setzte er fort.

„Es geht aufwärts", sagte sie nun endlich, behielt den eben erlebten, morbiden Albtraum aber für sich.

„Der Arzt sagt, wenn ich diese Nacht gut schlafe und keine Probleme auftreten, kann ich morgen schon wieder entlassen werden …"

„Das ist großartig", freute sich Stone. „Ich habe ebenfalls gute Neuigkeiten. Möchten Sie davon hören?"

„Legen Sie los!", meinte Sarah.

„Gut, Sie wissen, dass ich das Schriftstück, nachdem wir uns aus den Augen verloren haben, bei mir hatte?"

„Ja", deutete sie überrascht an.

„Nachdem Sie mit dem Krankenwagen abtransportiert worden waren, bin ich geradewegs in eine Bibliothek gelaufen, um vielleicht mehr über diese Buchstabenfolge herauszufinden …"

„Und …?", fragte sie nun schon erregter.

„Ja, ich habe etwas gefunden, mehr durch Zufall … aber so sparte ich wiederum Zeit und kann Ihnen dies jetzt schon mitteilen … Sie erinnern sich an die drei vorhandenen Buchstaben?"

„Es waren, so glaube ich, O, H und das S", setzte sie ein.

„Richtig." Stones Stimme wurde lauter. „Was halten Sie von MORPHEUS?"

„Natürlich!", sprudelte es aus Sarah hervor. „In der griechischen Mythologie als ein Traumdämon bekannt, auch steht er in den Geschichtsbüchern als Sohn eines Schlafgottes. Ich glaube zu wissen, dass sein Name Hypnos war."

„Richtig, auch bekannt als Nyx, der Sohn der Nacht, ein Zwillingsbruder des Todesgottes Thanatos. Nur, was hat es mit diesen seltsamen Stoffpartikeln auf sich?", setzte Stone fort.

„Vor allem, was sollen wir nun mit diesen Informationen machen und welche Rolle spielt Edgar Allan Poe dabei?", warf Sarah fragend ein.

„Nun, wie ich schon sagte, muss ich das Schriftstück unbedingt datieren und die Frage des chemischen Stoffes klären", sagte er. „Ich glaube auch zu wissen, wen ich fragen kann. Es ist ein Freund aus Studienzeiten in Erfurt und er wohnt, soweit ich es weiß, mit seiner Freundin in Prag, direkt am Wenzelsplatz. Sein Name ist Patrick Sinner und er hat sich nach seinem Studium der Kunstgeschichte, Nebenfach Chemie, auf Schriftdatierung spezialisiert. Er wird mir weiterhelfen können", so Stone.

„Ich werde meinem Onkel Bescheid geben, dass ich dabei bin, das Rätsel des Zettels zu lösen."

„Das hat Zeit, Sie werden sich gut hier auskurieren", warf er ein und schaute sie dabei etwas verärgert an.

„Hören Sie, ich bin Ihnen für Ihre Sorge um mich dankbar und auch für Ihren Besuch hier, aber ich denke, ich bin erwachsen genug, um meine eigenen Entscheidungen zu treffen. Außerdem, wer weiß, vielleicht spielt ja noch etwas anderes eine Rolle?"

„Was meinen Sie?", fragte er erstaunt.

„Nun, vielleicht finden Sie mich ja sehr nett und sorgen sich deshalb umso mehr um mich?", sagte sie provokant, wobei ein spitzes Lächeln ihre Mundwinkel umspielte.

„Ich denke, Sie brauchen jetzt sehr viel Schlaf, damit Sie die Dinge am morgigen Tag wieder klarer sehen", konterte Stone, konnte aber gleichzeitig nicht den Blick von ihr lassen.

„Na dann, gute Nacht!", erwiderte sie störrisch und drehte sich zur Seite.

„Ich mache Ihnen einen Vorschlag", versuchte Stone die Situation zu retten. „Wenn der Arzt Sie morgen tatsächlich entlässt und Sie sich so weit gut fühlen, dann kommen Sie gleich gegen 10.00 Uhr vormittags in das Hotel am Pariser Platz. Fragen Sie an der Rezeption nach mir! Ich bewohne Zimmer 142 gleich auf der Bel Etage. Sie finden das schon. Ich lasse Ihnen auch meine Handynummer hier und lege sie neben Ihre Blumen. Falls ich nichts von Ihnen höre, breche ich morgen um halb elf Richtung Hauptbahnhof auf, um nach Prag zu fahren. Schlafen Sie gut!"

Mit diesen Worten verließ Stone das Krankenzimmer und schloss leise die Tür hinter sich. Er nahm denselben Weg, den er gekommen war, nur dass im Hospital weit weniger Aufregung zu vernehmen war als noch bei seiner Ankunft. Er grüßte den Pförtner erneut, machte sich in den inzwischen in die

Nacht versunkenen Abendhimmel auf und ging den Weg zu seinem Hotel zurück, wo er hoffte, Sarah am nächsten Morgen anzutreffen. Immer intensiver wurde das Gefühl, ständig unter Beobachtung zu stehen …

Plötzlich tauchte wie aus dem Nichts in der weißen Lichtflut der Straßenlaternen ein riesiger Schwarm Raben auf und fing an, Stone mit markerschütternden Schreien zu umkreisen. Er rannte über die gusseiserne Brücke am Schiffbauerdamm, unter der sich die nächtliche Spree spiegelte, und versuchte das Geschrei loszuwerden. Die Vögel waren entsetzlich nah. Lauter Flügelschlag begleitete seine immer schneller werdenden Schritte. Im selben Moment verspürte er einen stechenden Schmerz an seinem Halswirbel und wusste, dass er gefasst war. Stone schlug wie wild um sich, dennoch hörte er nicht auf zu rennen. Sie verfolgten ihn wie kampfeslustige Fabelwesen und hackten dabei auf seinem Schädel herum. Schließlich schaffte er es, in einen Hausflur zu kommen, wo er immer noch wie wild um sich schlug. Endlich gelang es ihm, auch den letzten Raben abzuschütteln, um gleich darauf auf den kalten Flurboden hinabzugleiten.

Völlig mitgenommen lechzte Stone nach Atem und spürte das Pochen, das sich in seinem Hals und Kopf eingenistet hatte. Mühsam zog er sein Taschentuch aus der Jacke hervor und hielt es an die Stelle des Halses, die am meisten schmerzte. Das Tuch war voller Blut. Es musste eine klaffende Fleischwunde sein. Krampfhaft versuchte er, sich wieder zu beruhigen und sich der Dinge vollends bewusst zu werden, die um ihn herum geschahen.

Schließlich schaute er mit aller Vorsicht aus dem Flur ins Freie und setzte seinen Weg vorsichtig fort, das Tuch im Nacken, um mit aller Hoffnung an diesem Abend durch dunkle Gassen doch noch sein Hotel zu erreichen.

Jemand in Zimmer 27 wünschte Steve eine „gute Nacht".

Gedichte

Am Meer

Mein Blick wandert zum Horizont, wie unendlich er scheint.

Eine Weite liegt vor mir, die ich immer wieder ansehen, in mich aufnehmen muss.

Meine Gedanken suchen die Grenzen und Enden dieser Weite.

Dabei finde ich mich wieder in meinen eigenen Begrenzungen, in meinem eingeengten Denken und richte meinen Blick nach innen!

Jetzt gerade, hier am Meer, an dem Ort, wo ich nur mich und die Wellen habe, weine ich um dich.

Deine Erlebnisse, die Sache mit deinem Vater, die unglaublichen, schweren Geschichten, die vergossenen und, schlimmer noch, die nie geweinten Tränen.

Wieder sehe ich keinen Sinn in dem Leid der Welt.

Tränen laufen über mein Gesicht.

Ich schaue auf, sehe die Weite und spüre meine eingeschränkte Blickweise.

Die Fragen meines Versagens enden am Horizont.

Ich könnte noch dieses tun, helfen und zuhören, eingreifen und abholen.

Hier kann ich – ich – ich … NICHTS KANN ICH! – NICHTS!

Ich will, aber ich kann nicht loslassen.

Aber änderst du, Gott, denn diese Welt? Wo bist du denn?

Wer bist du, Gott? Wie bist du, Gott? Was denkst du, Gott?

Wut und Ärger machen sich breit und ich schreie ihm meine Sorgen im Krachen der Brandung entgegen.

Je länger mein Blick über die Wellen wandert, je länger ich einfach nur dasitze, je ruhiger ich werde und Gott erwarte, desto genauer wächst ein Bild in mir.

Seine Liebe zu mir – und zu DIR ist so viel weiter als dieser Horizont.

Sein Verständnis für mich – und für DICH ist so viel tiefer als das Meer.

Seine Freude über mich – und über DICH ist so viel erfrischender als das kühle Wasser.

Seine Treue zu mir – und zu DIR ist unendlicher als sein Himmel.

Seine Gnade für mich – und für DICH ist so viel höher, als meine Gedanken es je sein können.

Ich darf mich in meinen so wütenden, schweren und traurigen Gedanken auf seinen Flügeln in die Lüfte tragen lassen, damit ich tiefer sehe.

Ich darf im Schatten seiner Schwingen Kraft tanken, damit mein Verständnis weiter wird und meine Liebe und das Vertrauen zu meinem Gott wachsen.

Noch einmal blicke ich an den endlosen Horizont.

Diese Weite will ich leben, leben mit Gott und Menschen.

Gott denkt weiter, ich will loslassen, alles, was ich halte, will ich geben.

In dieser Geborgenheit will ich erwarten, was ich noch nicht kenne.

Mich an seine Liebe halten und wissen, dass er Gott ist, nicht ICH.

Du darfst

Schau einen Augenblick in dich hinein!

Einen furchtlosen Moment … ganz sacht zuerst, dann mutig bis tief ins Herz.

Was findest du, so scheinbar bodenlos verborgen?

Eine Sehnsucht vielleicht, die lange schon versteckt, vergraben liegt?

Heb sie kurz auf und schau nur einen Moment genauer hin!

Wie fühlt sich deine Sehnsucht an?

Tut sie weh, die Sehnsucht? Bricht sich ein schmerzhafter Gedanke Bahn?

Oder trifft dich ein Gefühl, das ein Leuchten in deine Augen zaubert?

Welche Farbe hat deine Sehnsucht?

Ist sie fahl und bleich, hat keine Kraft mehr sich bemerkbar zu machen?

Oder leuchtet sie in kunterbunten Farben, jederzeit zum Aufbruch bereit?

Welchen Duft hat deine Sehnsucht aufgelegt?

Stinkt sie faulig, denn unter den vielen Bedürfnissen der anderen hat sie keine Luft zum Atmen mehr?

Oder ist es erfrischend, was deine Nase aufnimmt, weil deine Sehnsucht Flügel hat?

Was trägt sie für einen Mantel?

Keinen? Sie ist ohne Schutz? Damit sie langsam erfriert, deine Sehnsucht?

Oder hast du sie in Watte gepackt, damit sie dir niemand zerstören kann?

Wann willst du deiner Sehnsucht ihren Raum geben?

Sehnsüchte haben viele Farben und Gerüche.

Sehnsüchte haben viele Gefühle im Gepäck.

Sehnsüchte gleichen sich aber doch, denn alle wollen ans Licht.

Manche nicht sofort, manche nicht gleich, aber sie wollen ans Licht!

Was ich dir wünsche

Ich wünsche dir einen Regenbogen

Wenn du wieder mal, zum tausendsten Mal, unzufrieden bist, mit dir selbst, mit dem, was du kannst oder auch was du nicht kannst – wenn du dir nichts zutraust und dich fragst, wozu du überhaupt da bist – dann geh zukünftig in Gedanken über einen Steg! – Einen Steg, der von einem unglaublichen Regenbogen überschattet wird und dich von der Seite der Traurigkeit auf die Seite der Zufriedenheit und des neuen Mutes führen kann.

Der Regenbogen ist ein sichtbares Zeichen Gottes an dich und mit seinen Farben macht er dir jedes Mal, wenn du ihn siehst, klar, dass Unzufriedenheit kein guter Wegbegleiter ist. Er hat Noah vor Tausenden von Jahren Mut gemacht und dieser Regenbogen will auch dir heute Mut machen weiterzugehen und zu erkennen, was er bedeutet!

Begib dich für einen Moment in die Welt der Farben und Träume, geh über diesen wunderbaren Steg, der die Gaben des Himmels spiegelt, und lass dich tragen von seiner Bedeutung:

Gott schenkt dir das Rot des Regenbogens: Darin sind verborgen Liebe, Stärke, Kraft und das Feuer deiner Leidenschaft. All das liegt bereits in dir versteckt. Hab den Mut, zu sein, wie du bist!

Er schenkt dir auch das Blau: Damit du die Sehnsucht nicht verlernst, die Wahrheit und Glaube in dir freisetzen wollen.

Er schenkt dir das frühlingshafte Grün: Denn darin liegen Hoffnung, Frische, Wachstum und deine so wundervolle Lebendigkeit.

Er schenkt dir auch das Gelb der Sonne: das Helle in dir, das Leuchten deines Gesichtes, die Fröhlichkeit und die unbändige Freude, die du verteilen kannst.

Er schenkt dir das Orange: die Standhaftigkeit, den echten Mut und die Gabe, jemandem vertrauen zu können.

Er schenkt dir auch das reine Weiß: deine Leichtigkeit und die Güte in deinem Inneren, die den Menschen um dich herum so oft ein Segen sind.

Er schenkt dir das oft so kitschige Rosa: Diese Farbe steht für die Weichheit und das so wichtige kindliche Gemüt in dir, lass dir das niemals rauben!

Er schenkt dir sogar das Purpur: die königliche Farbe, denn du darfst Gottes Kind sein – seine Prinzessin – sein Königssohn, ausgestattet mit Mut, Treue und Weisheit.

Ich wünsche dir den farbenprächtigsten Regenbogen immer vor Augen, damit du dich an seine Farben erinnerst und mutig wirst zu träumen, zu wünschen, zu fragen, zu gehen, zu bekennen und zu tun.

Ich wünsche dir diesen Regenbogen, damit du durch die Vielfalt seiner Farben Gottes Gnade darin erkennst und damit du siehst, wie gesegnet du bist mit allem, was du brauchst.

Ich wünsche dir diesen einen genialen Regenbogen, damit du dich erinnerst:

Gott sieht dich, steht zu dir, hört dich und liebt dich von ganzem Herzen.

Wind

Wind,

du durchdringende Kraft, du unterschätztes Wesen, du unsichtbare Macht.

Wind,

du faszinierst mich durch dein Wirken und dein Tun.

Wind,

ich seh dich nicht, doch was du bewegst, das macht mir manchmal Angst.

Mal kommst du ganz leise, säuselnd daher, dann geraten Blumen, Blüten und Blätter in Schwingung. Gräser tanzen durch die Luft.

Dann freue ich mich, werde aufmerksam gemacht hinzusehen zu den kleinen und großen Wundern des Lebens.

Manchmal allerdings kommst du heftiger, geradezu stürmisch daher. Du fegst alles, was nicht verwurzelt steht, zur Seite und knickst manches scheinbar Standfeste einfach um.

Du zeigst mir durch deine Kraft, dass ich gegen die Intensität deines Tuns keine Chance habe. Ob du gewaltig oder leise kommst, ich habe darauf keinen Einfluss.

Ab und an, selten nur, kommst du zerstörerisch, orkanartig, wütest und wirfst mit einer unbarmherzigen Wucht alles nieder, was dir in den Weg tritt.

Dann machst du mir Angst – Wind – und ich frage: Warum bist du so?

Vielleicht gerade deshalb spüre ich eine Sehnsucht:
Ein bisschen sein wie du – Wind – das wäre schön.

Dinge bewegen und nicht gesehen werden.

Großes und Kleines verändern und nicht erkannt sein.

Verstaubtes freifegen, damit Platz für Frische ist, ganz im Verborgenen.

In Fahrt bringen, gesetzten Segeln den Schwung für den Weg geben.

Antrieb sein und Bewegung erleben.

Windmühlen, Wasserrädern, Fahnen – Kraft geben und so ein Teil des Ganzen sein.

Manchmal wüten und Verdrecktes zerstören.

Ein bisschen wie du sein, das wäre schön.

Aber was, wenn du, Wind, mich bewegen willst?

Wenn du Veränderung, gepaart mit Angst, um dich trägst, mit dir bringst?

Wenn du stürmend ausradierst, was ich mir so schön ausgemalt?

Was dann? Wer bist du, Wind?

Die Natchez.
Staatenbildung am unteren Mississippi?

Die Natchez lebten beim Eintreffen der ersten Europäer am Mississippi im 16. Jahrhundert am Ostufer des Flusses etwa in der Region zwischen den heutigen Städten Vicksburg im Norden und Baton Rouge im Süden und hatten ihr Kultzentrum und ihren politischen Mittelpunkt im Gebiet der heutigen Kleinstadt Natchez. Sie waren die einzigen Vertreter der einstmals blühenden Mississippi-Kulturen, deren Existenz bis in das 18. Jahrhundert hineinreichte. Insofern bieten sie die einmalige Gelegenheit, ihre politischen und sozialen Strukturen nicht nur mithilfe archäologischen Materials, sondern auch anhand historischer Quellen, die von den ersten französischen Reisenden, Militärs und Missionaren verfasst wurden, zu studieren. Unter gesellschaftswissenschaftlichen Gesichtspunkten sind die Natchez auch deshalb von großem Interesse, weil an ihrem sozialen Gefüge beispielhaft beobachtet werden kann, wie aus Gemeinschaften, deren Zusammenhalt vor allem auf verwandtschaftlichen Bindungen beruht, politische Organisationen werden, die als Vorformen staatlicher Organisationsprinzipien anzusehen sind.

Die prähistorischen Mississippi-Kulturen dauerten von circa 900 n. Chr. bis circa 1500 und waren mit unterschiedlichen regionalen Ausformungen im gesamten Südosten Nordamerikas verbreitet. Eines ihrer bedeutendsten Zentren war Cahokia, in der Region des heutigen St. Louis gelegen, in dem in seiner Blütezeit bis zu 30 000 Einwohner gelebt haben sollen. Markantestes Kennzeichen aller Mississippi-Kulturen waren die terrassenförmig angelegten Tempelhügel, die sowohl als religiöse wie auch als politische Zentren dienten. Die Menschen jener Kulturen verfügten über ein reichhaltiges Spektrum an religiösen Ausdrucksformen mit einem Glauben an Gottheiten im Himmel oder an einen Sonnengott sowie mit einem Jenseitsglauben. Der Niedergang der Mississippi-Kulturen hat wahrscheinlich eingesetzt, nachdem die ersten Europäer amerikanischen Boden betreten hatten. Die schutzlose Auslieferung der indianischen Bevölkerung an eingeschleppte Infektionskrankheiten, die bis dahin auf dem amerikanischen Kontinent nicht vorgekommen waren, dürfte dabei eine entscheidende Rolle gespielt haben.

Die ersten historischen Hinweise auf die Natchez stammen von Begleitern der spanischen Entdecker des Mississippi um Hernando de Soto aus den 40er-Jahren des 16. Jahrhunderts. Danach gelangten erst wieder 1682 mit René-Robert de la Salle Franzosen, welche von Kanada aus kommend den Mississippi zum ersten Mal bis zu dessen Mündung befuhren, in diese Region. In den Folgejahren versuchte Frankreich mithilfe von Militär und Missionaren und später auch Siedlern seine Kolonie Louisiana zu unterwerfen. Unter diesen Siedlern befand sich auch Le Page du Pratz, von dem die ersten ausführlichen Darstellungen über das Leben der Natchez stammen. Der Zeitraum, der für dessen Beobachtung zur Verfügung stand, dauert lediglich bis 1731/32, als die Gemeinschaften der Natchez im Zuge der kolonialen Auseinandersetzungen von französischen Soldaten zerschlagen wurden.

Allerdings bedienten sich die frühen Chronisten einer Sprache und Darstellungsform, wie sie zur Erläuterung der Sitten am Hofe von Versailles nicht besser hätten geeignet sein können. Die Natchez-Gesellschaft wird zu einer hierarchischen Gesellschaft mit einer Aristokratie an der Spitze, geführt von einem absoluten König. Diese teilweise unangemessene und überzogene Sichtweise steht in auffallendem Kontrast zu der weit verbreiteten Unkenntnis über den nordamerikanischen Südosten und damit auch über die Natchez. Eine im Vergleich mit anderen Regionen des nordamerikanischen Kontinents nicht zu verkennende zeitweilige Zurückhaltung in der Beschäftigung der wissenschaftlichen Ethnologie mit den Südost-Gruppen mag ihren Teil zu dieser Situation beigetragen haben. Die Untersuchung der Natchez wurde zudem durch die frühe Ausrottung dieser Gruppe und fehlerhafte

Beobachtungen durch die ersten europäischen Kontaktpersonen erschwert. Dieser Sachverhalt erfordert eine Überprüfung ethno-historischer Quelleninterpretationen anhand neuerer Daten, wie sie wohl nur von der Archäologie erwartet werden dürfen.

Die Gesellschaft der Natchez, so wie sie von du Pratz beschrieben wird, bestand aus dem Adel und den Gemeinen. Beide Gesellschaftsschichten waren durch komplizierte Heiratsverbindungen, die in dieser Form bei keiner anderen ethnischen Gruppe in Amerika anzutreffen sind, miteinander verbunden, die es der Gesellschaft als Ganzer ermöglichten, immer wieder neue Personen von außerhalb in ihr Sozialgefüge aufzunehmen und zu integrieren. Dieser Mechanismus dürfte zu einer Zeit, als die anderen Mississippi-Kulturen bereits im Niedergang begriffen waren, zum Überleben der Natchez-Gesellschaft bis in historische Zeiten hinein beigetragen haben.

Oberster weltlicher und religiöser Herrscher war die „Große Sonne", die ihre Abstammung von der höchsten Gottheit, der Sonne, herleitete. Der Sonnenkult erlangte bei den Natchez fast die Form einer Staatsreligion. Zahlreiche Riten und kultische Handlungen wurden zu Ehren der Sonne und der „Großen Sonne" durchgeführt. Der Ort, an dem die „Große Sonne" lebte, das Große Dorf, war den anderen Dörfern übergeordnet und diese waren dem obersten Herrscher gegenüber tributpflichtig. Es gab genügend Nahrungsmittelüberschuss, um die obersten Adligen, die in der Regel politisch-religiöse Funktionen innehatten, zu versorgen. Das Land, auf dem die Nahrungsmittel erzeugt wurden, wurde den einzelnen Dörfern regelmäßig von der „Großen Sonne" zugewiesen.

Die Inanspruchnahme der Religion im Sinne der herrschenden Familie, deren Stellung im Produktionsprozess und die Monopolisierung physischer Sanktionsmaßnahmen weisen eine Zentralisierung auf, wie sie in Gesellschaften, die vornehmlich nach Verwandtschaftsprinzipien organisiert sind, nicht angetroffen wird. Auf der Grundlage dieser Zentralisierung waren die Natchez zu erstaunlichen organisatorischen

Leistungen fähig. Die vorliegende Arbeit will einen Beitrag zur Systematik von Gesellschaftsstrukturen, die sich im Übergang befinden, leisten. Die Natchez-Gesellschaft bietet sich hierfür an, da sie einerseits noch verwandtschaftsgebundene Strukturen aufwies, andererseits aber trotz aller fehlerhaften Überlieferungen der französischen Chronisten zu Recht gesagt werden kann, dass sie einen sehr differenzierten, klar über Verwandtschaftssystem hinausreichenden Organisationsgrad erreicht hatte.

Das Leben ist voller Geschichten

Es war ein makelloser Herbsttag, der Himmel würde wieder strahlend blau werden, die Sonne kämpfte sich gerade am Horizont empor, der Oktober gab alles, was er zu geben bereit war. Die Bäume zeigten die schönsten Farben, sämtliche Rot-, Gelb- und Brauntöne waren vorhanden und kämpften mit den noch verbleibenden grünen Blättern um die Übermacht. Angela liebte diese Jahreszeit. Auch dass sie sich auf den Weg in die Arbeit machte, konnte ihre gute Laune nicht trüben.

Als sie beim Bahnhof aus dem Auto stieg, war er schon da.

Ganz geschäftig fummelte er in seiner Tasche herum – wie jeden Tag, drehte am Radio – wie jeden Tag, alles nur, um nicht aussteigen zu müssen.

Angela stieg aus ihrem kleinen Flitzer, sperrte ab und schritt zügig an ihm vorbei. Sie winkte in seine Richtung, während er gerade ausstieg, sein Auto abschloss und sich in Bewegung setzte. Gerade langsam genug, um sie nicht einholen zu müssen, um ein paar Schritte hinter ihr bleiben zu können.

Marc und Angela waren in derselben Firma beschäftigt. Es trennten sie zwar ein paar Stockwerke und ihre unterschiedlichen Tätigkeiten verhinderten vorzüglich, dass sie sich tagsüber mal begegneten, doch ab und zu hatten sie zumindest telefonisch miteinander zu tun. Ansonsten waren sie einander ziemlich fremd und eigentlich egal.

Vor ein paar Monaten, als Angelas Arbeitszeiten sich geändert hatten, hatten die beiden bemerkt, dass sie im selben Zug zur Arbeit fuhren.

Bei einem zufälligen Telefonat ergab dann ein Wort das andere und der offizielle Anruf wurde langsam persönlicher. Schließlich hatten sie ja jetzt ein gemeinsames Thema, die Bahn. So kam man von einem Thema zum nächsten, und man lachte und scherzte. Marc war der Lichtblick in Person für Angela. Er war witzig, schlagfertig und sehr charmant.

Angela sah förmlich sein Lausbubengesicht vor sich, seine verstrubbelten Haare, die ihm etwas Pfiffiges verliehen, und die strahlend blauen Augen, die immer ein wenig den Eindruck erweckten, als ob er noch nicht ganz wach wäre. Der Büroalltag wurde gleich viel erträglicher, wenn er mal anrief oder eine E-Mail schrieb.

Doch dabei blieb es auch. Persönlich war er derart schüchtern und gehemmt, dass es kaum Kontakte gab. Lieber ging er noch drei Mal um sein Auto herum, um zu überprüfen, ob alles abgesperrt war, als die Möglichkeit aufkommen zu lassen, auf den paar Metern bis zum Bahnsteig mit Angela zusammenzutreffen.

Am Bahnsteig wurde Angela schon von Conny erwartet. Conny war 20 Jahre jünger als Angela, sie war klein und zierlich und eine ganz reizende, sehr ruhige Person. Auch sie arbeitete mit Angela im selben Haus und auch die beiden hatten sich erst entdeckt, als sich Angelas Arbeitszeiten geändert hatten. Aber zwischen den beiden hatte sofort die Chemie gestimmt. Nach ein paar Tagen hatten sie sich angesprochen und waren stillschweigend übereingekommen, dass sie ab nun gemeinsam ihren Weg zur Arbeit antreten würden. Der Altersunterschied schien keine Rolle zu spielen, sie plauderten über dies und jenes, manchmal lasen sie auch und manchmal schwiegen sie einfach. Aber meistens hatten sie viel Spaß und keiner, der sie beobachtete, hätte angenommen, dass die beiden 20 Jahre trennten.

Sie stiegen ein und fanden sogar zwei leere Plätze nebeneinander. Nach ein paar Minuten Schweigen fragte Conny schon nach:

„Was ist heute los, schlecht geschlafen?"

„Ja, mir spukt da was im Kopf herum."

„Hast du wieder die halbe Nacht geschrieben?" Sie kannten sich schon so gut, dass Angela Conny bereits ihr heimliches Hobby, das Schreiben, verraten hatte. Sie fühlte, dass ihr Geheimnis bei dieser sicher verwahrt war. Conny würde sie ganz bestimmt nicht auslachen.

„Nein, noch nicht, nur darüber nachgedacht. Ich hab da von einem Verlag eine E-Mail bekommen. Es gäbe die Möglichkeit, etwas zu veröffentlichen, aber ich weiß nicht so recht. Ich müsste mich dann sozusagen outen. Es würde auf eine gewisse Weise ein ganz kleines bisschen öffentlich werden."

„Aber das ist ja großartig." Conny war – ganz gegen ihre sonst so ruhige Natur – sofort Feuer und Flamme.

„Ich weiß nur nicht, ob ich schon so weit bin", bremste Angela Connys Euphorie, „ich wüsste auch gar nicht, was ich da einreichen sollte …"

„Du musst doch jede Menge Material haben, du schreibst doch ständig, schick was ein, trau dich einfach!"

„Ja, es klingt ganz einfach, aber irgendwie wäre es, als ob ich ein ganz persönliches Stück für immer weggeben würde, für jedermann verfügbar, mein Eigentum … ich weiß, es klingt dramatisch, aber anders kann ich es nicht beschreiben, genau so würde es sich anfühlen."

Jetzt wirkte auch Conny nachdenklich.

„Ich hab darüber in dieser Form noch nie nachgedacht, weil ich eben noch nicht mehr geschrieben habe als lächerliche Schulaufsätze, und alles, was über zwei Seiten war, war schon der ärgste vorstellbare Albtraum für mich."

Ein paar Minuten lang sahen beide in Gedanken versunken aus dem Fenster. Angela war weit weg, wahrscheinlich wieder mal in einer ihrer Geschichten, und Conny, die immer sehr diskret und verständnisvoll war, wollte sie in ihren Gedanken nicht stören.

Dann jedoch wollte sie Angela weiterhelfen, indem sie noch mal nachfragte:

„Sagtest du nicht, dass du eine fast fertige Geschichte hast? Wovon handelt die?"

„Das ist die Geschichte einer jungen Frau, die das Häuschen eines sehr lieben alten Bekannten erbt, weil dessen Sohn beschlossen hat, Priester zu werden, und in ein Franziskanerkloster eingetreten ist."

„Klingt nicht sehr spannend, eigentlich, wo ist die Pointe versteckt?"

„Die Pointe, wie du es so nett formulierst, ist die, dass dieser Franziskanerpater auftaucht, übrigens die große Liebe aus der Jugendzeit der Hauptdarstellerin, und sie es irgendwie schaffen müssen, die Lage zu klären. Das Haus sollte ihm gehören, sein Vater wollte sie aber immer als Schwiegertochter und konnte nicht akzeptieren, dass er Priester werden will. Und nun ist er plötzlich da. Und sie auch. Sie ist allerbestes Mittelalter, hübsch, erfolgreich im Beruf und sehnt sich nach einem Haus mit Garten – und dem richtigen Mann dazu – wohlgemerkt. Dann taucht er auf, der Traum aus ihren Jugendtagen, möchte sein Haus haben und ist die Versuchung in Person. Charmant, hübsch … Oje, ich weiß noch nicht genau, wie ich es ausgehen lassen soll, darum zögere ich wahrscheinlich, es weiterzuschreiben."

Conny glaubte sofort, den Kern der Sache zu erkennen, und meinte schelmisch:

„Du sagst doch immer, dass deine Geschichten aus dem Leben kommen … ist der geheimnisvolle neue Mann in deinem Leben, von dem du mal erzählt hast, vielleicht ein Priester?"

Angela spürte förmlich, wie es Connys kleine heile Welt aus den Angeln hob, und begann zu lachen.

„Nein, keine Angst, ich hab nicht vor, mich an einen Priester heranzumachen, es ist viel naheliegender, als du denkst. Aber die Idee ist aus dem Leben, du hast recht. Nur, das Einzige, was es wirklich und echt gibt in dieser Geschichte, ist der alte Nussbaum im Garten. Und der ist vollkommen unschuldig und harmlos. Aber er spielt eine große Rolle", fügte sie noch geheimnisvoll hinzu.

Sie grinsten einander an und verstanden sich. Conny war beruhigt und Angela froh, dass sie mit irgendjemand über diese Sache sprechen konnte, die sie seit Tagen beschäftigte.

Es sollten nur fünf oder sechs Seiten werden, und sie wollte einfach nicht die große Idee in einer Kurzgeschichte zusammenfassen und somit verschleudern. Dies versuchte sie Conny zu erklären, da sie das Gefühl hatte, sich irgendwie rechtfertigen zu müssen.

„Hast du keine kürzeren Ideen?", fragte Conny ganz hoffnungsvoll.

„Doch, ja, da gibt es noch die Geschichte von der unbekannten Sängerin, die große Träume und Pläne hat, aber keine Ahnung, wie sie die Sache angehen soll. Sie sitzt täglich brav im Büro und träumt von einer Karriere als Sängerin. Dann lernt sie einen Schlagzeuger kennen, der Kontakte in die Musikbranche hätte, aber sie hat Angst, die Gefühle und das Geschäft zu vermischen, und entscheidet sich gegen die Musik, bis er sie fallenlässt …"

„Und dann, Mensch, du machst es spannend und dann hörst du auf, wie geht es weiter?"

„Sie überdenkt ihre Entscheidung, krempelt ihr Leben völlig um, beginnt wieder Musik zu machen und dann zeigt sie es ihm."

„Toll und sonst noch?"

„Hey, ich bin doch keine Geschichtenmaschine, was glaubst du eigentlich, wie schwer das ist?"

„Aber du hast doch sicher noch zumindest eine", ließ Conny nicht locker.

„Ja, da gibt es noch die unglücklich verheiratete Sie und den Bürokollegen Er. Dann hat er einen schweren Motorradunfall, den er fast nicht überlebt. Sie hilft ihm, besucht ihn, organisiert sein Leben neu. Seine Frau ist bei dem Unfall gestorben und der Sohn ist noch nicht richtig erwachsen. Sie kümmert sich um alles und aus Freundschaft wird vielleicht mehr."

„Wie viel mehr?", wollte Conny sofort wissen.

Angela grinste, die ganze Story konnte sie nun auch wieder nicht preisgeben.

Schließlich war Conny wahrscheinlich eine der wenigen, die ihre Bücher lesen würden, aus reiner Solidarität zu ihr. Und vielleicht auch ein bisschen aus Mitleid.

Angela zweifelte meist viel zu sehr an sich selbst. Nicht anders war es zu erklären, warum sie nicht schon längst an die Öffentlichkeit gegangen war.

„Nächster Halt Wien Südbahnhof, bitte alle aussteigen!", hallte es durch das Zugabteil. Angela und Conny zogen ihre Jacken an und drängten sich zum Ausgang. Auf dem Weg zur Straßenbahn, mitten in der Menschenmenge, konnten sie nicht weiterplaudern, aber jede war in Gedanken schwer beschäftigt.

Nachdem sie in der Straßenbahn einen Sitzplatz ergattert hatten, begann Conny wieder zu bohren.

„Aber diese Gelegenheit kannst du dir ja nicht entgehen lassen, du musst doch noch eine Story auf Lager haben. Wenn nicht, denk dir eine neue aus, aber denk bitte nach, das wäre doch eine großartige Chance!"

„Ich tu doch die ganze Zeit nichts anderes. Seit ich diese Mail bekommen habe, grüble ich ständig vor mich hin. Der Aufwand sollte nicht zu groß sein und sich doch lohnen, aber eine richtig gute, ausbaufähige Geschichte möchte ich nicht auf ein paar Seiten verschleudern."

„Ja, das versteh ich ja auch, aber …"

„Sorry, aber es gibt kein Aber, es gibt nur ein Entweder-oder."

Auf Connys fragenden Blick erklärte sie weiter:

„Entweder ich riskiere es, schreib eine Story, schick sie weg, sie wird sowieso nie veröffentlicht, aber ich hab meinen Seelenfrieden. Dann bin ich aber enttäuscht und werde nie wieder schreiben."

„Oder du wirst veröffentlicht, die Verlage rennen dir die Tür ein und wollen alle deine Geschichten am besten heute und vielleicht schon gestern, du kündigst, kaufst ein Haus am See und schreibst bis an dein Lebensende einen Bestseller nach dem anderen."

Angela musste gegen ihren Willen lachen. Schließlich war dieser Wortschwall von der zurückhaltenden Conny vergleichsweise schon fast eine „Rede zur Lage der Nation".

„Ja, guten Morgen, darf ich mich vorstellen? Ich bin Nora Roberts und morgen ist Weihnachten und das Christkind bringt mir meine Tantiemen."

Conny grinste nur.

„Nächstes Thema, was hast du noch so in deinen schlaflosen Nächten aufgeschrieben?"

„Da gibt es noch die rührende Bürostory. Sie wieder mal hübsch, nett, lustig, erfolgreich. Er diesmal schüchtern und zurückhaltend. Würde gerne, traut sich nicht. Sie arbeiten in derselben Firma, fahren im selben Zug zur Arbeit, arbeiten sogar mal ab und zu an denselben Fällen, aber mehr als ein ‚Guten Morgen!' oder ‚Mahlzeit!' ist nicht drin. Dafür ist er zu schüchtern. Aber dann geht es ungefähr so weiter wie in ‚E-Mail für Dich'. Er schreibt fantastische E-Mails, die sind locker, humorvoll, voller Wortwitz und Ironie. Sie liebt seine Mails und versteht nicht, warum er sie nicht auch im echten Leben mal anspricht. Es ist ja nicht so, dass er nicht weiß, wem er da schreibt. Wenn sie zum Kaffeeautomaten kommt, murmelt er ein ‚Hallo' und schwirrt ab, anstatt mit ihr zu reden. Dann schreibt er ein Mail: ‚Hoffentlich hält der Kaffee dich bis zum Dienstschluss wach, damit du nicht deinen – meinen – unseren Zug versäumst.' Sie ist schon fast verzweifelt, bis sie einen schaurig schönen Plan ausheckt."

Angela machte eine Kunstpause, und Conny, die schon völlig in der Handlung versunken war, fragte natürlich prompt nach.

„Und der wäre?"

„Lies mein Buch!"

„Okay, schreib es endlich, aber verrat mir vorher, wie der Plan lautet!"

„Sie bittet ihn um Hilfe. Er ist ja der schlaue Abteilungsleiter und sie nur das kleine Rädchen. Er kann ihr helfen, sie muss sich nur hilflos genug anstellen und einen triftigen Grund finden, ihn nach etwas zu fragen, aber daran arbeite ich noch."

Bei der nächsten Station mussten sie aussteigen und Conny verabschiedete sich, da sie noch in die Bäckerei und eine Zeitung holen ging. Angela machte sich auf den Weg ins Büro.

„Bis morgen, und denk noch mal drüber nach!", rief ihr Conny noch nach.

„Und ob ich das tun werde – und nichts anderes", murmelte Angela, während sie zielstrebig das alte Bürogebäude anstrebte.

Beim Portier begann sie in ihrer Handtasche nach dem Zeiterfassungschip zu kramen.

„Wunderschönen guten Morgen, schön, dass Sie sich entschlossen haben, wieder zu erscheinen." Der übliche lockere Spruch des Portiers konnte nicht darüber hinwegtäuschen, dass er ein schweres Schicksal hatte.

„Wie geht es Ihrer Frau?", fragte sie teilnahmsvoll, denn sie wusste, dass die beiden einen schweren Motorradunfall gehabt hatten und er zwar nach monatelanger Rehabilitation wieder da war, seine Frau aber viel schlimmer verletzt gewesen war und noch immer im Krankenhaus lag.

„Danke, es gibt nichts Neues, schön langsam wird es zermürbend, doch die Arbeit ist gut für mich, lenkt mich ab."

„Und ich Dussel frag schon in aller Frühe nach und erinnere Sie noch daran. Entschuldigung!"

„Kein Problem, man merkt mit der Zeit, wer es ehrlich meint und wer nur aus Sensationslust nachfragt! Schönen Tag noch!"

„Ja, danke, Ihnen auch und liebe Grüße und alles Gute!"

Angela chippte ein und verschwand im Aufzug. Ein bisschen war es ihr doch peinlich, und sie fühlte sich schuldig. Sie wusste ja genau, dass sich jede Information, die sie von irgendwem über irgendwas bekam, in ihrem Kopf sofort abspeicherte und sich zu einem großen Etwas zusammenfügen würde.

Als erste morgendliche Tat ging Angela immer für ihren Kollegen und sich selbst Wasser holen. Mit ihrer Flasche und seinem Krug bewaffnet betrat sie den Waschraum.

„Guten Morgen!" Eine Kollegin aus demselben Stockwerk war bereits da. Fast täglich trafen sie sich beim morgendlichen Wasserholen und inzwischen waren sie auch schon sehr vertraut miteinander. Was ein paar persönliche Worte täglich doch ausmachen konnten!

„Na, wie geht's, du strahlst ja förmlich!", meinte Angela und ahnte schon, dass es Interessantes zu hören geben würde.

„Stell dir vor, ich werd' am Golser Volksfest auftreten! Ich darf endlich richtig groß und öffentlich singen, ich bin so glücklich."

„Wow, gratuliere, und was wird da wohl Eric dazu sagen?"

Eric war Sabinas Exfreund, ebenfalls Musiker mit Leib und Seele, es hatte eigentlich ganz gut begonnen, aber die gemeinsamen Interessen hatten die beiden nicht so zusammengeschweißt, wie sich Sabina das vorgestellt hätte, und so hatten sie sich wieder getrennt.

„Der spielt mit seiner Band gleichzeitig im Weinzelt, ich werd' im Bierzelt singen, vor richtig großen Kapazundern, aber die darf ich noch nicht verraten. Jedenfalls Publikumsmagneten. Und Eric mit seiner Band werden wir von der Bühne fegen, die werden im leeren Zelt spielen, wenn wir mal loslegen." Sabina redete sich in Fahrt, man merkte sofort, dass hier das letzte Kapitel noch nicht beendet war.

Angela wünschte ihr viel Erfolg und verabschiedete sich lachend.

„Irgendwann werde ich auch ein Ende für diese Geschichte präsentiert bekommen", schmunzelte sie in sich hinein.

In der Zwischenzeit war auch ihr Kollege gekommen, sie grüßten einander, machten ihre üblichen morgendlichen Späßchen und jeder setzte sich an seinen Computer.

Als die Programme hochgefahren waren, leuchtete schon der Button „E-Mail-Eingang" grün auf. Angela lächelte in sich hinein – grün – sie wusste sofort genau, von wem die Nachricht kam.

„Guten Morgen, wünsch dir einen schönen Tag. Lass dich von deinen Büro-Männern nicht ärgern! Ganz liebe Grüße, M."

Typisch Marc!

Nun hatte alles seine Ordnung, der Tag konnte kommen.

Das Leben ist voller Geschichten, es muss sich nur jemand finden, der sie erzählt.

Hope und die Meerjungfrau

Gewidmet Sonja D.

Das Schönste, was wir erleben können, ist das Geheimnisvolle.
Es ist das Grundgefühl,
das an der Wiege von wahrer Kunst und Wissenschaft steht.
Wer es nicht kennt und sich nicht wundern,
nicht mehr staunen kann,
der ist sozusagen tot und sein Auge erloschen.
Albert Einstein

Mit jedem Tag sinken die Temperaturen und kündigen langsam den Winter an. Letzte warme Windstöße huschen über den See, an dem Hope sitzt und in die Ferne blickt. Die Bäume im Einklang mit dem Wind und die Blätter bei ihrem letzten Tanz in diesem Jahr. Am Horizont neigt sich die Sonne ihrem Ende zu und verfärbt den Himmel rot und orange und bietet Hope ein Lichtspiel der letzten angenehmen Tage. Die ersten Sterne zeigen sich langsam, als die Sonne hinter den Bäumen am anderen Ufer verschwunden ist. *Wäre es hinter den Bäumen immer noch hell?*, überlegt Hope vor sich hin.

Der Wind beruhigt sich und der Tanz der Blätter kommt zu seinem Ende, genauso wie alles beginnt, hört auch alles wieder auf und beginnt von Neuem. Dies ist der Kreislauf des Lebens, dem jeder nachgeht. Es ist still und dunkel geworden um den Pintosee. Das Einzige, was noch hell erleuchtet ist, sind die Sterne am Himmelszelt. Hope erinnert sich an die Worte seiner Großmutter: „Weißt du, wie viel Sternlein stehen an dem großen Himmelszelt …"
Hope blickt mit schief gelegtem Kopf zu den Sternen und mag versuchen die Sterne zu zählen, wie viele denn von ihnen

dort oben jede Nacht auf ihn blicken. Plötzlich zuckt Hope zusammen, als es im Wasser plätschert. Verschreckt sucht Hope nach einem Fisch und blickt in der Nacht auf den Pintosee. Nichts, weit und breit kein Fisch zu sehen. Er legt sich flach auf den Bauch und klammert sich an dem Steg fest, auf welchem er nun liegt. Zieht sich nach vorn und schaut kopfüber unter den Steg.

Wie versteinert bleibt Hope in dieser Pose, er kann nicht glauben, was er da sieht. Es mag wie ein normales Mädchen aussehen, aber dieses Geschöpf hat statt Beinen eine Schwanzflosse. Hope beobachtet die Schönheit aus dem Wasser, als sie sich an Land wuchtet. Kaum ist sie völlig an Land und annähernd trocken, verwandelt sie sich in einen Menschen. Hope setzt sich leise auf und versteckt sich hinter dem Geländer des Steges. Die langen roten Haare der jungen Frau verdecken ihre Brüste, und die Dunkelheit gibt Hope sehr wenig preis. Ihm wird klar, dass das Mädchen nackt ist, da es sich nervös umblickt. Es läuft ein paar Schritte auf den Steg zu und fühlt sich anscheinend so nackt sehr wohl. Hope rutscht weiter zur Seite, sodass er fast schon ins Wasser fällt, denn je näher die junge Frau kommt, desto mehr sieht er von ihrem nackten Körper, und dann ist da die Gefahr, dass sie ihn entdecken könnte. Hope ist ganz fasziniert und doch ganz ängstlich. Sie bleibt stehen und hebt ihre Arme in die Luft, holt einmal aus und zieht in der Luft einen Kreis, dies wiederholt sie so oft, bis in der Luft ein Kreis zu sehen ist, der aufleuchtet und immer heller wird. Das Licht wird so hell, dass Hope nicht mehr sehen kann, was geschieht. Abrupt verdunkelt es sich wieder und das Mädchen scheint fort zu sein. Hope schielt ungläubig zurück ans Ufer, stemmt sich auf und starrt in den Himmel.

Hope fährt plötzlich herum, als auf seiner linken Schulter eine fremde Hand liegt. Da steht sie. Das nackte Mädchen ist nun bekleidet und duftet nach einer Mischung aus Rosen und Seewasser. Es trägt ein langes weinrotes Abendkleid und hat eine dunkelblaue Weste um, die Haare hängen ihm ins Gesicht. „Sie sieht so unschuldig aus", denkt Hope.

„Wer bist du?", fragt sie. Mit großen Kulleraugen starrt Hope sie an. Er gibt keinen Mucks von sich. „Ach, ein stummer Spanner! Die habe ich am liebsten!", murmelt sie vor sich hin. Hope grinst. „Ach, der Herr findet das lustig?" Hope schweigt. Mit einem Stoß wirft sie ihn ins Wasser. „Ich hoffe, der Herr findet das auch lustig!", ruft ihm die Meerjungfrau hinterher. Hope, der nicht schwimmen kann, paddelt und rudert wie verrückt mit seinen Armen und geht langsam unter. „Stell dich nicht so an!", sind die letzten Worte, die er noch wahrnimmt. Sonja, die Meerjungfrau, blickt in das Wasser, das ruhig geworden ist. „Der ist doch nicht ertrunken?", fragt Sonja sich laut.

Mit einem Sprung hechtet sie wieder ins Wasser, um Hope zu suchen. Als Hope unter Wasser dahintreibt, packt Sonja ihn am Arm und spendet ihm über den Mund Sauerstoff. Gleichzeitig zieht sie ihn an die Wasseroberfläche und ans Ufer.

Die Zeit vergeht und Hope kommt langsam zu sich. Er findet sich in einer Hütte wieder. Als er um sich blickt, entdeckt er das Bett, auf dem er liegt, und einen Schreibtisch mit Stuhl. Er schließt die Augen für einen längeren Augenblick und öffnet diese wieder. Plötzlich starrt er in das Gesicht von Sonja und beginnt zu schreien. „Ach, kann der Herr doch sprechen?", reagiert Sonja erschrocken. Als Hope ganz verstört mit angewinkelten Beinen auf dem Bett sitzt und wieder sie mit ihren Kulleraugen anstarrt, bricht Sonja in Wut aus. „Jetzt sprich mit mir, du tollpatschiger Mensch! Wer bist du denn überhaupt?"

Im Leben gibt es manchmal Geheimnisse, die uns verborgen bleiben. Doch es wird die Zeit kommen für all unsere Fragen und auch für die von Sonja.

❧❧

Jeymo

Von Anfang an war es dein rotes Haar,
die blauen Augen auch, das ist ja klar.
Deine Stimmung und so wie du gehst,
wie du lachst und redest und mich verstehst.

Es ist nicht die Fassade, sondern das, was in dir steckt,
und das, was tief in dir ist, hat meinen Sinn geweckt.
Es war nur selten da, dieses Gefühl, richtig zu sein.
Richtig zur besten Zeit und dennoch wieder so weit.

Ich weiß nicht, wie ich es dir sagen soll,
aber in meinen Augen bist du vollkommen.
Es mag alles so klingen wie eines der vielen Gedichte,
eines über Liebe, aber dies' trägt deine Geschichte.

Es ist nicht falsch zu sagen, wenn ich dich mag,
doch zu behaupten für dich zu sterben an jedem Tag.
Ich weiß nicht, ob es Liebe ist, die vor mir steht,
ich weiß nicht, wie man sie erkennt, fühlt und versteht.

Ich mag dich sehr und würde mich freu'n,
freuen darüber, in deine Augen zu schau'n,
und darüber, dich lachen zu seh'n,
und wieder, wie du stehst und gehst,
darüber, wie du Witze machst und über meine lachst,
wenn du wieder chaotisch bist und einfach du selber bist.

Denn ganz klar: Ich mag dich nicht!
Sondern, glaub ich: Ich liebe dich.

Gedichte

Hoffnung des Morgens …
Liebe,
wenn auch nur einen Meter lang,
ist es wert, zu leben, zu hoffen
und den Zorn in den Hades zu verbannen.
Ein Meter Liebe
auf kaltem Beton
wirkt Wunder,
bis die Rosen mit den Disteln
wetteifern
in der Schönheit
des Wunders Natur.

Nacht und Tag
gleichen der Tragik,
die die Liebe
meterweise gedeihen lässt.
Bis die beiden
sich ein Rendezvous geben,
das im Sternenmeer
der Ewigkeit sein Ziel findet.
Ein Meter Liebe,
über den Boden der Arroganz gebreitet,
bewirkt, dass der Hass
im Nichts
der Bedeutungslosigkeit
verschwindet.
Ein Meter Liebe,
an den sogenannten Feind gereicht,
lässt die Kriege zum Fremdwort werden.
Ein Meter Liebe,

in die Ewigkeit gereicht,
verwandelt die Dunkelheit
in ein Licht der Hoffnung.

Ein Meter Liebe
lässt „Fremde"
zu Freunden werden.
Grenzen,
Hindernisse
der Nächstenliebe,
verschwinden
aus unserem Denken und Handeln.
Wenn ein Meter Liebe
den Hungernden unseren Überfluss gibt,
dann ist der Funke des Lebens
nie erloschen.
Tausend Jahre
verändern die Welt
zum Guten oder zum Bösen.
Wer weiß dies,
doch nur ein Meter Liebe,
dem Nächsten
mit einem Lächeln überreicht,
kann Wunder wirken.
Welke Blätter
werden grün,
verdorrte Blumen
blühen auf in den Herzen,
die das Hoffen verlernt!

Gesucht!
Augen voller Tränen
sturmgepeitscht gebückt
kein Blich
hinauf zu den fliehenden Wolken

Pfützen schillernd
gleich einem Regenbogen
kündigen den Frühling
in all seiner Hoffnung.

Und da ist sie, meine Birke
die zu jeder Jahreszeit
mich erfreute
mit der Zartheit ihres Wesens

Augen die keine Tränen weinten
Gedanken an den Einen
die Angst zunichte machten.
So renne ich in wilder Panik
zu meiner Birke.
Unter ihrem Schutz
meine Leben zu ertragen
um endlich den Frühling zu finden

Dazu stehe ich

Was ich euch sagen wollte
Dir, uns allen:
Ich liebe die Distel
bewundere die Frechen
jene die sich nicht bücken
vor der Macht.
Die Kälte bräche an
könnte ich nicht frei schreiben
was ich denke
mein Herz bedrückt.
Nicht mehr lenken meine Schritte
wohin ich will
Wäre das der Fall
würde ich schweigen

den Mund immer verschließen
und mich als Heuchler fühlen
Darum sage ich allen
Die Disteln sind meine Freunde
Jene die verschmäht
und doch die Strahlen der Sonne genießen.
Die Buntheit der Blumen
erfreut die Seele
die unbedeutend
wie die Distel
geben mir einen Sinn
das Leben zu ertragen.

Eine Sekunde Leben!
Wenn der Tautropfen
des Morgens
schillernd, einem Regenbogen gleich
den neuen Tag begrüßt
befindet sich die Seele
auf der weiten Reise
vom Ich zum Wir.

In der morgendlichen Stille
eines kleinen Bergdorfes
gelingt es einen jungen alten Denker
die Augen zu schließen,
mit fotgrafischen Blick
sein Leben zu erschauen.

Die Tautropfen des jungen Morgens
reinigen vom Staub des Banalen,
des Alltags der Zeit
zu einem geschmacklosen Brei vermischt.
Doch der Gesang einer Amsel
erlöst den Suchenden
von seinen Qualen geglaubter Ohnmacht.

Ein Meter Liebe!
Auf kalten Beton wirkt Wunder
Wenn die Rosen mit den Disteln wetteifern
in der Schönheit der Natur.
sind dunkel Nächte überwunden!

Märchen in Blut

Gretel

Das erste Mal, als ich merkte, dass mit meinem Bruder etwas nicht stimmt, war an jenem einen Tag, als wir zusammen durch den Wald gingen, vertieft in philosophische Gespräche. Ich hatte eigentlich nicht viel übrig für Kierkegaard, Nietzsche, Kant, Schopenhauer und wie sie alle heißen; ich finde, das viele Nachdenken macht einen nur verrückt. Aber ich hörte meinem Bruder dennoch immer gerne zu. Jedenfalls merkten wir gar nicht recht, wie die Zeit verging, und gingen tiefer in den Wald hinein, als wir jemals vorher gewesen waren.

Und dann lag da auf einmal dieses seltsame alte Haus vor uns, aus dem so ein köstlicher Duft herausströmte, der Duft frisch gebackener Lebkuchen. Ihr müsst wissen, ich kann Süßigkeiten nicht widerstehen, und so zog ich Hänsel, meinen Bruder, am Ärmel und zerrte ihn in Richtung der Waldhütte. Kaum hatten wir die Terrasse vor dem Haus betreten, da kam auch schon ein altes Mütterlein heraus und fing sofort an herumzuzetern. Was wir unverschämten jungen Leute denn auf ihrem Grundstück wollten; wir sollten bloß nicht glauben, etwas von den köstlichen Lebkuchen abzubekommen, nicht bei der kleinen Rente, die sie habe; und wir sollten uns gefälligst zum Teufel scheren.

Und dann ging mit meinem sonst so friedlichen Bruder eine seltsame Verwandlung vor. Er schrie: „Was willst du, alte Hexe?", und schritt zornig auf sie zu. Sie wollte nun schnell ins Innere flüchten und die Tür hinter sich zureißen, doch da hatte Hänsel sie schon gepackt. Er stieß sie ins Haus hinein, ging selbst ins Innere, und ich lief hinterher. Ich erkannte meinen Bruder nicht mehr wieder. „Lass sie doch!", rief ich ihm zu. „Sie weiß doch nicht, was sie redet, die arme alte Frau." Doch er hörte mich gar nicht.

Es war so ein gemütliches, wenn auch ärmliches Haus. Ein altertümlicher Steinofen hinten an der Wand, überall Bilder aus längst vergangenen Tagen, dieser köstliche süße Lebkuchenduft, ein massiver Holztisch in der Mitte, an dem wohl schon so manche Mahlzeit gegessen worden war, und wunderschöne alte Kerzenhalter. In der Ecke saß eine schwarze Katze, und es gab auch einen schwarzen Raben, der aufgeregt krächzte und wild mit den Flügeln schlug.

Auf dem alten Holztisch lagen die frisch gebackenen Lebkuchen, zusammen mit dem Backblech. Daneben ein Küchenmesser. Das griff mein Bruder sich. „Halt!", rief ich. Hänsel hörte nicht. Die alte Frau riss vor Angst die Augen weit auf. Und dann ein Schrei. Hänsel hatte ihr das Messer in den Bauch gerammt. „Was hast du getan?", schrie ich, packte ihn am Arm und versuchte, ihn zurückzuziehen. Hänsel schien es gar nicht zu bemerken. Er griff sich den Schürhaken, der neben dem Ofen stand. Es ging alles so schnell, ich konnte nichts tun. Er hieb voller Kraft auf die Alte ein, auf ihren Kopf, immer wieder. Als sie röchelnd und blutüberströmt am Boden lag, schnappte er sich noch einen Besen, der an die Wand gelehnt war, und stieß ihn der Frau in den Bauch, sodass eine Blutfontäne emporsprudelte, meinem Bruder direkt ins Gesicht. Da erst kam er langsam wieder zu sich.

„Was ist los, was habe ich getan?", sagte er erschrocken zu mir. Ich stand nur mit offenem Mund da, unfähig, noch ein Wort zu sprechen. Das Blut der Frau lief den Küchenboden entlang, sickerte langsam in den porösen Steinboden und in die Ritzen ein. „Scheiße, was habe ich getan?", sagte Hänsel immer wieder, und ich sah, wie Tränen seine Wangen hinunterliefen.

Aber das war nur der Anfang. Beim zweiten Mal war es ein Liebespärchen in einer Gartenlaube. Und es ging immer so weiter. Gefasst worden ist Hänsel nie.

Was soll ich tun? Soll ich meinen eigenen Bruder anzeigen? Ihn hinter Gitter bringen lassen? Er ist immer gut zu mir gewesen. Er sorgt für mich. Er ist mit mir geflüchtet vor unseren Eltern, die uns immer nur geschlagen hatten. Er hat mich gerettet, denn wer weiß, vielleicht hätten sie mich eines Tages totgeprügelt. Er ist ein guter Bruder, ein guter Mensch. Was soll ich nur tun? Ihn in die Psychiatrie einweisen lassen? Nein. Er ist mein Bruder, ich liebe ihn, er ist immer für mich gewesen, an jedem Tag unseres traurigen Lebens.

Ich könnte nie ohne ihn sein.

Hänsel

Tja, da sitze ich nun vor dem Haus der Hexe. Ich konnte den Ort lange Jahre nicht besuchen, denn schließlich starb hier unter grausamen Umständen meine Schwester Gretel. Ich vermisse sie.

Wir waren jung damals und leichtsinnig. Dieses Haus da im Wald sah unheimlich aus, ja, aber wir waren doch einfach zu neugierig, betraten das Grundstück, liefen auf das Haus zu und klopften schließlich zaghaft an die Tür. Da kam diese alte Frau heraus, diese Hexe, und sagte: „Guten Tag, ihr lieben jungen Leute, kommt doch herein, ich habe ganz leckere Lebkuchen gebacken, und Teenager sind doch immer hungrig! Na kommt, nur zu, ich beiße nicht!"

Das stimmte. Sie biss nicht. Aber sie musste wohl Haschisch in ihr Gebäck reingetan haben. Jedenfalls wurde uns bald ziemlich komisch, wir wurden albern, und dann lachten wir einfach nur noch. Ich weiß nicht, wie es passieren konnte, dass sie uns in einen Käfig einsperrte, aber sie hatte uns wohl so bedröhnt gemacht, dass wir alles nur für einen großen Spaß hielten. Doch bald kam die Ernüchterung. Alles Bitten und Betteln, uns freizulassen, nützte nichts. Viele Tage, viele Wochen blieben wir eingesperrt. Verhungern taten wir nicht, denn die Alte fütterte uns gut. So gut, dass wir möglichst schnell möglichst dick werden sollten.

Die Hexe war nämlich eine Menschenfresserin. Sie wollte uns rund und fett machen, um uns dann zu braten und zu verspeisen. Bei Gretel schaffte sie es auch, die hatte sich ja noch nie mäßigen können, wenn ihr das Essen besonders gut schmeckte. Und kochen konnte die Hexe gut, das musste man ihr lassen. So hatte Gretel also bald so viel zugenommen, dass die Hexe sie aus dem Käfig holte. Ich wollte auch hinauskrabbeln, aber da gab die Hexe mir einen Tritt direkt ins Gesicht, ich fiel nach hinten und – zack – war der Käfig auch schon wieder verschlossen.

Die Hexe tat ganz freundlich der Gretel gegenüber, sie sagte: „Ach, es tut mir so leid, dass ich euch gefangen halten musste, doch nun wird alles gut. Ich erkläre dir später alles. Jetzt trinken wir erst mal ein Schlückchen Rotwein, und dann lasse ich deinen Bruder, den Hänsel, auch noch frei." Der Wein war natürlich vergiftet, Gretel kippte vom Stuhl, und da riss ihr die Alte auch schon die Kleider vom Leib, rasierte ihr sämtliche Haare ab, pinselte sie mit Buttermilch ein, und dann – mir treten noch heute die Tränen in die Augen, wenn ich daran denke – dann musste ich mitansehen, wie meine Schwester in den riesigen Steinofen gesteckt und wie ein Brot gebacken wurde. Dass meine Schwester so köstlich riechen kann, das hatte ich vorher allerdings noch nicht gewusst.

„So, bald kommst auch du an die Reihe!", sagte die Hexe zu mir, als sie genüsslich an einem Bein meiner Schwester herumknabberte. Jetzt musste ich mir langsam etwas einfallen lassen. Und mir fiel auch etwas ein in meiner Not!

Ich sagte zu der Hexe: „Hören Sie mal, ich bin doch ein ganz strammer Bursche, nicht wahr! Ich könnte es Ihnen doch mal so richtig besorgen. Wäre das nichts? Und danach könnten Sie mich doch einfach laufen lassen." Natürlich wusste ich, dass sie mich niemals würde gehen lassen. Aber ich hatte da schon insgeheim so eine Idee. Sie zögerte noch. Ich sprach weiter: „Jetzt hören Sie mal, Sie haben doch bestimmt ganz lange keinen Sex mehr gehabt. Und mir macht Ihr Alter nichts aus. Sie wollen es doch auch, geben Sie es zu, lassen Sie sich einfach mal fallen!" Ich fummelte mir dabei ein bisschen da unten an der Hose rum, und die Wollust, die nun die Hexe überkam, ließ sie alle Vernunft und alle Vorsicht vergessen.

Also öffnete sie tatsächlich jetzt die Käfigtür, und ich sprang hinaus. Als die Alte gerade mal nicht zu mir hersah, schnappte ich mir den Hexenbesen, der an die Wand gelehnt war, und steckte ihn mir schnell zwischen die Beine, mit den Borsten nach hinten. „Schauen Sie mal, hier!", deutete ich auf meine Körpermitte. Die Hexe langte auch sogleich hin, sah aber nicht, dass es ihr eigener Kehrbesen war, denn ihre Augen waren nicht mehr allzu gut, und sagte: „Junge, Junge, der ist ja hart wie ein Besenstiel!"

„Genau!", rief ich, packte den Besen mit beiden Händen und rammte ihn ihr mit aller Gewalt unten rein. Sie kreischte laut auf, fiel zu Boden und krümmte sich vor Schmerzen. Ich trat ihr noch schnell in den Magen und ins Gesicht und sprang auf ihre Beine und Arme, dass es nur so knackte, damit sie nämlich bloß nicht mehr aufstehen konnte. Und das konnte sie nun wirklich nicht mehr. Sie wimmerte und heulte und schrie. Ich schaute zu, wie sie langsam verblutete. Dunkles, rotes, stinkendes Blut breitete sich auf dem steinernen Küchenboden aus und rann in die Ritzen. Ich weiß, das klingt brutal, und es war wirklich kein schöner Anblick. Aber – die Hexe hatte meine Schwester getötet.

Ich vermisse Gretel so sehr, heute noch. Solange ich lebe, werde ich Gretel vermissen.

Hexe

Ich schrak aus meinem Mittagsschläfchen auf, das ich in meinem wundervollen Ohrensessel zu halten pflege. Zwei junge Leute standen in meinem Raum, ein Mann und eine Frau. Ich erkannte sie gleich: Hänsel und Gretel. Das Serienmörder-Geschwisterpaar. Ja, sie waren es. Ich kannte sie von Fahndungsplakaten und aus dem Fernsehen.

„Jetzt wollen wir die alte Hexe da mal ein bisschen auf Trab bringen!", rief Gretel ihrem Bruder zu und ließ ein blitzblankes Messer zum Vorschein kommen. „Genau. Aber vorher schmuse ich noch ein bisschen mit ihr rum", meinte Hänsel und wedelte mit seiner Hand vor meiner Nase herum. Er hatte eine Art metallene Fingernägel auf seine Finger gestülpt. Krallen. Die sahen nicht sehr zärtlich aus.

Krallen hat aber auch mein stattlicher schwarzer Kater. Der hatte sich gut versteckt gehalten und sprang nun in einem riesigen Satz auf Hänsels Schultern, wand sich um seinen Nacken und biss ihn direkt in die Kehle. „Wie wunderbar jugendliches Blut hervorsprudeln kann!", dachte ich amüsiert.

Und im selben Moment kam ein lauter Schrei von Gretel. Mein großer schwarzer Kolkrabe, ein nicht eben zimperliches Haustier, hatte sich auf ihrem Kopf festgekrallt. Und schon hackte er kräftig mit seinem großen Schnabel direkt in ihre Augen.

Herrlich, wie das Blut aus den Augenhöhlen spritzte und dem gemeinen Mördermädchen an den Wangen herunterlief! Sie wollte noch mit ihrem Messer nach dem Vogel stechen, aber der pickte ihr geschwind so gewaltig in die Hand, dass sie kreischend das Messer zu Boden fallen ließ.

Nun kam mein Auftritt. Ich bin der Meinung, dass man sich als alter Mensch von der Jugend nicht alles gefallen lassen darf. Und schon gar nicht mag ich es, gequält und ermordet zu werden. Also stand ich aus meinem Sessel auf, holte meinen Besen, der am Stiel so wunderbar angespitzt ist, aus der Kammer und stieß ihn erst dem Burschen, dann dem Mädel in den Magen. „Hiermit möchte ich euch das fehlende gute Benehmen beibringen", sagte ich, „auch wenn diese Lektion ein wenig wehtun mag." Nun, in diesem Moment der Hochstimmung, dachte ich gar nicht daran, dass ich später die ganze Sauerei auch wieder würde aufwischen müssen.

Aber die Tiere hatten noch nicht genug. Sie ließen nicht ab von dem Mörderpärchen. Sie waren erst zufrieden, als statt zweier Menschen nur noch Brocken von blutigem Fleisch am Boden lagen.

Ich genoss diesen wundervollen Anblick. Es war wie ein großartiges Ölgemälde. Wie ein Gedicht. Eine berauschende Symphonie.

Mein Kater schmiegte sich zärtlich an mein Bein und schnurrte zufrieden. Und der Rabe setzte sich sanft auf meine Schulter, so unendlich sanft. Meine lieben, lieben Tiere. Ich weinte vor Glück.

Neue Wege in der Psychologie – die zweite Wirklichkeit

Der *Zweck* des Lebens ist es, glücklich zu sein.
Innerer Friede ist dabei das Schlüsselwort.
Um den inneren Frieden zu finden,
müssen wir in unserem Inneren etwas verändern.
(Dalai Lama, USA-Tibet, 1995)

Viele Menschen sind auf der Suche nach dem inneren Frieden und fragen sich, wie er „erreicht" werden kann, was „zu tun sei", und erkennen, dass es um den „*Sinn* in ihrem Leben" geht, denn niemand möchte ein sinnloses Leben führen.

Viele Psychologen, sowohl in Amerika (z. B. William James, Gordon Allport, Abraham Maslow, Viktor Frankl) wie auch in Europa (z. B. Felix Krueger, Philipp Lersch, C. G. Jung, J. H. Schultz, Annemarie und Reinhard Tausch), haben sich bereits mit dem Thema „Sinn des Lebens" beschäftigt, weil sie erkannt haben, dass der Mensch aus mehr besteht als Körper und Geist. Weitab von Esoterik existieren aus Bereichen der Psychologie, Atomphysik und Medizin bereits einige wissenschaftliche Experimente, die den Nachweis erbringen können, dass es in jedem Menschen Spiritualität geben muss, ja sogar, dass Spiritualität angeboren ist.

Jeder kann seine Spiritualität entdecken und mit ihrer Hilfe leben, wenn er bereit ist, hinter die Fassade der sogenannten Wirklichkeit zu sehen.

Spiritualität soll aus dem nebulösen und geschäftstüchtigen Dunstkreis der New-Age-Esoterik heraustreten, gesellschaftsfähig und, soweit es überhaupt möglich ist, wissenschaftlich zugänglich gemacht werden. Dies auch deshalb, weil Panik-Attacken, Burn-out und Depressionen stark zunehmen und in-

zwischen zu einem kostenintensiven und ernsten Gesundheits- und Gesellschaftsproblem geworden sind.

„Neue Wege in der Psychologie – die zweite Wirklichkeit" ist sowohl ein Sachbuch wie auch ein Ratgeber. Das Buch stellt einen Streifzug durch und eine Einführung in eine andere, neue Art dar, wie wir unser Leben führen können.

Das Ziel dieses Buches ist, den Lesern eine neue Sichtweise des Lebens näherzubringen und ihnen zu zeigen, wie sie den Kontakt zu ihrem Selbst wiederfinden können, damit ihr Leben einfacher und erfüllter wird.

Das Ziel dieses Buches für Fachpersonen ist es, zu zeigen, dass der bisher bekannten psychologischen Ebene eine weitere Ebene hinzugefügt werden kann und muss, damit eine effizientere Hilfe für Patienten gewährleistet ist. Das Interessante dabei ist, dass durch das Hinzufügen einer erweiterten Sichtweise die Behandlung der Patienten einfacher wird.

Dieses Hinzufügen einer weiteren Ebene nenne ich einen *Paradigmenwechsel* in der Psychotherapie.

Wenn wir uns der kurzen Geschichte der Psychotherapie bewusst werden, war (zumindest in Europa) Sigmund Freud (1900) derjenige, der einen Paradigmenwechsel einführte, indem er behauptete, einige Erkrankungen seien keineswegs nur somatisch-medizinischen Ursprungs, sondern es gebe da eine Psyche, die ebensolche Erkrankungen auslöse. In einigen spektakulären Fällen hat er dies (wie wir heute sagen würden) „live" in Hörsälen bewiesen. Unter anderem legte er damit auch den Grundstein zu den späteren Theorien der Psychosomatik.

Eine Weiterentwicklung trat erst in den vergangenen Jahren auf. Psychologen und Psychiater versuchten das vorher aufgezeigte Dilemma durch den „ganzheitlichen Ansatz" in der Psychosomatik zu lösen, indem sie dem Begriff „psychosomatisch" noch den sozialen und emotionalen Aspekt hinzufügten und nun vor allem diese Aspekte eines Patienten betonten. Im medizinischen Bereich wird dieser Ansatz heute als „Bio-psycho-sozialer Ansatz" bezeichnet.

An diesem Punkt könnte man wieder von einem Paradigmenwechsel sprechen, denn die systemische Betrachtungsweise bahnte sich in Form der familientherapeutischen Strömungen (1970) einen Weg in der Psychotherapie. Bisher war die psychotherapeutische Behandlung stets eine Einzelbehandlung gewesen. Das Revolutionäre war damals, dass „die Systemiker" behaupteten, das einzelne Individuum müsse im Kontext seiner Familie (und notfalls auch in erweiterten sozialen Systemen) betrachtet und behandelt werden. Die Erfolge der Familientherapie als systemische Therapie führten dazu, dass eine systemische Betrachtungsweise auch bei dem Begriff „Psychosomatik" nicht mehr wegzudenken ist.

Der momentane Paradigmenwechsel (Energiepsychologie) vollzieht sich darin, dass von der Etikettierung als „Erkrankung" abgegangen wird. Eine Erkrankung ist nun nicht mehr entweder psychisch oder somatisch bedingt, sondern tritt dadurch auf, dass bereits vorher eine „Energie ins Ungleichgewicht" gelangte. Diese Energie ist somit die Basis allen Lebens und seiner Erscheinungsbilder. Auf den Menschen bezogen heißen diese Äußerungsformen der Energie Körper, Seele und Geist. Die Behandlungstechniken sind darauf ausgerichtet, diese Energie dadurch wieder ins Gleichgewicht zu bringen, dass man entstandene Energiestauungen beseitigt und nicht mehr (nur) über Probleme und deren Lösungen nachdenkt.

Aus der Sicht der *Bionomen Psychobalance* kann Heilung nur am „Ort der Stimmigkeit" erfolgen, d. h. Patienten, die zur Linderung oder Heilung ihrer Beschwerden gelangen, erleben dies als Erlösung aus einem alten Gefängnis und haben den beglückenden Eindruck: „Jetzt stimmt alles."

Unterschiedliche Bewusstseinszustände und Bewusstseinsqualitäten lassen sich zum Zwecke der *Heilung* ausnützen. Das mit bestimmten Bewusstseinszuständen verknüpfte ganzheitliche Denken lässt uns wichtige Bilder (ähnlich wie Archetypen nach C. G. Jung) für das Unterbewusstsein erkennen, aus denen sich Gesetzmäßigkeiten der Psyche und des Lebens ableiten lassen.

Die Quelle fragt nicht, wer aus ihr trinkt.

Der erste Frühling nach 2012

Ellen Lora erwachte in einem kleinen abgedunkelten, aber freundlich eingerichteten Raum. Sie lag auf einem breiten Bett und eine bunte Decke lag auf ihr. Die Wände waren mit bunten Wandteppichen verhangen und am Boden befanden sich bunte Läufer. Die Raumtemperatur war angenehm warm, und ihr Körper war ebenfalls warm. Sie fühlte sich wohl. Aber was war geschehen?

Sie konnte sich nicht erinnern, wie sie hierhergekommen war. „Wo bin ich überhaupt?", dachte sie und betrachtete ihren eigenen Körper – in der Angst, dass sie vielleicht einen Unfall gehabt haben könnte.

Aber sie stellte zu ihrer Erleichterung fest, dass sie völlig in Ordnung war. Der Raum war ihr fremd. Ellen Lora wurde von einer Emotion gepackt, die man als Angst bezeichnen könnte, denn es war ihr unheimlich, dass sie sich nicht erinnern konnte, wie sie hierhergekommen war.

Hinter der mit Decken verhangenen Tür bewegte sich etwas. Eine Frau trat herein. Sie war etwas dunkler als Ellen Lora, welche lange brünette Haare und einen leicht getönten Teint hatte. Ellen Loras Gesicht war das einer typischen Mitteleuropäerin. Die fremde Frau sah eher aus wie eine amerikanische Ureinwohnerin oder eine mongolische Frau. Sie hatte mandelförmige Augen und langes schwarzes Haar, das in viele Zöpfchen geflochten war, und ihr Alter war nicht einzuschätzen. Sie reichte Ellen Lora eine Schüssel mit einer Flüssigkeit und ließ sie daraus trinken. Ihre Augen blickten mild, und Ellen Lora konnte sofort Vertrauen zu ihr fassen.

„Ja, trinken", dachte sie und merkte, dass sie wirklich Durst hatte. Sie nahm die Schüssel und kostete das wohlschmeckende Getränk. Ihre Angst war jetzt völlig verschwunden, aber sie hatte dennoch ein seltsames Gefühl: Immerhin war sie in einem fremden Raum, in einem fremden Bett und vielleicht sogar in einem fremden Land – und eine fremde Frau war ihr zu Diensten. Diese Frau bedeutete ihr, sich aufzusetzen, richtete ihr dann das Kissen, das ebenfalls bunt war wie alles in diesem Raum, und erzählte ihr anschließend, was geschehen war. Sie sprach in Ellen Loras Sprache, ohne irgendwelchen Akzent. Jetzt erinnerte sich Ellen Lora auch an das letzte Ereignis, bevor sie bewusstlos geworden war. Es war Ende 2012, und man hatte überall im Land seltsame Lichterscheinungen sehen können, Lichter, die wie Säulen vom Himmel herabstrahlten.

Zuerst hatten alle gedacht, es wären Laser-Lichtspiele zum herannahenden Fest des Jahresendes, aber es geschah etwas anderes. Ellen Lora wurde plötzlich scheinbar grundlos von einer Sekunde zur anderen bewusstlos – ohne Ankündigung irgendeines körperlichen Vorzeichens. Sie sank in einen dunklen Schlaf, und seitdem gab es nichts, woran sie sich erinnern konnte, bis zu dem Augenblick, als sie aufgewacht war. Sie erschrak. Ein Gedanke blitzte ihr durch den Kopf. War sie etwa verstorben? Hatte es vielleicht eine Atomkatastrophe gegeben, von deren Auswirkungen sie augenblicklich getötet worden war?

Die Frau neben ihr lächelte. Sie konnte offensichtlich Ellen Loras Gedanken lesen: „Du bist nicht tot", beteuerte sie. „Ein großes Ereignis hat sich zum Jahresende 2012 eingestellt." Die Frau, die sich kurz zuvor mit dem Namen „Skysailor" (also Himmelseglerin) vorgestellt hatte, erzählte ihr weiter, dass sich die ganze Erde verändert habe. Sie sagte tröstend zu Ellen Lora: „Aber erschrick deswegen nicht, Kind! Es hat sich alles zum Guten verändert, obwohl das Ereignis sich wie eine Apokalypse anfühlte, denn eine Ära ist zu Ende und eine neue beginnt."

Sie reichte Ellen Lora einfache Kleider zum Anziehen, damit sie mit ihr auch ins Freie gehen konnte, und erzählte dabei weiter: „Es hat einen großen Bewusstseinsanstieg gegeben, und viele Menschen haben schon lange vorher im Untergrund daran gearbeitet, dass alles so weit wie möglich ohne Schaden abläuft, wenn sich die Erde wälzen wird, um eine Transformation für sich und ihre Bewohner einzuleiten." Ellen Lora blickte sie verständnislos an, sie fühlte sich plötzlich sehr einsam, aber Skysailor reichte ihr mit einem warmherzigen Ausdruck in den Augen beide Hände und hielt Ellen Lora fest, sodass diese sich gleich besser fühlte.

Nachdem Skysailor ihr noch einige weitere sehr erstaunliche Details geschildert hatte, ging sie mit Ellen Lora durch die Tür in einen wundervollen Garten voller Blumen und Bäume. Ellen Lora war jetzt sehr neugierig geworden. Sie erblickte eine strahlend grüne Frühlingslandschaft, die sich bis zum Horizont erstreckte. Der Himmel war sonnig und die Temperatur angenehm. Ringsumher waren auch andere kleine Gebäude, flache Siedlungshäuser mit Dachgärten, die mit Blumen reich geschmückt waren. Ellen Lora wollte jetzt alles wissen, alles sehen – mit ihren eigenen Augen – die neue Natur, die neue Erde! Die Zeitenwende war vorbei, und sie hatte sie im wahrsten Sinn des Wortes verschlafen.

Zum Vorschein kam eine neue Welt, eine neue Ordnung. Ja, die ganze Gesellschaftsform war verändert worden, erzählte ihr Skysailor. Regiert wurde von einem demokratischen Rat, der auf Wunsch des Volkes jederzeit ausgetauscht werden konnte. Die übliche Geldwirtschaft gab es nicht mehr. Man handelte vorwiegend mit anderen Tauschmitteln wie Naturalien oder Dienstleistungen. Jeder Mensch konnte nach seinem eigenen Talent und Interesse arbeiten, soviel er wollte und was er wollte. Durch die neuen Erfindungen musste niemand mehr richtig schmutzige und schwere körperliche Arbeit leisten. In der Medizin gewann man revolutionäre Erkenntnisse, sodass es keine wirklichen körperlichen Krankheiten mehr gab, es sei denn, man hatte einen Unfall. Aber selbst Unfälle wurden durch die neuen technischen Errungenschaften verhindert, wie zum Beispiel neuartige Transportfahrzeuge, die durch einen Magnetschutzmantel in einer Weise abgesichert waren, dass man weder zu schnell fahren konnte noch irgendwo unsanft anprallen konnte. Neue Energiequellen, die für die Umwelt nicht belastend waren, wurden entdeckt und überall eingesetzt. Ein wahrer Bewusstseinsprung hatte stattgefunden. Die Luft war sauber und giftfrei. Es war der Beginn einer ganz neuen Ära, und der Frühling kündigte sich bereits an. Drei Monate hatte die Anpassung ihres Körpers an die neue Schwingung gedauert; die Magnetpole waren verschoben, ja das ganze Magnetfeld der Erde war verändert. Ellen Lora und die Mehrzahl der Menschen waren während dieser Zeit bewusstlos geworden, aber sie waren von den vielen Helferinnen und Helfern gepflegt und in Obhut genommen worden. Diese waren, so wie Skysailor, schon lange auf dieses transformierende Weltereignis vorbereitet worden und waren darauf trainiert, ihre eigenen Schwingungen sofort anzupassen.

Ellen Lora sah jetzt viele andere Menschen in den Gärten und aus den Fenstern herausschauen, und ihr wurde auch gesagt, dass ihr Bruder in einem anderen Haus gerade aufgewacht sei. Skysailor sagte ihr, obwohl viele Menschen nicht mehr hier seien, würden sie trotzdem in einer „anderen Welt" existieren, wenn auch nicht in dieser. Ellen Lora fühlte sich nicht mehr allein, obwohl sie noch lange nicht alles begriff, was in der Zwischenzeit vor sich gegangen war. Die Welt sah ganz anders aus, alles erstrahlte in einem goldenen Licht, und sie spürte in ihrem Innern: Ein „goldenes Zeitalter" war angebrochen!

Das Schicksal der Rose

Auf einem Blumenbeet in einem Garten wuchs einst eine Rose. Sie war noch eine dunkelrote Knospe, die einzige ihrer Art hier. Die anderen Rosen um sie herum erzählten ihr über das Leben der Blumen. Es kam ihr alles wie ein Paradies vor. Sie berichteten, dass Blumen von verliebten Menschen gepflückt wurden und diese sie an geliebte Personen als Zeichen der Zuneigung, Freundschaft, Dankbarkeit und Liebe verschenkten. Die Beschenkten freuten sich sehr darüber. Die rote Rose war über ihre Bestimmung sehr froh, sie entwickelte sich und wurde immer schöner. Ihre Farbe glich rotem Samt und keine war so wie sie. Sie war so herrlich anzusehen, dass der Gartenbesitzer von ihr bezaubert war. Er ging täglich in den Garten, goss die Blumen und entfernte das Wildkraut, damit sie nach Herzenslust atmen und wachsen konnten. Die rote Rose lauschte gern den Geschichten der übrigen Blumen, dabei lächelte sie und war glücklich! Die Blumen wurden nach und nach gepflückt und an ihren Bestimmungsort gebracht. Die rote Rose blieb jedoch zurück und wartete auf ihre Schicksalsstunde. Margeriten, Tulpen, Hortensien und die anderen Rosen waren schon geschnitten worden. Immer wenn der junge Mann kam, um Blumen zu schneiden, atmete er voller Bewunderung ihren Duft ein. Dann glaubte die Rose, ihre Stunde sei gekommen – aber nein, er nahm nur die anderen Blumen mit.

„Mach dir keine Sorgen!", sagten die Rosen. „Dein Tag steht noch bevor!" Einige Tage später waren die Hortensien an der Reihe, die Margeriten und die Tulpen. Sie verabschiedeten sich und meinten, die Rose sei noch jung. Wenn ihr Tag jedoch käme, würde sie besonders froh sein. Und ohne die Hoffnung zu verlieren, blieb die Rose im Garten zurück, während alle übrigen Blumen geschnitten waren. Doch als eines Morgens keine Blume ihr mehr Gesellschaft leistete, erschien der junge

Mann wieder. Er war anders gekleidet als sonst, trug einen Anzug und Schuhe und seine Haare waren zurückgekämmt. Er schnitt liebevoll die Rose ab. Sie, die tiefrote Rose, war auf ihr Schicksal vorbereitet und freute sich voller Stolz. Wie herrlich sah sie aus! Ihre samtweichen Blütenblätter waren unberührt, ihr Stiel stand kerzengerade. Mit erhobenem Haupt wartete sie auf den Augenblick ihrer bevorstehenden Bestimmung. Der junge Mann nahm sie zwischen seine Hände und ging davon. Er betrat eine Kapelle. Langsamen Schrittes ging er auf eine junge Frau zu, die in der Nähe des Altares auf ihn wartete. Die Besucher saßen davor und sahen jenen Mann voller Leidenschaft mit der wundervollen roten Rose in den Händen. Leise erklang Musik, die eine Atmosphäre von Ruhe und Frieden ausstrahlte. Am Altar angekommen seufzte die Rose tief. Sie hatte ihr Ziel erreicht. Die Rose spürte die Liebe in den Händen des jungen Mannes, als er sie seiner Geliebten überreichte. Sie konnte gerade noch das ernste Antlitz der jungen Frau erblicken. Es war ein blasses Gesicht, die Augen waren geschlossen und sie lag in einem ruhigen ewigen Schlaf. Sie wurden zusammen eingesegnet bei einer schönen Melodie. Alle Anwesenden erhoben sich. Und die stolze Rose hatte schließlich ihre Rolle gefunden. Alle, die sie gesehen hatten, waren tief von ihr beeindruckt.

Übersetzung ins Deutsche: Brigitte Konitzky.

Das Mädchen im Spiegelbild

Der Morgen graute, als Isabela erwachte. Sie hatte das Gefühl, als sei sie von einem Engel leidenschaftlich und lange auf die Wange geküsst worden. Ob der Vater oder die Mutter sie geweckt hatte? Sie schaltete ihre Nachttischlampe an, die neben ihrem Bett stand. Ein Blick auf die Uhr ließ sie wissen, dass es noch früh am Morgen war, und in ihrer näheren Umgebung war niemand zu sehen.

Ihr Zimmer sah noch genauso aus wie vor dem Zubettgehen, mit einer Ausnahme: Vor ihrem Bett hing ein großer Spiegel. Isabela hatte keine Ahnung, auf welche Weise dieses große Objekt in einem Holzrahmen, in Regenbogenfarben bemalt, hierhergelangt war.

Sie machte es sich zwischen ihren Kissen bequem, rieb sich die Augen und schaute in den Spiegel. Erst bewegte sie ihre Hände ganz langsam nach oben. Das Bild im Spiegel tat es genauso. Gähnend hielt sie sich ihre rechte Hand vor den Mund. Vorsichtig kniete sie im Bett und öffnete weit die Arme. Das Bild im Spiegel wiederholte alles, was Isabela tat.

Kein Wunder, denn es handelte sich ja um einen Spiegel. Auch wenn jenes Bild alle ihre Bewegungen nachahmte, wusste das Mädchen, dass hier irgendetwas anders war. Sie tat so, als bemerke sie alles nicht, und fuhr mit ihren Bewegungen fort. Sie wollte wissen, bis zu welchem Moment das Bild im Spiegel sie zu hintergehen versuchte, und vor allen Dingen, was das Mädchen ihr gegenüber von ihr wollte. Als sie merkte, dass das Bild sie unzählige Male imitierte, gab sie auf.

Sie verharrte eine Weile bewegungslos und beobachtete sich. Das Mädchen im Spiegel hatte sogar denselben Atemrhythmus. Seine Schultern und Brust hoben und senkten sich ein- und ausatmend wie bei Isabela. Plötzlich wurde diese ernst, nachdenklich.

„Wer bist du eigentlich?"

Das Bild bewegte den Mund wie Isabela.

„Sag mir, wer du bist! Und was tust du hier?", wollte Isabela wissen.

Das Bild im Spiegel machte genauso weiter.

„Glaubst du, dass du mich betrügen kannst, indem du glaubst, du wärest ich? Glaubst du, dass ich den Unterschied nicht merke? Deine Augen, dein Mund, dein Gesicht, der Körper, die Kleidung – alles ist wie bei mir. Du bewegst dich sogar wie ich. Deine Haare sind blond, lang, schön und voller Locken wie bei mir, wie meine, bevor sie ausgefallen sind. Mir ist inzwischen kein einziges geblieben. Siehst du das nicht? Und du meinst, du könntest mich täuschen?

Jetzt sagte das Bild nichts mehr, der Mund blieb stumm, doch in seinem Gesicht wurde ein leichtes und beruhigendes Lächeln sichtbar.

„Ich bin du, ja", sagte plötzlich das Bild. „Kannst du dich nicht mehr erinnern? Ich bin hier, um dir zu sagen, wer du bist. Ich bin jeden Tag in dir und habe mich nur kurz aus dir entfernt, um dir zu sagen, dass du immer noch schön bist! Um dir zu sagen, dass du stark bist und kämpfst."

Zu Isabelas Verwunderung erhob sich nun das Bild und verschwand tanzend vor Begeisterung aus dem Spiegel. Sie nahm das Mädchen an die Hand, das ihr vorher so schwach zu sein schien. Sie hob es hoch und begann mit ihm zu tanzen, zu tanzen …!

Isabela freute sich. Es stimmte. Das Mädchen aus dem Spiegel war niemand anders als sie, fröhlich und lebensfroh!

„Ich hatte völlig vergessen, dass ich so bin – glücklich!

„Komm, Isabela! Genieße den Abend!" Das Fenster ihres Zimmers öffnete sich von selbst und Isabela konnte den wundervollen Vollmond sehen! Sie breitete lächelnd weit die Arme aus. In ihren Ohren erklang ihre Lieblingsmusik. Und sie tanzte allein. Das Zimmer wurde von einer freudigen Welle von Farben und Tönen überflutet.

„Das ist das Leben, Isabela! Lebe es!" Und Isabela lächelte, tanzte und sang. Sie war glücklich.

Übersetzung ins Deutsche: Brigitte Konitzky.

Gedicht

Leben

Leben ist ein Auf und Ab.
Es besteht aus Leben und Tod,
Aus Lächeln und Schmerz.

Das Leben ist so, es bedeutet
Gewinnen und verlieren,
Pflanzen und ernten.

Das Leben ist Weinen vor Lachen,
Vor Sehnsucht sterben,
Vor Leidenschaft leiden.

Das Leben heißt erobern,
Verlieren
Und versuchen zu siegen.

Das Leben ist dort so
Und hier ebenso.
Leben ist überall.

Das Leben ist Lieben und Hassen,
Besteht aus mir und dir,
Es lohnt sich zu leben.

Übersetzung ins Deutsche: Brigitte Konitzky.

Danke für eure Hilfe

Tanja saß bei ihrer Mutter und wartete auf den Besuch. Tanja wollte lieber zu Hause Computer spielen, als dort heile Familie zu spielen. Ihre Mutter arbeitete in der Küche, Tanja spielte mit einem kleinen Ball auf dem Tisch. Plötzlich klingelte es. Tanja dachte schon, dass es der Besuch sei, doch es war jemand anders. Sie stand auf, ging in die Küche und staunte nicht schlecht. „Kommen die jetzt mit einem Krankenwagen?", fragte sie sich und ging zur Tür. „Moment mal, Krankenwagen? Das können doch nur meine zwei sein", freute sich Tanja. Sie hatte recht. Es waren Markus und Michael. „Hallo, ihr zwei, kommt rein! Habt ihr frei?", fragte Tanja und bat die zwei ins Wohnzimmer. „Hallo, Tanja! Nein, wir haben Bereitschaft und du kennst uns doch", sagte Markus. „Ach, und die macht ihr hier? Setzt euch! Wollt ihr etwas trinken?", meinte Tanja. „Darf man hier rauchen?", fragte Michael. „Ja, draußen auf dem Balkon", antwortete Tanja und ging in die Küche, um eine Tasse, Zucker und die Kanne zu holen. Michael ging raus eine rauchen, Markus folgte ihm. Tanja stellte alles auf den Tisch und ging zu den beiden. „Zieht doch eure Jacken aus!", meinte Tanja. „Nein, die bekommen dann Beine", sagte Markus. „Glaubst du, deine Mutter hat etwas dagegen, wenn wir hierbleiben?", fragte Michael. „Weiß nicht. Wir bekommen gleich Besuch. Es wäre toll, wenn das ginge", antwortete Tanja und umarmte Markus. „Ich verstehe. Komm, wir fragen deine Mutter mal, dann bring ich unsere Jacken raus und hol den Pieper", meinte Markus. Tanja nickte. Die zwei gingen rein, Michael blieb auf dem Balkon und rauchte zu Ende. Tanjas Mutter hatte nichts dagegen, dass die Freunde ihrer Tochter blieben. Platz war genug. Markus ging mit Tanja zum Krankenwagen. Michael kam ins Wohnzimmer und ging in die Küche.

„Wer kommt denn?", wollte Markus wissen. „Hermann, Patrick, Dolores und Daniel", sagte Tanja und kletterte in den Wagen. „Komm raus!", bat Markus. „Warum bist du nicht mein Bruder?", fragte Tanja und stieg aus dem Führerhaus. „Yvonne ist nicht davon begeistert, dass ich ihr Bruder bin", sagte Markus, nahm den Pieper und schloss die Tür. „Verstehe ich nicht. Du bist nett, hilfsbereit und lustig", meinte Tanja. „Du kennst mich ja nicht privat", sagte Markus. Tanja nahm den Schlüssel und schloss erst die Haustür, dann die Wohnungstür auf. Michael hatte Tanjas Mutter geholfen und den Tisch für acht Personen gedeckt. „Es sind doch nur sieben", meinte Tanja. „Na gut, dann räum ich einen Teller eben wieder weg. Ihr wart aber lange draußen", sagte Michael, nahm einen Teller mit Besteck und brachte die Sachen in die Küche zurück. „Wir haben uns unterhalten", sagte Tanja und setzte sich an das andere Ende des Tisches, Markus nahm neben ihr Platz und Michael neben diesem. „Wann kommt denn euer Besuch?", fragte Michael. Da klingelte es. „Jetzt", antwortete Tanja und wurde unruhig. „Keine Panik! Ein blöder Spruch von denen und die können was erleben. Solange wir da sind", beruhigte Michael seine Freundin. Tanjas Mutter hatte die Tür geöffnet und wartete auf die vier. Markus unterhielt sich mit Tanja, als sei nichts passiert. Tanjas Mutter Renate bat den Besuch ins Wohnzimmer und ersuchte Michael, ihr kurz noch mal zu helfen. Tanja unterhielt sich mit Markus und beachtete den Besuch nicht. Sie mochte ihn nicht. Tanjas Mutter kam ins Wohnzimmer und setzte sich neben Michael. „Kommt ihr raus, wenn ihr zum Einsatz müsst?", fragte Renate. „Ja, das klappt schon", antwortete Michael.

Hermann und Dolores saßen auf dem Sofa, Patrick saß bei Dolores auf dem Schoß und Daniel auf dem Boden. Er spielte mit seinen Autos. „Kannst du mir bitte mal den Teller vollmachen?", bat Tanja. „Okay. Markus, du auch?", fragte Michael. „Ja, aber nur einen Kloß", antwortete Markus. „Iss nicht zu viel, sonst wirst du noch zu dick!", sagte Tanja. „Das sagt die Richtige. Bitte sehr, dein Teller", meinte Markus. Es gab Klöße mit Rotkohl und Schweinebraten. Dolores machte für Patrick ein Fläschchen und Hermann holte Daniel zu sich. „Kannst du mir bitte noch ein Messer geben?", bat Hermann. Renate wollte aufstehen. „Ich geh schnell. Braucht noch jemand noch etwas zu trinken?", sagte Michael, stand auf, ging in die Küche, holte ein Messer und eine Flasche Limo. „Bitte sehr, das Messer und deine Limo", sagte Michael und gab Markus die Flasche. „Danke! Möchtest du auch?", fragte Markus. Tanja nickte und hielt ihm das Glas hin. „Hast du auch den Pieper mitgebracht?", wollte Michael wissen. „Ja, natürlich, den brauchen wir doch", meinte Markus. Tanja sah weder Hermann noch Dolores an. „Klappt es, Prinzessin?", fragte Markus. „Ja, alles in Ordnung", antwortete Tanja. Renate unterhielt sich mit Hermann. Der erzählte von der Arbeit und seinem Bruder. „Der kommt nicht mehr oft zu uns. Hat sich selbstständig gemacht", erzählte Hermann. Michael sah Tanja an und lächelte. „Guck mal, ich hab noch den MP3-Player von meiner Schwester in der Tasche!", meinte Markus. „Zeig mal!", bat Tanja. „Bitte, aber nicht kaputt machen!", sagte Markus und gab Tanja das Gerät, Tanja hingegen steckte ihm einen zusammengefalteten Zettel zu. Markus faltete den ungesehen von den anderen auseinander, stupste Michael an und las.

Erst mal ist Hermann auf der Arbeit und ich schreibe von seinem Profil und falls du das nicht kennst, wird es bei f… angezeigt, wenn man neue Bilder reinsetzt. So und jetzt lass uns einfach in Ruhe! Kannst du vielleicht auch einfach mal Hermann sagen, denn er heißt nicht „Herr Hermann" … und dass er zu seiner Ehefrau und Familie hält, ist ja wohl klar. Für mich hast du einen Schatten, mehr nicht, und jetzt ist mir egal, was du denkst. Ich reagiere jetzt nicht mehr auf deine Scheiße, die du schreibst, und fertig.

„Du willst doch wohl jetzt nicht Musik hören?", beschwerte sich Dolores. „Was dagegen? Ich mach, was ich will. Du weißt doch, dass ich ein Kleinkind bin." „Kein Streit, und wer hier ein Kleinkind ist, muss noch geklärt werden", sagte Michael. „Was du gern hörst", meinte Markus. „Ich wusste gar nicht, dass Yvonne die auch mag", wunderte sich Tanja, steckte sich die Hörer in die Ohren und hörte rein. Bei einem Lied lächelte Tanja. „Das war bestimmt ihr Lieblingslied", sagte Michael. Tanja nickte. „Auf die drei steht Yvonne auch", sagte Markus. „Nicole auch, dabei sehe ich viel besser aus als die", sagte Michael. Tanja musste lachen. „Was gibt es da zu lachen? Ich hab doch recht", meinte Michael. „Meinst du das oder Nicole?", fragte Tanja. „Das mein ich. Muss ich heute Abend mal Nicole fragen", antwortete Michael. „Tanja ist da anderer Meinung", sagte Markus. „Bekommt dein Bruder nicht Hartz IV?", fragte Renate. „Doch, jetzt wieder, aber bei dem ist der Monat immer länger als das Geld", antwortete Hermann. Sie aßen erst mal.

„Sag mal, Markus, hast du den Pieper auch an?", fragte Michael. „Ja, warum? Wenn du möchtest, dann können wir auch fahren. Heute ist Sonntag", antwortete Markus. Tanja sah ihn traurig an. „Nein, ich hab mich nur gewundert. Mir gefällt es hier", sagte Michael. „Willst du unbedingt arbeiten?", fragte Tanja. „Nein, ich dachte nur, Michael wäre es langweilig", antwortete Markus. „Bei Tanja ist es mir nicht langweilig." Darf ich Hasi holen?", bat Michael. „Ja, aber pass auf, dass er nicht abhaut!" „Darf ich mit dem Hasen spielen?", fragte Daniel. Michael stand auf, ging zum Käfig, öffnete ihn und ließ Hasi raus. „Das ist doch kein Spielzeug", antwortete Hermann. „Du darfst ihn aber streicheln", meinte Michael, stand auf und ging mit Hasi auf dem Arm auf den Balkon. Dort setzte er Hasi auf den Tisch. Tanja stand auf und ging, Daniel folgte ihr auf den Balkon. „Du magst Tiere", sagte Tanja und lächelte. „Ja, genau wie du. Wenn ich einen anderen Beruf hätte, dann hätte ich auch welche", sagte Michael. Daniel streichelte den Hasen. Markus kam zu den vier. „Geheimnisse?", fragte er. „Nein, keine", antwortete Michael.

Die drei unterhielten sich. Hermann kam zu ihnen. Er wollte eine rauchen, genau wie Michael. Im Wohnzimmer waren noch Patrick, Dolores und Renate. Man hörte kein Wort. Renate räumte den Tisch ab. Markus bekam dies mit, ging rein und half ihr. Patrick hatte sich aufs Sofa gelegt und schlief. Dolores sah, dass Renate nicht richtig laufen konnte, half ihr aber nicht. „Tanja, kannst du mir bitte mal helfen? Euer Telefon klingelt und deine Schwägerin hilft deiner Mutter nicht!", rief Markus. „Ich komme", sagte Tanja, ging rein und half Markus beim Tischabräumen. In der Küche flüsterte Tanja: „Dolores ist doch Gast und als Gast muss man doch nicht arbeiten. Da wird man bedient." „Michael und ich sind auch Gäste. Wir helfen euch", sagte Markus leise. Tanja nickte und lächelte. „Aber doch nicht, wenn man vornehm ist", sagte Tanja. „Daisy kommt vorbei", sagte Renate nach dem Telefonat. „Haben wir noch Platz?", fragte Tanja. „Klar doch, ich nehm dich einfach auf meinen Schoß", antwortete Markus. Michael saß inzwischen auf dem Stuhl im Wohnzimmer mit Hasi und streichelte ihn. „Wer ist Daisy?", wollte Michael wissen. „Meine andere Schwägerin", sagte Tanja. Daniel spielte mit seinen Autos auf dem Balkon bei seinem Vater. „So, fertig", meinte Markus und setzte sich wieder neben Michael. „Gib mir mal Hasi!", bat Markus. „Nimm ihn dir doch!", meinte Michael. „Ist Hermann noch draußen?", fragte Tanja. „Ja, mit dem Zwerg", antwortete Markus. „Da hab ich euch etwas beigebracht", meinte Michael. „Wo hast du das eigentlich her?", wollte Tanja wissen. „Von unserem Chef. Der meinte vor einigen Jahren, ich soll in die Zwergenklinik fahren und dort einen Zwerg abholen", erzählte Michael. „Und was meinte er?", fragte Tanja. „Die Kinderklinik und dort sollte ich ein Kind zum HK holen", antwortete Michael. Markus und Tanja mussten lachen. Dolores sah die drei nur an und schüttelte den Kopf. Tanja gab Markus den MP3-Player zurück und nahm sich Hasi. „Das ist mein Herr Hase", meinte Markus. „Gar nicht, der gehört meiner Mutter", meinte Tanja. „Der wollte dich nur ärgern. Willst du auch noch etwas trinken?", fragte Michael. „Ja, aber die Kanne ist leer", antwortete Markus. „Renate wollte neuen Tee machen", meinte Michael. „Das mach ich. Welchen wollt ihr", sagte Tanja, setzte Hasi in den Käfig und ging in die Küche. „Zitronentee", sagten Markus und Michael wie aus einem Mund. „Mama, da kommt Daisy!", rief Tanja und machte Zitronentee. Renate stand auf und ging zur Tür. Hermann saß inzwischen wieder auf dem Sofa und Daniel spielte auf dem Balkon. „Wer ist Daisy?", fragte Dolores. „Das ist die Frau, mit der du eine Stunde telefoniert hast", antwortete Hermann. „Ach", sagte Dolores. Patrick schlief noch in Seelenruhe. „Daniel, alles in Ordnung?", rief Hermann. „Der sitzt hier an der Tür und spielt", sagte Tanja. „Hallo, zusammen!", begrüßte Daisy die Gesellschaft, als sie ins Wohnzimmer trat, und setzte sich auf den Sessel hinter Renate. „Willst du etwas trinken?", rief Tanja. „Einen Kaffee!", rief Daisy zurück. „Kaffee ist noch hier", meinte Michael. „Aber keine Tasse", sagte Markus. Tanja brachte eine Tasse und eine Kanne Tee ins Wohnzimmer.

So gegen 15.00 Uhr deckte Renate mit Hilfe von Daisy und Michael den Tisch, um Kaffee zu trinken. „Tanja, kannst du noch eine Limo von hinten holen?", bat Renate. Tanja stand auf und ging in ihr ehemaliges Kinderzimmer. Markus folgte ihr. „Wo ist die Toilette?" wollte er wissen. „Hier, neben dir", sagte Tanja und holte die Flasche. Dolores war in der Küche und wechselte Patrick die Windel. Als Tanja zurück ins Zimmer kam, staunte sie, dass Dolores das Zimmer verlassen hatte. Daisy hatte Daniel reingeholt und saß mit ihm am Kopfende an der Zimmertür. Tanja ging wieder an ihren Platz, genau wie Michael und Markus. Sie tranken Kaffee und aßen Pflaumenkuchen, dabei unterhielt sich Tanja mit ihren Freunden, Renate mit Daisy und Hermann, Patrick spielte auf dem Sofa und Daniel saß bei Daisy.

„Wenn das heute nicht mehr piept, dann hatten wir einen ruhigen, angenehmen Dienst", meinte Michael. „Ach, komm bitte mal mit raus auf den Balkon!", bat Markus, stand auf und ging raus. Michael und Tanja folgten ihm. „Versprich mir, dass du mich nicht umbringst!", bat Markus. „Versprochen", sagte Michael. „Ich hab den Pieper ausgeschaltet. Ich wollte Tanja beistehen", beichtete Markus. „Du hast was?! Spinnst du?", schimpfte Michael. „Sei nicht böse, Michael! Bitte!", flehte Tanja. „Wir haben Bereitschaft und du schaltest den Pieper aus? Hast du sie noch alle? Auch wenn Tanja unsere Freundin ist", sagte Michael. Tanja umarmte Michael. „Es hat dir doch auch Spaß gemacht, oder?", meinte Tanja. „Okay, wir sagen einfach, dass der Akku leer war und wir es nicht gemerkt haben. Dies war das letzte Mal", sagte Michael. „Das schwör ich dir. Danke, Kumpel!", sagte Markus. Sie gingen wieder rein. Hermann und Dolores verabschiedeten sich, Daisy, Renate und Tanja räumten den Tisch ab und Tanjas Freunde spülten. „Lässt die sich immer bedienen?", fragte Michael. „Du meinst Dolores? So ist das im Osten", meinte Tanja in vornehmem Tonfall. Alle mussten lachen.

———

Die Fremde

Wo die Heimat beginne
und wo sie ende?
Das weiß ich nicht – ich bin
hier eine Fremde.

Niemand redet mich an,
keiner lädt zu sich ein,
die Seele zerbricht
unter dem Fremdensein.

Auch der Fremde würde gerne
die Karten der neuen Heimat mischen,
scheint jedoch unsichtbar zu sein
für die Einheimischen.

Der Regen kommt, der Regen geht,
die Seele öffnet ihre Narben,
die Fremde bleibt unnütz schauen
in die Regenbogenfarben.

Dann hält ein Einheimischer
seinen Schirm über die Fremde,
nun weiß sie, wo die Heimat
beginne und wo sie ende.

Eine Nacht auf Kreta

Meine Freundin Violetta war plötzlich fort. Sie hatte mich im Restaurant sitzen lassen. Es bedeutete für mich eine ungeahnte Wende im ganzen Geschehen. Damit hatte ich niemals gerechnet. Die Dinge entwickelten sich von allein und ich verlor jede Kontrolle über das Geschehen. Oder besser gesagt, ich ließ es zu. Der Grieche und ich, wir standen vom Tisch auf, verließen das Restaurant, gingen zu seinem Auto, das ich zum ersten Mal sah. Es war ein Jeep. Wir setzten uns rein und Vassilis startete. Er versprach mir, mich in mein Dorf, zu meiner Ferienunterkunft, zurückzubringen. Die kurvenreiche, felsige und bergige südkretische Küstenstraße, die ich auf der Hinfahrt in Violettas Auto bei Tageslicht absolviert und bewundert hatte, befuhren nun wir beide, Vassilis und ich, in der Dunkelheit. Der Weg führte entlang des Meeres, doch das Rauschen war nur schwach zu hören, weil es fast keine Wellen gab. Das Meer begab sich zur Nachtruhe. Als die Straße hinter dem Städtchen anstieg, befand sich die Wasseroberfläche immer tiefer und tiefer unterhalb von uns. Sie glänzte im hellen Mondschein und zeichnete einen silbernen nächtlichen Steg ab. Der Anblick war überwältigend. Und als wir den höchsten Punkt der Küstenstraße erreichten, rief ich auf Griechisch, welches ich ein paar Jahre zuvor an der Wiener Universität gelernt hatte:

„*Stamatisse! Stamatisse!* Bleib stehen!"

Vassilis gehorchte, ohne zu fragen, und parkte den Wagen links vom Asphalt ein. Wir schauten direkt nach unten ins Meer.

„*Ela*, komm, steigen wir aus!", rief ich entschieden und verließ als Erste den hohen Jeep.

Ich setzte mich auf den Straßenrand, auf den warmen Asphalt, und genoss das Bild, das sich direkt vor meinen Augen ausgebreitet hatte. Es war eine Vollmondnacht und ihr starkes Licht beleuchtete das Meer tief unterhalb von uns sowie den schmalen Streifen der Sandküste. Ein kleines Feuer darauf war zu erkennen und Menschenschatten, die rund um das Lagerfeuer kauerten. Wie ich dort saß, beugte sich Vassilis zu mir und begann mich ohne jede Vorwarnung und ohne vorherige Annäherungsversuche zu küssen. Ich war äußerst überrascht, wie schnell er handelte, und versuchte ihn mit einer Frage zu unterbrechen.

„Wie sind die Leute nach unten gekommen? Der Hang ist doch so steil! Es scheint unmöglich hinunterzusteigen!"

„Magst auch du nach unten?", vergalt er mir meine Frage mit einer anderen, als ob sie ihm einen Anstoß gegeben habe, als ob etwas Neues, Aufregendes in ihm entflammt sei, eine neue Idee, die er sofort zu verwirklichen im Begriff war, und bevor ich zu antworten vermochte, packte er mich bei der Hand, fest und entschlossen, und zog mich einen schmalen steilen Pfad hinunter, zwischen Sträucher und Steine tretend. Ich hatte keine Angst, ich fühlte mich sicher in seinen Händen und vertraute ihm, dass er wusste, was er tat. Vassilis bewegte sich flott und leicht, wie eine Gazelle, auf den kretischen Felsen, schlank wie er war, ohne Bauch, bewundernswert und nicht alltäglich für sein Alter kurz vor sechzig. Aber er schien die physische Anstrengung gewohnt zu sein, seine Bewegungen waren sicher, wie trainiert, geschmeidig, das machte bestimmt die viele körperliche Arbeit im Wein- und Olivengarten aus. Er tat sichere Schritte, rutschte nicht und überlegte nicht lange, wo er seinen Fuß hinstellen sollte. Er bestieg mit Entschiedenheit den steilen Hang, ohne zu zögern, weder zaghaft noch langsam. Nein, das Alter war ihm nicht anzusehen, er ignorierte es und blieb jung, jünger als manche Menschen mit viel weniger Jahren. Ich ließ mich ziehen, es tat mir gut, geführt zu werden, nach so langer Zeit, in der *ich* hatte führen müssen, in der *ich* mein Leben in Wien jahrelang für meine drei Kinder und mich selbst hatte entscheiden müssen; es war anstrengend, es war für mich mühsam zu führen, und jetzt, für einen Moment, durfte ich die Führung einem anderen überlassen, die Führung eines anderen Menschen spüren, ich durfte aufatmen, lockerlassen, mich ziehen, leiten lassen, von einem Mann, für den eine führende Rolle so natürlich war. Ich habe diesen Augenblick bewusst auskosten und genießen können.

Unten heil angekommen passierten wir kleine Grüppchen von jungen Mädchen und Burschen, die am Feuer saßen, an etwas knabberten und erzählten. Vassilis suchte eine abgelegene Stelle für uns, weit genug von den Sitzenden und außerhalb der Sichtweite, weil die Dunkelheit allein nicht zum Verstecken dienen konnte. Nicht in dieser Vollmondnacht. Das Licht war zu stark und zu hell, man sah viel zu viel und viel zu weit für ein Paar, das die Einsamkeit und Abgeschiedenheit suchte. Das allein und unbeobachtet zu sein wünschte.

Wer wünschte das? Er? Oder auch ich? Er war der Initiator und ich ließ mich führen. Wie einen Film beobachtete ich das ganze Geschehen mit uns beiden, als ob es nicht mir passierte, sondern einer Filmprotagonistin. Solange sich nichts „Ernstes und Gefährliches" abspielte, ließ ich den Film laufen. Es war immer noch Zeit genug, ihn zu stoppen.

Vassilis fand eine stille und verlassene Stelle hinter einem Riesenstein, der irgendwann mal von den kretischen Bergen hinuntergerollt und kurz vor dem Meer – aus Respekt? – stehen geblieben war. Der Stein diente nun als eine große Wand, die uns vom Rest des Strandes abtrennte. Wir ließen uns im Sand nieder und Vassilis setzte dort das Küssen fort. Er küsste so leidenschaftlich, wie in seinem Alter kaum anzunehmen, und benahm sich dermaßen natürlich, authentisch, ehrlich in seinen Absichten mir und sich selbst gegenüber, keine Prise von etwas Gespieltem, von Angeben, von Vortäuschen, von Wichtigtun, sodass der Film, den ich zuerst verfolgt hatte, sich allmählich in eine wahre Begebenheit verwandelte. *Ich* wurde zur Protagonistin. Alles, was geschah, geschah jetzt *mir*. Ich ließ es zu, gab nach, streichelte ihn durch das lange volle Haar. Er zog mich langsam aus, berührte meinen im Mondschein glänzenden, braunen, schlanken Körper – wo nur zwei weiße Streifen von den Bikinis übrig geblieben waren –, als ob er mich schon immer gekannt und ich bereits seit Langem zu ihm gehört hätte. Ich wollte ihn fragen, ob er mich liebe, aber ich kam nicht dazu, es war auch nicht nötig, seine Handlungen wirkten so echt und ehrlich … Während des Küssens neigte er mich nach hinten, legte mich zärtlich auf die dicke Sandmasse nieder, die unter mir nachgab und sich neu formte, die Sandkörner wichen unter meinem Gewicht zur Seite und ich spürte, wie nachgiebig, weich und warm die Sandunterlage war, meine halblangen Haare breiteten sich auf dem Sand aus und bildeten einen hauchdünnen Polster unter meinem Kopf, und plötzlich merkte ich, wie viele Sterne am Himmel über dem Libyschen Meer leuchteten. Ich empfand die Außerordentlichkeit des Augenblicks und war dafür sehr dankbar, denn wie selten doch wiederholen sich Momente der Liebe, in unserer stressvollen, distanzierten und äußerst individualistischen Welt, Momente der Zuneigung und der menschlichen Wärme! Ich war im doppelten Sinne dankbar, erstens, dass ich Liebe und Wärme bekam, und zweitens, dass ich diese Liebe in jemandem zu erwecken imstande war, die ich dann als Nebenwirkung wieder zurückerhielt …, dass ich meine ursprünglichste Rolle als Mensch und Frau in diesem kleinen Moment erfüllte … Ich war glücklich und zufrieden.

Aber wie weit geht das Wohltun der Liebe? Wo beginnt es und wo ist es zu Ende? Etwa dort, wo die Liebe in eine sündhafte Tat übergeht? Ich wollte mein süßes Glück auf keinen Fall für ein schlechtes und belastetes Gewissen umtauschen. So stoppte ich das Weiteraustauschen von Zärtlichkeiten und blockierte das Fortsetzen des Liebesaktes. Ich reiste allein, wohin ich auch wollte, ich badete allein im weiten Meer, ohne Kleidung, ohne Bikini, ich glaubte, so frei zu sein wie kein anderer, aber ich war es nicht. Ich war versklavt durch meine Gedanken, zusammengeschnürt durch die Moral, die ich in meiner Kindheit überliefert bekommen hatte, ich war durch sie verhindert und gehindert, den Augenblick auszukosten und zu genießen. Die Liebe war da, geistig, jedoch ohne physische Erfüllung. Das ruhige, mitternächtliche Meer, seine unmittelbare Nähe zu mir ausnützend, wusch unauffällig und ohne zu fragen meine Füße ab, machte sie angenehm nass und umarmte mit seinen warmen Gewässern meinen ganzen nackten Körper, wie ein sehnsuchtsvoller Liebhaber, nachdem ich darin eingetaucht war.

Gedichte

Auszeit

Vor mir liegt der schwarze Trommelrevolver,
Kaliber 4 mm
mit kurzem Lauf,
handlicher Machart.
Den Stift der Trommel ziehe ich heraus
und klappe die Trommel nach rechts auf,
sodass das kalte, schwarze Metall
auf der Daumenmaus geöffnet liegt,
ich nehme ein paar Patronen,
stecke sie in die leeren Trommellöcher
und klappe die Trommel
mit einem einratschenden Geräusch zu.
Den Stift der Trommel kontrolliere ich nachträglich.
Dann entsichere ich den Hahn und spanne den Abzug.

Ich brauche endlich mal eine Auszeit!

ℒℬ

Die Blume der Hoffnung

Beraubt euch nicht der Hoffnung.
Unterscheidet Hoffnung und Lüge.
Meidet die, die falsche Hoffnung verbreiten.
Erstarrt nicht in Hoffnung.
Hofft auf das Gute.
Gebt Hoffnung.
Nehmt Hoffnung an.

Reicht euch diese friedliche Blume der Not.
Seid gut zu ihr.
Die Notblume ist so alt wie die Menschheit und älter.
Gerade als Wasser, Luft, Erde und alles aufeinandertrafen
und das Feuer sich in Glut wandelte, entstand die Notblume.
Sie rollte getrieben vom Wind über die Erde und wenn es
regnete, blieb sie liegen, um zu trinken. So rollte sie,
nachdem sie sich wieder geschlossen hatte,
weiter, über die ganze Erde, bis der erste Mensch sie fand.
Dieser vererbte sie weiter, sodass sie über alle Generationen
jetzt zu mir gelangte.
Jetzt vererbe ich sie dir.

ℬ

Staat

Die 1000 Jahre alte Kröte auf dem Berg
pumpt geblähte, tönende Backen der Macht, atmet schwer.
Unter ihr wird jeder Mensch klein, zum Zwerg.
Als alte Unke wissend den Inhalt eines jeden Schattens,
blubbern Geräusche aus ihrem tropfenden Zwietrachtmaul
und über die liebende Güte
ihrer schleimigen Gnade begeistert
verurteilt sie blubbernd die Schlechtigkeit der Welt.
Einsam wacht sie über ein Vergehen, dass es so sei
wie das hübsch gemalte Bild in kleinem Kasten auf dem Hals.
Nicht einmal Spiegel könnten,
kunstvoll für das Auge aufgestellt, durchschauen,
wessen Geist da brodelt.
Wie leicht hätte es da doch der fahrige Wind!
Unter der 1000 Jahre alten Unke auf dem Berg
in ihrem Atempuls und brodelnden, sabbernden Sein
ist aller Staat klein, wie Elend in Sackleinen unterworfen.
Sie sitzt ihre Zeit strategisch, Feistigkeit trainiert,
bis alles ist verbraucht und verfault, mundtot und erstickt.

Der fettfaltigen, wulstigen beißenden Kröte aus Schleim
und Kot ist wie dungender Moder zu verwachsen in Köpfen,
die man Menschenkopf nennt, einziges Ziel.
Die Tagesmeinung für das Unbewusste
schreibt bald keiner mehr,
doch als Erstes stirbt, wer gar nichts hat,
bevor der Rest gierig, herrschsüchtig zerfallen wird.
Dann aus diesem Konglomerat
entsteht wieder ein neuer Staat.

Sternenklar

Früher erzählte man den Kindern,
dass jeder Sterbende auf der Erde
nach seinem Tod
in den wolkenlosen Nächten
als Stern am Himmel
die Nacht erhellen würde.
Auf diese Weise würden
die Tiere der Nacht
und die Menschen
in der Dunkelheit ihren Weg finden.

Später, da merkten die Großen,
dass diese Geschichte
nur eine Erfindung war
und dass jeder nach seinem Tod
einfach begraben wurde
und die Sterne wie eh und je
die Nacht erhellen.
Und dass in sternklaren Nächten

die Tiere der Nacht
und die Menschen
wie eh und je ihren Weg finden.

❧

Zuletzt dann erinnerten sich die Alten,
dass diese Geschichte doch sehr schön war
und wie schön es doch wäre,
nach dem Tod
in den wolkenlosen Nächten
als Stern am Himmel
wenigstens einmal ein bisschen zu funkeln.
Es wäre doch schön
für die Tiere der Nacht
und die Menschen,
wenn sie auch in der Dunkelheit
ihren Weg fänden.

❧

Gewalt

Ein Leben im fremden System aus fremden Köpfen. Gedankenwelten, die sich durch ständiges Weitermachen, ohne weiterzudenken, realisieren konnten unter Mithilfe der Gewalt. Patriarchalisches Abtöten wird geübt und nur wenige wollen noch in die inneren Welten, die die Außenwelt verstehen helfen. Jedes Verständnis, auch das der Gewalt, erfordert Verständnis für das Sein.

Die gesteuerte Provokation zur Gewalt verunsichert die Bevölkerung. So werden Wege frei für die Verfolgung politischer, wirtschaftlicher Ziele zum Nachteil für die Menschen. Die letzte Art der Gegenwehr ist die der Nicht-Gewalt. Mit dem Erkennen der Notwendigkeit der inneren Einheit, die die physisch materielle mit sich zieht, kann dem entgegengewirkt werden.

Es gibt immer mehr Menschen, die spüren, dass es Zeit wird, *mit* ihrem Lebensraum zu fühlen und sich nicht als hineingeworfen, ausgestoßen in die Welt zu fühlen. Die Welt ist der Lebensraum für Pflanze, Tier und Mensch.

Die Welt ist zu eng, als dass die gewaltsam erstrittenen Landesgrenzen von wirklichem Nutzen sein könnten. Am Anfang war der Mensch gut, ein Wesen des unaufhörlichen Empfangs.

Es wird Zeit, dass er sich bei der Welt für alles Leben bedankt und aufhört, sich zu bejammern und zu beklagen. Der Mensch darf sich nicht mehr die Zeit rauben lassen von fremden Köpfen mit immer größerem Machtbestreben.

Seine Gedanken sollten fließen ohne die Stockung des Festhaltens an Bildern. Nur so kann er sich freimachen, emanzieren. Anstatt in den Fernseher zu sehen, ihn aus dem Gesichtsfeld räumen. Anstatt wie mit einem Schalter jede Frage zu beantworten oder zu fragen, erst mal spüren, wie die Antwort lautet.

Die homogene Masse Mensch mit allen erdenkbaren Fehlern und Schwächen ist zu unvollkommen, wie auch wahrscheinlich du und ich, um diese Leichtigkeit des Empfindens einfach vollführen zu können. Die Menschen sollten sich Zeit nehmen, ihre inneren Welten zu entdecken, und so die fremden Köpfe unterwandern. Bewusstheitsprozesse sollten geschehen, auch ohne dass man weiß, was die neue Technik alles kann. Diese Bewusstheitsprozesse helfen, die Vorgänge zu verstehen, denn auch der Fernseher mordet täglich vor Millionen Augen. Das Nichteinlassen auf diese Gedankenwelt nimmt den fremden Köpfen schon einen Manipulationsaspekt auf den Menschen. So wird der Kontakt abgebrochen.

Die Gewalt, die nicht geschieht, braucht nicht ausgeübt zu werden. In Zeiten von ungezügelten Kriegsmanövern und höchsten Formen des Menschenmissbrauchs in Familie, Kirche und Politik spielt es kaum noch eine Rolle, ob die Opfer Ausländer, Ehepartner, Kinder oder sonst wer sind. Es nutzt kaum noch, zu fragen, warum das so ist. Wichtig ist doch, nicht dabei mitzumachen und den Sinn des Friedens zu begreifen.

In einem Menschen ist viel Platz, nur nicht dafür, dass er mit toten Wesen vollgestopft wird, sondern mit Leben.

Immer mehr Menschen sterben durch Gewalt an sich oder an anderen. Profis bauen elektrische Stühle, Folterwerkzeuge zum Quälen und Töten in dem Glauben an einen Feind.

Doch der Feind ist ein Phantom aus Angst, Gier, Neid, Geiz, Hass und mehr.

℘

Gültigkeit

In Paragraphensteine gehauene, erhobene Zeigefinger
bohren sich in den Anus des Himmels.

Zu mächtigen Rocksinfonien tanzen die Steine,
nur der Hund bellt.

Worte werden durchgekaut,
zerkleinert,
wieder ausgespuckt.

Beton ist lebhafter Teil des Denkens.

Holz trifft Geist,
Kohle brennt durch,
die Festplatte stürzt ab.

Endlich Urlaub!

℘

Ein Gedanke über die Kunst

Immer so weiterschreiben über all das Vermisste, die Fabel über Was-wäre-wenn, eine Gesellschaftskritik im Konjunktiv, eine verlogene Beratung, einen unglaubwürdigen Roman, einen glaubwürdigen Roman, über diese ständig nervenden Kinder, Männer und Frauen, Missbrauch, über Seelsorge, über Krieg, über Frieden, über Macht und Religion, über die richtige Ernährung von Hunden, über Kanonenfutter, über Preußen, über Aufzucht von Klonen, über Herrn Pfarrer, über Ölmeere, über Wassermeere, über Autoachsen, über böse Achsen, über das Militär, über Faschismus, über die richtige Zusammensetzung von Bircher-Müsli, über das Programmieren, über die Kalligraphie, über das Schreiben, über das Lachen, über das Leiden, über die Liebe, über Kitsch, über Straßenkinder, über Prostitution, über Rasenpflege, über alles Wichtige, über alles Unwichtige, über alles Gewichtige, über die Aufhebung der Gravitation, über die Möglichkeiten, einfach leben zu können, über den Wahnsinn, über die Seele, über die unzähligen Facetten des Inneren, über neue Gefilde, über das Entrinnen in Zwischenwelten des Geistes, wie sie nur entstehen können, wenn der Geist innehält und zum Beispiel ein Farbspiel oder Musikstück entsteht.

Wofür Kunst, wenn nicht, um zu lernen diesen Zustand des Hindurchschauens durch die nicht vorhandene Gegenwart, die doch auch nur ein Resultat aus vorangegangenem Denken ist, aufrechtzuerhalten. Vergangenes, Zukünftiges und Jetztempfindung bedingen einander und finden ein Zuhause in der Kunst.

Momente entstehen im Leben, die das Leben schreibt, und die Dinge brauchen keinen Namen mehr. Das Unbewusste, welches doch gerade diese Momente entfacht, macht ein Formulieren schon mal möglich. Wenn auch nicht immer in Worten, so liegt es doch am Menschen, sein Medium zu suchen und zu finden, um dem scheinbar Unerklärlichen, Unsichtbaren eine Gestalt zu geben. Mit Belanglosigkeit ist es da nicht getan. Denn das Erscheinenlassen dieser Zwischenwelten ist ein geistiger Wachstumsprozess, der auch genährt werden will und bereichern kann. Doch sind die Gedanken wirklich frei?

Unsere Geschichte hat uns ab dem 14. Jahrhundert besonders fest im Griff. Genialität in der Kunst, finstere Kriegszeiten, Europa erobert die Welt, eine neue Welt entsteht, die Twin Towers sind lange schon eingestürzt und nun ein Jahr 2000 so und so viel.

Wie müssen wir doch aufpassen, ebendiese Entwicklung nicht weiter zu nähren, die Geschichte zu beachten, in der wir Mensch geworden sind und andere Zwischenwelten der lebensfeindlichsten Art, nicht aus Gedankenlosigkeit und Flachköpfigkeit, ja Dummheit genau diesen unseren natürlichen Widersachern an Macht, Geld und Waffenhabenden zuzuarbeiten!

Das auch nur, weil wir uns Menschen immer zueinander spiegeln und Kontakt aufnehmen, schon den Kindern die Urgründe der Entstehung der Gesellschaft durch Entscheidungen zwischen Dürfen und Nichtdürfen auferlegen. Wie kann da ein Gedanke noch neu, frei sein?

Aufgabe der Kunst ist es mit Sicherheit auch diese Zeit mitzuzeichnen, das Widerstreben immer aufrechtzuerhalten gegen dieses vermeintlich Gute, das gar nicht immer gut ist, sondern nur eine als gültig erklärte und bevorzugte Auswahl geistiger Prozesse.

Und dann fehlen mir einfach wieder die Worte und ich löse alles in einem Spiel auf der Gitarre auf.

ℰℷ

Leichter Krieg

Überall schmeckt die Erde anders, die Sonne gibt die unterschiedlichsten Varianten von Wärme, die Meere sind ruhig bis unvorstellbar tosend, Berge gibt es verschiedenster Formen und Höhen, Menschen auf der Welt unterschiedlichster Farbe und Fähigkeiten, die Pflanzen aus der Tiefe der Erde bis in den Himmel hochwachsend verteilen sich über unseren Planeten, die Tiere kriechend, schwimmend, laufend, fliegend, tauchend bereichern die Welt, die Winde aller Art, sanft und orkanisch, tropischer Regen, kalte Schauer im Herbst, all dieses und noch viel mehr ist unterschiedlich, doch aus einem Guss.

Dem Guss des nicht Beabsichtigten.

Unsere Natur hat all das gestaltet.

Nicht dafür, dass wir unsere Erde ausplündern, uns überheblich über die Natur erheben, Tiere einpferchen und töten, die Sonne mit Kriegen um sinnlosen Reichtum verdunkeln, die Nahrungsmittel, das Wasser vergiften, verschimmeltes Fleisch essen, um ganze Erdteile mit Atom, mit Giftmüll, Erdöl, Kriegsschrott, Massengräbern zu überdecken, sind wir. Nicht dafür, dass wir weltweit noch nicht einmal anderen Menschen ihre Art zu leben gönnen, dass wir selbst die Götter der Welt gegeneinander ausspielen, sind wir da. So erhebt sich die Menschheit, wechselseitig zu jeder Anschuldigung und zu jeder Schweinerei bereit, auch mit einem Gott im Bunde.

Die Menschen haben den Geschmack der Erde verändert. Sie haben sie im Kampf um Macht und Reichtum ungenießbar gemacht. Was wir da den Kindern als Mutter Erde weitergeben, ist bereits mehr als bedenklich.

৶৯

Mein Herz

Verletze mich nicht,
sonst verletze ich dich,
sagte das Herz.
Könnte ich doch immer
die Sprache des Herzens
verstehen!
Bei aller Stärke
bin ich schwach.

৶৯

Bei aller Schwäche
bin ich stark.
Aufmerksam muss ich
die Waage bewachen.

୯ୡ

Nix

Oh – du Leben,
gewählt spontan,
beflissen angelehnt
an hohle Leere,
von niemandem verlangt,
abgegeben an professionell
versierte Bieger.

୯ୡ

Sinnloses Unterfangen,
herrliche Gleichgültigkeiten,
so belanglos schön,
wunderbar geistlos
und überflüssig,
nutzlose Erkenntnisse,
Luftblase in Luftblase,
zum Platzen zu wenig,
gepaart mit der Strömung der Zeit,
äthern über Plasma in Hirne,
verfurzte Sofas vergasen,
alles wie immer,
man gönnt sich ja sonst nix!

୯ୡ

Schwarze Schafe
in Gedanken an einen verstorbenen Freund

Schwarze Schafe sind so schwarz, dass jeder, der versucht sie zu greifen, ins Leere greift.

Sie werden ins Leben geworfen, aus Trotteligkeit, aus dumpfer geiler Lust von Mann und Frau, erwachsen als verwünschte Nebenwirkung.

Solch einschneidendes Ereignis ist lästiges Beiwerk für Familie und Macher.

Was soll das, ein Wesen mit jedem Abbruch zu Tümern, denn alle Tümer brauchen ihre Opfer, verlieren ihre Existenz, wenn nichts da ist, was es zu bekämpfen gilt.

Schwarze Schafe werden exorziert oder der gesellschaftlichen Inquisition zugeführt.

Die Menschen brauchen aber Höheres, zur Rechtfertigung, schwarze Schafe zu vernichten, zu opfern, bluten zu lassen, wie es Brauch der Tümer ist.

Angepasste schwarze Schafe gelten als geläutert, bekehrt, unangepasste werden auf die konventionelle Schlachtbank geführt. Ohne diese Komponente hätten die Tümer keine Grundlage, also wird sie geschaffen.

Wächst ein überlebenswilliges Schaf über die vorgegebenen Verhältnisse hinaus, gilt es als ungerecht, widerlich, abstoßend, nicht wert zu atmen und wird vogelfrei, zum Abschuss für alle Gutmeiner freigegeben. Es wird als gierig, materiell, falsch und verlogen hingestellt, genauso wie es für die perversen Machtgelüste der Normalität herhalten muss.

Belesene schwarze Schafe, mit Kenntnissen von Sprache, Wissenschaft, Kunst, Philosophie etc., werden gefürchtet. Die Normalität hat Angst vor Geistanwendung.

Schwarze Schafe können alle Bräuche, sich selbst, die Gesellschaft, die Familie, das Hinterfragte, selbst das Hinterfragen infrage stellen. Sie sind kompromisslos, aber kompromissbereit, sie wollen den Atem der Welt kennenlernen, nur um zu lernen.

Sie haben kein Auto, kein Haus, keinen Fernseher, besitzen kein Dach über dem Kopf, nicht den Atem, den sie atmen, keine Familie oder sonst etwas, was sie als ihr Eigentum betrachten. Trotzdem fahren, wohnen, schauen sie fern, leben sie mit dem Bewusstsein, dass nichts ihnen gehört, nicht einmal das Leben.

Die Macht der schwarzen Schafe ist es, schwarz zu bleiben, schwarz wie die Nacht, mit den Sternen zu atmen, lieben zu üben, leben zu lernen, lernen zu leben.

Solche Gelüste haben sie, weil sie gelernt haben, die abgeschnittenen, abgehackten, zerstörten, entwässerten Wurzeln als Beine zu nutzen und die Wurzellosigkeit als Chance zu tiefem Sinn zu erleben. Schwarze Schafe sind erst zufrieden, wenn der Frieden den Krieg besiegt hat.

Dafür brechen sie sogar mit Familie, Staaten, Rituale betrachten sie als schlechte Gewohnheiten, die die Entwicklung des Herzens behindern. Sie wissen um ihre menschliche Begrenztheit und dass jede Entscheidung eine Lebensentscheidung darstellt.

vor dem spiel ist nach dem spiel

skat ist bekanntlich das beliebteste deutsche kartenspiel.
ein spiel, bei dem die ganze welt mitmachen kann.
kein spiel für hornochsen!
ein spiel, das die götter sich leisten.
für das spiel brauchen sie allerdings ein shockwave-plugin.
farbe kommt ins spiel!

das spiel besitzt zwei unterschiedliche spielfelder.
für jedes spielfeld werden spezielle schuhe benötigt.
ein spielfeld wird mit linien abgegrenzt und muss rund sein.
der radius muss der wurzel aus der zuschauerzahl
mal ausgeschenkter biermenge entsprechen.
farbe kommt ins spiel!

auf dem spielfeld befinden sich zehn spieler.
die mehrheit der spieler entscheidet, wer recht hat.
zu beginn versucht jeder spieler eine zivilisation aufzubauen.
dann wird pro spieler ein heiligtum aufgestellt.
der kanzler setzt die stabilität des euro aufs spiel.
farbe kommt ins spiel.

zuletzt spielten die beiden zurzeit stärksten teams gegeneinander!
das deutsche spiel mit russland reichte von der reichsgründung
bis in die gegenwart. viele fragten sich,
wie man mit nur einem cd-spieler begeistern kann.
dass wir dann noch zu null spielten, war aber nicht unser fehler.
wer gegen einen grabstein spielt,
kann das tor nicht mehr direkt anspielen.
anders als im regulären spiel
kommt in dieser variante keine farbe ins spiel.

und sollten alle spieler sterben, so endet das spiel unentschieden.

Messe ohne Predigt
Schwerpunkte auf dem Weg zur Heiligkeit

Immer treffend das finden, was man will – das nennt man zuverlässig. „Messe" zum Beispiel ist keineswegs nur die katholische Bezeichnung für Gottesdienst. Und wenn ich Sie nun frage: „Was ist das Wichtigste bei einer Messe?" oder „Woher kommt die Messe?" Kennen Sie die treffende Antwort?

Ich möchte Ihnen deshalb hier den Weg zu allen Informationen rund um „Ihre" Messe so einfach wie möglich machen. Die nachstehenden Worte sollen uns lehren, Wesentliches rund um die Messe zu verstehen. Ebenfalls möge uns aufgehen, was zu einer wahrhaft frommen Teilnahme an der Messe gehört.

Publikumsmessen zum Beispiel umfassen im Allgemeinen die ganze Bandbreite aller Spielarten. Das wird unter anderem im Gloria der A-Dur-Messe deutlich. Obwohl es sich dabei nicht wirklich um eine Messe, sondern lediglich um Teile aus der Messe handelt. Diese Teile der Messe, die sich vor allem an Fachleute und Entscheider richten, widmen sich einem beliebten Hobby der Deutschen: Angaben zu den Nichtraucher-Appartements in Tiefenbroich.

Die Organisation der diesjährigen Messe, auf der Frau Kollegin und ich am Wochenende weilten, wurde deshalb direkt von *Rom* vorgenommen. Zwei Tage multitechnologische Welt, einzigartig in Sachen Konzept und Inhalt, bot die Messe die Vielfalt von sich ergänzenden und auf einem Raum vereinten multitechnologischen Tätigkeitssektoren. Auch die außerhalb der Messe nach den von der rechtmäßigen Autorität aufgestellten Normen vollzogene private und öffentliche Verehrung der heiligen Eucharistie wurde angeboten. Über 75 000 Besucher belohnten diese Initiative von Ausstellern und Messeleitung. Mit Nachdruck möchte ich Ihnen daher diese vollkommenere Teilnahme an nachfolgenden Messen empfehlen.

Ursprünglich wurde die Messe auf Griechisch gefeiert. Zur ersten Messe überhaupt kamen auch einige Japaner und erzählten schüchtern von ihrem Glauben, den sie von ihren Vorfahren übernommen und von Generation zu Generation weitergetragen hatten. Der ältere Teil der Messe war der Mahlteil. Das Anziehende daran war die gesunde Mischung aus Erholung, Spaß, Geselligkeit einerseits und heiliger Messe, Gebet und religiöser Weiterbildung andererseits.

Die diesjährige Messe aber sollte eine „stille" Messe werden: kurz und bündig, das heißt keine Lieder, keine Predigt. Die traditionelle Ordnung der Messe und die liturgischen Messgewänder wurden aber weitgehend beibehalten. Und auch der Altarkuss zu Beginn und am Ende der Messe wurde ganz ähnlich vollzogen und war jeweils von einem stillen Gebet begleitet: Oramus te und Placeat tibi. Das war der absolute Actionteil der Messe.

Wie bei jeder Messe wurde weiterhin das Vaterunser gesprochen. Das Rosenkranzgebet während der Messe wurde dagegen verboten. Neu war auch, dass, wenn eine Begräbnismesse gefeiert wird, die eigentliche Messe an diesem Wochentag fallweise entfällt.

Heute gilt die Messe als europäische Leitmesse und ist erster Branchentreffpunkt eines jeden Geschäftsjahres. Über 30 unterschiedliche Anbieter stellen hier aus. Sie beginnen die Messe stets mit eigenen Gebeten, die sich inhaltlich am Thema der Messe orientieren und die Erfahrungen und Ängste der Besucher widerspiegeln sollen. Die Familienministerin sagte zum Start der Messe, dass gerade Senioren eine selbstbewusste, erfahrene und kritische Konsumentengruppe darstellen.

Ein Zettel mit dem Programm der Messe sollte aber auch Ihnen helfen, sich zurechtzufinden. Er sollte Ihnen darüber hinaus die Möglichkeit geben, aktiv teilzunehmen, und Ihnen die Furcht nehmen, etwas falsch zu machen. Und wenn Sie während der Messe noch weitere Fragen haben, können Sie sich vertrauensvoll an einen beliebigen Mitwirkenden des Teams wenden, der allen Besuchern gerne behilflich ist.

Im Messe-Podium erhielten alle Besucher zwei Tage lang aktuelles und unverzichtbares Praxiswissen, anschaulich dargestellt in mehr als 100 Kurzvorträgen, präsentiert von Top-Referenten der anwesenden Unternehmen. Dazu wurden vor und während der Messe passende Nachrichtenkanäle bereitgestellt. Weiterhin boten über 263 Zugangspunkte zur Messezeit neben Internet auch Dienste wie VoIP an.

Die Technische Universität als einer der größten Ausbildungsbetriebe der Stadt durfte auf dieser Messe natürlich nicht fehlen. Immer wieder musste sie das liturgische Leben und damit auch die Messe von Überwucherungen befreien und neu ordnen. Schade nur, dass während der Messe Unbekannte ins Messegelände eindringen und dort Pfarrer, Nonnen und andere Gläubige berauben konnten.

Sie werden sich an dieser Stelle vielleicht fragen: „Was gibt mir die heilige Messe? Was habe ich davon?" Ich selbst finde es schon mal bemerkenswert, dass es solch eine Messe hier überhaupt gibt. Bemerkenswert auch, dass 99 % aller Schülerinnen die Messe ihren Freundinnen weiterempfehlen würden. Herr Czervinski, der heute ebenfalls auf der Messe war, sagte, dass Sie vor der ersten Messe zwei Tröpfchen Wodka in ein Glas Wasser geben sollten, und wenn Sie das Getränk dann zu sich genommen hätten, Sie nicht mehr so nervös sein würden. Er hat vorsichtshalber auch einige schöne Pendel aus Warschau mitgebracht. Ich hatte den Eindruck, dass er durch den ermutigenden Applaus der Mädchen gestärkter wirkte und auch seine Stimme gegen Ende der Messe hin wieder kräftiger wurde.

Sie sehen, die Spannungen, aus denen verschiedene Riten entstanden sind, treten auch innerhalb dieser Messe auf. Der Pilgergang von Brig nach Glis war somit auch für mich eine große Ermutigung.

Ich schreibe dies alles hier in der Hoffnung, dass mein Gebet erhört wird. Denn angesichts des Glaubens und der Betrachtung ist das in dieser Messe gegenwärtig gesetzte Geheimnis der Erlösung eins, vollkommen, unwandelbar, unendlich einfach, in seinem Gesichtskreis alles an Zeit und Raum umfassend, vollkommen und transzendent in seinen Formen.

Ich appelliere an alle Interessenten:
Haltet die Tage der Versuchung durch!

Erotik und Glauben in Abgrenzung zu NACKTBADESTRAND von Elfriede Vavrik und dem Ansatz von PATER ANSELM VON GRÜN

Über eine Kontaktanzeige – die Autorin inserierte mehrere Male – suchte die 79-jährige Autorin des Bestsellers „Nacktbadestrand", Elfriede Vavrik, Edition a, 9. Auflage vom 15. Februar 2010, „deutlich jüngere Partner, die in einer festen Beziehung leben". Sie sucht die Partner einzig und allein zum Sex. In ihr Such- und Beuteschema gehören Männer vor den Wechseljahren, wobei ihre Aussage „Mit fünfzig geht es bergab" andeutet, welche Altersgruppe sie bevorzugt.

Die Frau beschreibt, wie sie mit 79 Jahren die Sexualität „neu entdeckt" hat.

Die Autorin hatte mit 79 Jahren ihren ersten Orgasmus und will mit reinem Sex alles nachholen, was sie versäumt hat.

Sie sucht gebundene Männer, will also die perverse Lust erleben, in feste Partnerschaften einzubrechen. Sie zählt über fünfzig Besucher, die sie sofort in ihre Wohnung einlädt, womit die Hemmschwelle für Schnellkontakte mit Verheirateten erheblich herabgesetzt wird. Dabei ist alles an unterschiedlichen Männertypen dabei, wie beispielsweise ein Inhaftierter, der über Weihnachten Ausgang hat, oder schräge Typen, die sich ihrer Fäkalien annehmen möchten.

Die alte Dame flüchtet in eine pornographische Scheinwelt. Die Qualität von Liebe findet nicht statt.

In einer Schlussbetrachtung des Buches über Tod und Seele wird besonders deutlich, dass diese Auseinandersetzung mit Tod und Leben in einem Buch, das hauptsächlich in der Aneinanderreihung ihrer breit beschriebenen Sexabläufe besteht, nicht angemessen gelingt. Der Erfolg des Buches ist dem Umstand zu verdanken, dass die Leser auf ganz anderer Ebene angesprochen werden. Wenn kein literarisches Meisterwerk vorliegt, das solch hohe Erfolgszahlen erklären kann, so fällt der schlichte Anspruch in der Vermarktungsstrategie auf. Während das Buch jede Menge klare pornographische Inhalte hat und diese durch üppig ausformulierte Fantasien noch angereichert werden, gibt sich die Autorin in Talkshows als liebenswürdige Großmutter von nebenan. Hier werden Sehnsüchte nach Befreiung geweckt, die offensichtlich in vielen Menschen schlummern, die diese aber nicht aussprechen dürfen.

Es wird als absolute Neuerung angesprochen, dass jeder Mann und jede Frau mit seinem/ihrem Körper machen kann, was er/sie will. Heuchlerisches Ausbrechen wird ersetzt durch einen freien Umgang mit der Sexualität. Der Inhaftierte, der seinen Weihnachtsurlaub allein verbringen muss und sexuelle Bedürfnisse monatelang unterdrückt halten musste, kann seine Sexualität einbringen. Menschen, die zeitweise oder gar über längere Lebensphasen frustriert und allein durchs Leben gehen, auch mit wenig Hoffnung auf eine Änderung, wollen Sexualität, und wenn es sein muss, dann halt nur die Sexualität, ausleben und finden sich in Anzeigen ohne finanziellen Aufwand. Damit wird, wenn man den Erfolg dieses Buchanstoßes recht einschätzt, ein Bedürfnis der Gesellschaft angesprochen, das bisher nicht offen angesprochen werden durfte.

Der religiöse Aspekt kommt in folgenden Zitaten zum Ausdruck:

„Ich bete jetzt wieder öfter. Es hat sich einfach so ergeben. Jetzt, wo ich Gerald, Hermann und Franz habe und glücklich bin, jetzt fühle ich, dass sich etwas erfüllt hat." (Seite 186)

„Normalerweise gehe ich nicht in die Kirche. Aber heute habe ich nach mehr als einem Jahr wieder Lust dazu." (Seite 188)

„Ich bin schon achtzig Jahre alt, aber ich bin noch so unfertig, da gibt es noch so viele Erfahrungen, die ich zu machen habe, Dinge, die ich lernen und verstehen muss, dass ich einfach weiß: Die Zeit auf Erden, die ich dafür brauchen würde, bleibt mir auf keinen Fall." (Seite 187)

Das Buch macht jedem Leser Mut, der, wann auch immer, beginnt, sein Leben in die Hand zu nehmen. Dinge werden in einer Offenheit dargestellt, wie es sie bisher nicht gab. Für Leser, die ein klares Ansprechen und Besprechen von sexuellen Handlungen wünschen, wird das Buch wie eine Befreiung wirken. Das Buch wird Leserschichten ansprechen, die damit Neuland betreten und auch auf vermeintlich „krummen Wegen" einen Zugang zum vertieften Menschsein geöffnet bekommen können.

∘—✦—∘

Mein Ansatz in Abgrenzung zu Anselm von Grün

Anselm von Grün hat etwa 400 lebensphilosophische Bücher geschrieben, in einer Gesamtauflage von über 18 Millionen, die in 37 Sprachen übersetzt worden sind. Wie kein anderer Lebensphilosoph trifft er die Themen unserer Zeit in großer Verinnerlichung.

1.

Anselm von Grün ist Mönch in einem Kloster, lebt ausgeglichen, sorgloser als Durchschnittsbürger, fernab den alltäglichen Pflichten eines Normalbürgers. Für ihn ist das ganze Leben vorgegeben, geregelt und entlastet. Er kennt von außen auferlegte Pflichten und Termine begrenzt, abgeschirmt, kann alles in großer Ruhe und Gelassenheit angehen. Hetze und Zerrissenheit des Alltagsmenschen gehören nicht primär in sein Leben. Er kann sich ganz seinem Inneren intensiv zuwenden. Er kann sein Leben entschleunigen in den Bereichen, wo der Alltagsmensch von Beruf, Kindern, Familie, Arbeitsplatzsorgen gefordert wird. Während der Alltagsmensch möglichst viel in möglichst kurzer Zeit leisten muss, in den unterschiedlichsten Lebensfeldern, hat der Mönch Muße zum Lesen, zum Schreiben, zum Zuhören, zu seinen Vortragsreisen. Er kann sich immer der Sache, die er gerade tut, voll und ganz widmen ohne Ablenkung.

Er kann intensiv leben, ganz da sein, im Jetzt und Hier. Und damit kann er das Göttliche in sich als Geschenk leben, so wie es zum Gottesbild im Alten Testament der Bibel heißt: „Ich bin, der ich bin!" Ich bin ganz da. Das sind so einfache Wahrheiten, ohne Nachdenken klingen sie so banal. Aber was heißt Ganz-da-Sein, Ganz-präsent-Sein, Ganz-bei-der-Sache-Sein, Ohne-Stress-Leben, Entschleunigt-Sein?

Diese Vorstellungen sind einerseits innerlich einfach einzusehen, da sie allzu traumhaft *und* erfassbar klingen. Erfassen wir sie angemessen vertieft, ist dies mit dem Urbild des Himmels in die urmenschliche Sehnsucht gerückt, bleibt dem Menschen ansatzweise immer irgendwie und irgendwo sehnsuchtsvoll fassbar, banal fassbar und geht doch über unser jetziges Menschsein weit hinaus.

Pater Anselm hat diese Sozialisationsbedingungen für eine weitgehende Verwirklichung und damit des Himmels auf der Erde. Er kann uns daran teilhaben lassen durch seine viel gelesenen Aussagen in Büchern und Vorträgen, aber es ist nicht die Welt der Menschen, zu denen er spricht.

Er spricht für den Normalmenschen von einer Zauberwelt, auch und gerade, wenn jede Darstellung Satz für Satz mit dem Verstand fassbar bleibt.

2.

Als Pater lebt Anselm seine innere Verbundenheit und Liebe zu Gott. Mir ist dieses abstrakte und sublimierte Lieben nicht der eigentliche Ansatz des Menschen als fühlendes und empfindendes Wesen. Ich kann nicht aus einer abstrakten Liebe zu einem abstrakten Gott leben. Liebe besteht aus konkreter Partnerschaft, daraus, dass ich einen geliebten Menschen in den Arm nehmen kann, dass ich ganz in der Körperlichkeit aufgehen kann, dass ich in dieser Liebe derart aufgehe, dass ich Raum und Zeit für die Momente dieses intensivsten Glücks verlassen kann und in eine andere Dimension eintauche. Diese Intensität des menschlichen Erlebens muss einem Pater fehlen. Er mag noch so sehr von seinem Glück mit Gott überzeugt sein, solange er die menschlich mögliche Intensität als Geschenk nicht erfahren hat, ist er doch gar nicht an die Grenzen menschlicher Erfahrung vorgestoßen.

Mir fällt bei der Durchsicht lebensphilosophischer Bücher immer wieder auf, dass zwischen intensivem leiblichen Erleben und verordnetem Glaubenmüssen der tiefsten Lebensdinge eine Kluft entsteht. Wenn man also konkret vom unbegrenzten Erfahren abgeschirmt wird, tut sich die Gefahr auf, in geheimes, nicht menschlich angemessenes Erfahrenwollen abzugleiten. In den bekannt werdenden Missbrauchsfällen katholischer Priester wird dies immer wieder ans Licht gehoben. Und der heutige Papst hatte als damaliger Kardinal Ratzinger bereits 1970 in einem Memorandum den Zölibat angezweifelt, was Januar 2011 in der Süddeutschen Zeitung nachzulesen war.

Meine genannten Schriften gehen ganz von konkreten, umfassenden Lebenserfahrungen aus, die immer wieder in unbegrenzter Offenheit ausgedeutet werden. Glaubenmüssen, einseitiges Berufen auf den Intellekt, Verleugnung der menschlichen Ursehnsucht nach konkret fassbarer und erlebbarer Liebe in allen, also insbesondere auch den biologischen Aspekten töten das freie Menschsein ab und machen den verkürzten Menschen anfällig für Ideologien und Aggressionen trotz der verordneten Gutheit. Es geht in letzter Tiefe um Himmel, Gott, Seele, aber nie in einer theoretischen Ableitung aus philosophisch-theologisch vorgegebenem Lehrgut als Glaubenmüssen.

Zeit – Handeln – Nichts:
Entwurf einer postmodernen Anthropologie

Auszüge aus dem gleichnamigen e-book

Einleitung

> *Ich möchte Ereignis eine Gegenüberstellung*
> *von Angesicht zu Angesicht mit dem Nichts nennen.*
> Jean-Francois Lyotard[1]

Postmoderne[2] bedeutet, dass das Individuum auf sich selbst zurückgeworfen wird. Vor dem Hintergrund einer mehr oder weniger umfassenden Erfahrung des Nichts kommt es zur Auseinandersetzung mit der Sprache.[3]

Die postmoderne Anthropologie[4] ist eine Sprachbetrachtung. Der Zugang zum Begriff ist seine Abklärung an der Wirklichkeit. Die Form, die gewählt wurde, sind Sätze mit einer Quantität von jeweils siebzehn Silben.[5]

---

1 Lyotard, Jean-François: *Streifzüge. Gesetz, Form, Ereignis.* (Passagen-Verlag) Wien 1989, S. 43.

2 Die Wortschöpfung „postmodern" tauchte wohl erstmals um 1870 in der britischen Kunstliteratur auf. Jean-François Lyotard (1924–98), der den Begriff in die Wissenssoziologie und Philosophie übernahm, bestand darauf, dass es sich dabei nicht um eine neue Kalenderepoche handle, sondern um einen Perspektivenwechsel, eine neue Art des Herangehens an die Probleme der Menschheit.

3 Um Moderne und Postmoderne voneinander abzuheben, könnte festgehalten werden: Die Moderne dreht sich um die Zahl, die Postmoderne um das Wort. Moderne ist die äußere und innere Beleuchtung der Form; die Postmoderne widmet sich der Selbstoffenbarung der Sprache.

4 Trotz der griechischen Bezeichnung wurde die Anthropologie erst im 16. Jh. eine eigenständige philosophische Disziplin.

5 Abgeleitet wurde diese Satzlänge vom Versmaß des traditionellen japanischen Haiku (5-7-5 Silben).

Erste Meditation: Nichts oder Natur, Selbst, Seele, Bewusstsein.

Das Nichts ist[6] *die Übereinstimmung eines Menschen mit der Natur.* Eine derartige Erkenntnis ist weder Zweckoptimismus noch der dunkle Ansatz zur Verstrickung in einen verworrenen Nihilismus oder gar Anarchie. Doch wie kann Natur postmodern bestimmt werden, mit anderen Worten: Wie kann Natur als Nicht-Objekt beschrieben werden, als paradoxer Oberbegriff zum Verstand?

Ein Versuch: *Natur ist das einzige eine Einheit stiftende Element.* Zeichnen den Menschen der sprachliche Verstand aus und die Fähigkeit, durch die Dingwelt[7] zu navigieren, so etwas wie Ordnung zu schaffen, bleibt die Natur doch immer vorgeordnet. Die natürliche Wahrnehmung des Individuums könnte umgekehrt als Intelligenz bezeichnet werden: *Intelligenz zentriert gegebene Objekte in der Natur./Intelligenz führt vorhandene Objekte in das Nichts zurück.*

Wer das Nichts gesehen hat, lebt trotz aller Gedanken in Echtzeit./Nichtsein heißt, dass alle unbewussten Komplexe aufgelöst sind. Damit stellt sich auch der Bezug oder, genauer gesagt, „Nicht-Bezug" des Nichts zum Geist her: Wenn der Geist erloschen ist, tritt das Nichts qua Natur an dessen Stelle. Zur Bedeutung des Geistes nur so viel: *Der Geist ist die eigentliche Verneinung der konkreten Natur.*[8] Zugleich darf wohl auch festgehalten werden: *Der destruktivste Irrtum ist die Verwechslung des Nichts mit dem Tod.* Und: *Die eigentliche Bedeutung eines jeden Menschen ist das Nichts.*

Eine Spezifizierung des Ausdrucks Bedeutung: *Bedeutung meint letztlich die Zentrierung des Ichs im Selbst durch sich selbst.* Zugespitzt: *Die Bedeutung, die ich jemandem beimesse, ist*

---

6 Postmodern: *„Ist" steht lediglich für eine Einfügung ins Netzwerk der Sprache.*
7 *Ein Ding ist ein Seiendes, vermittelt Dauer und erhält Sprache.* Mit der Assoziation: *Sein ist das zusammengefasste Unbewusste eines Menschen.*
8 Eine Umschreibung: *Das Wort „eigentlich" meint nichts anderes als „zeitlich überdauernd".*

die eigene. Mit der Implikation: *Die Wand zwischen Menschen besteht aus falschen Bedeutungsnuancen.*

Wir sind nun also beim Selbst gelandet, wohl einem der missverständlichsten Begriffe unserer Kultur: *Das Selbst ist die natürliche Struktur des menschlichen Verhaltens.* Zur Abgrenzung des Selbst vom Bewusstsein kann gesagt werden: *Das Selbst ist Natur, Bewusstsein dagegen ist Natur und Kultur.*[9] Doch lässt sich auch eine elaborierte Beziehung feststellen: *Das Bewusstsein ist ein Versuch des Selbst, sich Dauer zu verschaffen.* Anders betrachtet: *Die Akzeptanz von Dauer führt zur Manipulation des Selbst.*

Das Selbst ist die Einbeziehung eines Menschen in seine Zukunft. Wobei gilt: *Zukunft ist, was dem Individuum in Gerechtigkeit*[10] *zukommt.* Und: *Zukunft hat eigentlich nichts mit künftigen Ereignissen zu tun.* Selbstverständlich hat eine Handlung Konsequenzen, erhält ein Individuum früher oder später wohl, was es „verdient", doch ist dies ein Mechanismus, der über Konventionen abläuft und durch Introspektion erkannt werden kann: *Introspektion ist Reflexion auf eigenes Verhalten.*

Das Selbst ist die Seele eines Menschen, dessen Geist erloschen ist. Bezieht man auch östliche Konzepte der Mystik[11] mit ein, so stellt sich die Seele als eine Art Durchgangsstadium, eine Bewusstseinsklärung auf hohem Niveau, dar, für die etwa der Buddhismus den Terminus „Erwachen" prägte.

Wie kommt man jedoch überhaupt in diesen Zustand, in dem das Ich gleichsam nur noch intentionsloser Beobachter ist? *Die Seele erscheint in wahrnehmender Form als Bezug auf sich selbst./Seele ist die Wahrnehmung der Wirklichkeit im Moment des Handelns./Die Seele ist eine handlungsbezogene Aufhebung des Ichs.* Und aus anderer Perspektive: *Das Selbst kann*

---

9 *Kultur ist das Ergebnis menschlicher Sprache und Kunstfertigkeit.*
10 *Gerechtigkeit besteht in der Harmonie von Geben und Nehmen.*
11 *Mystik bringt die Geheimnisse des alltäglichen Lebens ans Licht.*

nicht gedacht werden, es kommt nur im Handeln zum Ausdruck./ Wenn sich ein Mensch auf das Selbst einlässt, verliert das Ich an Bedeutung./Die Wahrnehmung des Selbst in der Handlung bezeichnet man als Seele./Das Feuer der Seele dient auch nur der Reinigung der Selbststruktur. Das „nur" im letzten Satz möchte die Bedeutung der Seele keineswegs schmälern, sondern explizit auf ihre Funktion als Prozess verweisen.[12]

Das Selbst sind die natürlichen Beziehungen zu den anderen. Diese bleiben aber häufig unterschwellig, weil sie vom gestalteten Äußeren überdeckt werden. Die Erkenntnis des eigenen Selbst ist durch den seelischen Prozess stets auch mit anderen Menschen verbunden, und so kann gesagt werden: *Das Selbst eines Menschen erkennen heißt um seine Zukunft wissen,* wobei Zukunft eben nicht künftige Ereignisse, sondern Konsequenzen der konkreten Handlungsstruktur meint.

Solange das Selbst im Dunkeln liegt, spiegelt Sprache die Außenwelt. Ein vom Geist gesteuerter Mensch ist über das Ich stets Gegenstand seiner eigenen Welt und versucht, sich entsprechende Attribute zu verschaffen. Negativ formuliert: *Der Geist steht für das verhinderte Selbst eines Individuums.*

An dieser Stelle der Verweis auf eine Emotion: *Liebe ist jene Emotion, die dem Selbst Verantwortung gibt.* Mit der Beschreibung: *Liebe ist die der Natur am nächsten kommende Emotion.* Keinesfalls missverstanden werden sollte jedoch die Struktur der Liebe: *Liebe besteht in der Negation eines eigenen Standpunkts.* Es erübrigt sich zu sagen, dass damit nicht indifferente Beliebigkeit gemeint ist, sondern Vertrauen in die alles verbindende Natur.

[…]

---

12 Die Seele wird demnach nicht als etwas Statisches vorgestellt, sondern als eine Art Energiefeld, ein inneres „Feuer", welches hohe Konzentration erfordert und eine weitgehende Läuterung des Geistes voraussetzt.

Das Ich ist ein Abstraktionspunkt[13] *über der Ebene der Welt.* Von dieser Warte aus: *Das Ich ist ständiges intentionales Begreifen von Welt.* Und strukturell: *Das Ich sind die Kriterien, nach denen die Welt definiert ist.* Vor dem Hintergrund des Bewusstseins: *Das Ich beleuchtet untergeordnete Bereiche der Ganzheit.* Oder: *Das Ich ist der ständig wechselnde Beleuchtungspunkt des Bewusstseins.*

Inhaltlich: *Das Ich ist die Summe all seiner wahren und fiktiven Sätze.* Also: *Das Ich ist auf paradoxe Weise der allerleerste Begriff.* Jedoch gilt: *Das Ich ist keinesfalls identisch mit dem Menschen, der es ausspricht.* Demnach: *Das Ich schreibt sich fälschlich eine dauerhafte Identität zu.*[14]

Das Ich blickt in die Vergangenheit und will die Zukunft gestalten.[15] Oder: *Das Ich ist die sprachliche Reflexion der subjektiven Zeit.* Genau betrachtet: *Das Ich ist die zeitverzögerte Reflexion des Augenblicks.* Sowie: *Das Handeln des Ichs kann nur retrospektiv objektiviert werden.*

Eine Anmerkung zur Genese: *Das Ich ist der Versuch des verängstigten Selbst, sich zu maskieren.* Umgekehrt: *Das Ich ist der ständige Versuch, das Selbst zu objektivieren.* Verdeutlicht: *Das Ich betrachtet das Selbst aus der Perspektive der anderen.* Oder: *Das Ich definiert sich über die anderen, während das Selbst lebt.* Ursprünglich: *Der Gedanke an das Ich entsteht nach der Wahrnehmung anderer.* Und: *Das Ich versucht das Verständnis anderer dauerhaft zu machen.*

Existenziell: *Das Ich ist die Summe der äußeren Merkmale eines Menschen.* Sowie: *Anhand des Ichs fasst sich der Mensch als ein zu formendes Objekt auf.* Doch: *Alle Eigenschaften, die dem Ich zukommen, sind nicht von Dauer.*

---

13 *Abstrahieren ist das Verallgemeinern von Zufälligkeiten.*
14 *Identität ergibt sich aus der Sprache, die jemand verwendet.*
15 In diesem Zusammenhang: *Vergangenheit steht für die unerfüllten Wünsche der Gegenwart.* Wobei: *Gegenwart ist ein Schwebezustand, in dem sich Stolz und Angst schneiden.*

Aus dem Kontext ergibt sich: *Das Ich bezeichnet das Subjekt, aber nicht das Individuum.*[16] Andererseits: *Das Ich ist der Existenzoperator des Individuums.* Letztlich: *Das Ich lässt sich mit allem anfüllen, was ein fremder Wille will.*

Das Ich ist das angesammelte Unbewusste eines Menschen. Und weiter: *Das Ich ist eine emotionale Mischung aus Stolz und Angst.* Dabei erinnert es an den Geist: *Das Ich ist die unbewusste Gewalt eines denkenden Menschen.*

Die Anpassung an die Gesellschaft bedingt: *Das Ich ist im Wesentlichen der Stolz auf die Vorstellung von Zeit.* Subtil: *Das Ich ist Zeit, die der Furcht vor der Dauer davonlaufen möchte.* Wobei: *Realität suggeriert, das Ich zeitlich auf den Punkt zu bringen.*

Zusammengefasst: *Das Ich ist die paradoxe Selbsteinbeziehung in die Lüge.* Mit dem Zweck: *Jedes Ich zielt letztendlich auf seine Auflösung im Nichtsein ab;* und der Vorgabe: *Nur ein Ich, das zu einem Niemand geworden ist, schadet nicht mehr.*

---

16 Zum Begriff: Individuum ist ein Subjekt, das den Geist zu klären versucht.

Manuskriptauszug

… manchmal geschehen Dinge, die uns Menschen verändern, die alles umkehren, auf den Kopf stellen und uns glauben lassen, das ganze Leben müsse neu beginnen.

In solchen Fällen werden wir von geheimen Kräften erfasst, die unaufhaltsam von uns Besitz ergreifen und Gefühle hervorbringen, die scheinbar alles schweben lassen.

Für diese Kraft, so scheint mir jetzt, da ich mit vielen Jahren Lebenserfahrung ausgestattet bin und mir Dutzende Male den Kopf eingerannt habe, für diese Kraft, so scheint es mir, gibt es (fast) immer nur eine Erklärung: Es ist die „Liebe"!

Eine alte Weisheit, mag nun mancher denken. Doch wer so denkt, weit gefehlt!

Ich meine, die Liebe ist zwar die älteste Geschichte der Welt, aber die Geschichten von der geheimnisvollen Kraft der Liebe sind jedes Mal anders. Jedes Leben hatte und hat seine eigene Liebesgeschichte, und die Geschichten über die Liebe sind selbst in nur einem Leben so vielfältig, dass man sie nicht alle beschreiben kann.

Liebesgeschichten schreibt das Leben selbst! Dinge geschehen, manchmal sind es nur Momente, die uns plötzlich lieben lassen. Wir verlieben uns ohne Vorahnung und ohne Wissen über die Zukunft. Wir verlieben uns ohne Bewusstsein und manchmal wider die Vernunft!

Meine Liebesgeschichte? – Ohne Bewusstsein, unvernünftig und tragisch!

Und die Liebe deines Lebens? – Liebst du vernünftig, bist du glücklich?

Was wäre denn aus der Welt geworden, wenn wir immer vernünftig geliebt hätten? Wenn die Liebe immer Glück gebracht hätte!

Die Liebe ist das Leben, das Leben ist Liebe … und Tragik! Liebe vereint, Liebe macht glücklich! Liebe hat aber auch zerstört. Hass und Verzweiflung, menschliche Tragödien, sogar Kriege sind aus Liebe entstanden.

… einfach aus Liebe entstanden?

Einfache Liebe? Gibt es denn überhaupt einfache Liebe? Nein, Liebe ist nicht einfach, Liebe ist immer kompliziert! Es kommt vor, dass man sich Hals über Kopf verliebt oder die Liebe bisweilen gar nicht bemerkt oder einfach falsch liebt. Und oft merkt man nicht, dass man falsch liebt! Und wenn man es merkt? Die Einsicht – jetzt mach ich alles besser, anders! Die Reue – kommt meist zu spät!

Oder?

… und dabei kann Liebe so leicht sein!

Doch wer liebt denn heute noch? In der heutigen Zeit … Liebe? In der heutigen Zeit über die Liebe schreiben?

Liebst du? Liebe ich? Wer liebt denn heute noch?

Was?

Ich weiß: „Wer liebt denn heute noch", fragte Tucholsky schon einmal – damals, früher.

Das war eine andere Zeit – oder?

Deshalb frage ich jetzt noch einmal: „Wer liebt denn heute noch?" – in meiner Zeit. Heute, in unserer Zeit … Liebe?

Keine Angst, alle Menschen lieben! Der eine liebt ganz fest und seine Liebe ist unerschütterlich, ein anderer liebt, ohne es zu wissen, ein weiterer leugnet seine Liebe, der Nächste verliebt sich mehrmals, mancher merkt nicht, dass er geliebt wird, und dann gibt es welche, die lieben nur sich selbst.

Auch morgen wird es Menschen geben, die sich verlieben, auch morgen wird die Liebe immer neu sein – und dann?

Die liebe „Liebe" …

„… die Liebe wird von geheimen Kräften beherrscht, die Gefühle hervorbringen, die (manchmal) gegen die Vernunft siegen! Die Zeit, nur die Zeit ist stärker und kommt gegen die Liebe an!"

1.

… es war Mittwoch, ich erinnere mich genau. Es war der Mittwoch nach dem samstäglichen Würfelabend, an dem Gotthard mich nach Anna gefragt hatte und ich fast sprachlos in mich zusammenrutschte und Ausreden zusammenstammelte. Billige Ausreden, die mein Versagen als Ehemann und Vater und meine Unwissenheit über den Verbleib meiner Tochter kaschieren sollten. Anna, seit der Trennung von ihrer Mutter hatte ich nichts mehr von ihr gehört.

So gegen sechs klingelte mein Telefon. Ich hatte es mit in den Garten genommen, sonst hätte ich es gar nicht gehört.

„Ja, Meier!"

„Hallo, sind Sie der Herr Meier?", hörte ich ein weibliches Wesen mit sanfter Stimme und bayrischem Dialekt fragen.

„Ja, hier Meier!"

„Der Herr Arno Meier?"

„Ja, am Telefon!"

„Hier ist die Anna … ich habe dich gesucht und …!"

„Anna … Anna … du Anna …", rief ich und unterbrach sie.

„Ja, hier ist die Anna, ich bin die Anna, deine Tochter!"

Ich erstarrte.

„Anna, du Anna …", rief ich erneut laut ins Telefon.

„Ja … ich habe dich gesucht. Es ist doch so lange her und ich dachte mir, dass es doch besser ist, wenn ich …!"

Ich spürte, wie ich zu zittern begann. Ein wenig nur … „Ist das wirklich wahr?", dachte ich und begriff nicht. „Anna! Ihre Stimme, schüchtern, ja ängstlich, fragend, ihre Stimme …, meine Tochter! Nach zwanzig Jahren! Zwanzig Jahre und jetzt ruft sie dich an." „… ich dachte mir, dass es doch besser für mich ist, wenn ich mal versuche meinen Vater kennenzulernen."

„Anna, wie hast du mich gefunden?"

„Mit einer CD von Deutschland, von der Telekom, die hatte ich von einer Freundin. Du stehst doch im Telefonbuch!"

In mir ging alles durcheinander. Die Gedanken rasten nur so durch meinen Kopf und alles begann sich zu drehen.

„Was soll jetzt …? Ich freue mich so … wo bist du … wie geht es dir … hier am Telefon … können wir uns treffen …? Du hast mich gesucht und …"

Ich überschüttete sie geradezu mit Fragen und heute erinnere ich mich noch genau an den Augenblick und daran, dass sie es war, die ein wenig Ordnung in unser Gespräch brachte, und schließlich ließ ich auch Anna erzählen. Und Anna erzählte, dass sie mich unbedingt hatte finden wollen, und ich hatte nicht den geringsten Zweifel daran, dass mich jemand am Telefon auf die Schippe nimmt.

„Mir geht es gut. Ich wohne jetzt in der Stadt, in Weiden, in der Oberpfalz. Kennst du Weiden? Ich habe eine kleine Wohnung und Cana!"

„Ja, kenne ich, ich fahre da oft vorbei, auf der Autobahn. Und Janna? Wer ist Janna?"

„Cana, nicht Janna, C.A.N.A.", buchstabierte sie. „Cana ist meine kleine Tochter. Sie ist gerade bei Oma."

Jetzt war ich ganz baff. Statt nach Cana zu fragen, fragte ich: „Wie geht es Ute, was macht sie?"

„Ihr geht's gut, sie macht sich gut als Oma. Immer besser", antwortete Anna sanft.

„Warum hast du nach Ute gefragt?", schoss es mir durch den Kopf.

„Cana? C.A.N.A. … richtig? Sag mal, Anna, sag mal, bin ich jetzt Opa?"

„Ja, du bist seit dem 25. Oktober 2001 Opa. Cana wird drei."

Es war zum Verrücktwerden. Ja, ich hätte verrückt werden können. Ich war seit fast drei Jahren Opa!

Wir telefonierten lange. Ich erzählte das Wichtigste, vielleicht, vielleicht auch nicht. Anna wirkte sehr ausgeglichen und ich war gierig nach jedem Wort von ihr. Dabei verstand ich vieles nicht, was Anna mir erzählte, und auch sie wird mich nicht immer verstanden haben.

„… uns fehlen jegliche Bindungen und zwanzig Jahre, Anna; zwanzig Jahre, das ist eine verdammt lange Zeit. Aber wir müssen uns unbedingt mal treffen! Ich würde dich so gern wiedersehen, nach all den Jahren!"

„Ja, können wir, ich hab da nichts dagegen", sagte sie und fügte mit auffallend leiser Stimme hinzu, dass sie nicht mehr mit dem Vater von Cana zusammen und auch zu Hause ausgezogen sei, eben nach Weiden in ihre erste eigene Wohnung.

Schließlich hätte ich fast vergessen ihre Telefonnummer aufzuschreiben, und als ich diese dann notiert hatte, fragte ich noch mal: „Anna, du kannst mich besuchen. Jederzeit kannst du kommen. Oder soll ich zu dir …?"

„Du musst mich besuchen! Ich habe kein Auto, du, komm doch zu mir!"

„Ich komme bestimmt! Ich ruf dich an und grüß Cana von mir!"

„Ja, ruf mich an! Die Nummer hast du! Bis bald …", und ihre Stimme war weg!

Ich glaube, kein Vater auf der Welt kann beschreiben, was in ihm vorgeht, wenn er sein Kind nach so langer Zeit wieder hört. Mir kamen die Tränen. Ich saß auf meiner alten Gartenbank und weinte. Mein Kopf war voller Gedanken und doch so leer. Ich kann heute nicht mehr sagen, woran, außer an Anna und ihre kleine Tochter, ich in den ersten Stunden nach dem Anruf gedacht habe. Ich weiß es nicht mehr.

Als ich Gotthard von Annas Anruf erzählte, sagte er: „Ich habe das geahnt. Arno, glaube mir! In mir war so eine Vorahnung, sonst hätte ich beim Würfeln nicht an Anna gedacht. Man sieht sich im Leben immer zweimal, Arno."

Er sah mich an und fügte mit großem Selbstbewusstsein hinzu: „Das war schon immer so."

Ich nickte demütig und meine Gedanken entschwanden für einen Moment. Abwesend hörte ich ihn fragen: „Hörst du mir überhaupt zu? Ich fragte, wirst du sie besuchen?"

„Natürlich fahre ich zu ihr!", rief ich schnell und stolz.

Ich wollte nicht warten. Am liebsten wäre ich sofort losgefahren, denn ich war der glücklichste Vater und Opa auf der

Welt. Meine Tochter, das kleine Ding, das schönste und beste kleine Ding, das ich längst verloren geglaubt hatte, meine Anna hatte mich gesucht. Das, was ich nicht fertiggebracht und jahrelang unterdrückt hatte, das hatte sie geschafft. Und ich war unendlich stolz auf meine Tochter, obwohl ich sie gar nicht kannte. Als sich ihre Mutter von mir scheiden ließ, war Anna drei Jahre alt und Ute hatte im Streit zu mir gesagt: „Und die Anna, die siehst du nie wieder!"

2.

Losgetreten wie von einem unvorsichtigen Skifahrer fern der abgesteckten Piste begann sich in mir eine Lawine zu lösen, deren Wucht ich anfangs nicht erahnen konnte. Meine gesamte Lebensgeschichte setzte sich plötzlich in Bewegung und sollte mich nicht mehr zur Ruhe kommen lassen. Schlaflose Nächte und dann wieder Träume, himmlisch süße und Albträume. Der „alte Schnee von gestern" rutschte unaufhaltsam und ich stand mittendrin und sah, wie meine Vergangenheit an mir vorbeirauschte, um sich in meine kleine heile Welt, die ich in den vergangenen Jahren so einfach besiedelt hatte, mit Donner und Getöse, alles mit sich reißend, zu ergießen.

Die abrutschenden Massen legten Jahrzehnte frei und jetzt, wo alles, das Vergessene und sogar das Totgeglaubte, wieder in Bewegung geraten war, wusste ich plötzlich, dass es so viel mehr gegeben hatte in meinem Leben als das Heute. Ich besann mich jetzt und deshalb, weil ich wusste, dass ich früher oder später und durch meine Tochter sowieso mit meinem früheren Leben konfrontiert würde. Und ich merkte, dass ich mich mit meinem Leben auseinandersetzen muss, und ich spürte, wie aus meiner, aus der nun wieder freigelegten Vergangenheit, aus den einzelnen Fragmenten meines Lebens kleine Geschichten wurden, die ich träumte und an die ich mich erinnerte, so als wären sie gerade erst geschehen. Alles das, was ich in den Jahren mit Annas Mutter erlebt hatte, bestimmte plötzlich wieder meine Gedanken und meine Gefühle. Es ließ mich nicht mehr los. Liebe und Hass, Gutes und Böses tauchten auf und ich fühlte, ich wusste plötzlich und deutlicher, so deutlich, wie ich es bis dahin nicht zu wissen geglaubt hatte, dass ich heute längst nicht mehr mit allen meinen damaligen Entscheidungen einverstanden wäre. Jetzt wurde mir bewusst, so richtig bewusst, dass ich so viel falsch gemacht hatte!

Meine Gedanken rasten geradezu. Wo ich auch war, was ich auch tat. Meine Gedanken schwirrten, ohne Rast waren sie immer mindestens zwanzig Jahre zurück. Meine Gedanken waren im „Damals". Ich dachte an Ute, an die Zeit, an unsere Zeit, als ich sie kennengelernt hatte, an den ersten Sex mit ihr, an unseren ersten gemeinsamen Urlaub, an unser kleines Paradies in den Bergen. Immer wieder sah ich uns glücklich zusammen, die erste gemeinsame Wohnung, und meine Gedanken schwirrten um Anna. So klein war sie gewesen, der Tag, an dem sie geboren wurde. Damals in der Klinik … meine Tochter, so winzig! Und ich dachte an die Scheidung von ihrer Mutter, als nichts mehr ging, als die Zeit unsere Liebe besiegt hatte.

Ich konnte sie mir nicht vorstellen. Anna und die kleine Cana. Immer wieder wechselten ihre Bilder vor mir. Anna, bist du blond oder hast du dunkles Haar? Damals war es eher mittel-, dunkelblond gewesen! Ja, dunkelblond! Und Cana? So wie Anna damals, so winzig? Nein, so winzig ist sie nicht mehr! Cana ist schon fast drei!

Schlaflos, immer wieder war ich schlaflos und grübelte über meine Vergangenheit. Fragen über Fragen und ich suchte nach Antworten und ich erfand Ausreden. Billige Ausreden wie die beim Würfelspiel, doch jetzt verwarf ich sie. Du bist selbst schuld an der Situation, alles hast du dir selbst eingebrockt! Damals … vor zwanzig – dreißig Jahren. Du hast sie einfach ignoriert! Damals hast du keine Fragen zugelassen. Aber jetzt, jetzt ignorierst du nicht mehr. Jetzt kannst du nicht mehr ignorieren! Jetzt ist es da, sie sind da, die Geschichten, deine Geschichten. Und jetzt ist es wieder da, plötzlich, das Gefühl, das süße Gefühl.

Und es setzte sich in mir fest. Immer fester spürte ich, wie meine Gedanken nicht mehr auswichen. Plötzlich hasste ich Ute nicht mehr. Nein, ich begann sie sogar neu zu lieben. Es nistete sich ein, das süße Gefühl der Liebe und dazu bittere Reue, furchtbare Reue. Reue, die ich keinem Menschen wünsche zu spüren. Ute. Wie sieht sie wohl heute aus? In mir keimte die Hoffnung auf ein Wiedersehen, das sich durch Anna vielleicht ermöglichen ließ. Will sie dich überhaupt wiedersehen? Wird sie überhaupt mit dir sprechen?

Und Anna. Immer wieder Anna …

„Und du, was denkst du jetzt, wenn du das liest? Kannst du dir vorstellen, wie das war mit mir, damals …? Denkst du jetzt nicht auch …"

„… manchmal geschehen Dinge, die uns Menschen verändern …

Da gibt es Ereignisse, die alles umkehren, auf den Kopf stellen und uns glauben lassen, das ganze Leben müsse neu beginnen …"

Bei mir war das so. Ich wurde verändert, ohne dass ich auch nur etwas tat. Nein, ich tat doch etwas; ich wollte es! Ich wollte es … das Gefühl, außerirdisch …!

Anna – meine Tochter, Ute – meine Liebe und Cana – die Kleine. Und ich – Opa … – und die Reue; die bittere Reue!

So fühlte ich unglaublich – eben außerirdisch; an jenem Mittwoch wurde ich plötzlich von einer geheimen Kraft erfasst, die unaufhaltsam von mir Besitz ergriff und Gefühle hervorbrachte, die alles in mir schweben ließen …

Ein etwas anderes Reise-Erlebnis
YOU? – ME? … SEX?!?

Ein Kapitel aus dem Manuskript:
Folge dem LICHT des HERZENS

Von all diesen Ferien, die ich zweimal in Lemesos, einmal in Paphos und dann immer in den Dörfern zwischen Larnaca und Lemesos genossen hatte, gibt es lustige Erinnerungen. Einmal lernte ich einen Deutschen kennen, das heißt, er verfolgte mich wegen meiner grasgrünen Sandalen, die ich trug, und der mich dann zu einer Schweizer Handleserin brachte, in der Hoffnung, dass sie mir unter seinem Einfluss etwas sagen würde, was mich davon überzeugen würde, dass er der eine war.

Oder ein anderes Mal war da dieser Schweizer Violinist, der auch ohne Begleitung in derselben Taverne wie ich nur zwei Tische von mir entfernt zu Abend aß und der, als er meinen Schweizer Akzent hörte, förmlich aufschoss und zu mir rüberkam; er hat erfolglos versucht, meine Saiten zum Klingen zu bringen.

Ich verstand nicht, warum ich immer wieder ein Opfer von Europäern wurde, ich war hier auf Zypern, der Insel der Liebe und der Aphrodite, ich liebte dunkle Männertypen, ich wollte hier weder Schweizer noch Deutsche kennenlernen.

Was dann eines Tages, während eines meiner Aufenthalte, auch der Fall war, nur nicht ganz so, wie ich mir das vorgestellt hatte:

Wie immer hatte ich ein Auto gemietet und wollte auf eine meiner Entdeckungsfahrten in die nähere Umgebung gehen, das heißt ins Hinterland fahren, und obwohl ich sah, dass nicht mehr so viel Benzin im Tank war, verschlampte ich das mit dem Gedanken, dass ich sicher dort oben irgendwo eine Tankstelle finden würde. Denn da es schon gegen Mittag ging, wollte ich nicht noch mehr Zeit damit verlieren, nach einer Tankstelle zu suchen, sondern wollte los.

So geschah, was geschehen musste. Immerhin war ich in meiner Dummheit nicht mit einem leeren Tank mitten in einer Ziegenherde stehen geblieben, obwohl ich es verdient gehabt hätte, aber ich endete in einem Dorf, wo ich fieberhaft nach einer Tankstelle suchte, da ich noch eine weitere Strecke fahren wollte, bevor ich wieder an die Küste zurückkehrte.

Zu meiner großen Erleichterung fand ich wohl etwas in der Form eines Zapfhahns, jedoch war meine Freude von kurzer Dauer, denn wie sich herausstellte, war es Diesel, welcher nur für landwirtschaftliche Geräte benutzt werden konnte, was meinem Mietauto bestimmt nicht gut bekommen würde.

Ein junger, wie es schien, etwas behinderter Mann war gerade am Tanken, und als ich ihn wegen des Benzins fragte, verstand er mich nicht, denn er sprach kein Englisch; was hatte ich auch erwartet, ich war hier auf dem Land, von Tourismus keine Spur, und er war ein Junge, der auf dem Feld arbeiten musste.

Mit Zeichensprache bedeutete ich ihm, was ich wollte, was er mir durch stetes Schütteln des Kopfes beantwortete. Was nun? Gut, ich hatte die Möglichkeit, einfach direkt wieder nach Lemesos zu fahren, dafür würde es gerade reichen, nur war das nicht der Sinn meines Ausfluges. Nun, der junge Mann, nennen wir ihn Adonis, hatte anscheinend plötzlich eine gute Idee oder Eingebung, was ich am Aufleuchten seiner dunklen Augen und an seinen aufgeregten Zeichen ablesen konnte, mit denen er mir bedeutete, mit meinem Auto seinem Traktor zu folgen. Was ich in meiner Not bereitwillig und ohne weiter zu überlegen tat, denn was konnte mir schon passieren? Als er dann aber immer weiter weg in die Felder fuhr und ich Mühe hatte, mit meinem Auto seinem Gefährt zu folgen, wurde ich doch etwas unsicher. Was, wenn … – ja, wenn was?

Auf der Fahrt durch die wenigen Häuser des Dorfes hatte er einmal kurz angehalten und einen Kanister aufgeladen: Sollte das wohl mein Benzin sein? War er so darauf bedacht, mir zu helfen, dass er irgendwo einen Kanister Benzin gestohlen hatte, nur um mir einen Gefallen zu tun? Als er endlich auf einem Hügel außerhalb des Dorfes mitten in einem Orangenhain anhielt, war ich gleichzeitig erleichtert und verunsichert. Hier waren wir ganz allein, niemand war anwesend, nur die Stille, der Wind, das Rauschen der Blätter in den Bäumen, das Gesumm von unzähligen Bienen und der umwerfende Duft der Orangenblüten, der mich als Erstes, als ich aus dem Auto stieg, begrüßte und meine Sinne im Sturm eroberte. Dieser Duft war so intensiv, dass ich ihn nie vergessen würde. Nun war ich gespannt, was mich hier erwarten würde.

Adonis war, bis ich ausgestiegen war, bereits zwischen den Bäumen verschwunden, um ein paar von den reifen, süßen Orangen zu pflücken, die er nun für uns schälte, und dabei lud er mich mit Gesten ein, mich neben ihn in den Schatten eines Johannisbrotbaums zu setzen, denn das war so Brauch in Zypern. Zuerst wurde Small Talk gemacht und Kaffee getrunken oder eben wie jetzt eine Orange geteilt, bis man zum Geschäftlichen überging.

Sobald ich mich gesetzt hatte, raschelte es verdächtig hinter mir im Gebüsch, was mich entsetzt herumfahren ließ, denn ich vermutete dort eine Schlange, die wir in ihrem Sonnenbad gestört und zu einem Rückzug gezwungen hatten. Da es jedoch Adonis gar nicht aus der Ruhe zu bringen schien, konzentrierten wir uns wieder auf das, was wir uns sagen wollten. Das war schwierig; zum Glück kam mir in den Sinn, dass ich nebst etwas Wasser meinen kleinen Reiseführer bei mir hatte, der mir schon oft aus der Klemme geholfen hatte. Dort gab es zwar die üblichen Floskeln von: „Wo ist die Toilette?" bis „Kann ich bezahlen, bitte?" oder „Wo ist das Museum?" und als Ironie „Wo ist die nächste Tankstelle?", also eben alles sehr hilfreiche Sätze, wenn man sich auf dem sicheren Touristentrampelpfaden befand.

Dies hier war aber eine Notsituation, eine Ausnahmesituation; gut, das fand ich auch, nur „Wo ist das Spital?" oder „Gibt es einen Arzt hier?" konnte mir da auch nicht weiterhelfen, denn meine Not war ganz anderer Art. So versuchten wir uns durch einzelne Wörter, die wir uns im Büchlein zeigten, das heißt Wort für Wort, irgendwie dem Sinne nach, zu verständigen. Viel kam dabei nicht raus, immerhin wusste ich nun, dass er Geschwister hatte, wie alt er war und dass er, wie seine Freunde, auch lieber in Lemesos arbeiten würde als hier im langweiligen Dorf; was ich ihm allerdings auszureden versuchte. Es machte Spaß und ich lernte etwas dabei, vor allem aber verstand ich, dass er lesen konnte.

Das ging so lange hin und her, bis es dann zu der Frage kam, die nicht im Reiseführer stand und bei der ich erst mal leer schlucken und mich zusammennehmen musste, denn dies hier war ernst, und Schweizer Diplomatie war angesagt; Lachen kam auf keinen Fall infrage, das wäre zu gefährlich.

Nun, was er hervorbrachte, warf mich um, denn er fragte in klarem, unmissverständlichem Englisch: „You? – Me? Sex?" Und deutete dabei mit dem Finger auf sich und mich, um seinen Worten noch mehr Bedeutung zu geben.

Wow, das hatte ich jetzt davon! Immerhin war er so nett und fragte mich und hatte mich nicht schon lange hier unter die Orangenbäume gelegt und das getan, worauf er anscheinend Lust hatte oder wovon er gehört hatte, dass es die Touristinnen gerne taten, vor allem mit Zyprioten. Ich schaute ihn an und schüttelte erst mal den Kopf, damit das gleich klar war und keine Zweifel aufkamen, trotzdem konnte ich dem Drang nicht widerstehen, seine Frage zu wiederholen: „You? – Me? Sex?" und hängte sofort ein „No, no, ochi [nein], no good" an und schüttelte dazu ablehnend meinen Kopf.

Er schien es ohne weitere Diskussion zu akzeptieren, denn er belästigte mich nicht weiter, und vielleicht war er sogar froh über meine Absage, denn mir schien, dass er es einfach versucht hatte, der junge Kerl. Da ich spürte, dass die Gefahr vorüber war – dieser kurze Moment, in dem ich den Atem angehalten hatte –, ging es nun an das wirkliche Geschäft, das mit dem Benzin nämlich.

Ich erinnerte ihn daran, was uns an erster Stelle hierhergeführt hatte, und wie von der Tarantel gestochen schoss er hoch, machte aus einer leeren Wasserflasche, die er dort im Gebüsch fand, einen Trichter, bastelte etwas mit Draht und schaffte es, mir das Benzin vom Kanister in meinen Tank zu füllen. Nun, viel war es nicht, was den improvisierten Weg in den Tank fand, und wie weit es mich bringen würde, war eher fraglich. Nur, das wollte ich ihm nicht sagen, denn für heute hatte ich sowieso genug, ich wollte auf direktem Wege wieder zurück in die Zivilisation. Laut vor mich hinlachend, den umwerfend süßen Duft der Orangenblüten noch in der Nase, gerührt und geehrt über sein Angebot, fuhr ich Richtung Lemesos. Das war ein Erlebnis, das ich nie vergaß und nie vergessen werde und das mich noch heute zum Schmunzeln bringt.

∽

Bruder Johannes
Atomkraft – nein danke!

In diesen Tagen verstarb Johannes Rau.

Er sitzt in einem Café in Barcelona und seine Gedanken kreisen um ihn. Am Tag zuvor hat er dem Büro seines spanischen Partners einen Besuch abgestattet. Sie bauen ein europäisches Jugendnetzwerk auf und planen für dieses Jahr gemeinsame Projekte. Im Büro hat er den Freiwilligen Moritz aus Deutschland getroffen, er leistet seinen Zivildienst in der Partnerorganisation ab. Moritz kommt aus Wuppertal. Er hat Johannes Rau gekannt. Er besuchte gemeinsam die Schule mit einer Tochter von Johannes Rau.

In seinem letzten Interview, das Johannes Rau einer Zeitung gab, sagte er auf die Frage, welche Erkenntnisse er in seinem Leben und nach seiner Krankheit hinzugewonnen habe, dass er nun ahne, was der Ausdruck „auf Herz und Nieren prüfen" im biblischen Sinne bedeute.

„Bruder Johannes" war bekannt für seine Menschlichkeit, seine Wärme, seine Liebe zu den Menschen. Er bemühte sich, all seine Post persönlich zu beantworten und in Gesprächen die Menschen aller Gesellschaftsschichten einzubeziehen, sie ernst zu nehmen in ihren persönlichen Anliegen. Seinen religiösen Hintergrund leugnete er nie, er prägte sein Tun. Er war über den christlichen Glauben und seine Kirchengemeinde zur Politik gekommen. In jungen Jahren wechselte er mit seinem Ziehvater Gustav Heinemann, seinem Vorgänger im Bundespräsidentenamt, dessen Enkelin er später heiratete, die Partei und schloss sich den Sozialdemokraten an. Diese entsprachen zwar nicht seinem eher bürgerlichen Habitus, doch als soziale Demokraten entsprachen sie seinem christlichen Grundverständnis.

Johannes Rau hatte ihn in seinem Wirken nie sonderlich beeinflusst, doch hatte er einige Begegnungen mit ihm, die ihm dauerhaft in Erinnerung blieben. Er war geprägt durch sein dörfliches Aufwachsen in streng katholischem Umfeld. Als interessierter Jugendlicher bemerkte er schnell die Widersprüche zwischen den Ansprüchen, die Familie, Schule, Kirche und Gemeinde an ihn stellten und dem ihren Ansprüchen nicht gerecht werdenden eigenem Tun. Doch glaubte er an die Auflösung dieser Widersprüche und eine positive Entwicklung, wenn er in diese Lebenskreise eingriffe und mit Mut und Freude zu deren Entwicklung beitrüge.

So engagierte er sich früh in Vereinen und in der Kirche seines Dorfes. Schon mit 16 Jahren gehörte er, delegiert durch den Kolping, dem Kirchenvorstand an. Er gründete eine Jugendinitiative, die Jugendliche zum partizipativen Handeln in der Gemeinde animierte. Dieses „teilhabende Handeln" führte zu Widerständen und zu Konflikten mit den herrschenden konservativen Kräften seines Dorfes.

Es gab in seinem Dorf nur eine Partei, die Christdemokraten, deren Funktionäre ihn gemeinsam mit den von ihnen beeinflussten kirchlichen Kreisen aufs Heftigste bekämpften. So gründete er mit 17 Jahren, mehr als Gegenmaßnahme als aus Überzeugung, einen SPD-Ortsverein. Nach der Gemeindereform verschmolz dieser mit dem Ortsverein des Nachbarortes, der als Folge der Gebietsreform mit seinem Dorf zusammengelegt wurde.

Juso-Funktionäre ermunterten ihn, in diesem Ortsverein eine Juso-AG zu gründen. Er aber wollte gestalten. So strebte er schon früh den Ortsvereinsvorsitz und die Mitgliedschaft im Unterbezirksvorstand an. Dieses Ziel erreichte er bereits mit 20 Jahren. Wenig später war er Mitglied im Gemeindeparlament und übernahm den Vorsitz seiner Fraktion im Gemeinderat.

Es muss wohl in dieser Zeit seiner ersten politischen Gehversuche gewesen sein – er will sich nicht auf das Jahr festlegen – in den Jahren, als Willy Brandt trotz oder wegen seiner Ostpolitik die Kanzlerschaft erneut errang, als er Johannes Rau zum ersten Mal begegnete. In einer Nachbargemeinde hatten die Jungsozialisten traditionell ein großes Pfingstcamp errichtet, er war mit von der Partie.

Er trug die Haare lang. Wegen der großen Hitze lief er mit bloßem Oberkörper im Lager herum. Johannes Rau, der damalige Wissenschaftsminister von Nordrhein-Westfalen im Kabinett von Heinz Kühn, hatte sich angesagt. Das war die Gelegenheit für ihn und die Jungsozialisten, gegen das Atomzwischenlager Ahaus zu opponieren. Viele Menschen waren gegen die Weiterentwicklung der Nuklearenergie, den Bau von Atomkraftwerken und somit gegen die Errichtung des Zwischenlagers in Ahaus und der Urananreicherungsanlage in Gronau.

Er fuhr einen VW-Käfer mit einem großen Aufkleber „Atomkraft – nein danke!" Im Unterbezirksvorstand stritten die Genossen heftig und er hatte mitbekommen, dass insbesondere der Repräsentant der Ahauser SPD und der Bürgermeister von Gronau vehement für ihre Standorte warben, da sie sich wirtschaftlichen Aufschwung in ihrer von der Textilkrise gebeutelten Region erhofften, während eine Mehrheit des Vorstandes sich eher skeptisch und ablehnend gegenüber Zwischenlager und Urananreicherungsanlage zeigte.

Die Landesregierung wollte das Zwischenlager und der Landtagsabgeordnete im Kreis Borken wusste dem UB-Vorstand zu berichten, natürlich streng vertraulich, dass die Landesregierung der Stadt Ahaus 20 Millionen Wirtschaftshilfe zugesagt habe, sollte sich der Stadtrat für die Errichtung des Zwischenlagers aussprechen.

Es war ein herrlicher Pfingsttag und im Juso-Pfingstcamp hatte sich die gesamte SPD-Prominenz des Kreises versammelt, um Johannes Rau zu begrüßen und zu hören.

Johannes sprach in gewohnt anrührender und mitreißender Weise. Man jubelte und applaudierte. Rau sprach sich gegen den Missbrauch der Atomkraft aus, sah Gefahren, wollte „versöhnen statt spalten", aber die Notwendigkeit eines Zwischenlagers sah er auch, da die Abfälle ja nun einmal da seien und irgendwie gelagert werden müssten. Man müsse natürlich sorgsam prüfen, die Menschen „mitnehmen" und Risiken ausschalten. Sollte sich herausstellen, dass der Standort nicht geeignet sei, dürfe ein Zwischenlager in Ahaus nicht errichtet werden.

Da meldete er sich zu Wort, wollte nicht länger an sich halten. Was er denn, Johannes, dazu sage, dass der Stadt Ahaus von der Landesregierung bereits 20 Millionen zugesagt seien, falls sie der Errichtung eines Zwischenlagers zustimme. Da könne doch von einer neutralen, nur dem Gewissen verpflichteten Entscheidung nicht mehr die Rede sein.

Da wandte sich „Bruder Johannes" ihm in seiner unnachahmlichen Art zu. Solche Behauptungen stelle man hier nicht in der Öffentlichkeit ungeprüft auf. Da müsse er wohl etwas falsch verstanden haben. Seine Äußerungen nehme er ihm aber nicht übel. Er sei ja noch sehr jung. Er werde sich politisch sicher noch entwickeln, aus ihm könne vielleicht etwas werden, aber bis dahin müsse er noch viel lernen.

Er war schockiert. Wie konnte Johannes so sprechen? Wusste er nicht, was längst vereinbart war, oder unterlag auch er, wie fast alle Politiker, der „Macht des Faktischen" und taktierte? Er wollte widersprechen. Er sah das hilflose, rot angelaufene Gesicht des Landtagsabgeordneten, der ihm durch einen Rippenstoß bedeutete zu schweigen, ihn nicht zu outen, sah in das väterliche Gesicht von Johannes Rau und schwieg. Er wollte den Landtagsabgeordneten nicht beschädigen und auch nicht Johannes Rau, auch nicht sich selbst, denn sie würden behaupten und Johannes Rau behauptete es ja bereits, er habe das wohl nicht alles richtig verstanden im UB-Vorstand, natürlich ginge alles ganz „rechtsstaatlich" zu. Die Menschen würden ihm nicht glauben, dem halbnackten langhaarigen Revoluzzer, sondern dem Minister, der Glaubwürdigkeit ausstrahlte und den Staat repräsentierte. So beugte er sich und schwieg. Er hatte schon viel gelernt.

Die Kreuzfahrt

Unbekannte Geräusche lassen mich hochschrecken. Was war das, was mich aus meinen süßen Träumen riss?

Ich kann und will dem Grund der Ruhestörung nicht weiter nachgehen. Mit halb geöffneten Augen taste ich mich ins Badezimmer und wasche mir meine Hände und das Gesicht. „Eike, meine liebe Ehefrau, wird wohl schon am Frühstückstisch sitzen", denke ich und betrete das Wohnzimmer.

Halb mechanisch setze ich mich auf den mir zugewiesenen Platz.

Meine Augen weiten sich unnatürlich, denn dort sitzt mir gegenüber ein echter Froschmann, völlig steif, mit aufrechter Haltung. Was ist los? Wo bin ich? Ungläubig reibe ich mir die Augen, erhebe mich etwas, um die Figur aus der Nähe zu betrachten. Aus dieser Gasmaske höre ich eine quäkende Stimme, der ich entnehme: „Hast du dir deine Hände gewaschen? Wie siehst du aus? Guck dir mal deine Haare an!"

Jetzt weiß ich, wer diese Marionette ist. Meine Frau natürlich, denn dieses Ritual kenne ich. Meine Fassung zurückgewinnend, lache ich aus vollem Halse und schnaufe: „Was ist los, ist heute Karneval?"

Bewegungslos, also stocksteif kommt mir die fremde Stimme entgegen: „Wir gehen unter – also iss noch etwas!"

Diese Art von Humor ist neu von meiner geliebten Frau. Neugierig sehe ich mich um, ob ich nicht irgendwo eine leere Schnapspulle erblicke, aber ich entdecke dieses Corpus Delicti nicht.

Geräuschvoll erhebt sich diese Gestalt und watschelt mit den großen schwarzen Schwimmflossen rückwärts zur Anrichte, um ein paar Scheiben Toast zu holen. Das sehe ich mir blöd lachend an, weil ich diese Seite der Vergnügung nie vermutet habe. Den Lauten der Stimme entnehme ich, dass die Sache ernst zu nehmen ist. Ich reinige meine Ohren mit der Serviette und glaube zu hören: „Wir gehen unter, du Blödmann, wir saufen ab! – Das sagte mir die Stewardess. Es wurde kein Alarm gegeben, weil der Kapitän eine Panik vermeiden will. Ist das klar? Iss noch was, wir haben noch eine Stunde!"

Mir bleibt mein Marmeladentoast im Halse stecken. Wer spinnt jetzt hier? Zufällig erblicke ich ihre Handtasche auf dem Tisch, in der sich unsere, nein ihre Wertsachen befinden. „Also, so nehme ich dich nicht mit", röhrt sie mir zu. „Bade noch vorher und zieh dir was Ordentliches an!"

„Anziehen ja, baden nein", blöke ich wirr zurück, „baden werden wir wohl noch reichlich, oder?"

Mit Bangen denke ich an meine nahe Zukunft. Weit und breit kein Schiff auf dem Meer. Nur meine Frau und ich. Oh Schreck, lass nach! Wie sie dann wohl wie ein Fisch um mich herumsaust. Mit freudig sadistischem Blick hinter ihrer Tauchermaske und tadelnder Stimme, ich solle nicht so laut um Hilfe schreien. Uns höre doch niemand. Aber die vielen Dreiecksflossen um uns herum lassen nun mal keine dezente Unterhaltung zu.

Heimlich bete ich zu Neptun und flehe ihn an, dem Spuk ein Ende zu bereiten. – Etwas verwirrt prüfe ich eine eventuelle Schieflage des Schiffes, aber der Kaffee in der Tasse sieht gerade aus. Plötzlich ertönt eine laute Stimme über die Lautsprecheranlage und bedankt sich für das Verständnis zur Lebensrettungsübung.

Ich erhebe mich und ziehe die Gardinen zurück. Was sehe ich denn da? Den Hamburger Michel. Also haben wir noch gar nicht abgelegt. Übermütig bestelle ich ein Frühstücksei: „Drei Minuten, bitte!" Vor mir sitzt noch immer der Froschmann, allerdings ein bisschen eingeknickt.

Der Fehlgriff

Anlässlich des Todes von Regisseur Chabrol wurde kurzfristig eine Programmänderung im Fernsehen vorgenommen, sehr zur Freude meiner Frau. Damit war der Abend für sie gerettet. In Sofakissen eingebettet sog sie jede Szene des Filmes mit Wollust in sich auf.

Ich hingegen fing nach dem achten Mord an mich zu langweilen. Mein unaufhörliches Gähnen beeindruckte meinen Haushaltsvorstand nicht besonders. Sie schien gar nicht zu bemerken, wie oft ich meine Sitzposition wechselte und meine Hand vor den Mund hielt. Nach dem etwa zwanzigsten Gähngeräusch, wonach einem Hirschen alle Weiber hinterhergerannt wären, knackte es verdächtig in meinem Kiefergelenk. Meine Hände zu Hilfe nehmend, renkte ich den Unterkiefer wieder ein. Dabei stellte ich fest, dass ich mich eigentlich mal wieder rasieren könnte. Man soll ja den Tag mit etwas Sinnvollem beenden. Außerdem stand morgen ja ein Termin bei Frau Bähr, meiner Steuerberaterin, an.

Meine Frau hatte mir, wie immer, frische Unterwäsche bereitgelegt. Na ja, die Woche war schließlich auch schon wieder rum.

So gut wie es meine Arthrose zuließ, hievte ich mich aus dem Sessel empor und schlich ins Badezimmer. Langsam ließ ich warmes Wasser in das Waschbecken einlaufen und begann meine Asketenvisage einzuseifen, einem Weihnachtsmann nicht unähnlich. Die Rasierklinge hatte ich schon zwei Wochen zuvor austauschen wollen, aber womit? Es war keine mehr da. Auf der Pinnwand machte ich wiederholt einen Vermerk über die Dringlichkeit. Irgendwann kann meine geliebte Frau den Hinweis nicht mehr ignorieren. Sie ließ es sich ja nie nehmen, mit ihrem eigenen Einkaufszettel loszulaufen und meine Bedürfnisse zu übersehen. Ich hatte da so meine Zweifel, denn es standen dort schon etliche Wünsche von mir, die überfällig waren.

Skeptisch begann ich mit der Rasur. Autsch, schon hatte ich mich geschnitten! „Halte durch, alter Indianer, du hast schon Schlimmeres erleiden müssen!", machte ich mir Mut und kam auch bald zum Ende.

Bei Licht besehen war ich zufrieden und machte mich daran, eine Creme oder ein Aftershave zu finden, welche meine Blutungen stillen konnten. Natürlich befand sich unter den Tausenden Tuben, Flakons, Dosen und Sprays nicht mein geliebtes Nivea. Warum auch, ich bin ja nur ein Mann und meine jugendliche Haut braucht nicht die Produkte der Chemiekonzerne für die ewige Jugend. Natürlich hatte ich meine Brille nicht auf, mehr aus Absicht, denn ich hatte nicht vor im Spiegel zu erschrecken. Also griff ich zu einer Tube meines Vertrauens, in der Annahme, nichts Falsches erwischt zu haben. Die Gebrauchsanweisung bewusst ignorierend, weil auf Französisch, machte ich eine Geruchsprobe. Aufgrund des verführerischen Dufts entnahm ich der Tube eine gehörige Portion. Meine Frau sollte mir ein Beispiel sein. Nach zwei Stunden Badbesetzung war der Wandel stets umwerfend. Aus meiner Sicht allerdings nicht notwendig, denn ich befand mich meist schon eineinhalb Stunden auf der Arbeit.

Zurück zu der Paste, die große Ähnlichkeit mit dem Hundehaufen des kranken Dackels unserer Nachbarin hatte: Ich klatschte mir also vertrauensvoll diese Masse ins Gesicht. „Schön einmassieren!", hörte ich meine Frau sagen. Es brannte fürchterlich und ich merkte, wie meine Nasenflügel zusammenklebten. Jeder Versuch, sie wieder in Funktion zu bekommen, scheiterte. Oh Schreck, bei der Betrachtung im Spiegel bemerkte ich, wie das linke Auge geschlossen blieb. Dummerweise machte ich auch das rechte Auge zu, ohne es wieder öffnen zu können. Wütend presste ich die Lippen zusammen und überlegte mir, wie ich meine Frau umbringe. Klick, war auch deren Funktion eingestellt. Doch was jetzt, mir blieb die Luft weg! Panisch, mit ausgestreckten Armen rannte ich zur Hausbar und suchte dort nach den Strohhalmen, die meine Frau für ihre

Mixgetränke benutzte. Glücklicherweise fand ich einen Halm, presste ihn am Ende zusammen und suchte einen Zugang zu meiner Nase. Es klappte und ich bekam etwas Luft. Hurra, ich war gerettet! Jetzt noch einen Halm in das andere Nasenloch. Das Erfolgsgefühl war unbeschreiblich. Aber was jetzt? Ich konnte mir doch nicht diesen Halm in die Augen stecken, um wieder sehen zu können. Vorsichtig tastete ich mich zum Badezimmer zurück und stolperte natürlich über den Staubsauger, der dort schon zwei Tage auf dem Fußboden lag. Hätte meine Frau den denn nicht wegräumen können? Aber nein, zwei Stunden täglich im Badezimmer verplempern für Douglas-Versuchsprodukte der hoffnungslosen Hausfrauen. Bei dem Sturz schrie ich schmerzhaft auf. Oh, wie gut das tat, denn dadurch hatte sich mein Mund wieder geöffnet! Vor dem Waschbecken stehend, ließ ich warmes Wasser einlaufen und befreite meine Augen von dem Klebstoff. Doch ich war so durcheinander, dass ich mich wunderte, wie diese blöden Strohhalme in meine Nase kamen.

Mit Brille und bei Licht untersuchte ich doch diese Tube allen Übels. Dieses Zeug stellte sich als Haargel heraus, womit sich meine liebe Frau immer die Haare stylte und immer so jugendlich aussah, jedenfalls tagsüber.

Der Film war zu Ende. Meine Frau saß mit verklärtem Blick auf der Couch, aber immer noch gemütlich eingepackt in Kissen und Decken. Mehr zu sich selbst sagte sie leise: „Zwölf Frauen hat dieser Mann umgebracht, dieser arme Mensch. Der war psychisch krank." Was sagte sie da? Sie bedauerte einen zwölffachen Mörder und sah nicht einmal, wie ihr einst mal so angebeteter Adonis gelitten hatte. So wie er jetzt aussah, als wäre er dem Panoptikum entsprungen. Kein Mitleid mit mir, kein Gefühl für den Menschen, der sie abgöttisch liebte. Was würde meine liebe Frau wohl für mich empfinden, wenn ich bei einem schönen Sonnenuntergang meine Hände um ihren Hals legen würde?

Das Leben ist schön?

Wer möglichst schnell und unbemerkt auf einer deutschen Intensivstation sterben will, sollte dies vor 17.00 Uhr, Montag bis Freitag tun.

Da sitzen die Schwestern und Pfleger der Tagschicht noch eine halbe Stunde am Tisch mit jenen aus der Spätschicht, sie reden und sie lachen laut. Ich lag gleich nebenan, hinter und neben meinem Bett fiepten und klingelten und pfiffen die Maschinen, an die ich angeschlossen war.

Keine Schwester oder Pfleger zu sehen, nur zu hören. Sie schienen es nebenan richtig schön nett zu haben, wünschten sich überschwänglich „Schönen Feierabend!". Ich begriff gar nichts und war nur durcheinander. Rufen konnte ich nicht laut, denn ich hatte zwei vergipste Kanülen im Hals stecken, an

denen eine Maschine hing, und klingeln ging ebenfalls nicht, beide Arme waren angeschlossen, auch hatte ich keine Klingel in Reichweite. Selbst wenn, damals wäre ich zu schwach gewesen, um den Knopf zu drücken. Außerdem war ich ohnehin sicher, bald sterben zu müssen, unbemerkt von all den vielen Menschen um mich herum.

Inzwischen weiß ich, dass im Schwesternzimmer und im Ärztezimmer Monitore zur Überwachung stehen, die Alarm schlagen, wenn es knapp wird. Inzwischen weiß ich viiiiel mehr über das Leben als solches und was es bedeutet!

Damals lag ich drei Tage auf der Intensivstation, 15 Tage in diesem Krankenhaus sollten es werden. Und draußen klopfte schon langsam der Winter an.

Die Intensivstation

Ich hatte einen entzündeten Blinddarm, einen Darmverschluss und einen Darmdurchbruch. Warum dies so kam? Verrate ich nicht, dies werde ich in einem meiner nächsten Leben niederschreiben.

Normalerweise besteht die Aufgabe des Darms darin, allen Scheiß aus dem Körper abzutransportieren, aber mein Darm wollte sozusagen alles an Scheiß im Körper bei sich behalten. Er platzte und verteilte seinen Inhalt in meinem Bauch.

Am Tag, als ich ins Krankenhaus kam, war mir klar, es endet, es ist mein letzter Tag. „Es war ein Durchbruch", sagte ein Arzt. „Es könnte Morbus Crohn sein", diagnostizierte ein anderer. „Wir wissen es noch nicht genau." „Die Entzündungswerte sind so schlecht, schlechter geht's gar nicht mehr und wir wissen nicht, warum", sagte wieder ein anderer.

Es war der 07. November. Durch diesen Tag änderte sich viel in meinem Leben.

Als ich zu Hause nicht mehr aus meinem Bett hochkam, weil ich mich wegen des Fiebers und der Schmerzen nicht mehr bewegen konnte, gelangte ich – durch eine „göttliche Eingebung eines Freundes, mich anzurufen" – per Blaulicht „zack, zack" in die Notaufnahme des Krankenhauses. Die auf die Schnelle erledigte Computertomografie brachte die ganze Wahrheit ans Licht. „Noch zwei Stunden – maximal – und Sie hätten die Blümchen von unten wachsen gesehn", sagte der Doktor, der mich kurze Zeit später operierte. Und nachdem mich der Anästhesist mit einer irren Geschwindigkeit über alle Risiken der bevorstehenden Operation aufgeklärt hatte, meinte dieser noch schnell vorm „Verabschieden": „Das war knapp. Gut möglich, dass wir Ihnen einen falschen Ausgang legen werden. Aber in den meisten Fällen kann nach ein paar Monaten eine Rückverlegung des Darms stattfinden, machen Sie sich jetzt bitte keine Gedanken darüber!" Ich war jetzt schon betäubt, auch ohne Narkose.

Die Operation wurde nach fünf Stunden erfolgreich beendet. Ich wachte noch im OP-Saal auf, ich denke, von meinem Schreien, der Katheter war falsch gelegt worden. Von den nächsten Stunden weiß ich nichts. Erst als ich in grelles Licht schaute und ein Pfleger sich über mich beugte und sagte: „Wissen Sie, wie Sie heißen, hallo, hallo, hören Sie mich?", holte mich das Leben langsam zurück.

Ich denke, diese Frage wird von den Pflegern und Schwestern immer gestellt, wenn ein Patient aus der Narkose aufwacht. Eben um sich zu vergewissern, ob der Patient noch bei Sinnen ist.

Anschließend begann eine Zeit, in der ich nicht wusste, was besser wäre, hier zu liegen oder doch lieber ganz fix zu sterben? Ich blickte links neben mir durch das Fenster und sah den ankommenden Winter. Die Bäume neben mir tanzten im Wind. Es gab Tage, da klangen die Ärzte morgens ziemlich hoffnungsfroh und abends ziemlich hoffnungslos. Und manchmal war es umgekehrt. Drei Wochen lag ich in der Klinik, bevor mich die Außenwelt wieder zurückhatte.

Bevor mich die Welt zurückhatte – welch ein Glück!

Drei Wochen habe ich mein Leben mit diversen Leidensgenossen – geteilt, doch richtig „gesehen" habe ich sie eigentlich nie. Auf der Intensivstation stand ein Paravent zwischen meinem Bettnachbarn und mir. Reden konnten wir nicht miteinander, denn wir hatten beide einen Luftröhrenschnitt. Nur einmal, als mein Bettnachbar im Rehastuhl saß, lugte ein dicker Fuß neben dem Paravent hervor. Diese unerwartete Abwechslung war fast einer der Höhepunkte auf dieser Station. Ich betrachtete den Fuß also sehr lang. Er sah blauschwarz durchadert aus. Ich weiß nicht viel von meinen Mitbewohnern auf dieser Station, nur dass wir alle ziemlich viel geheult und gestöhnt haben.

Ich glaube, die Zeit auf der Intensivstation vergeht so wie ein Zwölf-Stunden-Flug, man schaltet innerlich auf Stand-by, ist zwar wach, aber die Zeit rieselt ohne jegliche Bedeutung an einem vorbei. Oft habe ich einfach die Augen zugemacht, das war die einzige Form von Privatheit, die auf einer Intensivstation zu haben ist, weil 24 Stunden am Tag die Zimmertüren geöffnet sein müssen. Irgendwann erkennt man jeden Arzt, jede Schwester und jeden Pfleger an ihrem Gang.

Als mein Bettnachbar aus dem Zimmer geschoben wurde, kam ein anderer. Als die alte Frau mir gegenüber nachts zu laut schrie, da weinte ich. Und dann war da noch jene Frau rechts gegenüber, die mit ihren 96 Jahren wild um sich schlug und somit zu „ihrer Sicherheit" festgebunden wurde.

Ich hatte den allerbesten Platz im Zimmer, Fensterplatz. Und ich überlegte: *„Warum?"*

Am 4. Tag wurde ich auf die „Normalstation" gebracht. Vorher lebte ich zwischen Tag und Traum, gut möglich, dass mich das Morphium mehr als nur ein bisschen benebelte. Meist sah ich aus dem Fenster und hielt mich an den Bäumen fest, welche im Novembersturm nach rechts und links tanzten.

Ich schwitzte nachts. So sehr, dass ich, sobald ich eingeschlafen war, träumte, ich schwämme im offenen Meer. Medikamente und Psychostress von der OP, sagten mir die Ärzte.

Drei Mal zog ich in ein anderes Zimmer. Zwei Mal habe ich mich von Mitpatienten verabschieden müssen, deren Zeit gekommen war, deren Körper und Seele nicht mehr konnten.

Meine Depression, die aufkam, bewältigte ich damit, mich meinen Mitpatienten gegenüber als Clown zu präsentieren. Ich begann Witze über unseren Zustand zu machen, wollte alle gerne trösten, alle zum Lachen bringen. Ich selbst weinte heimlich über dieses ganze Elend.

Kann man im Krankenhaus etwas lernen?

Viel! Zum Beispiel: Viele haben Angst, einen zu besuchen, weil sie denken, dort herrschen Elend und der Tod und es stinkt, aber genau das gehört zu unserem bisschen Leben.

Ich habe so viele Tage so viel über das Leben und vor allem über mein eigenes Leben nachgedacht, in meinem Kopf wurde mir vieles, was ich verdrängt hatte, auf einmal ganz klar. Ich war schwach, aber irgendwie auch ungewöhnlich klar im Kopf. Im Lauf der Zeit reduzierte sich auch die Zahl der Schläuche und Kanülen drastisch.

Im Krankenhaus herrschte striktes Handyverbot, der elektronischen Geräte wegen. Die sind aber wohl ziemlich robust, schließlich kümmern sich Ärzte und Pflegepersonal herzlich wenig darum und telefonieren munter. Auch der Satz „Jetzt wird es mal ein bisschen kalt am Rücken" gehört zum Alltag des Patienten. Natürlich bekommt man auch den Rücken eingerieben, doch in Wahrheit wird kontrolliert, ob sich der Patient nicht schon recht wund gelegen hat.

Besuch – Besuch zu bekommen ist überlebenswichtig! Die Besuchszeit ist eigentlich der Höhepunkt eines jeden einzelnen Tages, ein bisschen Kontakt mit der normalen Welt.

Und niemals zwei Bitten an das Pflegepersonal gleichzeitig äußern. Mit Sicherheit folgt sonst ein Satz von der Qualität: „Nur mal langsam!" oder „Schön der Reihe nach!"

Perfiderweise haben sich viele Schwestern und Pfleger aber eine Art angewöhnt, auf der Hacke kehrtzumachen und aus dem Zimmer zu stürmen, sobald ein Wunsch erfüllt ist, sodass der Patient denken muss: „Ach, die hat was vergessen und kommt gleich wieder." Stimmt aber nicht. Es gilt also, jenen Moment abzuwarten, in dem die Schwester eine Tätigkeit schon beendet hat, dem Patienten aber noch nicht den Rücken zugewendet hat, um zu gehen. Keine einfache Übung, wenn man nur flüstern und nicht hinterherrufen kann.

Und … im Krankenhaus sagt man auch nicht: „Auf Wiedersehen!" Nur: „Alles Gute!"

Wie die Zeit vergeht?

Ich – ich weiß es nicht.

Am ehesten wie Brei. Oder vielleicht so: Wochenende ist, wenn keine Ärzte kommen und nicht zumindest ein halbes Dutzend Oberärzte rumspringt. Dann vergeht wieder eine Woche. Und dann wieder eine.

Es gibt ein Krankenhaus-Polaroid-Foto von mir, vor Kurzem habe ich es zu Hause wiedergefunden. Das war der Tag, an dem ich zum ersten Mal in den Reha-Stuhl gesetzt wurde und mein Bauch fotografiert wurde. Ob ich auch ein Bild möchte, fragte man mich.

Ein Zivi hievte mich aus dem Bett hinaus. Der Doktor meinte, ich müsse unbedingt einmal etwas anderes sehen, er solle mich ein bisschen in den Gang schieben. Okay, welches Elend ist noch hier? Gibt's da noch mehr von zu sehen, was ich noch nicht gesehen und vor allem noch nicht gefühlt habe?

Sollte mir eines Tages jemand eine Schauspielerrolle als Krankenschwester anbieten, alle Handgriffe habe ich studiert, ich wäre gewappnet! Ich käme ins Zimmer, zöge von dem Spender an der Tür eine Plastikschürze ab, stülpte mir Gummihandschuhe über – davon gibt es zwei Schachteln in jedem Zimmer –, ginge dann zum Rollwagen, auf dem die Sprühdosen stehen, und würde erst mal rumsprühen. Gesprüht wird eigentlich immer, auch die Sagrotanflaschen werden mit Sagrotan aus einer anderen Flasche desinfiziert und besprüht. Dann heißt es quasi alles wegschmeißen. Jedes Kabel, jede Pinzette, jede Tablette ist einzeln verschweißt, um der Hygiene willen, sicher, aber dadurch entstehen Abfallberge von gigantischem Ausmaß. Allein in meinem Zimmer standen mehrere verschiedene Abfallkörbe, -säcke und -eimer. Bevor ich im Rollenspiel das Zimmer wieder verließe, würde ich noch hektisch das Notlicht wieder ausmachen und etwas rufen von der Art: „Herbert hat heute Abend Hintergrund!", wissend, dass es sowieso kein Patient kapiert. Aber ich bin ihnen auf die Schliche gekommen, heute verstehe ich nahezu einwandfrei Stationsdeutsch. „Herbert hat heute Abend Hintergrund" bedeutet, dass außer dem Stationsarzt auch noch ein Oberarzt für kritische Fragen erreichbar ist, abends und am Wochenende per Handy. Und weil sich alle duzen, heißt der Arzt eben hier Herbert. Für den Patienten ist das weniger geschickt, er kann ja schlecht „Doktor Herbert" sagen.

Besserung

Allmählich wurde alles besser. Ich konnte wieder essen, meine Arme und Beine ließen sich wieder bewegen, sodass ich auch ohne Hilfe aus dem Bett kam. In gebückter Haltung war ich der Held über meinen Körper. Irgendwann zu der Zeit habe ich wohl mal gescherzt, ich erinnere mich nicht genau, wann. Jedenfalls sagte ein Arzt da zu mir: „Sie haben ja noch gar keine Ahnung, wie schwer es ist, wieder gesund zu werden." Ich wusste nicht recht, wovon er sprach. Ich hatte keine großen Schmerzen mehr, nur gleichbleibende, an die ich mich gewöhnt hatte. Ich lag im Bett, bekam Medikamente, war schwach und musste eben warten, bis es mir wieder besser ging. Wie immer, wenn man krank ist – dachte ich. Die Wahrheit ist: Ich hatte wirklich, wirklich keine Ahnung. Jeder noch so winzige Fortschritt kostete Zeit und es war ein immerwährender Kampf mit meinem Körper, aber vor allem auch mit meinem Kopf. Zwei Monate hat es gedauert, bis die OP-Narbe wieder geschlossen war.

Ich war so froh, dass ich nach x Probeläufen endlich wieder die zehn Meter von meinem Zimmer zum Raucherzimmer gehen konnte. Unendlich langsam, nur gestützt durch meinen Geist, schlich ich durch die Krankenhausgänge. Zurück im Bett schlief ich erst mal stundenlang nach dieser Anstrengung. Dann kam die Depression dazu, die Verzweiflung darüber, woher ich die Kraft nehmen sollte, um nicht aufzugeben. Vor allem mit Gedanken im Kopf: „Für wen, gibt es jemand, für den ich richtig wichtig bin und der mich selbstlos liebt?" Ich weiß nicht mehr, wie ich diese elende Zeit hinter mich gebracht habe, ich weiß nur, dass ich irgendwo jeden Tag aufs Neue die Kraft aus mir selbst schöpfte.

Oft habe ich geheult, was die Tränendrüsen hergaben, am liebsten still und heimlich auf dem Klo, dort, wo alles Übel herkam. Und sie gaben eine Menge her, diese Tränen, schon mangels anderer Möglichkeiten, mich mit jemand auszusprechen. Und wehe, es wurde Besuchszeit und es war mal wieder kein Besuch für mich da! Dann war ich fürchterlich traurig, weil ich mir sicher war: „Jetzt haben sie mich vergessen, was soll ich noch hier?"

Ja, frei von Selbstmitleid war ich nicht. Oft sagten die Schwestern, ich solle mir das, was ich mir am meisten wünsche, ganz fest vorstellen, das gebe Kraft. Mein größter Wunsch war, mein kleines Leben wieder zurückzukriegen: Morgens ins Büro zu gehen, abends nicht wissen, was ich kochen soll, dass mich jemand in den Arm nimmt, das Gefühl, diesem Mensch bist du wichtig, mal in die Kneipe, mal mit Freunden zusammensitzen, mehr wollte ich nicht.

Vielleicht, weil es um viel mehr ja auch gar nicht geht im Leben als nur um Glück?

Mein zweitgrößtes Glück war es, dass mir niemand mehr meinen Hintern abputzen musste. Ich habe mir auch vorgenommen, unbedingt ein ganz anderer Mensch zu werden, wenn ich das Kranksein überwunden hatte. Viel demütiger, gelassener, geduldiger, aufmerksamer. Darauf habe ich mich sehr gefreut, denn genau diese Eigenschaften fehlten mir.

Pflege von allen Seiten?

Dass man als Patient im Krankenhaus nur noch wie eine Nummer behandelt wird, kann ich so nicht unterschreiben. Die Ärzte und Pfleger haben sich für mich, mit Verlaub, manchmal den Popo aufgerissen. Nicht immer alle, aber die meisten meistens. Vor allem Zivis habe ich kennengelernt, junge Menschen, die mir unheimlich Kraft und irgendwie Heimat in diesen sterilen Wänden gaben. Als ich zum Beispiel knapp am Tod vorbeischrappte, sauste rund um die Uhr ständig einer von ihnen an mein Bett, manchmal zwei. Selbst wenn einer nur aufs Klo musste, hat er Ersatz geholt. Ich war so aufgequollen, hässlich und aufgedunsen und hatte so viele Schläuche, Nadeln und Kanülen in meinem Körper, dass ich mich fast unsagbar vor ihnen schämte. Manchmal wussten sie nicht mehr, wo sie hinstechen sollten, um mir noch ein Medikament zu injizieren. Mein Anblick war so furchterregend, dass ich absolut nicht wollte, dass mich jemand überhaupt so sah. Manchmal war ich sogar ein bisschen froh, dass mein spärlicher Besuch so spärlich war, wie er war.

Schwester oder Pfleger zu sein ist ein Knochenjob. Nachtschichten, Wochenendschichten, 120-Kilo-Menschen auf den Rücken rollen oder in einen Stuhl wuchten, verkotete Hintern abputzen, Zehennägel schneiden; nicht gut bezahlt, soziales Ansehen sehr gering. Vielleicht wechseln deshalb viele Pfleger so häufig die Stelle, vielleicht sind deshalb viele ziemlich dick – das Frustpotenzial ist groß. Einmal, als mich ein Pfleger durch die Station karrte, da erzählte er mir, er sei von der Normal- auf die Intensivstation gewechselt, weil er es nicht mehr ertrug, dass quasi monatlich „Freunde" von ihm starben. Denn auf solch einer Darmstation kommen und gehen die Patienten oftmals über Jahre, man fühlt und hofft und leidet mit ihnen. Und manchmal sterben sie eben. Auf der Intensivstation ist sozusagen Durchgangsverkehr, da wird viel schneller gestorben, und wenn nicht gestorben wird, dann wird schnell auf die Normalstation verlegt. Also tue ihm dies alles nicht so weh.

Die Angst vor der Angst

Die Angst war das Schlimmste.

Nicht die Angst zu sterben, die hatte ich merkwürdigerweise nie. Ich meine die Angst, selbstständig und ohne die ständigen Sauerstoffstöße atmen zu müssen oder allein aufs Klo zu gehen und ohne diese gotterbärmlichen Schmerzen ein Häufchen zu machen. Manchmal wurde die Angst beherrschend und übermächtig groß, Panikattacken schüttelten mich durch.

Ich musste von den Maschinen und den Tabletten entwöhnt werden, jeden Tag ein bisschen mehr, das verstand ich. Ich verstand ohnehin eine Menge, nur: Es nützte mir nichts! Selbst der Blick auf Monitore, der Monitor, der dann eine hundertprozentige Sauerstoffsättigung anzeigte, mein Herzschlag, der im Einklang schlug, beruhigten mich nicht. Kann man einer Maschine vertrauen, wenn man noch nicht einmal Menschen vertraut?

Als das Selbstverständliche, nämlich automatisch täglich aufs Klo zu gehen und zu essen, selbstverständlich wurde, kam die Angst. Und anschließend kam die Angst vor der Angst. Manchmal beherrschte sie meinen ganzen Tag. Ich war abhängig von meinem funktionierenden Körper, der einfach immer noch nicht so wollte, wie er denn sollte.

Ich wollte Ruhe – Ruhe und Sicherheit

Wenn jemals in meinem Leben zehn Minuten sich wie 20, 40 oder 60 angefühlt haben, dann da, dann in dieser Zeit.

Die Zivis legten sich wirklich unglaublich ins Zeug, schoben mich zur nächsten Untersuchung, durch den Krankenhauspark, auch um mich abzulenken. Man schickte mir einen

Psychiater ans Bett, einen Pfarrer und ehrenamtliche Frauen von der Seelsorge.

Draußen wurde es immer stürmischer und kälter. Mir war immer kalt, nur in der Nacht, da kam die Hitze und die Angst kroch noch viel mehr in mir hoch. Nur allmählich wurde alles besser. Das Loch in meinem Hals war wieder zu, meine Bauchdecke noch offen. Aber die Angst vor der Angst, die hat ihren Schrecken immer noch nicht verloren.

Ich bin jetzt seit über zwei Monaten wieder zu Hause. Ich habe ein großes Stück meines Lebens wieder, aber auch einiges, wenn nicht vieles verloren in dieser Zeit. Bin zwar noch spindeldürr und schaue furchtbar elend aus, aber vielleicht – wenn ich es mir **„nur richtig wünsche"**, hoffe ich – klappt es, wieder richtig gesund zu werden.

Krankheiten, die sich plötzlich auf der Überholspur der Lebensautobahn als unerwartete Vollsperrung in den Weg stellen; gerade noch mit Vollgas und plötzlich wird man ausgebremst.

Leben ist wie ein Wunder, *schönes Leben?*

Ja, denn das Leben IST SCHÖN!

Gedichte

Das tägliche Einerlei

Da ist doch nun wirklich nicht viel dabei.
Putzen, waschen und fegen und
vielleicht noch die Blumen pflegen.
Na, Einkaufen ist schnell gemacht
und Bügeln muss nicht sein,
überhaupt täglich – was fällt dir ein,
da müsste ich ja ein Roboter sein.

Früher gab's keine Maschinen
für Geschirr und Wäsche zum Cleanen.
Heute haben wir Verpackung en gros
und superviel Müll sowieso.
Einweg beginnt bei Coffee to go und
endet mit Hakle feucht beim Klo.

Putzfimmel ist was aus alten Zeiten,
spätestens in der WG wird man das aus dem
Wortschatz streichen.
Ach, bei der Bundeswehr soll's das noch geben,
oder hab ich das nur im Zusammenhang mit
Schikane gelesen?
Und außerdem will ich dein Engel sein,
was hat so jemand mit einem Putzteufel gemein?

Drum, lieber Mann, sieh mich mal an,
komm, klotzen wir gemeinsam ran!
Dann wird auch keiner den anderen blamieren
und Fremde können sich nicht amüsieren.

Die Glaubensfrage

Es gibt so viele Religionen, keine will ich besonders betonen.
Sie alle geben einen Rahmen vor zum Leben,
darin sollen sich ihre Anhänger möglichst bewegen.
Wertvorstellungen werden geprägt
und über Jahrtausende immer wieder neu ausgelegt.

Wir als menschliche Wesen unterscheiden
uns somit häufig in diesen speziellen Thesen.

Doch dabei ist nicht die wesentliche Frage,
ob ich einen Schleier trage,
mich nach dem Tod verbrennen lasse,
die 10 Gebote achte oder nach bestimmten Regeln faste,
eine Pilgerfahrt auf mich nehme oder täglich mehrmals bete.

Wir haben so viel gelebte Zeit verbracht mit Religionenstreit –
ins private Kämmerlein
sperrten wir das Problem gern ein –
nur, das Kämmerlein ist viel zu klein.

Die Menschen wollen Tempel, Kirchen und Moscheen,
wo sie beten geh'n.
Doch wenn wir zu manchen großen Vorbildern geh'n
und hinter den Vorhang seh'n,
bleibt vom Glanz nicht viel steh'n.

Wir müssen lernen und versteh'n
und nicht nur blind beten geh'n.
Sonst wird das Geld zum Allah werden
und Gier nach Macht und anderes Besitzstreben
das Böse zum Gott erheben.
Die Natur ist die große Kraft,
die es wenigstens manchmal schafft, dass wir unser Tun
überdenken, und viele wollen einlenken.
Dabei gilt es zu erkennen,
wir müssen den menschlichen Zuwachs eindämmen.

Ego-is-mus!!!

Der Manager muss, um akzeptiert zu werden,
der Lehrer muss, um nicht attackiert zu werden,
der Jugendliche in der Clique will Boss sein, also bitte!
Die Karrierefrau kann ohne nicht bestehen,
der Star muss auch was davon haben,
sonst kann er am Erfolg sich nicht lang laben.

Und Politiker nun ohne dies, da machte man ihn sofort mies.
Besonders stark ist bei den Extremisten,
die sind die größten Egoisten.
Doch niemand mag diese Spezies leiden
und würde sie am liebsten meiden.
Mit jedem Tag werden es immer mehr,
wo kommen bloß die ganzen Egoisten her?

Rückschau

Ich bleib ich und doch verändere ich mich.
Ist man klein, soll man nicht bockig sein.
Ist man pubertär – oh, wenn man bloß erst erwachsen wär!

Das sind diese langen Phasen
und im Rückblick denkt man,
wie konnte die Zeit nur so rasen?
Ostern, Geburtstag und Weihnachtsmann
sieht man als Raster der Kinderzeit an.
Glück und Tränen begleiten uns in diesen Jahren
und was kann man als Fazit sagen:
Gespielt, gelacht und gesungen,
manchmal haben die Lieder auch traurig geklungen.

Oder:

Den Streit der Eltern ertragen,
die vielen bösen Worte gehasst und manch heimlichen
Entschluss gefasst.
Im Sport einen Ausgleich gefunden,
in der Schule geträumt manche Stunden.
Manchmal schlechte Noten gefasst
und dafür den Lehrer gehasst.

Und dann begann, ob häusliches Glück oder Leid,
die wunderbare Jugendzeit.

Begann es schon früh mit finanziellen Nöten,
war da sicher auch stets Traurigkeit und ein wenig Neid.
Aber ein Lächeln und neue Ideen,
das würde ich heute als Gütezeichen der Eltern sehen
und das machte alles wieder schön.
Erlebnisse, Rechte und Pflichten und viele süße Stunden,
damit sei die Erinnerung verbunden.

Ich pfeif auf die Analyse – sonst krieg ich eine Midlife-Krise.

Achtung, Gemeinwesen in Gefahr!

Ein allgemeines Wesen – etwas, was uns eint,
was wir teilen, was wir einander borgen und
womit wir uns täglich versorgen.

Wasser, Wärme, Energie und Licht – wer braucht das nicht?
Wir merken es erst, wenn es nicht vorhanden ist,
weil gerade Schneetreiben oder Hochwasser uns erwischt.
Sparsamkeit mit diesen Dingen kann man meistens
nur über das Portemonnaie erzwingen.
Manchmal ist man einfach gedankenlos
und erst Bilder von durstigen Kindern versetzen uns einen Stoß.
Wasser, Strom, sonstige Energie in staatlicher Hand,
dafür kämpften sie in mancher Revolution,

die Vorfahren unserer Generation.
Wir geben es einfach für Schulden her,
dieses hohe Gut, dafür zu kämpfen fehlt der Mut.
Für Straßen zahlen wir Gebühren,
langsam kriegen wir es auch bei der Bildung zu spüren.
Wir wollen nicht meckern, es geht uns ja gut und dafür,
dass wir immer älter werden und
erst viel zu spät sterben,
wollen die Krankenkassen kassieren, und das Rentenniveau
macht dann niemanden mehr froh.

Entwicklungsländer sind die Staaten,
die sich weiterentwickeln sollen, und wie nennt man
jene, die rückwärtsrollen?

Drogenangst

Es geht ihr gut, sie fühlt sich frei
und hat auch wieder Spaß dabei,
doch dann ist da die alte Clique,
die nimmt sie wieder in die Mitte.

Sie wehrt sich und kämpft tapfer wie ein Mann
gegen alle bösen
Geister an, es fällt ihr leicht, es fällt ihr schwer –
wo krieg ich nur die Kräfte her?
Sie möchte sich einfach treiben lassen,
und wer kriegt sie da zu fassen …
die bösen Geister und Dämonen,
die nur im Traum im Himmel wohnen.

Gibt es auch reale gute Kräfte,
die mit Liebe und Verstand sie reißen aus
des Teufels Hand?

Wo sind sie, diese feigen Hunde,
die mit dem Teufel stehn im Bunde?
Für die zählt nur die Gier nach Geld,
sie glauben, dass man so die Allmacht
über diese Welt erhält.

Doch vielleicht werden sie verstehen,
wenn sie selbst einmal viel zu früh am Grabe
eines geliebten Menschen stehen.

Wehmutgedanken

Liebe – Was ist das? Wie fängt es an?
Wohnt sie in uns – kommt sie zu Besuch?
Wenn sie unglücklich macht, ist sie wie ein Fluch?

Hat sie etwas gemeinsam mit Leidenschaft und Gier?
Ist sie überall zu finden, warum kann man sie nicht anbinden?
Sie macht reich, sie macht uns blind,
sie macht uns willig wie ein Kind.

Sie führt uns in die Blütezeit, geht sie –
kommt die Griesgrämigkeit.

Sie wandelt nicht nur auf Tugendpfaden
und niemand kann sich ihr ohne Folgen versagen.

Die Liebe zwischen Frau und Mann
zieht wohl die meisten in ihren Bann.
Es gäbe manches zu berichten
und mehr als 1001 Geschichten.

Heute in unserer Zeit,
da hat man auch manch andere Gelegenheit.
Wir sprechen hier nicht von Affenliebe
und anderem tierischen Triebe.

Computergesteuert kann alles funktionieren
und so bringen die heißen Mails alles zum
Eroieren, und so ist es dann auch völlig egal,
wer mit wem und wann geschehn, keiner hat's gesehn …

Wach auf – zieh dich an –
mach dich schön und lass uns flirten gehn!

Analyse

Immer ist etwas Gefühltes da,
ob fern oder nah. Ob gut oder schlecht,
das weiß man nicht so recht.

Wir sind nicht automatisch gesteuert
und reagieren trotzdem bescheuert. Wer hat uns
beigebracht, worüber man lacht,
worüber man weint oder was verachtenswert scheint?

Das Vorbild ist nicht stets was Gutes, man soll es achten,
aber auch kritisch betrachten.

Doch nur mit Wissen ist Erkenntnis möglich und die Neugier,
die Ideen schafft, setzt die Nachahmung etwas außer Kraft.

Doch immer nur die Symbiose macht aus schön
und stachlig eine wunderbare Rose.

Für die neue Formel in der Mathematik
greifen wir auf Bewährtes zurück, und die neuen
Ideen lassen dann etwas Superlativ'sches entstehen.

Spiegelbild

Was will man in sich selber seh'n?

Zuerst einmal bin ich schön –
kann ich selbst diese Beurteilung wagen oder muss
ich warten, bis es andere sagen?

Von wem ist mir die Meinung wichtig,
zählt es nur in jungen Jahren oder hört man
immer gern jemand Komplimente sagen?

Kann ich Wahrheit und Lüge unterscheiden –
bringt die Kritik mich ein Stück voran
oder kommen bei mir nur die wohlwollenden Worte an?
Kann ich am Gespött zerbrechen,
oder werd' ich mich am Nörgler rächen?

Was gibt mir Mut und Kraft,
mein Spiegelbild richtig zu seh'n und auch zu versteh'n?
Wo nehmen andere die Stärke her
und warum fällt es mir so schwer, mich selbst zu
nehmen, wie ich bin, zehn Kilo zu schwer,
zwei Sprachen zu wenig, beim Sport viel zu träge,
am Morgen mal müd' und auch sonst nicht nur vergnügt.

Und dann schau ich mich noch mal an,
ich kann ein spitzbübisches Lächeln erkennen,
gibt es auch nicht immer nur Sonnenschein,
ich schließe das Schöne für trübe
Stunden im Herzen ein,
und kommt nun auch das Alter mit voller Kraft,
so wird auch daraus das Beste gemacht.

Küchengeplauder oder Psychohygiene

Kennen Sie das? Sie stehen in der Früh auf und haben unter der Dusche hunderttausend Gedanken, positive Gedanken und Träume und Ziele für den Tag. Und dann Peng, eine Negativmeldung aus dem Radio. Husch, sind alle positiven Gedanken und Träume und Ziele wie weggeblasen. Der Kopf sagt dir dann: „Hey, weg damit! Warum kann nicht einmal ein Radiosender nur Positives berichten? Wenigstens in der Früh, damit man den Tag schon einmal wirklich gut beginnt. Hmm?" Und der Bauch grummelt so vor sich hin. Bin ich nun kopf- oder bauchgesteuert? Von beiden Impulsen immer zur richtigen Zeit der richtige und vor allem positive Impuls, genau das wäre es! Lasse ich mich zu stark von meiner Umwelt negativ beeinflussen? Nein, ich doch nicht! Ich bin eine Frau, die ihr Leben genießt, mitten im Leben steht und es schon gelernt hat, ihre angehäuften „Rucksäcke" abzulegen. Die schon alle Richtungen von Wohlfühl-, Ego-, Gedanken- und wie sie alle heißen Seminare besucht hat, um den richtigen Knopf zu finden, um genau diesen negativen „Brauchichdochnichtsachen" zu entrinnen. Voll gestärkt und motiviert komme ich aus solchen Seminaren heraus und niemand kann mir etwas anhaben. Kein Stoßstangenfahrer in der Stadt, kein respektloser Möchtegern, niemand. Ja, ist das nun richtig, dass es mir so gut geht? Oder schwebe ich vielleicht in einer rosa Seifenblase?

Es beruhigt mich, dass wir alle diese Erfahrungen machen, und es tut gut, sich auszutauschen. Ich weiß gar nicht mehr, wann unser Küchengeplauder angefangen hat. Vermutlich vor einigen Jahren, als es zu kalt war, um im Freien zu sitzen, und wir uns mit eiskalten Händen, die Kaffeetassen fest an die Handflächen gedrückt, in unsere kleine Küche verzogen haben. Es war dermaßen gemütlich, dass mein so vertrauter Freund und Partner und ich sehr lange zusammengesessen und über alle möglichen Themen gesprochen und diskutiert haben. Nach einigen Tagen kam eine Freundin dazu, dann abwechselnd mein Sohn, Freunde von ihm und es wurde zur schönen Routine, dass die Ereignisse, die Erlebnisse des Tages und unsere Gedankenwelt unsere kleine Küche in ein energiereiches Ideenportal verwandelt haben. Welch wunderbar wohltuende Routine!

Vor vielen Jahren hatte mich meine ehemalige Arbeitskollegin in meiner Abteilung angerufen und gemeint, dass jetzt Psychohygiene angesagt sei. „Was will sie mir damit sagen?", war mein erster Gedanke. Nun für manche war es abtratschen, für uns wurde es die beste Psychohygiene der Welt. Ich fand die Auflösung des Rätsels so entzückend, dass ich „Psychohygiene" sofort in meinen Wortschatz aufgenommen habe und den Begriff „abtratschen" zur Seite legte.

Ich fand es gerade bei diesem Austausch wieder einmal so spannend, wie sehr wir uns doch durch unsere von uns gewählten Worte positiv oder negativ stimmen können. Ebenso nehmen unsere Körperhaltung und Mimik Einfluss darauf, wie wir uns fühlen und wahrgenommen werden.

Bei einer unserer Psychohygiene-Plaudereien in der Küche erzählte unsere Freundin, dass ein Mann und seine zwei Kinder, ein Mädchen und ein Junge, in der U-Bahn ganz stillschweigend nebeneinandergesessen sind. Das Mädchen hielt die Hand des Jungen ganz fest. Eine Frau gegenüber meinte zu ihrer Nachbarin, dass das sicher auch so einer dieser Männer sei, die ihre Kinder an einem Wochenende zu sich holen. Die armen Scheidungskinder, wie müssen die nur leiden! Nur, dass die drei gerade vom Begräbnis der geliebten Frau, der Mutter gekommen waren, konnten die beiden Frauen nicht wissen. Sie waren in ihrem Klischee-Denken verankert, sie wussten keine Hintergründe. Nach dieser Geschichte waren wir ganz betrübt und mussten uns eingestehen, dass auch wir immer wieder in ein solches Klischee-Denken hineinfallen, ohne zu überlegen, was eigentlich dahintersteckt. Wie oft kommt ein Spruch über Anzugträger, denn die würden ja glauben, dass sie etwas Besseres sind! Vielleicht verlangt das der Beruf, oder aber sie fühlen sich einfach nur wohl mit ihrem Äußeren. Anzugträger hin oder her, es gibt genug Menschen, die keinen Anzug benotigen, um nach außen ident zu erscheinen. In einem Fernsehbericht kam eine sehr interessante Geschichte über einen hochrangigen Mitarbeiter von Google, der in Silicon Valley mit seinen Radlerhosen und kurzem T-Shirt ganz einfach mit dem Rennrad zu einem Meeting in ein Nobelhotel gefahren war. Der rot und edel gewandete Portier hatte ihn freundlich gegrüßt, die Tür aufgehalten und meinte, dass seine Verabredung schon an der Hotelbar warte. Sind Sie eins mit sich, wirken Sie auch ohne Nobelkleidung. Schauen Sie sich wirklich reiche Menschen an, die ihren Reichtum nicht nach außen zeigen müssen, denn sie haben es nicht nötig.

Was wir bei unseren Küchenplaudereien auch immer wieder feststellen, ist die Tatsache, dass Über-sich-selbst-lachen-Können eine der wichtigsten Eigenschaften ist.

Als wir vor einigen Monaten bei einer Autobahnraststätte haltmachten, bestellten wir Kaffee zum Mitnehmen. Ein junger, aufgeweckter Mann strahlte uns an, bereitete zwei Tassen köstlich duftenden Kaffee und fing auf einmal aus vollem Herzen zu lachen an: „Na heast, schau mi an!" Lachend und freudestrahlend schenkte er den Kaffee aus den Tassen in Pappbecher. Noch heute reden wir von diesem kleinen Erlebnis. Ja genau, warum nicht über sich selbst lachen? Er hätte auch herumfluchen und schimpfen können. Und weil er genau das nicht gemacht hat, ist es schön, an dieses kleine Erlebnis zu denken und darüber zu sprechen.

Und wieder einmal sitzen wir nach einem langen Arbeitstag in unserer Küche, genießen ein Glas Rotwein, erzählen uns die Erlebnisse des Tages. Eine Unruhe in mir sagte, dass ich eigentlich die Tipps notieren sollte, die ich unseren Hotel- und Therapiegästen aufschreiben wollte. „Aufschreiben ist gut und warum nicht gleich ein Buch daraus machen?", meinte unsere Freundin. „Ihr beide habt doch wirklich immer so viele Tipps auf Lager, die so einfach anzuwenden sind. Könnt ihr euch noch erinnern, wie meine Hände so rau waren und ihr mir einfach etwas Olivenöl und Kristallzucker in die Handflächen gegeben und gesagt habt: Fest reiben, auch an den Fingerspitzen und dann mit lauwarmem Wasser abspülen! Genau diese wertvollen Tipps gebt doch weiter!" So ist die Idee zu unserem ersten Buch entstanden – bei unserem fast täglichen Küchengeplauder. Und es ist nicht nur eine Idee geblieben, wir haben etwas daraus gemacht, denn wir haben auch den zweiten Schritt gewagt.

Nach einem Seminar ist unsere Freundin voller Enthusiasmus zu uns gekommen und erzählte, dass der Vortragende von zwei australischen Frauen berichtete, die ein 4-Zutaten-Kochbuch herausgebracht haben. Ganz einfache Rezepte für Menschen, die den ganzen Tag arbeiten und trotzdem leicht und schnell noch eine gute Mahlzeit bereiten möchten.

Von diesem Vortragenden haben wir einige Tage später ein Gratis-E-Book heruntergeladen. Das Erste, was ich aufgeschlagen habe, war dieser Spruch:

Es mangelt an Büchern von Praktikern,
die das tun, worüber sie schreiben –
und die, was noch wichtiger ist,
auch entsprechende Erfolge vorzuweisen haben!

Da wurde mir schon klar, dass ich meine Meinung revidieren sollte, dass Seminare doch etwas bringen, vielleicht nicht sofort, jedoch unser Unterbewusstsein sagt uns dann schon, wann. Wenn wir gelernt haben auf uns selbst zu hören, unsere eigene Wahrnehmung wahrzunehmen, sind die ersten Schritte auf einmal ganz leicht.

Wir haben alles aufgeschrieben, bei unseren Küchenplaudereien jede Menge Zettel verbraucht, da die Ideen nur so gesprudelt sind. Und dann haben wir das fertige Manuskript an fünf Verlage geschickt, ganz frech gleich an sehr renommierte. Im Hinterkopf immer unsere Zweifel: „Wir sind doch keine großen Autoren." Als dann jedoch die positive Zusage vom ersten Verlag kam und noch dazu mit begeisterten Zeilen, waren auch wir sprachlos. Trotz unserer täglichen Psychohygiene! Nach der zweiten, dritten, vierten und auch noch der fünften Zusage konnten wir es immer noch nicht glauben. Wir waren es nicht gewohnt, dass nicht wir Positives weitergaben und unser Helfersyndrom auslebten, sondern dass da auf einmal ein übergroßer Schub Positives auf uns zukam. Und das verkrafte mal, na servus!

Der nächste so wichtige Schritt war, dass wir noch einen Schritt gegangen sind und nun unser Buch bei einem Verlag veröffentlicht wird, wo wir davon überzeugt sind keine Nummer zu sein, sondern wo wir als Menschen, als Autoren-Neulinge respektiert werden. Umgeben Sie sich mit Menschen, die Sie respektieren und die auch Sie so annehmen, wie Sie sind! Und Sie werden sehen, dass die negativen Erlebnisse, die Sie noch vor einiger Zeit an oberste Stelle Ihrer Wichtigkeitsskala gestellt haben, auf einmal als Unwichtigkeiten an Stelle eintausendundnochwas stehen werden. Nur, tun müssen Sie selbst etwas für sich. Und seien wir doch mal ehrlich: Das Wichtigste im Leben sind wir selbst! Denn nur wenn wir uns selbst wahrnehmen, uns selbst spüren, uns selbst kennen und erkennen, nur dann nehmen wir auch die Umwelt und so die einzelnen unterschiedlichen, farbenfrohen Individuen wirklich wahr. Respektvoll mit uns selbst, dem eigenen Körper, den eigenen Wahrnehmungen umgehen sollte doch unser größtes Ziel sein.

Schauen Sie sich einfach täglich im Spiegel an, schauen Sie sich wirklich an, lächeln und grinsen Sie aus vollem Herzen Ihr eigenes Spiegelbild an! Warum denn nicht? Kommen Sie sich dabei komisch vor? Das brauchen Sie nicht! Vielleicht benötigen Sie nur ein wenig Übung. Denken Sie daran, wie einfach es ist, jemanden einfach anzulächeln! Warum dann nicht sich selbst? Seien Sie es sich wert, wertvoll zu sein!

Machen Sie etwas aus Ihren Ideen, aus Ihren Wünschen und Ihren Träumen! Niemand anders kann das für Sie tun. Wagen Sie den ersten und auch den zweiten Schritt selbst und Sie werden erkennen, was Sie – wirklich Sie – alles schaffen können, Schritt für Schritt!

Küchengeplauder oder Psychohygiene, das Wichtigste ist es zu reden, reden Sie sich alles von der Seele, und wenn Sie es Ihrem eigenen Spiegelbild erzählen, aber bitte reden Sie es nicht zu Tode, ansonsten verlieren Sie sich irgendwo im Nirwana! Und schmieden Sie Pläne, stellen Sie sich Ihre Ziele bildlich vor und den Weg dahin, was Sie dabei alles erleben werden! Sehen Sie sich an Ihrem Ziel und all das Rundherum! Lachen Sie und leben Sie glücklich! Nein, das ist jetzt kein Spruch, kein Klischee, sondern Wirklichkeit. So farbenfroh und spannend ist das Leben, es ist genau das, was Sie daraus machen.

Um das Leben gemeinsam zu leben, ist aus unserer Sicht der Gleichtakt immens wichtiger als die Gegensätze. Es ist wohltuend, Träume und Ziele zu haben, doch das Leben im Hier und Jetzt ist für uns das Wichtigste. Außerdem stellen wir, nicht nur bei unseren Küchenplaudereien, immer wieder fest, dass sich Leichtigkeit im Leben einstellt, wenn wir die richtige Balance aus Arbeit und Leben gefunden haben. Lachen, lieben, lernen und vor allem offen sein für Neues und die schönen, angenehmen Momente genießen.

Zu den genau passenden Momenten sagt dann unsere Freundin kopfschüttelnd: „Worüber ihr euch immer so Gedanken macht!" Ja und sie hat recht. Oft verlieren wir uns in Kleinigkeiten, klammern uns daran fest, obwohl in unserem Leben so viel mehr da ist. „Du machst es dir ja leicht, du siehst doch immer nur das Gute im Menschen." Richtig, genauso sehe ich das als Kompliment und auf keinen Fall als negative Kritik. Erlauben Sie es sich, Sie selbst zu sein! Lassen Sie Ihren Körper, Ihre Mimik sprechen, dadurch vermitteln Sie auch Ihre Gefühlsebene! Tun Sie etwas nur für sich! 100 % von dem, worauf Sie bereit sind, sich einzulassen, werden Sie auch wieder zurückbekommen. Für den einen ist das Leben schlecht und hart, für den anderen glücklich und schön. Zu welcher Gruppe gehören Sie?

Bei unseren Küchenplaudereien stellen wir auch immer wieder fest, dass jeder Mensch seine eigene Welt, seine eigene Realität hat. Und genau das macht es spannend, denn wie langweilig wäre es doch, wenn wir alle gleich wären, alle die gleiche Meinung hätten! Viele leben ihr Leben so, wie es die anderen von ihnen erwarten, und verlieren sich selbst dabei.

So eine Verschwendung von positivem Potenzial in uns, finden Sie nicht auch?

Und nun? Wir werden unser Küchengeplauder fortsetzen, vielleicht ändern sich die Räumlichkeiten, es werden neue Menschen, neue Themen dazukommen. Doch eines ist uns bewusst – solange wir uns dabei wohlfühlen, uns positiv austauschen, energiereich die Zeit genießen, lernen noch aufmerksamer zuzuhören und weiterhin viel lachen, werden wir die wunderbare Routine unserer fast täglichen Psychohygiene genießen. Und es werden noch viele farbenfrohe Geschichten entstehen und unterschiedlichste Erlebnisse erzählt werden. Welch wunderbares Ziel und welch positive Vorstellung!

Gedichte

federlos

Ich fliege
den Himmel

federlos

wie die Rose

von
einst

dahinter

Dahinter

das eigene Gesicht

und es wäre
gut genug

streulicht

Streulicht

ich hüpfe
Gelb

und hüpfe Blau

Nichts
hoffen

Halte mich fest

nur wind

Bin auch
nur
Wind
schaukelnd
im Traum
der
Zeit

niemandsbaum

Ich sterbe
den Niemandsbaum

knüpfe
die vergessenen Tränen

in sein Laub

dich

Und

noch etwas länger
lieben

dich

den Traum
der mich weckt

windrosen

Es fallen
nur Windrosen

ich erbe ihr Gesicht

um nicht zu vergessen

Gesäte Augenblicke

beschnittenes Leben

meine Seele
im unendlichen Schritt

Liebesworte
aufgehoben

um nicht zu vergessen

Kurzgeschichten

Russische Träume im Knast

Eines Nachts fuhr ein Polizeikommando von 20 Mann mit ent-
sprechenden Fahrzeugen in eine ländliche Gegend. Dort stand
ein scheinbar leer stehendes Gebäude. Die bewaffneten Män-
ner stürmten den hässlichen, halb zerfallenen Bau. Sie waren
zum richtigen Zeitpunkt gekommen. Drinnen sah es aus, als
handle es sich um eine große Kfz-Werkstatt. Überall standen
gestohlene Autos der besseren Marken. Drei junge Männer
zeigten sich überrascht. Sie brachten gerade falsche Kennzei-
chen an oder manipulierten an den Wagen. Sie erhoben sich
und leisteten keinen Widerstand, als sie verhaftet wurden.

Es handelte sich um eine Bande, die Luxus-Fahrzeuge ins
östliche Ausland brachte und verkaufte. Sicher waren auch
Hintermänner dabei, aber im Wesentlichen handelte es sich
um einen Letten, einen Polen und einen Russen. Sie hatten
sich zufällig kennengelernt, als sie die Märkte von Gebraucht-
waren-Händlern besuchten, auf der Suche nach dem Traum-
auto oder schon kriminelle Gedanken im Kopf. Die Pläne ent-
standen bei Bier und Schnaps.

Jeder bekam zwei Jahre Haft aufgebrummt, und der Lette
und der Pole fügten sich in ihr Schicksal nach dem Motto: Die
Zeit heilt alle Wunden. Nur der Russe machte einen depres-
siven Eindruck. Ihm fehlte die Freiheit. Auch vermisste er sei-
ne deutsche Freundin, die ihn wöchentlich besucht hatte, aber
plötzlich fernblieb. Zunächst erinnerte er sich an seine russische
Heimat, die er vor Jahren mit den Eltern verlassen hatte.

Da waren die frostigen Winternächte in der Hauptstadt mit
viel Schnee, der in den Moskwa-Fluss gekippt werden musste.
Es gab Siege und Niederlagen seiner geliebten Fußballmann-
schaft Dynamo. Im Moskauer Staatszirkus trat der berühmte

Clown Oleg Popow auf. Mit seinen Eltern lief er inmitten der Moskauer Bevölkerung am 01. Mai über den Roten Platz. Aber bald hatte er es satt, sich Erinnerungen hinzugeben. Letztlich hatte er einen entscheidenden Wunsch: Wie komme ich hier raus? Er grübelte und grübelte und handelte. Er seilte sich in einem günstigen Moment eines Nachts mit dem Bettlaken aus der Zelle ab, überstieg eine Mauer und sprang in die Freiheit.

Er fühlte sich wie der russische Kosakenheld Stepan Rasin, wusste aber in dem Moment noch nicht, wie die Eltern die Befreiungstat ihres Sohnes aufnehmen würden. Mit oder ohne Wodka.

Gierig nach Geld

Alfons hatte schon einige Jahre auf dem Buckel und war ziemlich pleite. Sein Lebensmotto hieß: „Geld ist Dreck, aber man muss es besitzen." Er hatte es sich auf unredliche Weise besorgt und landete dafür im Gefängnis, ziemlich lange. Einen kleinen Teil der Beute gab es noch. Sein Kumpel, für einige Zeit weiterhin in der Zelle, hielt sie versteckt, sagte aber nicht, wo er sie einst eingemauert hatte, damit er noch etwas von der Kohle sähe, wenn er wieder in Freiheit wäre. Den größten Batzen Geld hatten beide Männer damals verprasst, verschleudert nach dem Motto: Kommt Zeit, kommt Rat. Heutzutage versoff Alfons seine monatliche Stütze ziemlich rasch, konnte sie sich nicht richtig einteilen, weil es zu wenige Scheine waren. Er suchte in Kneipen nach Verbündeten für einen neuen Bankeinbruch, aber die Trinkbrüder winkten ab, zu gefährlich.

Manfred war ein junger Mensch und spielsüchtig. Er steckte jeden übrigen Euro in Lottoscheine und saß mittwochs und sonnabends gebannt vor dem Bildschirm: Wieder die falschen Zahlen! Einmal hatte er an die Lottogesellschaft geschrieben, dass er am Wochenende mehrere Millionen Euro gewinnen werde, da sei er sich ganz sicher, und er bitte um einen kleinen Vorschuss, nur 200 000. Die klugen Männer und Frauen, die das Lottosystem und die vielen Millionen verwalteten, fielen allerdings auf die prophetische Gabe von Manfred nicht herein und antworteten nicht einmal. Wenn keine Ziehungen stattfanden, versuchte er sein Glück in Kneipen an Spielautomaten.

Manfred lebte sehr bescheiden. Man konnte sofort feststellen, dass in seiner kleinen Wohnung einige Gegenstände fehlten: Gardinen, Geschirr, Lampen und ein Kleiderschrank. Er hatte sich von den Dingen leichten Herzens getrennt und sie zum Trödelmarkt gebracht. Nach und nach verschwand das bisschen Geld in den Spielautomaten seiner Stammkneipe „Zum fetten Braten". Manfred, in seinen Jugendjahren zunächst ein fröhlicher Bursche, verfiel zunehmend in eine trübe Stimmung, wenn keine gewonnenen Münzen in der Öffnung der Spielautomaten klimperten. An solchen glücklosen Tagen fehlte er schon mal auf der Baustelle, und sein Vorgesetzter hob warnend den Zeigefinger. Seine Freundin, der die Spielsucht nicht unentdeckt bleiben konnte, verließ ihn. Manfred deutete das als gutes Zeichen, weil sie ihn nicht mehr bei seinem anstrengenden Hobby störte. Allerdings, die großen Gewinne blieben aus, und der Charakter von Manfred begann sich zum Negativen zu verändern.

Eines Abends begann die Wende oder das Verhängnis, ganz wie man will. Alfons, immer noch in Freiheit, besuchte die Kneipe „Zum fetten Braten" und beobachtete einen jungen Mann am Spielautomaten. Es war Manfred, der wie gebannt oder schon hypnotisiert wirkte. Alfons passte einen günstigen Moment ab und stellte ihm ein Glas Bier hin und dann noch eins. So kam man ins Gespräch. Beide unterhielten sich über die verschiedenen Spielarten bis hin zur Pferdewette. Alfons erläuterte: „Ich bewundere deinen Ehrgeiz. Aber das bringt nichts. Den Gewinn steckt der Wirt ein. Du musst in größeren Maßstäben denken." Nur langsam träufelte er seinem jungen Kumpel die Idee von einem Bankeinbruch ein. „Ist nicht gefährlich, wenn man es richtig anpackt. Ich habe darin Erfahrung." Beim nächsten Treffen wurde Alfons deutlicher: „Wir reißen einen Geldautomaten aus der Verankerung und fahren mit einem Kleinlaster einfach davon." Er habe schon die Örtlichkeiten besichtigt, und Manfred solle mutig und cool wie ein Filmheld sein, es gehe alles blitzschnell über die Bühne.

Der in solchen Dingen unerfahrene junge Mann war nicht begeistert, besah sich aber den Geldautomaten in der Sparkasse. Schließlich dachte er daran, dass seine Spielleidenschaft sich tausendfach vereinfachen würde, wenn er auf einen Schlag genügend Pinkepinke für Lotto, Automaten, Wettbüros und Kasinos hätte. Die Besorgung eines geeigneten Autos für den Abtransport des geldbespickten Automaten hatte er im Griff. So war Manfred nach drei Wochen endlich davon überzeugt, einen Ausweg aus seiner finanziellen und Lebenskrise zu finden. Er stimmte zu, in der Nacht zu Dienstag würde es passieren.

So kam es auch. Das Seil um den Geldautomaten war schnell befestigt. Aber es ging schief. Polizisten näherten sich, und Alfons begann wild mit der Pistole um sich zu schießen. Er wurde überwältigt und verhaftet. Er wunderte sich für einen Moment, dass Manfred ein freier Mann blieb. Dann ging ihm sofort ein Licht auf. Er war an den Falschen geraten. Der Jüngling hatte sich für Freiheit statt Knast entschieden und Alfons verpfiffen.

Das Wettspiel der Senioren

Auf einem Dorffriedhof trafen sich an Sonntagen mehr oder weniger zufällig drei Personen. Sie gingen zu den Gräbern, um sie zu pflegen, um sich der Verstorbenen zu erinnern und sie zu ehren. Sie kannten sich seit Jahren, wussten über das Leben des anderen Bescheid. In der Erde lagen diejenigen, die der Tod geholt hatte, und vor den Gräbern bückten sich drei Menschen, die von einem arbeitserfüllten Leben berichten konnten. Sie nahmen, nachdem sie ihre Gießkannen und Harken abgestellt hatten, auf einer Bank Platz und unterhielten sich.

Günter, 64 Jahre alt, war früher bei einer Spedition als Lkw-Fahrer bis nach Italien gefahren. Christa, 75 Jahre alt, war in der Landwirtschaft beschäftigt gewesen. Erwin, 69 Jahre alt, hatte als Kellner und als Altenpfleger gearbeitet. Für sie gab es schöne und schlechte Erinnerungen. Familienglück und

Urlaubsreisen auf der guten, den Verlust eines Partners auf der schlechten Seite. Christa war der Mann verstorben. Günter war von seiner Frau verlassen worden und erhielt keine Hilfe von seinem Sohn. Dieser war der sonderbaren Meinung, dass die Eltern ihre Kinder unterstützen müssen und nicht umgekehrt. Es kamen auch körperliche Gebrechen zur Sprache, die Rückenschmerzen vom Kraftfahrer Günter, der schwere Gegenstände geschleppt hatte und vorzeitig in Rente gehen musste.

Nun saßen sie auf der Bank, genossen die letzten wärmenden Sonnenstrahlen des Herbstes, aber ihr Gespräch verlief stockend. Sie wollten nicht zugeben, dass die Rente nicht zum Leben reicht, sie sich mit billigen Lebensmitteln versorgen, oft auf Fleisch und Obst verzichten müssen. An Ausflüge oder Kino war nicht zu denken. Sie mochten niemandem einen Vorwurf machen, aber die Enttäuschung über die knappe Rente war in ihre faltigen Gesichter geschrieben. Mit dieser Quittung für jahrzehntelange Arbeit hatten sie nicht gerechnet, sich einen angenehmeren Lebensabend erhofft. Erwin war noch der Lustigste unter ihnen. Er hatte als Kellner damals in einem Gebirgshotel eine schöne Zeit gehabt, wenn er ausgelassene Gäste bedient hatte. Plötzlich sagte er: „Meine Tochter hat ausgerechnet, wie viel Euro mir am Tag zum Leben bleiben. Sie zählte meine Ausgaben für Miete, Strom und Essen zusammen. Sie ist bereit, das auch für euch festzustellen."

Günter meinte: „Das wäre mal interessant." Christa war nicht sehr überzeugt: „Was soll der Quatsch?" Aber Erwin setzte noch eins drauf: „Wir machen ein Wettspiel. Wer von der Rente den niedrigsten Tagessatz für Lebensmittel hat, ist der Gewinner, und die Verlierer bezahlen ihm eine Pizza beim Italiener." Günter und Christa stimmten letztlich zu.

Nach 14 Tagen wurde der Gewinner ermittelt. Günter, der früher viel auf der Autobahn unterwegs gewesen war und sich oft mit Überstunden für die Spedition verausgabt hatte, erhielt den vereinbarten Preis. Es wurde der Tag festgelegt, an dem Günter seine Pizza essen sollte. Als es so weit war, sah er sich die Speisekarte beim Italiener an, als aber der Kellner kam, sagte er: „Ich möchte nichts." Er stand auf und verließ das Lokal.

Draußen standen Christa und Erwin, die durch das Fenster geschaut hatten. Sie zeigten sich verwundert. „Das kann ich von euch nicht annehmen", erklärte der Sieger im Wettspiel der Senioren, „viel zu teuer." Daraufhin meinte Christa: „Dann gehen wir zu mir, ich koche uns Spaghetti mit Tomatensoße."

Er will sterben

Jochen war noch nicht einmal Rentner und wollte schon sterben. Er hatte seine krebskranke Frau in Holland in den Tod begleitet. Sie erlöste sich von ihren Schmerzen, indem sie das Rad an der Morphium-Pumpe aufdrehte.

Jochen meinte, er habe seit seiner Geburt genug erlebt und gesehen, was sollte jetzt noch passieren? Er meinte, er sei genug gestraft und habe kein glückliches Leben gehabt. Er informierte sich in Zeitungen über die Möglichkeiten der aktiven und passiven Sterbehilfe. Offenbar war es in der Schweiz möglich, schmerzfrei und in Würde zu sterben. Der Patient erhält dabei kein Medikament, sondern ein Gift und muss beim Sterben allein gelassen werden, damit sich niemand wegen unterlassener Hilfeleistung strafbar macht.

Darüber denkt Jochen jeden Tag nach, aber er lebt immer noch.

Bergsteiger ohne Klamotten

Drei Männer im besten Alter trafen sich in einer Kneipe und stellten fest, dass sie gleiche Interessen hatten – das Wandern in den Bergen. Der Älteste setzte noch eins drauf und sagte, dass er Mitglied im Klub der „Naturisten" sei, man sollte nackt laufen. Das schone die Umwelt und sei gesund, weil die Haut besser beatmet werden könne. Es bedurfte einiger Überzeugungsarbeit, doch eines Tages brachen die drei Männer auf, nackt, wie sie der liebe Gott geschaffen hatte, mit einem Rucksack auf dem Rücken.

Sie liefen auf wenig begangenen Wegen, um nicht zu viel Aufmerksamkeit bei bekleideten Menschen zu erregen, was ihnen schließlich egal war, obwohl es die Grenzen des Anstands verletzte. Sie wurden von Behörden beobachtet und erhielten Bußgeldbescheide wegen Belästigung der Allgemeinheit. Den Anführer störte das nicht, weshalb er verhaftet wurde. Weil er in seiner Zelle mit der blauen Knast-Kleidung höchst unglücklich wirkte, erlaubte ihm der Anstaltsleiter seine Strafe nackt abzusitzen.

Flügelwind

Die kleine Lichtung lag verlassen da. Rund um sie streckten sich elegante Fichten in die Höhe, doch schienen sie nicht darum zu kämpfen, den kleinen unbewachsenen Platz, auf dem nicht ein Grashalm wuchs, einzunehmen. Vielleicht spürten sie die Ausstrahlung dieses Fleckchens, das auf gar keinen Fall ein Teil des Waldes werden wollte. Ein weicher, duftender Fichtennadelteppich bedeckte die Lichtung. An einer Stelle lagen mehr Fichtennadeln als sonst wo auf einem Haufen. Er schien von innen heraus zu beben. Ständig erzitterte er. Ein paar der Nadeln rutschten von ihm herunter. Eine Zeit lang rührte sich dann gar nichts mehr.

Doch plötzlich schoss ein kleiner blassvioletter Blütenkelch aus dem Haufen. Das Besondere an ihm war, dass er Flügel hatte. Sie erinnerten ein wenig an Engelsflügel, da sie genauso weiß und flauschig waren. Der Blütenkelch schüttelte die Erdkrumen, die an ihm hafteten, mit einem Ruck ab. Dann breitete er seine Flügel aus und schlug probehalber mit ihnen. Er hob ein kleines Stückchen vom Erdboden ab, plumpste dann aber wieder hilflos zurück. Verärgert raschelte er mit den Flügeln, ehe er sie wieder ausbreitete. Erneut begann er heftig mit ihnen zu schlagen, diesmal kam er fast einen Meter weit, doch dann landete er wieder äußerst unsanft auf dem Boden. Diesmal schon ziemlich wütend, rappelte er sich mithilfe seiner Flügel wieder auf.

Ein paar Sekunden lang schien er neuen Atem zu schöpfen. Dann spreizte er zum dritten Mal seine Flügel und begann zu schlagen. Diesmal gelang es ihm wirklich zu fliegen. Bei jedem neuen Flügelschlag hüpfte er auf und ab, doch er flog und das war das Einzige, was zählte.

Der geflügelte Blütenkelch verließ die Lichtung und tauchte in den Wald ein. Verärgert wich er den Bäumen aus, die in seinem Weg standen. Nicht selten streifte er sie mit den Flügelspitzen, wenn er die bleichen Stämme erst im letzten Moment gesehen hatte. Endlich lichteten sich die Bäume und mit einem letzten, fast schon schimpfenden Flügelschlag schoss der Blütenkelch aus dem Wald hinaus. Eine jähe Windböe erfasste ihn und er musste sich ganz schön anstrengen, um nicht davongewirbelt zu werden. Es fiel ihm immer schwerer, mit seinen zarten Flügelchen zu schlagen. Trotzdem kämpfte er weiter gegen die Böe an, obwohl es so verlockend war, sich von ihr davontragen zu lassen.

Der Wind ließ nach, und auf- und abhüpfend orientierte er sich. Er befand sich auf einer weiten Wiese. Das braune Gras war teilweise noch unter einer Schneedecke begraben. Links von ihm erstreckte sich hügeliges Land, hauptsächlich mit Gras bewachsene Hügel, doch vereinzelt standen auch Bäume. Angestrengt musterte er die Bäume. Eine Baumgruppe schien es ihm besonders angetan zu haben, denn kurzentschlossen flatterte er auf sie los.

Das trockene braune Gras raschelte erwartungsvoll, wie wenn es etwas ahnte, als er über es hinwegflog. Langsam begann die bleiche Mondsichel über ihm zu verblassen und auch ein Stern nach dem anderen verabschiedete sich. Doch er flog stur weiter. Die immer noch plötzlich aufkommenden Windböen konnten ihm nichts mehr anhaben, er hatte gelernt gegen sie zu bestehen. So langsam ließen seine Kräfte nach und sein Ziel, die Baumgruppe, war immer noch so weit entfernt. Verbissen flatterte er weiter.

Eine schlanke Frau trat auf den offenen, an drei Seiten mit Buchen gesäumten Platz. Ein grasbewachsener Abhang erstreckte sich vor ihr. Er führte zu einem Wald, der sich bis zum Horizont schier unendlich erstreckte. Ihr Blick war erwartungsvoll auf die Bäume ebendieses Waldes gerichtet. Sie schien etwas zu suchen, aber nicht zu finden. Seufzend strich sie sich durch das lange schwarze Haar, dann warf sie einen besorgten Blick zum immer heller werdenden Himmel. Allzu viel Zeit blieb nicht mehr.

Auch der Blütenkelch bemerkte den sich im Osten allmählich rötlich verfärbenden Himmel. Verzweifelt schlug er schneller mit seinen kleinen Flügeln. Er musste es schaffen! Selbst wenn seine Kräfte schon fast aufgezehrt waren, er musste zu diesen Bäumen. Koste es, was es wolle … Hauptsache, er kam dorthin. Doch auf einmal trugen seine Flügel sein federleichtes Gewicht nicht mehr und er stürzte ab. Äußerst unsanft schrammte er über den Boden und blieb schließlich in einem Schneehaufen stecken. Die Kälte schockte ihn. Sie lähmte sein Denken. Verzweifelt versuchte er sich wieder freizugraben, so wie aus der Erde. Doch es wollte ihm nicht gelingen. Er steckte fest!

Entsetzt sog sie die Luft ein. Ihr Gesicht färbte sich weiß. Sie spürte die eisige Kälte, die mit ihren langen Fingern nach dem Blütenkelch griff, der hilflos in dem Schneehaufen feststeckte.

„Nein!", entfuhr ihr ein Schrei. Obwohl er nicht laut gewesen war, schien er weithin hörbar gewesen zu sein. Denn kleine Mäuse streckten erschrocken ihre Näschen aus ihren Löchern. Ihre Schnurrbarthaare zitterten, als sie sich fragten, was das denn solle. „Nein", flüsterte sie noch einmal leise, „du darfst nicht aufgeben … Helft ihm!"

Bei diesen Worten erhob sich ein lautes Rascheln rund um sie. Ihre weiten Kleider bauschten sich im aufkommenden Wind Tausender von Flügeln auf, als die dazugehörigen Blütenkelche von den Bäumen hinabstießen. Wie eine gigantische Wolke flogen sie los. Ein erleichtertes Lächeln huschte über das Gesicht der Frau.

Immer noch versuchte der kleine Blütenkelch sich aus dem Schneehaufen zu befreien. Doch waren seine Flügelschläge, mit denen er den Schnee beiseiteschieben wollte, immer kraftloser geworden. Traurig gab er auf. Er würde es nicht schaffen. Da hörte er ein Rauschen. Tausende von geflügelten Blütenkelchen wie er kamen auf ihn zugeschossen. Schwebend verharrte die riesige Wolke vor ihm. Dann lösten sich mehrere Blütenkelche aus der Formation und schossen mit angelegten Flügeln auf den Schneehaufen zu. Sie hielten nicht inne, als das eisige Hindernis vor ihnen auftauchte. Stattdessen schienen sie nur noch schneller zu werden. Jetzt schlossen sich andere Blütenkelche an. Die ersten erreichten den Schneehaufen. Schnee spritzte in alle Richtungen, als die Blütenkelche in den Haufen stießen. Ihr Schwung ließ sie den Haufen durchbohren.

Der kleine Blütenkelch hörte nur das Rauschen der zahlreichen Flügel. Auch spürte er, wie der Schnee, der ihn festhielt, immer weniger wurde, und schließlich war er frei. Er taumelte rückwärts, kullerte den Schneehaufen hinab und blieb auf dem Rücken liegen. Neugierig und auch etwas besorgt kamen die anderen Blütenkelche näher.

Plötzlich richtete sich der kleine Blütenkelch wieder flügelschlagend auf. Ein erleichtertes Aufseufzen ging durch die Reihen der Versammelten. Den kleinen Blütenkelch in ihre Mitte nehmend flogen sie zu der Baumgruppe hinauf. Als sie die Frau erreichten, teilten sie sich und schwebten links und rechts wieder zu ihren Plätzen in den Bäumen hinauf. Jetzt war der kleine Blütenkelch ganz allein. Aufmunternd lächelnd streckte ihm die Frau ihre Hand entgegen. Zaghaft flatterte er zu ihr und ließ sich auf ihrer Hand nieder. Ein warmes Lächeln erschien auf ihrem Gesicht.

„Komm", sagte sie, „alle erwarten dich!"

Sie ging zu der anderen Seite des Platzes und trat zwischen zwei der Buchen hindurch. Ehrfürchtig und zutiefst beeindruckt richtete sich der kleine Blütenkelch auf. Sie blickten auf eine weite Berglandschaft, hinter der sich die Menschenwelt erstreckte, hinaus. Der Gipfel der Berge war im Nebel verborgen. Die hinter den Bergen aufgehende Sonne ließ die steilen schneebedeckten Hänge wie Diamanten glitzern. Die Frau hob die Hand mit dem Blütenkelch höher, sodass er direkt in ihre Augen sehen konnte. „Fliege jetzt, bring ihnen den Frühling, wir sehen uns später wieder!"

Die vergangenen Frühlinge in den Bäumen raschelten zustimmend und der kleine Blütenkelch flog los, um den Menschen den Frühling zu bringen.

Gedichte

Das Kommende

Der Weg ist das Ziel. Aber was, wenn das Ziel fehlt?
Im Hier und Jetzt leben.
Aber wie, wenn der Blick in die Zukunft fehlt?
Für ein Morgen leben. Aber was ist,
wenn die Vergangenheit verdrängt wird?
Fehlinterpretationen, so weit man blickt.
Ein abwechselnder Prozess: gestern, heute und morgen.
Die Zeit tickt.
Lösungen sind gefragt, ohne zu viel Sorgen.
Angreifen, nicht stehen bleiben, nicht versteifen: LIEBEN.

Moralisch nicht wertvoll

Nachhaltigkeit ist gesellschaftlich in.
Sie ist rein zufällig auch noch wirtschaftlich gesehen rentabel.

Was will man mehr?

Man kann schlechte Qualität abfüllen,
verdünnen und in Sprühflaschen verkaufen,
natürlich dem Ozonloch zuliebe.

Man kann Baumwolltaschen statt Plastiktaschen verkaufen,
 die sind dann halt ein bisschen teurer, der Umwelt zuliebe.

(Nur kleine Beispiele aus dem großen Fundus
des nachhaltigen Handelns.)

Das Gewissen der Wirtschaft handelt objektiv moralisch
aus subjektiv unmoralischen Gründen.

Weiße Westen in einer schwarzen Umwelt.

ℒ

Realpomist

Wie sie mich nerven,
diese positiven Denker,
diese „Immer-Schönwetter-Seher",
diese „Rosarote-Brille-Träger"!
Sie kommen nicht aus ihrem Drama
und trotzdem ist alles gut.

Wie ich sie liebe,
diese negativen Realisten,
diese wetterunabhängigen, höflichen Menschen,
diese „Schwarz-Weiß-Unterscheider"!
Sie bewegen was, sie verändern und erneuern,
weil etwas schlecht sein kann.

Wie ich mich bemühe,
ein realistischer Optimist zu sein,
der auch durchaus, wenn angebracht, positiv denken darf!

ℒₐ

Liebe Liebe,
Ursprung des Regenbogens,
Danke für unser Werden.
Wir sind mit Dir geboren
und würden ohne Dich sterben.
Mit Dir bleiben wir jedoch im Prozess
von Kommen und Gehen
und jedem Tag folgt ein neuer,
egal wo wir sind, Hauptsache Du begleitest uns.

ℒₐ

Vertraute Revolution

Suchende Verlierer,
verlorene Suche;
überzeugte Kämpfer,
kämpfende Überzeugung;
leidenschaftliche Menschen,
menschliche Leidenschaft.

Sinn. Gerechtigkeit. Liebe.
Kennen wir uns nicht?

Erfüllt-Sein

Wer kennt nicht die Aussage: „Das Glas ist halb leer – oder: Das Glas ist halb voll!"

Was passiert, wenn es gar kein Glas mehr gibt und nie gegeben hat?

Im Jahre 2006 erfuhr ich Erleuchtung.

2009 löste ich alles auf und ging auf eine Reise. Im Außen tauschte ich die Kontinente, innerlich erfuhr ich neun Monate fast ausschließlich in Stille. Keine Kontakte mehr, keine Kommunikation, nur noch lauschen und beobachten.

Was geschieht, wenn Menschsein verschwindet und das reine Sein zutage tritt? Was bleibt, wenn Konzepte, Gedanken, Gefühle, Emotionen und Glaube nicht mehr existieren?

Wenn es *mich* nicht mehr gibt?

Freisein, Präsenz, Wahrhaftigkeit, Stille, Freude ... Erfülltsein.

Der Mensch erfährt sich in einem rastlosen Suchen nach Sinn und Fülle. Er erfindet pausenlos etwas, um sein Glas zu füllen. Jedoch führt dies nur zu Ablenkung und Leid.

Dabei ist alles in ihm. Alles! Und darin besteht weder Sinn noch ein Ziel. Das wahrhaftige Sein *ist* Erfüllung. Es braucht nichts.

Wie kann der Mensch erkennen, wer er wirklich ist?

Es braucht den Weg der Selbsterkenntnis, der Selbsterforschung. Wenn du bereit bist wahrhaftige Freiheit zu erfahren, braucht es Mut! Mut, dich selbst infrage zu stellen, und bereit zu sein, nicht zu sein.

Für mich machte die menschliche Form keinen Sinn. Mein Leben lang wollte ich herausfinden, wer ich wirklich bin und was das alles überhaupt soll. Ich war umgeben von verschieden aussehenden Menschen, doch ihre Lebensform und ihre Worte waren austauschbar. Es umgab mich eine Welt von gleichgeschalteten Wesen.

Gleichzeitig mit dem Erwachen veränderte sich mein Leben durch große Veränderungen in und an mir. Ich wurde beschenkt mit Heilfähigkeiten und Hellsichtig-, Hellfühlig-, Hellhörigkeit.

Ich lernte in meiner Heilarbeit bis in den letzten Winkel der Menschform zu blicken. Das Einzige, was mir dabei klar wurde: Niemand wollte frei sein!

Der Mensch ist so sehr in Angst und Gewohnheit „gebettet", dass er den Sprung ins Nichts nicht wagt.

Doch welchen Sprung?

Das Einzige, was ich erfuhr, war vollkommene Geborgenheit und Fülle! *Alles,* und damit meine ich nicht nur das Denkbare des menschlichen Verstandes, ist immer gegenwärtig. Menschsein lässt jedoch dieses Erfülltsein nicht zu. Es handelt aus einem Konzept von: Man müsste alles selbst erfinden.

Mein Menschsein verschwand. Besser gesagt: Die Idee von Menschsein war nicht mehr gegenwärtig. Was übrig blieb und immer sein wird, ist pures Sein.

Keine Angst, kein Zweifel, nicht mal Worte tauchen auf.

Es gibt eine schöne Episode in der TV-Serie „Kung Fu". Der Schüler sagt zu seinem Meister: „Ich fühle mich manchmal so einsam und verlassen." Darauf antwortet der Meister: „Wie kann es sein, dass du dich einsam fühlst? Schließe deine Augen und lausche! Was kannst du wahrnehmen?" Der Schüler tut, was der Meister ihm aufgetragen hat. „Ich höre den Wind, Insekten in der Luft, das Rauschen von Gras …" Meister: „So, wie kann es sein, dass du dich einsam und verlassen fühlst, wenn alles da ist?"

Ich mag diese Geschichte, da sie sehr simpel aufzeigt, was *ist.*

Doch was es braucht, um diese Fülle wahrzunehmen, ist Stille.

Sonst kannst du weder deine innere Stimme hören und dich von deinem wahrhaftigen Sein berühren lassen, noch sind all deine Sinne bereit das unendliche Spektrum dieser allmächtigen Schöpfung aufzunehmen.

Meine Erfahrung in diesem Sein hat keine Worte, auch wenn ich mich durch sie mitteile.

Mein Erfülltsein hat keine Anhaftung an irgendetwas. Es tauchen keine Wünsche oder Bedürfnisse auf. Da alles und gleichzeitig nichts ist. Wie am Anfang beschrieben: Da ist kein Glas, keine Form und kein halbvoll oder leer.

Und doch lässt es mich endlos daraus trinken. In dem Sein zeigt sich, was erscheinen möchte. Ich brauche nichts zu tun, aus einem Willen heraus. Es hat mit Hingabe zu tun.

Niemand wird aus dieser Fülle ausgeschlossen, da jeder aus der Quelle des Seins erscheint. Doch es möchte erkannt werden. Du bist nicht Mensch, sondern pures Sein!

Hingabe ist der Schlüssel zur Erfüllung. Damit ist kein passives Loslassen und Geschehenlassen gemeint. Sondern erst mal ein Vertrauen, dass dir, wenn du in dich lauschst, alles „mitgeteilt" wird, was sein möchte. Du gibst dich etwas viel Größerem hin und weißt, dass du nicht bist.

Gleichzeitig hat Hingabe mit einer Natürlichkeit zu tun.

Am besten beschreibt es sich mit Körperarbeit: In den verschiedenen Techniken geht es immer wieder um die Auf- und Ausrichtung von deinem Körper. Was ist sozusagen die optimale Balance? Es ist der Moment, in dem dein Körper ohne Widerstand und Anstrengung in sich selbst ruht. Dies mag sich für dich schräg anfühlen und fremd.

Doch Hingabe trägt diese Qualität in sich. Keine Anspannung, sondern Präsenz, und damit verbunden ist eine stechend scharfe Klarheit. Und wie schon oben benannt: Es ist natürlich!

Gleichzeitig ist in dem Hingeben eine unendlich große Kraft. Etwas kann sich durch deine Erscheinung zeigen, was wundervoll ist. Ja, es *ist* voller Wunder!

Kein Konzept, kein Gedanke oder Glaube rüttelt an deinem Sein. Ich erlebe keinen Moment des Mangels. In Freude erfahre ich jeden Moment. Es ist großartiger als jede Vorstellung von einem schönen Leben.

Da es mit Leben an sich nichts mehr zu tun hat, sondern ausschließlich mit wahrhaftigem Sein.

Erfülltsein hat nichts, wirklich gar nichts mit dem Außen zu tun. Es mag wunderschöne Dinge und Begegnungen geben, doch dies ist wie Beiwerk und nicht das Wesentliche.

Was einen nie verlässt, ist dieses Wissen: Alles ist!

Und es bleibt nicht nur bei dem Wissen. Ich erfahre ein „Geführtwerden", dem ich mich vertrauensvoll hingeben kann.

Die Matrix des menschlichen Bewusstseins enthält Leid und Mangel. Aus dieser Perspektive und energetischen Struktur erfährt der Mensch sein Dasein und glaubt, dass das die einzig wahre Realität ist.

In ihr unternimmt er vielleicht so manche Versuche, das Glas halb voll erscheinen zu lassen. Was bleibt, ist ein Sich-besser-Fühlen, manchmal. Doch darum geht es hier nicht. Ich spreche nicht über esoterische Konzepte von Friede, Freude, Eierkuchen. Sondern ich verwende Worte, um dir einen Geschmack, eine Erinnerung zu geben, wer du und jeder Mensch wahrhaftig ist. Allmächtig!

In dem Sein ist kein Glas, das eine bestimmte Vorstellung über das Leben braucht. Ist es halb voll oder halb leer? Da ist nichts, was überhaupt eine Idee oder Interpretation benötigt. Die unendliche Fülle, die sich in/über einen ergießt, macht sprachlos und ausschließlich dankbar.

Es ist ewig still in mir, wie der weite Ozean. In dieser freudigen Stille erscheint von allein, was sich zeigen möchte. Ich erlebe mich als Beobachter, bin das zu Beobachtende und … bin frei!

Dieses Freisein hat mit Sich-erfüllt-Erfahren zu tun. Das pure Sein definiert sich über nichts und hält an niemandem und nichts fest. Es taucht nicht mal auf. Ich wüsste nicht, woran ich mich klammern könnte. Es existiert dazu keine Resonanz.

Durch die Hingabe und Präsenz im Sein und im Moment erfahre ich keinen Mangel, nichts fehlt oder müsste geändert werden.

Was wegfällt, ist das Bereden- und Austauschenwollen. Die Stille spricht für sich. Alles ist glasklar.

Mein Leben vor dem Erwachen ist eine Vielzahl von Geschichten. Sie dienten als Menscherfahrung. Nichts mehr davon hat irgendeine Relevanz und die Notwendigkeit, darüber nachzudenken oder zu reden, ist verschwunden. Das war Traumzustand! Jetzt bin ich wach!

Ein Meister gab als Antwort auf die Frage, was man denn tun könne, um Erleuchtung zu erlangen:

„Es passiert dir, wie ein Unfall. Das Einzige, was du tun kannst, ist, alles zu unternehmen, damit dieser Unfall möglich ist."

Was dieses Einzige darstellt? Erforsche dich!

Dazu zählt:

Prüfe jedes Wort, das aus deinem Mund kommt! Ist es deines? Ist es wahrhaftig? Stimmt das, was du erzählst?

Kläre dein Umfeld! Womit und mit wem umgibst du dich? Wie viel Aufmerksamkeit möchte das alles?

Sind deine Gedanken wirklich deine? Hinterfrage sie! Wer denkt hier?

Sind die Gefühle und Emotionen deine? Woher kommen sie?

Tauche tiefer und tiefer in dich ein, in dein wahrhaftiges Sein! Ist da überhaupt jemand?

Ich kann nur aus meiner eigenen Erfahrung sprechen. Mag dieses Hinterfragen und Forschen viel Zeit, Mut und Kraft kosten, es zahlt sich aus. Während du bei einer Tasse Kaffee über deine Probleme redest und was alles dein Glas halb voll/leer erscheinen lässt, kannst du diesen Moment eher „nützen", indem du in Stille bist.

Stille ist die einzige Möglichkeit, auszusortieren und klar zu werden. Alles Reden ist *nur* Ablenkung. Dein Sein weiß alles, es braucht keine Worte. Doch dieses Wissen kannst du nur erfahren, wenn du lauschst.

Sein trägt dich in Freude, Großartigkeit und unendlicher Kreativität!

Ja, ich habe ausschließlich geforscht und alle Dämonen kamen auf den Plan, um mich davon abzuhalten. Und nichts konnte der allmächtigen Kraft etwas in den Weg stellen, weil nichts davon wahrhaftig ist.

Mein erfülltes Sein lässt mich sprachlos werden. Das Bedürfnis, etwas zu benennen, fällt weg.

Ich kann dich nur einladen, aus dieser Fülle zu trinken. Sie ist immer gegenwärtig!

Der magische Moment

Freitag, 29. Juli 1972

Manche Augenblicke sind einfach magisch, sagte Alexeij oft. Oft ziehen sie vorüber, ohne dass jemand sie wahrnimmt, wie Federwolken am Sommerhimmel. Ein ebensolcher blassblauer Himmel spannte sich über dem kleinen Mädchen von einem Horizont zum anderen.

Es war Sommer und herrlich warm. Von der Küste her schrien ein paar Möwen und eine leichte Brise zerzauste das Haar der kleinen Tatjana. Sie saß in einem Sandkasten, der zu einem der größeren Spielplätze in den Außenbezirken von Belfast, Nordirland, gehörte. Alexeij war sehr stolz auf sie.

Da war dieser Junge mit eigenartig ernstem Gesicht, der sie seit einer halben Ewigkeit anstarrte. Er war irgendwie süß. Wollte aber nicht mit ihr spielen.

Egal, entschied das Mädchen und widmete sich voller Inbrunst einem weiteren Sandkuchen.

Auf einer Bank unweit des Sandkastens saßen die Eltern des Mädchens und unterhielten sich. Mutter trug wie immer ein hochgeschlossenes Kleid, obwohl der Tag recht sonnig und warm war, zumindest für irische Verhältnisse.

Beide hatten ein Bein übergeschlagen, was bei dem Vater des Mädchens eher locker, bei der Mutter dagegen einstudiert und verkrampft aussah. Das kleine Mädchen wusste, dass seine Mutter lieber arbeiten würde – der Begriff „Workaholic" war in diesen Tagen noch nicht alltagsgebräuchlich, und selbst wenn er es schon gewesen wäre, hätte die Kleine für so was ohnehin keinen Sinn gehabt.

Sie suchte den Blick des schüchternen Jungen, der abseits an einer Eiche saß und einen Stein in den Händen hin- und herdrehte, und versuchte ihn zu sich zu lotsen. Kurz sah er auf und fixierte sie unter seinem Pony durchschielend. Dass der Blick mehr als eisig war, entging dem kleinen Mädchen völlig und so fragte sie arglos: „Komm doch rüber, lass uns zusammen Kuchen backen!"

Der Junge blies verächtlich die Backen auf. Mädchen! Was wussten denn die schon!

„Will nicht!", rief er zurück, die Stirn vorgeschoben. Dem Mädchen, obwohl erst vier Jahre alt, fiel auf, dass der Junge ein wenig anders sprach als die anderen Engländer, die das kleine Mädchen kannte.

Das waren hauptsächlich Geschäftspartner ihrer Mami. Aber selbst im zarten Alter von vier begriff die Kleine schon, dass man, wenn man sich im Urlaub befand, nicht so kleinlich sein durfte.

Tatjanas Eltern hatten beschlossen die Kleine dreisprachig zu erziehen, Deutsch sowieso, daneben noch Englisch, das sie von einer Hauslehrerin beigebracht bekam, und Russisch lernte sie von ihrem Papa.

Schließlich sollte die Kleine einmal in die Fußstapfen ihrer tüchtigen Mutter treten.

Auch für Thomas Killops, einen neununddreißigjährigen Protestanten aus Belfast, hatte dieser Nachmittag etwas Magisches. Aber wie das im Leben so ist – nicht alle Magie beinhaltet auch die Aussicht auf etwas Schönes.

Killops war Busfahrer und seine Schicht hatte gerade begonnen. Er arbeitete bei der Ulsterbus Company und liebte diesen Job, diese Stadt sehr, obwohl sie in der letzten Zeit öfters von bösen Unruhen geschüttelt wurde.

Er fuhr immer dieselbe Runde: quer durch die Stadt und dann zurück zum Depot in der Oxford Street. Das Radio in seinem Bus war immer auf den Lokalsender eingestellt, der die meiste Musik brachte. Thomas wippte leicht im Takt der Musik der Bee Gees und sah sich lächelnd den blauen Himmel an. Was für ein wunderbarer Tag!

„Tatjana, nun komm endlich, wir wollen doch zurückfahren!" Das Mädchen blickte verwundert von seiner Tätigkeit auf – der letzte Sandkuchen war ihm besonders gut gelungen –

und sah in das Gesicht seines Papas. Daneben stand Mami und die hatte schon wieder diesen verkniffenen Mund. Das hatte nichts Gutes zu bedeuten, das wusste selbst die kleine Tatjana schon. Sie warf dem Jungen einen letzten Blick zu, zuckte mit den Schultern, wie es nur vierjährige Mädchen tun können, und stand auf. Dann erinnerte sie sich an die ständigen Ermahnungen ihrer Mutter und klopfte sich brav das Kleidchen ab.

Das kleine Mädchen mit den unzähligen Sommersprossen auf der Nase ergriff die Hand seines Papas und Mami bückte sich, um die Sandförmchen einzusammeln.

Die junge Familie flanierte auf den Stadtkern zu, durchquerte etliche Blocks, wobei die kleine Tatjana so lange jammerte, bis sie ihr Daddy auf seine Schultern setzte, von wo aus die Welt doch gleich ganz anders aussah.

„Wie spät ist es, Alexeij?", fragte Mama.

„Kurz vor drei", gab Papa zurück. „Wir sollten uns etwas beeilen, um zehn nach drei fährt der Bus ab." Woraufhin die junge Familie ihren Schritt noch ein wenig mehr beschleunigte.

Tatjana genoss die Aussicht von den Schultern ihres Papas – überhaupt schien ihr Daddy der stärkste Mann der Welt zu sein –, sah umher und wurde auf das blaue Auto aufmerksam, das sich dem Busdepot näherte. Sie wusste erst nicht, warum sie gerade dieses Auto so interessierte, bis sie den Jungen auf dem Rücksitz entdeckte. Den Jungen vom Spielplatz.

„Schau mal, Papa, die haben ein Auto! Wieso haben wir denn keines?"

Alexeij runzelte die Stirn. Dieses Mädchen! Sprach ständig in Rätseln.

„Wer? Wer hat ein Auto?" Er sah sich um und auch er erkannte den Jungen vom Spielplatz wieder, auf dem Rücksitz eines blauen Ford Taunus, der von einem Mann mit ziemlich finsterem Blick gesteuert wurde. Gar nicht so ein typischer Ire, dachte Alexeij noch, die waren doch immer so gut gelaunt. Ganz anders als die Deutschen, die eher akribisch bis verbissen durchs Leben gingen.

Das Auto fuhr vorbei und hielt einen halben Block entfernt, direkt vor dem Busdepot. Zwischen dem blauen Ford und einem VW-Käfer stand ein rostiger Amischlitten, so ein Teil, das man eher in „Die Straßen von San Francisco" als hier in Belfast vermutet hätte. Fast erwartete Alexeij, dass gleich Michael Douglas seine Dienstmarke schwenkend herausspringen würde. Aber nichts dergleichen geschah, sondern es wurde lediglich die hintere Tür des blauen Ford geöffnet und der Junge vom Spielplatz stieg aus. Er drehte sich noch einmal zu dem Mann – wohl sein Vater, vermutete Alexeij – um und ging dann, die Hände tief in den Taschen seiner abgewetzten Jeans, davon. Und aus irgendeinem Grund blieb dieser letzte Blick, den die beiden tauschten, in Alexeijs Gedächtnis haften.

Alexeij sah auf seine Seiko, um zu prüfen, ob sie den Bus noch erreichen würden, eine Tatsache, an die er sich später beim Verhör durch die Polizei wieder erinnern sollte.

Es war neun Minuten nach drei, eine Minute noch. Das musste doch zu schaffen sein.

Es war exakt zehn nach drei, als Thomas Killops sich dem Depot näherte. Alles war wie immer. Als er in die Oxford Street einfuhr, sah er noch im Rückspiegel, wie eine Sperre quer über die Straße aufgebaut wurde, und wunderte sich.

Das Radio brachte Nachrichten, aber Killops wollte lieber Musik und drückte Sekunden, bevor die Bombenwarnung durchgegeben wurde, eine Musikkassette in den Schacht. Wie gesagt, nicht immer ist Magie etwas Schönes.

Die junge Familie war noch etwa dreihundert Meter von dem rostigen Cadillac, der direkt vor dem Eingang zum Depot parkte, entfernt, welchen sie aber gerade da nicht sehen konnte, weil ein Bus der Ulsterbus Company vorbeifuhr. „Hoffentlich unserer", dachten die Eltern des kleinen Mädchens, als ein ohrenbetäubender Knall die Welt erfüllte. Eine Feuersäule dreimal so hoch wie das Busdepot stieg in den unschuldig-blauen Himmel. Das blaue Auto stand sofort lichterloh in Flammen und die Scheiben des Busses barsten von der Hitze. Glas und Metallteile des Busses flogen in alle Richtungen wie Schrapnellsplitter davon. Der Tank des Busses platzte mit einem dumpfen „Plopp" und Kraftstoff flutete den gepflasterten Platz vor dem Busdepot, der sich augenblicklich in eine Flammenhölle verwandelte.

Das Kreischen eines Mannes, der offensichtlich höllische Schmerzen litt, erfüllte die Welt.

Alexeij zog seine Frau hastig mit sich zurück, nur weg hier! Vergessen war jeder Gedanke an den Bus. Hier würde so schnell ohnehin keiner mehr fahren.

Er roch verbrannte Haare und sah, dass die feinen Härchen auf seinen nackten Unterarmen von der enormen Hitze schmorten. Das war der Moment, in dem er begriff, dass sie in echter Gefahr schwebten. Dies war kein harmloser Sommernachmittag in einer irischen Stadt mehr. Nein, er könnte hier und heute sterben. Und mit ihm seine Familie. Er packte den Arm seiner Frau mit der einen und hielt seine Tochter auf seinen Schultern mit der anderen Hand fest und zog sie mit sich fort. In seinen Ohren gellten die Schreie des Mannes in dem ehemals blauen Wagen.

Alexeij wollte gar nicht, konnte aber nicht anders, als sich noch einmal umzusehen. Der Mann musste bei lebendigem Leib verbrennen. Mit einem einzigen grausamen Blick erkannte Alexeij, wie der Mann verzweifelt erfolglos versuchte, die Tür seines Wagens aufzubekommen.

Sein Haar stand in Flammen, eine groteske Krone, und die Haut seines Gesichts verbrannte und warf Blasen, bis der fahlweiße Schädel hervortrat.

Der Junge, der wenige Momente zuvor noch bei ihm im Wagen gesessen hatte, stand am Ende des Blocks und musste alles mitansehen! Er schrie aus vollen Lungen, bis seine Stimme überkippte.

Auch für den Busfahrer würde wohl jede Hilfe zu spät kommen.

„Daddy, was ist das?", schrie die kleine Tatjana in Panik. Ihr grenzenloses Vertrauen in ihren Papa war erschüttert. „Daddy, ich will hier weg, ich hab Angst!"

Die drei rannten um ihr Leben, weg von der Feuersbrunst. Nur weg hier.

Damit war der magische Moment wohl vorbei.

Aus „Das Elixier" von Joachim Roth.

Zwischen den Stühlen

In der Retrospektive erscheint mir alles so eindeutig und klar, warum es zur unvermeidlichen familiären Apokalypse in der Paul-Brohmer-Straße 12/c kommen musste. Ökologisch betrachtet befanden sich die abiotischen Faktoren für unsere Familienzönose wohl schon im optimalen Bereich. Es waren eindeutig die biotischen Faktoren, die in die Sphären der Intoleranz gerieten, sodass das ganze System dem Untergang geweiht war.

Die Schuldfrage zu stellen ist ja bei derartigen Ereignissen so üblich, ergibt für mich aber überhaupt keinen Sinn; denn auch die Schuld ist eine Medaille mit ihren zwei Seiten: Entweder sind alle schuld, oder keiner ist schuld. Ich denke mal, alle Beteiligten haben ihr spezielles Scherflein dazu beigetragen, dass die Geschehnisse unserer familiären Katastrophe ihren Lauf nahmen. Das irgendwie Ungewöhnliche an der Geschichte ist, dass mein aktiver Beitrag zum familiären Zusammenbruch in einer generellen Passivität bestand, die ich den ganz alltäglichen Erfordernissen zur Erhaltung der familiären Harmonie und Stabilität entgegenbrachte. Wenn Hanna und Ariana sich mal wieder verbal gehörig fetzten, stand ich vollkommen unbeteiligt daneben. Vielleicht sagte ich auch das eine oder andere Mal: *„Hört jetzt endlich auf euch zu streiten! Das bringt doch sowieso nichts"* oder *„Schluss jetzt!"*, aber in den Phasen ihrer übelsten Streitigkeiten erreichte ich die beiden „Kampfhühner" überhaupt nicht mehr. Ich sagte dann einfach: *„Macht doch, was ihr wollt! Auf mich wollt ihr ja nicht hören!"*, und verabschiedete mich in mein geliebtes Kellerhabitat – schlüpfte in die Rolle der Kellerassel.

Ariana fühlte sich vom Kontrollwahnsinn ihrer Mutter permanent gemaßregelt, in ihrer persönlichen Entfaltung vollständig eingeengt, geradezu zerquetscht, wie eine faule Tomate, und wollte nicht an der unerträglichen Dominanz ihrer Mutter ersticken.

Hanna sah das alles ganz anders. Für sie war das Kind immer nur in der „*Pubertätatütata*" und in hohem Maße „*hormonverwirrt*" oder „*hormonverseucht*" – ich weiß heute nicht mehr so genau, welchen Ausdruck sie gebrauchte. Ihre übersteigerte mütterliche Fürsorge war das „A und O", wenn es darum ging, Ariana unbeschadet durch diese Entwicklungsphase zu manövrieren. Ich glaube, Hanna wollte vor allem vermeiden, dass Ariana in ihre Fußstapfen trat; denn Hanna musste sich schon mit 14 Jahren die Anti-Baby-Pille verschreiben lassen, weil sie schon sehr früh in ihrer Jugend damit begann, sexuelle Erfahrungen zu sammeln. Sie sagte ja auch immer: „*Also, ich hatte ja fast jede Woche einen neuen Freund.*"

Als Kellerassel hatte ich schon mehrfach ganz entscheidende Momente in meinem Leben verpasst. Und so war es auch mit dem absoluten Finale des Kampfes zwischen Mutter und Tochter in der Paul-Brohmer-Straße Nr. 12/c.

Ich kam an einem Freitagnachmittag von einer einwöchigen Dienstreise zurück. Als ich das Haus betrat, war dort absolute Stille. Mir wurde sofort irgendwie ganz komisch im Bauch, weil ich spürte, dass dieser mysteriösen Stille ein unerträglicher Lärm und Krawall vorausgegangen sein mussten. Meine Befürchtungen wurden bestätigt, als Hanna die Treppe herunterkam und mir lapidar sagte: „*Ich habe das Kind rausgeschmissen.*"

Der Rausschmiss

Hanna: Ich habe das Kind rausgeschmissen! Vor die Tür gesetzt.

Ich: Wwwawwwa-Was hast du?

Hanna: Ich habe unsere Tochter aus dem Haus geschmissen.

Ich: Ich hör doch wohl nicht richtig. Seid ihr beide denn jetzt vollkommen bekloppt geworden? Das geht doch nicht!

Hanna: Doch, das geht! Deine Tochter hat mich angegriffen.

Ich: Was?! Wie angegriffen? Was soll das heißen?

Hanna: Sie hat mich geschubst und wollte, dass ich die Treppe runterstürze.

Ich: Das gibt es doch alles gar nicht! Man kommt nach Hause, freut sich, denkt an nichts Böses und … Was habt ihr denn bloß wieder gemacht?

Hanna: Das Kind sollte mir in der Küche helfen.

Ich: Ja – und?

Hanna: Da ist sie mal wieder pampig geworden, weil sie keinen Bock hatte und lieber mit ihrer Freundin Rebecca telefonieren wollte.

Ich: Aber das ist doch kein Grund, sie aus dem Haus zu schmeißen!

Hanna: Die hat hier rumgeschrien wie 'ne Furie und dann ist sie auf mich losgegangen.

Ich: Das glaub ich einfach nicht. Wahrscheinlich war's eher umgekehrt – oder?

Hanna: Nein, war's nicht! Sie ist einfach aus der Küche rausgerannt und nach oben in ihr Zimmer.

Ich: Und?

Hanna: Ich bin ihr sofort hinterher, um ihr zu sagen, dass das so nicht geht. So kann sie mit mir doch nicht umspringen!

Ich: Weiter!

Hanna: Ich hab ihr dann gesagt, sie solle gefälligst wieder in die Küche kommen und beim Geschirr helfen. Wollte sie aber unter keinen Umständen und dann hab ich sie am Arm gegriffen, um sie nach unten zu bringen.

Ich: Du hast Ariana geschlagen?!

Hanna: Und wenn!

Ich: Ja nichts und wenn! Mann, das Kind ist fast 16. Da muss man doch miteinander klarkommen.

Hanna: Die ist wie du! Bockig, eigensinnig, egoistisch, verbohrt – Pubertatütatütatütata!

Ich: Was anderes fällt dir dazu wohl auch nicht ein? Du immer mit deiner Pubertutatütamtam – oder so'n Scheiß!

Hanna: Das Kind ist vollkommen hormonverseucht!

Ich: Du bist auch verseucht. Du bist absolut hysterisch verseucht.

Hanna: Das war mir klar! Dass du deine Tochter wieder in Schutz nimmst.

Ich: Ja – was denn wohl sonst? Du bist doch hier die erwachsene Frau mit Verstand. Wo ist Ariana jetzt?

Hanna: Weiß ich nicht.

Ich: Ja, bist du denn total wahnsinnig – vollkommen im Arsch? Du musst doch wissen, wo das Kind ist! Nachher tut sie sich noch was an!

Hanna: Ich denke mal, sie ist mit dem Bus zu ihrer „Oma-Süße" gefahren.

Ich: Hast du schon angerufen und mal nachgefragt?

Hanna: Nein – warum auch?!

Ich: Oh Mann! Das darf doch alles nicht wahr sein. Wo ist das Telefon?

Hanna: Auf'm Küchentisch. Willst du da jetzt etwa anrufen? Vielleicht ist sie ja auch bei Rebecca. Die war doch schon in der Psycho-Anstalt und hat Ariana nur aufgehetzt. Und Tante Ursula hat das auch noch gemacht. Die hat Ariana nämlich was vom Jugendamt erzählt. Ich sage dir, deine Tochter hat das alles mit Absicht gemacht, um mir eins auszuwischen.

Ich: Glaubst du den ganzen Scheiß eigentlich selbst, den du da von dir gibst? Eins auswischen – das ist doch totaler Schwachsinn!

Hanna: Merkst du denn nicht, dass das Kind uns gegeneinander ausspielen will? Die will ihren Papa auf ihre Seite ziehen und mich aus dem Haus ekeln.

Ich: Kommt jetzt wieder deine blöde Weltverschwörungstheorie?

Hanna: Natürlich will sie mich rausekeln; aber du merkst ja nichts. Du sitzt doch immer nur in deinem blöden Keller bei deinen Scheißfliegen und Mücken und hängst über dem Mikroskop.

Ich: Meine Fliegen sind lange nicht so scheiße wie du – Hanna!

Hanna: Ich weiß, dass ihr beide gegen mich seid. Das ist der Dank dafür, dass ich euch von vorn und hinten den Arsch bediene. Dass ich eure Wäsche wasche, das Klo und das Badezimmer putze, die Betten mache und Mittag koche.

Ich: Du kochst auch nicht immer Mittag. Und das Badezimmer hab ich auch schon mal gemacht und die Stube und den Flur gesaugt. Die Wäsche! Mann, wozu haben wir denn 'ne Waschmaschine und 'nen Wäschetrockner?

Hanna: Das ist trotzdem 'ne Menge Arbeit.

Ich: Ich arbeite ja wohl auch!

Hanna: Ja – bestreite ich auch gar nicht. Aber ich wünsche mir etwas mehr Respekt von euch oder mal ein gutes Wort wie „Danke".

Ich: Mann, das sind doch aber alles nur die normalen Tätigkeiten in einem Haushalt. Das machst du sowieso immer, dass du sagst: „Jetzt mache ich das, dann mache ich das und dann muss ich auch noch das machen …" Das geht einem auch ganz schön auf die Nerven.

Hanna: Wenigstens mach ich was für unser Haus und sitze nicht den ganzen Tag im Keller rum – du bist doch nur eine Kellerassel!

Ich: Mach ich ja gar nicht! Morgen muss ich auch raus in den Garten und den Rasen mähen. Hast du etwa schon mal den Scheißrasen gemäht? Das geht voll aufs Kreuz.

Hanna: Du mit deinem Rasen! Da gehst du vielleicht drei oder vier Mal im Jahr raus, um den mickerigen Rasen zu mähen. Deine Hemden muss ich bügeln, und deine Unterhosen mit den Bremsspuren sowie deine stinkenden Turnschuhsocken muss ich jede Woche waschen.

Ich: Dafür leben wir von meinem Geld ja wohl ganz gut. Ich würde auch gerne, wie die anderen Kollegen, meine Stundenzahl ein bisschen reduzieren, um mal weniger Stress in der

Schule zu haben. Kann ich mir aber nicht erlauben, weil wir das Geld brauchen. Mit deinem Job kannst du ja höchstens deinen monatlichen Zigarettenkonsum finanzieren.

Hanna: Du bist ein so gemeines Arschloch! Ich hab meine Arbeit nur wegen Ariana aufgegeben. Um für unsere Familie zu sorgen.

Ich: Unsere Familie? Dann zeig mir mal, wo unsere Familie jetzt ist! Waren wir überhaupt schon mal eine Familie? Was ist denn das überhaupt – eine Familie?

Hanna: Du bist so gemein und fies! Ich werde zu Monika fahren und dort übernachten. Wo ist das Telefon?

Ich: Wo ist Ariana?

Hanna: Weiß ich doch nicht! Ich denke, du wolltest bei Oma-Süße anrufen?

Ich: Ich ruf jetzt an. Und dann werde ich das Kind wieder nach Hause holen – darauf kannst du dich verlassen!

Zwischen den Stühlen

Die Würfel waren gefallen. Wenn es tatsächlich so gewesen sein sollte, dass Ariana ihren Rausschmiss während meiner Abwesenheit absichtlich provoziert hatte, war sie, ohne es auch nur im Geringsten ahnen zu können, zur Vorbereiterin meines eigenen, geheimen Planes geworden, der zu der Zeit allerdings noch nicht in meinem Kopf war.

Ariana war der Hölle entkommen und Hanna und ich mussten jetzt zusehen, wie wir miteinander, nur wir beide, klarkamen. Für mich als Kellerassel war Arianas Rausschmiss gleichzusetzen mit einer Mega-Bombe, die in mein Zwitterleben als „Kellerassel" und „Vater mit Ehefrau" voll eingeschlagen hatte. Mit einem Riesenpaukenschlag wurde ich in den Ambivalenzkochtopf geschmissen, in dem die Suppe aus „Loyalität gegenüber Hanna" und „Vaterliebe" am Brodeln war. Ich saß vollkommen zwischen den Stühlen.

Eigentlich war ich sehr froh darüber, was ich Hanna natürlich nicht sagen durfte, da das für sie gleich wieder „Verschwörung und Intrige" bedeutet hätte, dass Ariana sofort von ihrer Oma-Süße aufgenommen worden war. Sie hatte bei ihrer Oma schon immer ihr eigenes Zimmer gehabt und fühlte sich dort wohl deutlich mehr zu Hause als in der Paul-Brohmer-Straße bei ihren Eltern. Nicht umsonst war sie an den Wochenenden so oft zu ihren Großeltern gefahren. Oma-Süße unterstützte Ariana in allen wichtigen Angelegenheiten und stellte zusammen mit Patentante Ursula auch den Kontakt zum Jugendamt her, damit für Arianas zukünftigen Lebensweg in die Selbstständigkeit eine verbindliche und vernünftige Lösung gefunden wurde.

Hanna bemerkte natürlich, dass ich in zunehmendem Maße auf der Seite Arianas stand, was für mich zur Konsequenz hatte, aus dem gemeinschaftlichen Ehe-Schlafzimmer verbannt zu werden. Im Verlauf unserer Familienkatastrophe kam es dann noch häufiger zu Wechseln unserer Schlafstätten und Hanna trieb es echt voll auf die Spitze. Für ungefähr ein Vierteljahr machte sie sogar das Wohnzimmer im Erdgeschoss zu ihrem Schlafzimmer. Da ich unser Ehebett nicht durchsägen und das schwere Gestell nicht die enge Flurtreppe runterschleppen wollte, wurde ein komplettes neues Schlafzimmer mit großem Doppelbett und Riesenkleiderschrank extra für Hanna gekauft. Die Hälfte der eigentlichen Wohnzimmereinrichtung musste ich dann notgedrungen in den zweiten Keller schleppen und dort irgendwie provisorisch verstauen.

Nachdem Ariana in der Nachbarstadt eine eigene Wohnung gefunden und ihre gesamten Sachen in der Paul-Brohmer-Straße ausgeräumt hatte, begriff endlich auch Hanna, dass Ariana nie wieder in ihr Elternhaus zurückkommen würde. Nach besagtem Vierteljahr, vielleicht waren es auch nur zwei Monate, durfte ich dann Hannas neues Schlafzimmer wieder komplett in Arianas Jugendzimmer schleppen – also doch die Flurtreppe – und die Stubenmöbel aus dem Keller wieder zurück ins Wohnzimmer: „Rinn inne Kartoffeln und rut utte Kartoffeln!"

Mich machte diese Situation zu einem permanenten „Pendler zwischen den Schlafzimmerwelten" in unserem Haus. Ich weiß heute nicht mehr genau, wie oft ich in dieser bewegten Zeit meine Schlafstätte gewechselt habe.

Für mich eigentlich vollkommen unübliche Einschlafprobleme und schlimme Träume hatte ich, als ich für eine kurze Phase mit in das neue „Ariana-Zimmer-Schlafzimmer" durfte. Ich musste in diesem Zimmer aber immer nur an meine Tochter denken, sah sie in den großen Spiegeln des Kleiderschrankes, sah, wie ein Monster ihr das Glück der Kindheit geraubt hatte, und fand dadurch keine Ruhe.

In dieser Verfassung konnte ich auch von mir aus keinen Sex mehr mit Hanna haben und vollzog den letzten Wechsel zurück in unser ursprüngliches eheliches Schlafzimmer. Hanna blieb für immer in ihrem „Ariana-Zimmer-Schlafzimmer" und mit der Liebe und dem Sex zwischen Hanna und mir war es nun endgültig vorbei.

Systemantik in Industrie, Handwerk, Handel und Dienstleistung

Die per Gesetz reglementierten Vorgaben für zwar individuelles, gleichwohl aber straffreies Mit- bzw. Gegeneinander mündiger Bürger in der derzeit praktizierten Sozialen Marktwirtschaft sind „ausgeleiert".

Das wird erkennbar, wenn man das Öffentlichkeitsprinzip, dem eine liberal-rechtsstaatliche Demokratie verpflichtet ist, in seiner Ist-Form auf den Prüfstand bringt.

Im Rahmen demokratischen Regierens kommt diesem Prinzip große Bedeutung zu: Der Bürger muss über die zu entscheidenden Fragen informiert werden. Interessengegensätze sind öffentlich auszutragen, die Regierung muss sich stets der Kontrolle durch das Volk und seine Repräsentanten stellen.

So oder ähnlich nachzulesen, z. B. im Großen Brockhaus aus dem Jahre 1983.

Das ist theoretisch ganz praktisch, praktisch aber sehr theoretisch, und an beweisführenden Argumenten hierzu mangelt es nicht.

Warum ist das so?

Es ergibt wenig Sinn, nachgewiesene Fehlleistungen jedweder Art durch Schuldzuweisungsmaßnahmen, die im Zuge der Abwicklung durch die Protagonisten diesbezüglicher Aktivitäten ins Leere laufen gelassen werden können, dingfest machen zu wollen.

Gleichwohl ist diese Philosophie kein Grund, nicht nach pragmatisch formatierten Werkzeugen Ausschau zu halten, welche die naturgegebenen Interessengegensätze zur Zufriedenheit aller lösen, ohne dass übergeordnete Mandatsträger, die ebenfalls Interessengegensätze, allerdings in separater eigener Liga, ordnen müssen, ihre Rolle als Volksvertreter spielen dürfen, sollen, müssen.

Dieser Denkansatz ist nicht neu und praxisnahe Beispiele lassen sich in zunehmendem Maße nicht nur in den öffentlichen Medien beobachten.

In Talkshows mit Niveau z. B. treffen Verantwortliche unterschiedlicher Interessengruppierungen auf Mitglieder ihrer Zielgruppen und beide Parteien können, ob ergebniswirksam oder nicht, sei dahingestellt, Themenfelder, von unterschiedlichen Ansichten oder Meinungen bis hin zu fragwürdigen Gesetzesvorhaben, gemeinsam diskutieren.

So weit, so gut.

Wo aber bleiben die vielen „grauen Mäuse", an denen diese begrüßenswerte Entwicklung mehr oder weniger noch vorbeigeht?

Gemeint sind jene Zeitgenossen, die „Federn lassen" müssen, damit z. B. höheren Orts eine positive Entwicklung des Arbeitsmarktes dargestellt werden kann.

Unprofessionell formatierte Reformen werden auf dem Weg in die reale Wirtschaft je nach Machtposition der beiden konkurrierenden Fronten, Parlamentarier und deren Lobby, alternierend hin- und herreformiert.

Aufgrund der von der Regierung geduldeten Wegorientierung vom planbaren Produktivitätsdenken mit überschaubarem Unternehmerrisiko hin zur Geschäftsphilosophie gewissenloser Banker nach dem Motto „Vorsicht ist die Mutter der Unentschlossenheit, aber Mut zum Risiko der Vater hoher Renditen" hat der Leichtsinn am Finanzmarkt Konjunktur mit den bekannten Folgen.

Es ist eine Wirtschaftskrise entstanden, von der diejenigen, die nur mittelbar am Zustandekommen beteiligt waren, am stärksten betroffen sind.

Die Protagonisten dieser Bewegung sind überwiegend Versicherungs-Agenturen, Wertpapier-Händler und Kredit-Anstalten, vorneweg aber die Vorstände von Banken, die „den Hals nicht voll kriegen".

Anlass zu berechtigter Empörung des „kleinen Mannes" ist die Tatsache, dass das derzeit noch gültige Vertragsrecht den Verantwortlichen für Missmanagement, so es denn in höheren

Unternehmens-Etagen praktiziert wurde, nach deren Entlassung Abfindungssummen in Millionenhöhe zubilligt, für welche aber mangels eigener Masse nicht das an die Wand gefahrene Unternehmen, sondern der Steuerzahler aufkommen muss.

Ein Bankenaufsichtsrat, der in den Sand gesetzte Millionenbeträge als Peanuts deklariert, geht derweil mit akuter Überhobenheit schwanger.

Wenn derselbe sich auch noch die Freiheit nehmen darf, den Geldanleger, nachdem dieser durch gezielte Falschinformation auf das kriminelle Niveau der von ihm, dem Aufsichtsrat, vertretenen Geldzähler genötigt worden ist, als den eigentlichen Verursacher der Bankenkrise und der daraus resultierenden Konsequenzen zu diffamieren, dann ist das Fass längst übergelaufen.

Solange Privatinitiativen von Einzelpersonen und deren durch wirtschaftliches Engagement realisierbare persönliche Vorteile behördlicherseits reglementiert werden ohne Wenn und Aber und solange bereits existierende Initiativen, die ähnlichen oder gleichen Zielsetzungen nachgehen, hierbei aber in Überzahl sind, ihre Kooperationsbereitschaft von der Erfüllung eigener Partizipationsvorstellungen abhängig machen, bleibt viel Kreativ-Potenzial ungenutzt liegen.

Was also ist zu tun, damit das aktuelle Ungleichgewicht bei der Würdigung unerwünschter Symptome und von deren Verursachern dem Durchschnittsbürger nicht verunmöglicht, der sogenannten Oberschicht mit eigenen Waffen und auf Augenhöhe zu begegnen?

Ein logischer Denkansatz wäre:

„Wer die Musik bestellt hat, der muss sie auch bezahlen."

Leider klaffen auch hier Theorie und Praxis weit auseinander.

Im Zuge der Globalisierung wird, nicht zuletzt aufgrund des zeitgleichen Miteinanders unterschiedlicher Wirtschaftsformen, in zunehmendem Maße der Patient Soziale Marktwirtschaft sichtbar.

Eine Volksweisheit lautet:

„Der Fisch stinkt stets vom Kopfe her."

Evolutionstheoretisch gesehen ist der Mensch im Allgemeinen noch nicht ganz „vom Baum herabgestiegen", und im Besonderen ist er noch lange nicht das, was die Bibel den Leser glauben machen will, wenn da steht:

„Er schuf ihn nach seinem Ebenbild."

In seinem Buch „Das Kapital" schreibt Marx u. a. sinngemäß:

„oben erwartet von *unten – viel Arbeit für wenig Geld –"*

und weiters heißt es:
„oben genehmigt sich – *viel Geld für wenig Arbeit –"*

Das ist schon einige Zeit her und auch nicht ganz richtig.

Das teilweise gesollte und oft gemusste Miteinander derer da *oben* mit denen da *unten* zeigt auf, wo Marx recht hat und wo nicht.

Hierzu ein Beispiel:

Ein Unternehmen, welches rote Zahlen schreibt, engagiert, der Not gehorchend und nicht dem eigenen Trieb, einen Unternehmensberater mit dem Auftrag, ein nicht nur nicht gewünschtes, sondern auch äußerst notwendiges Betriebsergebnis durch entsprechende Maßnahmen zu realisieren.

Bedingung hierbei:

Das betriebsinterne Management darf nicht für das unbefriedigende aktuelle Geschäftsergebnis verantwortlich gemacht werden, weil (und hier hat Marx recht)

die Verantwortungsträger für sich in Anspruch nehmen, dass es ihnen nicht anzulasten ist, wenn die wie auch immer geartete Messgröße für die Besoldung derer da *oben* von denen da *unten* nicht erwirtschaftet worden ist.

Nur auf dieser Basis würde der Auftrag auch erteilt.

„O tempora o mores!"

Externe Berater werden, wenn sie sich auf eine solche Allianz einlassen, zwangsläufig zu einem „Zwitter", d. h. sie werden in Personalunion sowohl das *Oben* als auch das *Unten*.

Die verdeckte Botschaft des Auftraggebers an den Auftragnehmer ist somit:

„Vieles bzw. alles da *unten* muss besser werden, aber wenig bzw. gar nichts da *oben* darf sich ändern."

Nicht selten wird der Auftrag*nehmer*, ebenfalls der Not gehorchend ... usw., jetzt zum Auftrag*geber* in ein und derselben Sache und sucht sich einen Freiberufler, an den er diese Botschaft mit abgewandelter Formulierung durchreichen kann.

Die Botschaft lautet jetzt:

Eigenverantwortliche Übernahme einer (mehr oder weniger vage formulierten) Aufgabe durch den auf freiberuflicher Basis verpflichteten Scheinselbstständigen sowie kurzfristige Beibringung vom Auftraggeber des Unternehmensberaters per Unterschrift genehmigter Abrechnungs-Belege.

Auch ist es Realität, dass ein Berater mittels Firmen-Logo-Institut für Rationalisierung und Automation GmbH-Freiberufler zeitbefristet engagiert und deren Gutgläubigkeit schamlos ausnutzt.

Um Auswüchse dieser Art zu begrenzen, hat der Autor dieses 4-Seiten-Elaborats während seiner aktiven Zeit als Industrieplaner ein entsprechendes Konzept erarbeitet und kontinuierlich weiterentwickelt.

Nach Erreichen des Rentenalters war Gelegenheit, das EPR-Konzept so zu modifizieren, dass nunmehr auch Berufseinsteiger und beruflich Fortgeschrittene die Erfahrungen eines Dipl.-Ing. i. R. bei Bedarf in Anspruch nehmen können.

Der Einstieg in das Berufsleben wird durch Hilfseinrichtungen und -Maßnahmen unterstützt.

Das ist gut so, aber die Chancen des Einzelnen, einen Ausbildungsplatz mit Perspektive zu bekommen, sind noch immer sehr unbefriedigend austariert.

Dass die vorangegangene Schulbildung dem Ausbilder bei der Auswahl des bzw. der ihm am besten geeignet erscheinenden Bewerber dient, ist sinnvoll und für beide nützlich.

Herkunft und Schulnoten allein reichen aber nicht aus, um das im Entstehen begriffene Persönlichkeitsprofil junger Menschen richtig einzuordnen.

Gleichwohl darf unterstellt werden, dass sich beim Einstellungsprozedere die Entscheidungsverantwortung sowohl am Offensichtlichen als auch am mehr oder weniger einseitig Nützlichen orientiert.

Der wirtschaftliche Status der Ausbildungs-Unternehmungen geht mit deren finanzieller Stabilität einher. Und branchenbezogene Marktveränderungen kann, ja muss man einkalkulieren, um auf Dauer im Geschäft präsent sein zu können.

Auch der unselbstständige Arbeitnehmer muss, wenn er nach Erreichen des Rentenalters auf ein lückenloses Beruflich-beschäftigt-gewesen-Sein zurückschauen können will, entsprechende Vorsorge getroffen haben.

Der Umgang mit Mitteln der Bundesagentur für Arbeitsbeschaffungsmaßnahmen und die Auswüchse bei der Stellenförderung (Ein-Euro-Jobs u. ä.) sind ein ernst zu nehmendes Signal und zeigen an, was die Uhr geschlagen hat.

Es ist höchste Zeit, dass sich die überwiegende Mehrheit der Steuerzahler nicht mehr darauf beschränkt, ihre ihr per Verfassung zugestandenen Rechte verbal zum Ausdruck zu bringen.

Das bringt überhaupt nichts.

Eigeninitiative ist der Schlüssel zum Erfolg.

Nur wer sich aktiv in längst überfällige Reformierungs-Erforderlichkeiten und diesbezüglich bereits angeleiertes Kreativ-Potenzial einbringt, trägt dazu bei, dass Minderheiten nicht mehr bestimmen können, was Mehrheiten zu wollen haben.

Ein nicht ernst gemeinter Spruch zum Schluss:

„Es ist viel zu tun, warten wir's ab!"

Der Schlehensammler Oder:
Von Hohenlohe in die Festspielstadt Salzburg

Prolog in meinem irdischen Arbeitszimmer

„Hier hast du einen Sack und eine Schere, geh los Hagebutten sammeln!", sagte der Vater zu mir. „Du kannst dir etwas verdienen. Da wird Marmelade draus gemacht." Ich zog los auf die umliegenden Grundstücke, die alle mit Hecken und Steinriegeln begrenzt waren. Hagebutten? Marmelade? Nachdem ich einige der roten Früchte mit der Rebschere losgeschnitten und im Sack verstaut hatte, machte ich mir Gedanken über mein Tun. Marmelade aus Hagebutten? Nie gehört und noch nie gegessen, Hagebuttenmarmelade stand nicht auf unserem Tisch. Aber eigentlich hatte ich schon immer eine Vorliebe für die köstlichen Schlehen, die besonders am Rand von den Steinriegeln wuchsen. Wenn der erste Frost und die ersten wunderschönen Herbsttage über sie gekommen waren, dann waren sie eine unbeschreiblich süße Kostbarkeit. Also machte ich mich an die Arbeit und sammelte die Schlehen. Nach einer Weile machte ich Rast, ließ mich auf einem Stein nieder und öffnete den Sack. Es war ja nicht gerade viel, was ich da eingesammelt hatte. Aber ich hatte etwas getan, was für mich Sinn ergeben hatte. Eigentlich sollte das eines meiner Lebensprinzipien werden. Später entdeckte ich, dass es Viktor Frankls Grundidee seiner Logotherapie war: Seinem Tun und somit seinem Leben einen Sinn geben. Viktor E. Frankl war Psychiater und Begründer der dritten Wiener Schule der Psychotherapie. Er hat die Hölle der nationalsozialistischen Konzentrationslager durchgemacht und unterrichtete nach dem Krieg hauptsächlich in den USA. Zuletzt lebte er in Wien und unternahm noch bis zu seinem 83. Lebensjahr Klettertouren. Allein schon wegen der Klettertouren war er mir sympathisch.

Der Kindergarten

An den Beginn meiner Kindergartenzeit kann ich mich nicht erinnern. Aber einige Begebenheiten sind mir gut im Gedächtnis geblieben. Geleitet wurde der Kindergarten von Tante Anneliese. Zorn hieß sie mit Familiennamen. Die Zeit im Kindergarten habe ich in sehr guter Erinnerung. Einmal durfte ich bei einem, wie es mir damals schien, „riesigen" Adventkalender ein Fenster öffnen. Eine andere Sache habe ich gut in Erinnerung: Wir Kindergärtler durften in einem kleinen Grundstück am Vorbach, gegenüber dem Schwimmbad, einen Garten anlegen. Ich durfte eine Wicke pflanzen, und damit meine Pflanzung als mir zugehörig ausgewiesen wurde, steckte ich mit Hilfe von Tante Anneliese ein kleines Holztäfelchen daneben in die Erde. Auf dem Holztäfelchen war ein Habicht aufgezeichnet, quasi mein Haussymbol. Ich hatte als kleiner Kerl immer wieder beobachtet, dass Habichte und Bussarde in unseren Hühnerhof eindrangen und versuchten Hühner zu rauben. Einmal ergriff ich einen Stock, stürzte mich auf einen Bussard, der sich schon eines unserer Hühner geschnappt hatte, und verscheuchte ihn.

Der Schulbeginn

Den ersten Schultag habe ich noch gut in Erinnerung. Der Direktor der Schule hieß Gerhäuser, war ein großer, etwas dicklicher Mann, er sollte die 1. und 2. Klasse, alles in einem Raum zusammen, unterrichten. Der gute Gerhäuser hat leider von der damals noch üblichen Prügelstrafe reichlich Gebrauch gemacht. Wie so viele andere Lehrpersonen, u. a. auch der evangelische Pfarrer Barreis. Das habe ich nie verstanden, er war Vater von fünf Kindern und hat uns Kindern die Finger blutig geschlagen. Und das wenige Jahre nachdem die Kriegsgräuel zu Ende waren und als die Ruinen, die ein Luftangriff hinterlassen hatte, noch lange nicht weggeräumt waren. Später habe ich gelernt, dass das eine mit dem anderen, leider, überhaupt nichts zu tun hat. Aber ich habe mir einmal in einem seiner Kindergottesdienste etwas geleistet. Ich ertappe mich ab und zu dabei, dass ich drauf und dran bin, darauf noch stolz zu sein. Wir Kinder waren im Kindergottesdienst unterteilt je nach Alter und Geschlecht, links und rechts und geradeaus. Ich war noch in der jüngsten Gruppe, Pfarrer Barreis stand in seinem Talar in würdiger Position vor dem Altar und trug etwas aus seinem Buch vor. Auf einmal flog ihm in hohem Bogen ein großer Batzen Kaugummi direkt vor die Füße. Ich sah das, erkannte die Chance, zu etwas so Kostbarem zu kommen, sprang aus der Bank, klaubte den Schatz auf und steckte ihn in den Mund! Ich hatte endlich einen Kaugummi!!! Juhu!

Religion

Wie hältst du's mit der Religion? Gute Frage! Ich halte es immer noch mit der Religion. Wie? Auf Anfrage oder auch manchmal ungefragt erkläre ich mich für einen religiösen Menschen. Meine drei Mädchen aus der zweiten Ehe, d. i. die Opus-2-Serie, brechen dann in den Ruf aus: „Was, du bist religiös? Das haben wir noch gar nicht bemerkt!" Irgendwann werden sie mit mir dann auch noch über Religion sprechen! Ich geb die Hoffnung nicht auf.

Auf dem Land aufzuwachsen hieß u. a. für mich, religiöse Umgangsformen zu pflegen. Da ist zum einen die Erfahrung mit dem Tod. Direkt unter unserem Haus, im Tal, lag der Friedhof. Von klein auf war ich mit den Begräbnisritualen beider Konfessionen konfrontiert. Warum legen sie die Menschen in eine Kiste und buddeln sie dann ein? Das muss ja furchtbar sein! Was ist, wenn jemand lebendig begraben wird? Wesentlich zu meinen Ängsten, die ich lange Zeit vor dem Einschlafen hatte, trug bei, dass an manchen Abenden, besonders im Winter, die Nachbarn kamen und dann über Gott und die Welt geredet wurde. Zum Teil auch über Menschen, die lebendig in einen Sarg gelegt und dann doch noch gerettet wurden. Nicht immer, aber meist! Könnte mir das passieren? Da sollte man dann gut schlafen können? Gute Nacht!

Dann kam der Gottesdienst. Ich habe den Kindergottesdienst zum Teil sehr eifrig besucht, mit wechselndem Erfolg, siehe die Kaugummigeschichte, zum Teil ging ich aber gerne mit meiner Mutter in den Erwachsenengottesdienst. Ich durfte neben ihr sitzen, wir haben die Lieder gesungen, Frau Schneider hat Orgel gespielt. Schon damals hat sich etwas Wesentliches herausgestellt: Ich konnte mit der Orgelmusik wenig anfangen. Erst viel später habe ich dann gelernt genauer hinzuhören, die Orgelmusik, Cembalomusik, zum Teil auch Klaviermusik zu genießen. Ich brauchte einfach die Farbe eines Ensembles, eines Orchesters, damit mein musikalisches Bedürfnis gestillt war. Ich war eher in diesen Farben musikalisch zu Hause. Mein Schaffen für Orgel bzw. Klavier hält sich sehr in Grenzen.

Religion und Fußball! Pfarrer Barreis hatte eine sagenhafte Begabung, junge Menschen aus der religiösen Gemeinschaft hinauszuekeln. Und das gelang ihm so: Nach der Konfirmation *musste* man noch in die Christenlehre gehen. Ein ganzes Jahr lang! Diese sogenannte Christenlehre hätte man leicht nach dem Vormittagsgottesdienst abhalten können. Da man aber als ordentlicher Mensch Punkt zwölf zu Mittag essen musste, wurde die Christenlehre auf 15.00 Uhr am Nachmittag verlegt. Da Fußball so ziemlich das Einzige war, was den grauen Alltag in Niederstetten aufhellte, war ich natürlich immer auf dem Sportplatz. Ab und zu konnte es dann passieren, dass die gegnerischen Mannschaften angereist waren, zu Fuß, per Fahrrad, wenige mit einem Auto, aber die heimische Mannschaft nicht da war. Auf die Frage, wo die denn sei, Punkt 15.00 Uhr sei immerhin Anpfiff, musste man dann achselzuckend erklären, dass die noch in der Kirche bei der Christenlehre sei. Aber sie käme bald.

Meine erste Künstlergage als Sänger

Mein Vater konnte aufgrund seiner schweren Beinverletzung aus den Zwanzigerjahren seinen Beruf als Metzger nicht ausüben. Ab und zu half er jedoch bei einem Berufskollegen, Metzgerei Melber, aus. Der Besitzer des „Gasthauses und Metzgerei Melber", Friedrich Melber, war ein äußerst gütiger und freundlicher Herr – und außerdem Ehrenmitglied des „Gesangsvereines Liedertafel Niederstetten e. V.". Mit anderen Worten: Der Herr Melber war vom Fach, der verstand etwas vom Singen. Eines Tages, ich war ungefähr 5–6 Jahre alt, bat er mich ihm etwas vorzusingen, es war zur Weihnachtszeit, und ich hub an: „Macht hoooch die Tüüür, die Tohor macht weit." Bei der Stelle „Gelooobet sei mein Gooott!" flippte er jedes Mal aus. Seine Augen glänzten – und ich bekam als Gage ein Paar Würstchen. Der Grund, warum der Gute so begeistert war: Bei der Stelle „Ge-looo" ist eine Quinte zu singen, und die habe ich anscheinend so rein gesungen, dass es oben beschriebenen Effekt setzte. Schon damals habe ich begriffen, dass man mit Kunst Geld verdienen kann. Vorausgesetzt, man hat einen Gönner – und jemanden, der etwas von der Sache versteht.

Eines Tages las ich in den Stadtnachrichten, dass der Posaunenchor der evangelischen Gemeinde interessierte junge Leute suche, die gewillt seien ein Blechblasinstrument zu erlernen. Der Unterricht sei kostenlos, die Instrumente würden zur Verfügung gestellt. Interessierte sollten sich einfinden am …! Ich habe mich mit Rudi Urban und Karlheinz Rohde abgesprochen, dann nahmen wir noch Karlheinz Krämer und Andre Ribou mit und besuchten diesen Informationsabend. Meine Mutter gab mir den Rat mit, auf keinen Fall das große Ding, sie meinte die Tuba, zu nehmen, denn dafür sei ich zu zart und hätte nicht genügend Luft. Wir probierten allerhand Instrumente aus, ich natürlich auch die Tuba und das Helikon, aber ich hatte meiner Mutter versprochen, dass ich etwas Kleineres nehmen würde, also entschied ich mich fürs Flügelhorn.

Fortan bekam ich Unterricht, kostenlos, und konnte bald bei den Aufführungen mitwirken. Wir haben nicht nur den

Gottesdienst mit unserem Spiel bereichert, sondern auch bei Begräbnissen mitgespielt. Das hatte den schönen Nebeneffekt, dass wir ein kleines Taschengeld dafür bekamen.

Kirchenspaltung mit Dur und Moll, Schisma auf Musikalisch! Oder: Der komischen Komödie anderer Teil!

(Man liest richtig: Der Titel stimmt!)

Das war ein Hammer! Das war ein Ding! In der kleinen katholischen Gemeinde wollte man nicht einsehen, dass man es nicht auch, so wie diese Protestanten – eigentlich Ungläubige!!! –, zu einem Posaunenchor bringen konnte. Also wurde geworben, mit dem Training begonnen und dann natürlich auch in der Öffentlichkeit gespielt. Irgendwann sollte einer von uns dort aushelfen. Da war der Teufel los! Ich weiß nicht, ob es der evangelische oder katholische war. Er war los. Der Teufel! Pfarrer Klinghardt erschien zu einer Probe und es wurde dezidiert im Einvernehmen mit dem künstlerischen Leiter, Otto Nörr, erklärt, dass mit einem Instrument der evangelischen Pfarrgemeinde Niederstetten im Posaunenchor der katholischen Pfarrgemeinde Niederstetten niemand zu spielen habe. Aus! Sollte jemand ein Privatinstrument besitzen, könne er machen, was er will.

Es kam, wie es kommen musste, denn kleine Sünden straft der liebe Gott sogleich: Es war ein Begräbnis einer hochstehenden Niederstettener Persönlichkeit vom Posaunenchor mitzugestalten, und das mitten in der Woche. Die Sache hatte einen Haken, wir hatten keinen Bass. Alle Bass spielenden Musiker waren beruflich unterwegs, niemand hatte Zeit. Da entsann man sich des Sohnes des Installateurs Keppler. Der ging noch aufs Gymnasium nach Bad Mergentheim, war ein sehr guter Tuba-Spieler und hatte noch dazu an dem Tag schulfrei. Das Ganze hatte einen Schönheitsfehler: Kepplers waren katholisch! Ich nehme an, es liefen im Geheimen diplomatische Verhandlungen der vertracktesten Art. Auf jeden Fall, der Junior sagte zu, die Beerdigung war gerettet, Keppler spielte Tuba, wie ich in Erinnerung habe, ganz gut. Aber ganz im Vertrauen: Eigentlich sollte man das alles ganz schnell wieder vergessen: „So a Schand! A kaddollischr Tuba-Schpieler bei aner evangelischn Beerdichung! Naaa!!!"

Der ewige Konflikt: Schwaben und Hohenloher

Vor einigen Jahren führten das Mozarteum-Orchester und das Österreichische Ensemble für Neue Musik, kurz OENM genannt, zeitgenössische Werke auf. U. a. war der Komponist Helmut Lachenmann eingeladen, um mit uns zu arbeiten. In diesem Stück von ihm hatte ich nichts zu tun und ging nach Hause. Kaum war ich zu Hause angelangt, läutete das Telefon und unser Konzertmeister Frank Stadler fragte mich, ob ich Lust hätte mitzumachen, es sei auch eine besondere Aufgabe: Ich solle Klavierdeckel stemmen! Na, so was! Drei Mal! Und dafür bekäme ich ein Extrahonorar von 70 Euro! Der Pianist würde in dem entsprechenden Stück dreimal einen Akkord im Fortissimo durch Auflegen beider Unterarme anschlagen und ich solle dann den Klavierdeckel aufreißen, damit der Klangschwall ins Publikum dringt. Ich sagte zu und begab mich zur Probe. Ich kannte Lachenmann damals noch nicht persönlich, alles, was ich von ihm wusste, war – außer dass er ein berühmter Komponist war –, dass er mit Gudrun Ensslin einige Jahre gut befreundet war. Ihre beiden Väter waren evangelische Pfarrer und bewohnten in Berlin zusammen ein Haus. Ich wurde ihm vorgestellt, und als er den Mund aufmachte, erkannte ich in ihm den Schwaben. Während er mir kurz erklärte, was ich zu tun hätte, dachte ich mir: „Irgendetwas Boshaftes musst du dem Kerl doch antun. Schwabe! Ha! Das fordert ja geradezu heraus." Also nahm ich einen Prospekt über mein Leben und meine Werke und überreichte ihn ihm mit den Worten: „Herr Lachenmann, boshafte Leute sagen, dass in Stuttgart jeder zweite Straßenbahnschaffner Hohenloher ist. Schauen Sie sich das bitte an, ich möchte damit nur beweisen, dass es Hohenloher auch noch zu etwas anderem bringen!" Er nahm den Prospekt lächelnd entgegen. Bei der nächsten Probe kam er als Erstes zu mir und sagte: „Sagen Sie mal, ist dieses Niederstetten der Ort bei Schrozberg?" „Nein, Schrozberg ist bei Niederstetten!" „Na gut, wie Sie meinen. Wissen Sie, mein Vater ist dort nicht nur geboren, sondern war dort auch längere Zeit Pfarrer. Ich freue mich sehr, Sie kennenzulernen." Fazit: Eine Herzlichkeit hat uns zumindest für dieses Projekt verbunden.

Lachenmann: Zur Erinnerung: Sein Vater war evangelischer Pfarrer, der Vater von Gudrun Ensslin war ebenso Geistlicher. Beide Pfarrersfamilien lebten eine Zeit lang in Berlin im selben Pfarrhaus. Lachenmann wusste gelegentlich viel zu erzählen.

Apropos Dreimal-Klavierdeckel-Aufreißen: Zweimal ging's daneben. Man muss ja nicht alles können! Einmal hat's geklappt. Das ist anderen auch schon passiert. Mein Kompositionslehrer Wimberger kam nach dem Konzert zu mir und sagte: „So ein Schmarrn von dem Lachenmann, da hört man im Publikum gar nichts davon. Gell, so was schreibst net?" Ich war von den Socken! Wimberger hatte mich geduzt! Zum ersten und wahrscheinlich auch zum letzten Mal in unser beider Leben.

Ein beeindruckendes Erlebnis 1982 in Buenos Aires

Nach der Ankunft im Hotel und noch vor der Orchesterprobe im Teatro Colón streifte ich los, um mir die Beine zu vertreten, allein, Richtung Regierungsviertel, wo die Casa Rosa, der Amtssitz des argentinischen Präsidenten, sich befindet. Davor gibt's einen großen Park, links davon den Dom mit dem Grab des wohl berühmtesten südamerikanischen Befreiungskriegers: Simon Bolivar. Vor dem Dom gab es einen großen Auflauf. Die Donnerstagsmütter veranstalteten ihre Demonstration. Sie hatten Schilder mit den Bildern ihrer verschwundenen Männer, Söhne, Väter umgehängt. Ich vergaß, dass wir uns hier in einer grauenhaften Militärdiktatur befanden, und fing an zu fotografieren auf Teufel komm raus. Es dauerte nicht lange, da stand einer neben mir, der mir irgendetwas sagte. Ich verstand ihn nicht und fotografierte weiter. Dann war er wieder da. Ich ließ ihn einfach stehen und ging zu einer anderen Stelle. Dann war er wieder da, öffnete seine hohle Hand – und zeigte mir seine Polizeimarke. Er brachte mich zu einem Vorgesetzten, der nahm mir meinen Pass ab und ich wurde in ein Polizeiauto gesetzt. Draußen ging die Demonstration weiter, ich versuchte Blickkontakt mit einem hoffentlich zufällig vorbeikommenden Kollegen aufzunehmen. Niemand kam vorbei! Nach einer Zeit, die mir endlos erschien, kam wieder ein Polizist, öffnete die Autotür und hieß mich aussteigen. Er gab mir mit einem großen Grinsen und einem militärischen Gruß meinen Pass zurück, ich konnte gehen. Er sagte noch irgendwas dazu. Es war mir egal! Eigentlich hatte ich mir langsam Gedanken gemacht, wie das mit mir weitergehen soll. Ich hatte natürlich die furchtbaren Folter- und Mordberichte im Kopf, von denen wir in Europa gehört hatten. Ich flüchtete mich in eine Kirche „San Francisco" und holte ganz tief Luft. Als ich vor einigen Jahren wieder dort war, schaute ich am Ort des Geschehens vorbei und ich ging vor allem in diese Kirche „San Francisco" und spendierte eine Kerze als Dank, dass ich heil und gesund wieder nach Hause zurückkehren durfte.

Ob unsere jungen Leute, die gerne und so schnell demonstrieren, wirklich wissen, was sie da als eine Selbstverständlichkeit betrachten?!

Umzug

Anfang Jänner 1964 zog meine Familie mit Sack und Pack von Port Washington nach Chicago. Unsere Negativstimmung war auf dem Höhepunkt. Meine Schwester Ruth war eines Tages der Meinung, dass ich mir irgendwo ein Zimmer nehmen solle, sie würde mir sogar die Wäsche waschen, aber schien mich nicht mehr ertragen zu können und zu wollen. Dabei legte ich mir mein Leben eigentlich so richtig zurecht: Bevor wir in unser Haus am Briar-Place im Norden Chicagos zogen, vergingen noch einige Wochen. In der Zwischenzeit wohnten wir im „Palmer-House", das zum Hiltonkonzern gehörte. Dieses „Palmer-House" war in den Zwanzigerjahren während der Prohibitionszeit eine der zentralen Nobelherbergen für die ansässigen Verbrecherorganisationen gewesen. Deren Mitglieder waren u. a. Al Capone, Jim Colosimo, Johnny Torrio, Vincent Drucci. Einige alteingesessene Chicagoer erzählten mir, dass sie sich erinnern können, wie sich die Banden über die Straße hinweg regelrechte Feuergefechte und Schlachten geliefert hatten.

Mein Schwager war zum Leiter der Sales-Academy des Hiltonkonzerns befördert worden. Deswegen waren wir nach Chicago gezogen. Diese Zeit nutzte ich und beschloss das Zentrum Chicagos gründlichst kennenzulernen. Dagegen hatten Schwager und Schwester nichts einzuwenden, ein Museumsbesuch bildet, das ist nicht so etwas Sinnloses. Man machte mir klar: Wenn ich wirklich Mathematik und Physik weiterstudieren wolle, so hätte ich mich jeder musikalischen Aktivität zu entschlagen: Kein Chorsingen! Kein Orchesterspiel! Kein Komponieren!!! (Offiziell zumindest.) Ich hätte gefälligst in meine Bücher zu schauen und was Ordentliches zu lernen.

Bevor ich zu meinen beinahe täglichen Museumsbesuchen loszog, beschaffte ich mir, was ich brauchte: Nicht weit weg vom „Palmer-House" war der große Laden, in den ich beinahe jeden Tag hineinging, meist natürlich nur um zu schauen und „Luft" zu atmen: Es war „Fischer's", ein großer Laden für Musik, ähnlich groß wie Schirmer's in Manhattan gleich hinter der alten Carnegie-Hall, der anscheinend all die Göttlichkeiten besaß und auch verkaufte, von denen ich vorerst nur träumte. Ich sah Opernpartituren, Partituren von Symphonien, Kammermusik! Ich habe mir dort im Laufe der Zeit vier Werke gekauft, die ich immer noch hüte wie einen Schatz: den „Messias", die „Matthäuspassion" und das „Magnificat" von Bach sowie die sechs Cello-Suiten von Bach in einer Ausgabe für Viola von Svyzsinsky. Aus dieser Ausgabe habe ich ein ganzes Leben lang bisher beinahe jeden Tag gespielt. In der Zwischenzeit liegen diese sechs Suiten arg zerfleddert auf meinem Notenpult. Aber sie sind mir wert und teuer.

Was ich aber zuallererst dort kaufte, war Notenpapier. Nicht zu groß, ich musste das Zeugs ja verstecken können. Mit dem Notenpapier in meiner Rocktasche, mit Bleistift und Radiergummi bewaffnet, zog ich also los in diese grandiose Chicagoer Museumswelt: das riesige „Fieldmuseum", im Süden des Grant Park gelegen, nicht weit weg davon das „Aquarium" und ganz an der Spitze der Halbinsel das „Planetarium". Dann später das „Chicago Art Institute", direkt an der Michigan-Avenue, der Prachtstraße Chicagos, gelegen, nicht weit weg von der Loop, wo wir wohnten. Wann immer ich also das Bedürfnis hatte mich auszuruhen, und das kam doch sehr oft vor, zog ich mich in eine Ecke zurück, ließ mich auf eine Bank nieder und begann zu komponieren. Ich schrieb einfach nieder, was mir im Kopf herumging, bekannte Floskeln von Händel, Bach und Mozart verknüpfend. Ohne dass ich irgendwelche Satzregeln kannte, ging ich dem nach, was für mich Sinn des Lebens bedeutete: Musik niederschreiben, komponieren = zusammensetzen. Immer wieder kamen Besucher vorbei und haben mich mit wohlwollenden Worten und Schulterklopfen ermuntert. Ach! Tat das gut!

Der *Schlehensammler* fand sich bestätigt, in seinem Kopf und auf dem Papier zeigte sich ein Weg, den er gehen wollte, sollte und musste. Dass dieser Weg ein sehr schwieriger sein würde, war mir klar, aber ich fand mich bei Nietzsche bestätigt: „Wer um ein ‚Warum' weiß, akzeptiert auch ein ‚Wie'!"

Die Highschool in Chicago war zu 75 % jüdisch. Den Schülern war egal, dass ich aus Deutschland kam. Nicht so den Lehrern. Da gab es zwei verschiedene Lager. Einmal die Älteren! Eine ältere Lehrerin sagte zu einer anderen: „Listen, he is from Germany! He is a real German ‚Kerl'." Zu Hause habe ich mich im Spiegel angeschaut, um einmal zu wissen, wie so ein richtiger German Kerl aussieht. Im Geschichtsunterricht saß ein deutschstämmiger Schüler mit Namen Meyer. Der hat nur seine Pflichtschulzeit abgesessen, um dann ganz schnell zum Militär zu gehen. Er hatte nur 5er im Zeugnis. Auf jeden Fall hat er die ganze Zeit den Unterricht der älteren, jüdischen Lehrerin gestört und immer wieder in den Raum gerufen: „Hey, people!

You know what the Nazis did with the Jews? They killed them all in the gas chambers. Ha! Ha! Ha!" Heute noch denke ich mit Bewunderung daran, mit welch stoischer Ruhe die Lehrerin das über sich ergehen ließ.

Dann waren da die jüngeren Lehrer! Einer hat mich immer abgepasst, wenn er seinen Unterricht beendet hatte und wir in sein Zimmer gingen. Er unterrichtete Geografie, an der Wand hingen immer bzw. sehr oft Landkarten von Europa. Sobald er mich sah, grinste er über das ganze Gesicht und schrie: „Hey, Schmidt! Come here! Let's make a Blitzkrieg!" Und dann fuhr er mit großen Handbewegungen über die Karten. „We take France, and then in the meanwhile you take over Russia and Scandinavia, and at the end we march down to Italy! That's Blitzkrieg!" Er hatte eine Riesengaudi dabei.

Studium am Mozarteum

Im September 1964 begann mein Studium an der damaligen Akademie Mozarteum. Meine Hauptfächer: Viola, Trompete, Klavier und Komposition. Ich arbeitete nebenbei, da ich mir mein Studium selbst zu finanzieren hatte. Es war nicht immer einfach.

Im Orchester

Die beiden künstlerischen Leiter: Im Bruckner-Orchester in Linz, in das ich im September 1969 für drei Jahre eintrat, hatte ich zwei künstlerische Chefs: Einmal war da der Leiter des Bruckner-Orchesters, Kurt Wöss, dann gab's noch den Opernchef Peter Lacovic.

Meine allerallererste Orchesterprobe als Orchestermusiker spielte sich so ab: Geprobt wurde Giuseppe Verdis „Otello". Claude Heater, ein US-amerikanischer Tenor, sollte nicht nur die Hauptpartie singen, sondern auch Regie führen. Kaum hatte die Probe einige Minuten gedauert, gerieten Heater und

Lacovic aneinander. Was folgte, war eine viele Minuten dauernde Schreierei der übelsten Art. Lacovic schmiss mit der Partitur um sich wie weiland der Giftzwerg Toscanini.

In St. Florian hatte ich Gelegenheit, unter der Leitung des hervorragenden Komponisten und Organisten Augustinus Kropfreiter die großen Messen von Bruckner zu großen Kirchenfesten aufführen zu dürfen. Danach setzte sich Kropfreiter an die große Brucknerorgel und improvisierte. Virtuosität, schnelle Wechsel der Einfälle, gut ausgesuchte Akkorde und Melodiebögen, die sich oft über große Musikräume erstreckten, geschmackvolle Registrierung. Ein Könner allerersten Ranges. Es war ausgezeichnet. Schade, dass ich diese Fertigkeit auf der Klaviatur nicht habe.

Mozarteum-Orchester

1972 wurde ich ins Mozarteum-Orchester aufgenommen. Am 16. Oktober habe ich meinen ersten Dienst gemacht.

Der Chefdirigent war gerade dabei, das Orchester nach seinem Gutdünken umzukrempeln, umzuorganisieren. Dass er dabei eine mehr als unglückliche Hand bewies, hat er wohl selbst auch gespürt. Es wäre für alle Beteiligten von großem Nutzen gewesen, hätte man sich einer menschenwürdigen Vorgehensweise bedient. Das mag eigenartig klingen, aber es genügt eben nicht nur, dass man sich vor ein Orchester stellt, zu dirigieren beginnt und dann sprudelt die hehre Musik. Man hätte sich gegenseitig viele Emotionen erspart. Für das Orchester mag es ein Schritt in Richtung Qualitätsverbesserung gewesen sein, für das Klima war es denkbar schlecht.

Rückblickend muss ich gestehen, dass es zu den schönsten Momenten für mich zählte, wenn wir die herrlichen Serenaden der Salzburger Festspiele gespielt haben. Diese unendlich schöne Musik, unter manchmal auch guten Dirigenten, diese Stimmung. Oft konnte es sein, dass das Glockengeläut des nahen Domes oder von St. Peter den Beginn etwas verzögerte. Einmal, es dirigierte Hans Stadlmaier, wollte er gerade mit seinem Dirigat beginnen, als die Domglocken zu läuten anfingen. Er ließ die Arme sinken, wartete das Ende des Geläutes ab – und wollte gerade beginnen, als die Glocken von St. Peter sich einmischten. Das Publikum lachte, Stadlmaier drehte sich um und sagte: „Der liebe Gott hat Vorrang!" Allgemeines Vergnügen im Publikum. Als auch dieser Vorrang des lieben Gottes zu Ende war und Hans Stadlmaier gerade beginnen wollte, fiel einem Geiger vor ihm der Bogen aus der Hand. Er drehte sich wieder zum Publikum und sagte: „… und das gehört zum Stück!"

Als Postskriptum ein Erlebnis bei den Salzburger Festspielen:

Es war in den 80er-Jahren, als ich nach einer Festspielprobe bei der Portiersloge auf einen Kollegen wartete. Es näherte sich Mirella Freni, die große Sängerin, und fragte den Portier in ihrem italienisch gefärbten Deutsch:

„Abbe ich Bost?"

Der Portier: „Wia hoaßen S' denn?"

„Freni."

„Hä? Wia?"

„Freni"

„Jo, warten S' an Moment!" Der Portier nahm einen Stapel Briefe und blätterte suchend darin herum. „Wos, wie hoaßen S'?"

„Freni."

„Wia schreibt mer denn des?"

Mirella Freni konnte vor Lachen kaum mehr sprechen und buchstabierte ihren Namen:

„ F r e n i ."

„Naa! Freni? Homma nix do."

Feldherrenstr. 22
47xyz Ruhrgebietsstadt

Kapitel 1

Woran denkst du, wenn du das Wort „Vermieter" hörst?

An einen dickbäuchigen, schwitzenden Kerl, der Zigarre rauchend Geld zählt und seine Mieter eingeschüchtert in schimmeligen, zugigen Löchern vegetieren lässt?

An einen schnieken Immobilienhai, der überteuerte marmorgefliese Lofts gegen horrende Mieten an Escortservices überlässt, die sich normale Arbeitnehmer niemals leisten könnten?

Eine ältere Dame mit lila gefärbtem Haar und Pudel auf dem Schoß oder Katze in der Handtasche, die sich in alle Angelegenheiten im Haus einmischt, den Müll und die Besucher kontrolliert?

Stelle dir eine mittelalte mittelgroße Frau vor, die zwei nette Kinder, einen fabelhaften Mann, einen pfiffigen Hund hat, beschaulich auf dem Lande lebt und die wünschte, sie hätte gar kein Mietshaus!

Jedenfalls nicht dieses …

Dann siehst du mich, Katja Bergmann.

Wenn irgendwo in Deutschland eine Gasexplosion ein Mietshaus weggesprengt hat, ertappe ich mich zuweilen bei dem Gedanken: „Glückspilze! Jetzt zahlt die Versicherung denen den Schaden. Warum kann das nicht auf der Feldherrenstraße 22 passieren?"

Ich schäme mich natürlich gleich darauf sehr für diesen Gedanken, korrigiere mich zumindest innerlich dahingehend, dass selbstverständlich nur Sachschaden entstehen soll bei so einer Explosion.

War ich schon immer so fies?

Nein – aber es ist dazu gekommen.

Es bzw. ich war einmal eine blonde (innerlich und auf dem Kopf) Frau Mitte zwanzig, die auf ihren Vater gehört hat.

(Gut gemeinter Rat: Bitte nicht tun! Immer der eigenen inneren Stimme zuhören! Und dann darauf hören! Punkt.)

In der Nähe eines frisch eröffneten Musicaltheaters ein Mehrfamilienhaus mit einer schicken Cocktailbar zu besitzen und zwölf Wohnungen dazuzukaufen schien ein Schnäppchen und eine gute Idee zur Altersvorsorge zu sein, befand Papa. Er besaß selbst einige Immobilien in der Stadt, hatte also die Erfahrung.

Auch wenn die Wohnungen eher an sozial schwächer gestellte Mitbürger vermietet waren und das Rotlichtviertel um die andere Ecke lag. Mit dem Musicaltheater in der Nähe würde die Lage dauerhaft aufgebessert, andere Mieterschichten würden sich nach und nach interessieren. Er selbst wolle keine Immobilie mehr kaufen, dann müsste ich später nur Erbschaftssteuer darauf zahlen.

Und das Finanzierungsmodell über eine Lebensversicherung gehe doch bei mir viel günstiger, ich sei ja viel jünger als er.

Ach! Echt? Na klar!

Gute Argumente leuchten immer ein!

Also war es beschlossene Sache: Lebensversicherung auf mich abgeschlossen, die dann nach unvorstellbar langen Jahren ausgeschüttet würde, um den Kredit anno Zukunft bei Fälligkeit auf einen Schlag abzulösen.

(Es sei denn, ich sterbe vorher ...)

Ich kaufte also das Haus.

Ich heiratete, ich zog aufs Land, ich bekam Kinder und ich kümmerte mich um sie, ich schrieb als freie Mitarbeiterin für die Zeitung hier und da, und ich unterstützte meinen Mann kaufmännisch in seiner Praxis, schließlich hatte ich mal „Büro" gelernt. Aber ich überließ Papa wie abgesprochen die Verwaltung, Vermietung, Abrechnung der Feldherrenstraße – kurz: alles, was damit zu tun hatte.

Papa konnte Einmischung erfahrungsgemäß schon immer schlecht ertragen und fasste jegliche interessierte Nachfrage schon als Kritik auf. Daher ließ ich, wie immer braves Kind, die Finger von „meinem" Haus und kontrollierte geheimniskrämerisch nur zuweilen die Kontoauszüge, wenn ich ihn im Büro besuchte, weil ich ohnehin mit den Kindern in der Stadt war.

Es lief zunächst okay – das Haus „trug sich selbst" und schrieb knapp, aber immerhin „schwarze Zahlen", wie man so schön sagt.

Als ich bemerkte, dass mein Vater nicht mehr zurechtkam mit all seiner Verwaltung und der Arbeit, die sein Lebensinhalt war, weil die Parkinsonsche Krankheit und der Lauf der Zeit seinen Alltag immer mehr bestimmten; als ich bemerkte, dass aus dem oft despotischen, alles selbst in die Hand nehmenden Geschäftsmann ein pflegebedürftiger alter Mann geworden war, der auf die Hilfe seiner Frau angewiesen ist, da waren die Zahlen schon tiefrosa.

Da nämlich das Musical mit dem Namen, der mir eine Warnung hätte sein sollen, ein Flop war, war auch die schicke Cocktailbar als Gewerbemieter pleite.

Ehrlich gesagt, war das hier nie so richtig angelaufen. Neuer Mieter nach längerem Leerstand war die „Feel-blue-Bar", die gefühlt eher zum Red-light-Distrikt gehörte.

Das war ungefähr auch zu der Zeit, als ein gewisser Peter Hartz eine Sozialreform ins Leben rief, die unter anderem befand, dass es menschenunwürdig sei, wenn jemand nicht selbst und frei über ihm zustehende finanzielle Sozialzuwendungen bestimmen darf. Das sei z. B. dann der Fall, wenn die Miete direkt von einem Amt auf das Konto des Vermieters überwiesen werde, ohne dass man den Bezugsberechtigten danach frage, ob er das so möchte. Diesen Überweisungsakt solle doch der mündige Mensch selbst vornehmen können. So befand man in der Geburtsstunde des Hartz IV.

Ich sage aus gewonnener Lebenserfahrung: Freiheit, wem Freiheit gebührt! Aber es kann nicht jeder mit Freiheit oder auch nur mit Geld umgehen.

Und nicht jeder über 18 Jahren ist auch mündiger Bürger …

Das begann ich zunächst nur „zu spüren" zu bekommen. Mietzahlungen von Sozialhilfeempfängern blieben teilweise aus, denn sie bestimmten ja jetzt frei über ihre finanziellen Mittel und hatten sich definitiv für Plasmagroßbildfernseher und gegen so antiquierte, überflüssige Ausgaben wie Mietzahlungen entschieden.

Jedenfalls machte ich mir Vorwürfe, Papa alles überlassen zu haben, krempelte die Ärmel hoch und begann mich zu kümmern.

Es wäre doch gelacht, wenn man nicht mit etwas Konsequenz ein paar schwarze Schafe zur Räson bringen könnte, die einfach das Pech hatten, in Familien aufzuwachsen, in denen man ihnen nicht mit Geld umzugehen beigebracht hatte!

Zwar war für mich die Fahrtzeit Wesel bis Ruhrgebietsstadt recht lang und unser Sohn Ole musste nach der Grundschule ab 12.00 Uhr wieder betreut werden, aber ich stand schließlich nicht allein da – mir half ein gewisser Herr Kendair, ein Hausverwalter auf Empfehlung eines Geschäftsfreundes meines Vaters.

Als ich bemerkte, dass Herr Kendair die Mieten bar kassierte, aber zuweilen „vergaß" sie bei mir abzuliefern, waren die Zahlen rot geworden.

Wer jetzt zu nutzen wusste, dass es keine Quittungen des sauberen Herrn Verwalters gab, und clever genug war, sich mit seinen Nachbarn zu unterhalten, behauptete einfach, er habe doch beim Verwalter bezahlt!

Der war nie mehr telefonisch zu erreichen und unter seiner genannten Adresse nicht mehr wohnhaft.

Bei Gelegenheit eines versuchten Besuchs habe ich aber seinen Vermieter kennengelernt – und war mir selten mit einem Wildfremden so schnell einig in der Meinungsfindung über eine Person.

(Übrigens: Danach habe ich nie wieder auf meinen Vater gehört, es sei denn, es war eine rein zwischenmenschliche Bitte, wie die Tür zu schließen oder ihm das Salz zu reichen.)

Was sollte ich tun? – Natürlich Gerechtigkeit einfordern!

Schließlich leben wir in einem Rechtsstaat. Also: Verklagen!

Im Gespräch mit Herrn Dr. Müller, dem Anwalt meines Vertrauens, wurde aber auch einer Frau, die bisher durch vertrauensselige Naivität geglänzt hatte, schnell klar: Schlussstrich ziehen!

Denn mir wurden freundlich, aber bestimmt alte Sprichwörter von anwaltlicher Seite ins Gedächtnis gerufen wie: „Einem nackten Mann kann man nicht in die Tasche packen." Des Weiteren philosophierte ich noch lange über einen besonders prägenden Satz, den mir Herr Dr. Müller mit auf den Weg gab und der mich auch heute noch der Meinung sein lässt, dass ich die Rechnung für seine Beratung nicht umsonst gezahlt habe:

„Es ist ein Unterschied, ob man Recht hat, Recht bekommt oder Frieden findet."

Ich habe seither oft abgewogen, Mitmenschen mit schlechter Zahlungsmoral zu verklagen oder nicht zu verklagen.

Wo man klagt, da muss auch was zu holen sein. Man findet zwar auch keinen Frieden, wenn man Schuldner laufen lässt.

Aber man weiß zumindest, man hat nicht noch mehr Geld verloren.

„Schlechtem Geld soll man kein gutes Geld hinterherwerfen", nennt Herr Dr. Müller es anschaulich und weise. Jeder Prozess und anwaltliche Tätigkeit kosten Geld, und wenn die andere Seite nicht zahlen kann, so ist es nicht der Rechtsstaat, der dafür aufkommt, sondern man zahlt selbst.

(Es sei denn, man „ist" Hartz IV, dann nennt sich das Prozesskostenbeihilfe, wird von Vater Staat bezahlt, und weil man eh sonst keine Arbeit hat, kann man los und das beantragen.)

Einen Riesengewinn erzielte ich aber doch. Wenn er auch eher persönlicher als finanzieller Natur war. Lehre aus dieser ganzen Situation war für mich, dass ich meinen fatalen und verhängnisvollen Glauben an das grundsätzlich Gute im Menschen aufgab.

Ich erkannte, dass nicht jeder grundsätzlich danach strebte, ehrlich und gerecht und einfach ein guter, rechtschaffener Mitmensch zu sein.

Schließlich heißt es bei Goethe: „Edel sei der Mensch, hilfreich und gut" und nicht „Edel ist der Mensch, hilfreich und gut".

Aber es heißt irgendwo anders: „Jeder ist sich selbst der Nächste."

Wie konnte ich das nur jahrelang überhört und übersehen haben?

Jedenfalls hieß ich mich in der Wirklichkeit willkommen und begann mich jetzt selbst und in Person zu kümmern.

Ich verzieh ein paar vermeintlichen Kendair-Zahlern großmütig und der Not gehorchend (zu viele Räumungsklagen übersteigen bürgerliche Budgets ziemlich schnell …) und wir einigten uns auf künftige Mietzahlungen, die direkt über die ARGE abgewickelt werden.

Auf Wunsch der Bezugsberechtigten bestand diese Möglichkeit der direkten Überweisung der Mieten aufs Vermieterkonto nämlich nach wie vor.

Viele Empfänger sozialer Leistungen wussten das schlicht nicht und waren dankbar, darauf aufmerksam gemacht zu werden, dass sie diese Formalität erledigen lassen konnten und sich um Mietzahlungen nicht mehr kümmern mussten.

Die Miete wurde von den Bezügen direkt einbehalten und auf mein Konto weitergeleitet.

Eine junge Frau und Mutter war so erleichtert, sowohl die Besuche des Herrn Kendair los zu sein als auch die Aufgabe, selbst für Mietzahlung zu sorgen, dass sie sich bei mir bedankte.

„Et jippt sonne un sonne", wie meine Großtante zu sagen pflegte, womit sie meinte: „Es gibt solche und solche Menschen." Ich ergänze: „In jeder Gesellschaftsschicht."

In meinem Haus war es nicht anders. Ich musste meine misanthropische Haltung wieder relativieren und meinem Erfahrungsschatz eine neue Erkenntnis hinzufügen:

„Was du selbst getan, das hast du wohlgetan" – keine Ahnung, ob das vor mir einer schon mal formuliert hat.

Jedenfalls merkte ich: Wenn ich in Person mit meinen Mietern sprach, bekam ich als Gläubigerin ein Gesicht. Man kannte mich, suchte persönlich das Gespräch, wenn man ein Problem hatte. (Viele vermieden es nach wie vor, wenn ich ein Problem mit dem Mieter hatte, aber es wurde besser – okay, okay!)

Telefonisch war es wegen ständigen Handyanbieterwechsels der Angerufenen manchmal problematisch, Kontakt aufzunehmen, auch das sei nicht verschwiegen, aber die Zahlungsmoral besserte sich durch persönlichen Kontakt.

Nachdem also diverse Mieten verloren waren und einige Mieter schon vorher erhebliche Schuldenberge angehäuft hatten, verklagte ich dennoch vier besonders hartnäckige Fälle von renitenten Zahlungsverweigerern auf Räumung. Denn man kann solche Nassauer natürlich auch nicht ewig umsonst im warmen Nest sitzen lassen, selbst wenn es Geld kostet, sie herauszuklagen.

Zwar drohte mir Mieterin Schumacher aus dem 1. Obergeschoss links dramatisch mit Selbstmord und heulte mir aufs traurigste ins Handy.

Aber gewappnet mit meiner neuen Erkenntnis, mir selbst die Nächste zu sein, sprach ich nur den kühlen Rat aus, vom Dach zu springen sei sicherer, das 1. Obergeschoss vielleicht nicht hoch genug. Ich sei ihr dankbar für diesen Entschluss, erspare er mir schließlich Räumungs- und Lagerungskosten.

Neulich habe ich die Dame (immerhin zwei Jahre später) in der Stadt getroffen. Irgendwie geht es offensichtlich immer weiter.

Eine andere Familie nahm noch staatliche Rechtsbeihilfe in Anspruch, wurde aber hier höflich gebeten Abstand zu nehmen. Die Gegenseite, also ich, sei im Recht.

Ätsch! Geht doch …

Das Familienoberhaupt hatte nicht nur keine Miete bezahlt, sondern über ein Jahr lang auf Kosten der Hausgemeinschaft semiprofessionell (sprich: zum Erwerb, aber in schwarzer Heimarbeit) Gebetsteppiche gewaschen. Mir war ein Rätsel, wieso die Wasserrechnung so angestiegen war. Als ich im Waschkeller die vielen Teppiche zum Trocknen aufgehängt sah, war das Rätsel gelöst. Die Suche nach dem Schuldigen war dennoch Detektivarbeit. Da der Mieter als gewalttätig bekannt war, wollten die Nachbarn auch nicht so richtig heraus mit der Sprache.

Nachdem diese Parteien das Haus verlassen hatten, hinterließen sie vier renovierungsbedürftige Wohnungen, eine davon ohne Badewanne.

Die unentschlossene Selbstmörderin Frau Schumacher war nämlich, wie sich im Nachhinein herausstellte, im horizontalen Gewerbe selbstständig tätig.

Auf eigene Kosten hatte sie sich eine große ovale Wanne in ihr kleines Etablissement einbauen lassen (war es eine Ich-AG?), und die Jungs von der Spedition, die die Räumung durchführte, hatten sie ihr auf Wunsch ausgebaut. Gegenleistungen sind mir nicht bekannt. Ich kann mich eigentlich nur erinnern, einmal zu einem Gespräch (über Geld natürlich) bei ihr gewesen zu sein und ihre zwei großen Flachbildfernseher bewundert zu haben.

So ein Kleinkino hätten mein Mann und meine Kinder nämlich auch gerne zu Hause!

Auf Kautionen konnte ich gegenüber meinen Mietschuldnern übrigens nicht zurückgreifen. Mein Vater hatte nie eine Mietsicherheit verlangt und auch der Voreigentümer nicht. Damals hatte es noch auf Händedruck hin blindes Vertrauen gegeben.

Und mein Vater hielt sich für einen Mann mit Menschenkenntnis …

Die Renovierungen nahmen einige Monate in Anspruch und warteten mit einigen Überraschungen auf. Die Elektroleitungen waren so antiquiert, dass ihnen das Erdungskabel fehlte. Also mussten alle Wände aufgeschlitzt werden zur Neuverlegung.

Kurz vor den Sommerferien gab ich in der 2. Etage das Bad der linken Wohnung zur kompletten Erneuerung in Auftrag.

Zufällig war hier auch rechts die Wohnung frei geworden und auch hier war das gleich große Bad nicht mehr so toll. Deshalb hatte ich für beide ein Angebot zur Erneuerung eingeholt, in der Hoffnung auf ein im Doppelpack unschlagbar günstiges Angebot. Diese Hoffnung hatte sich bei keinem der Anbieter erfüllt, daher reichten mir kleinere Reparaturen im Bad der rechten Wohnung, da es in den 80ern und nicht wie das in der linken Wohnung in den 50ern zuletzt gefliest und ausgestattet worden war.

Aus dem Urlaub zurück, wollte ich beide Aufträge inspizieren und stellte zu meinem Entsetzen fest: Ich hatte die 2. Etage links vom Flur aus betrachtet gemeint, wie es in den Mietverträgen stand, mein Fliesenleger und Sanitärbauer hatte vor dem Haus stehend entschieden, wo rechts und links ist … Eindeutig war es hier auf den Standpunkt des Betrachters angekommen.

Auf meine Rückfrage an den ausführenden Unternehmer, ob denn nicht klar ersichtlich gewesen sei, welches das eindeutig ältere Badezimmer gewesen sei, zuckte er nur mit den Schultern. „Hab mich auch gewundert, aber wissen Se, Retro is ja getz in", war seine stilsichere Antwort.

Jetzt bekam ich immerhin noch den Sonderrabatt.

Ich begann positiv zu denken und inserierte meine vier Wohnungen.

Mit einem gewinnenden Text, auf den ich echt stolz war und der mit „Citynah …" begann, offerierte ich meine Wohnungen in einschlägigen Internetportalen und Wochenanzeigern.

Allerdings sollte der nächste zu verinnerlichende Lehrsatz für mich eher ein Schlagwort sein: „Lage, Lage, Lage!"

Für Menschen, die mit Immobilien nichts zu tun haben, bedarf es der erläuternden Erklärung. Er besagt schlicht, dass wer ein Mietobjekt in einer gefragten, angenehmen, guten, eben „wohnwerten" Lage hat, dieses auch vermietet bekommt.

Wer an einer Hauptverkehrsstraße, über einer Rotlichtbar am Rande des Rotlichtviertels (dieses hatte sich im Laufe der vergangenen zehn Jahre im Gegensatz zum Musical prächtig entwickelt!), neben einem pleitegegangenen Theater, in einem Haus mit einem extrem hässlichen Hinterhof, zu dem ja mindestens die eine Haushälfte Sicht hat, Wohnungen vermietet, der bekommt Probleme, eine vernünftige bürgerliche Mieterschicht zu gewinnen.

Und darf nicht allzu wählerisch sein, was das Beibringen von polizeilichen Führungszeugnissen und Lohnabrechnungen betrifft …

Gedichte

Endstation Parkbank

Eine Parkbank in Frankfurt am Main,
es ist kalt, trotz Sonnenschein.

Eine große Plastiktüte auf dieser Bank,
mit dem Kopf daran ruhend ein Mann, der aussieht,
als sei er krank.

An der Jacke, die er trägt, hängt der Dreck,
viele Menschen laufen an ihm vorbei und schauen weg.

Die schmutzigen Schuhe fast ohne Sohlen und durchlöchert,
jemand läuft vorbei und meint:
„Der hat sicher die ganze Nacht durch gebechert."

Die zotteligen Haare haben schon
lange keinen Friseur mehr gesehen,
der Mann ist dabei, sein Gesicht der Sonne entgegenzudrehen.

Auch im Gesicht Spuren des Lebens auf der Straße,
eine schlecht verheilte Wunde mitten auf der Nase.

Falten, die sich in seine Haut gegraben haben,
wenn man ihn anschaut, stellen sich einem so viele Fragen.

Warum ist es im Leben mit ihm so weit gekommen,
wer hat ihm die Perspektive auf ein besseres Leben genommen?

Ist er selbst an seiner Misere schuld,
hat es ihm gemangelt an Fleiß und Geduld?

Wurde er unschuldig in diesen Sumpf gezogen,
Leben auf der Parkbank, was hat ihn dazu bewogen?

Was ist passiert, dass es so weit gekommen ist,
ob er das normale Leben vielleicht vermisst?

Oder geht es ihm damit vielleicht sogar gut,
und er schaut jeden Tag nach vorn voller Mut?

Ist er vielleicht glücklicher als mancher Mensch mit Geld,
ist er etwa der wahre Lebensheld?

So viele Fragen, die einem bei seinem Anblick
auf den Nägeln brennen,
und doch ist jeder nur am Vorbeihasten und Weiterrennen.

Niemand würde es wagen, ihn einfach anzusprechen
und die Barriere zwischen Arm und Reich
einfach zu durchbrechen.

Mit solchen Menschen will man lieber nichts zu tun haben,
hat man doch an seinen eigenen Sorgen genug zu tragen.

Und doch, vielleicht wäre es das Ganze mal wert
und nur mit einem mal zu reden gar nicht so verkehrt.

Vielleicht würde es uns das eigene Leben
wieder bewusster machen,
vielleicht könnten wir dann sogar über
vermeintliche Misserfolge lachen.

Vielleicht wären wir danach nicht mehr
so getrieben von Hektik und Geld
und würden sie wieder mit anderen Augen sehen,
unsere Welt.

Endstation Parkbank,
doch vielleicht ist so ein Mensch glücklicher als du und ich,
verloren ist nur der, der nicht mehr glaubt an sich.

Holzkreuze am Straßenrand

Immer wieder Holzkreuze am Straßenrand,
du fährst vorbei, hast die Menschen ja nicht gekannt.

Holzkreuze, hinter jedem steht ein Schicksal,
es bedeutet so viel Leid und Qual.

Manche mit reichem Blumenschmuck,
andere nur mit Kerzen,
die Angehörigen tragen ihre Trauer tief im Herzen.

Sie sind gleichzeitig Erinnerung und Mahnmal,
sie stehen an vielen Stellen, keiner weiß die genaue Zahl.

Oft haben junge Menschen hier ihr Leben verloren,
das Schicksal hat einen grausamen Weg für sie auserkoren.

So manch einer hat sich beim Fahren selbst überschätzt,
ist dann gestorben, weil er war zu schwer verletzt.

Mancher Unfall passiert, weil Alkohol vernebelte die Sinne,
die Holzkreuze gleich einer mahnenden Stimme.

Etliche Male auch eine Verkettung unglücklicher Zufälle,
mitunter eine falsche Reaktion auf die Schnelle.

Holzkreuze, sie erinnern,
hier ging ein Menschenleben zu Ende,
gab es im Leben der Angehörigen eine unabdingbare Wende.

Holzkreuze, stumme Zeugen unzähliger Dramen,
manchmal findet man dort auch Bilder in Rahmen.

Holzkreuze, für viele Hinterbliebene die einzige Möglichkeit,
mit den Geschehnissen klarzukommen,
hat ihnen das Schicksal schließlich
einen geliebten Menschen genommen.

Jedes Holzkreuz erzählt seine eigene Geschichte,
mancher Unfall beschäftigt Monate danach noch die Gerichte.

Holzkreuze am Unfallort, ein Ort der Trauer,
kaum jemand, der Auto fährt, denkt daran,
der Tod könnte liegen auf der Lauer.

Holzkreuze, oft über Jahre gehegt
und von den Angehörigen liebevoll gepflegt.

Holzkreuze, ich fahre nie gedankenlos daran vorbei,
was hier wohl passiert ist, ist mir nicht einerlei.

Holzkreuze, sie berühren mich auf eine ganz besondere Art,
mit vielen Gedanken im Kopf setze ich fort meine Fahrt.

Holzkreuze, sie ermahnen mich auch immer
wieder zur Vorsicht,
es ist, als ob eine mahnende Stimme zu mir spricht.

Holzkreuze am Straßenrand,
ich hoffe immer, es steht nie eines für jemanden,
den auch ich habe gekannt.

Holzkreuze am Straßenrand, würde mir wünschen,
es käme nie mehr eines dazu,
viel zu viele Verunglückte befinden sich schon in ewiger Ruh.

Holzkreuze, ich hoffe,
für andere haben sie dieselbe Wirkung wie auf mich,
man sollte im Straßenverkehr nie nur denken an sich.

Holzkreuze am Straßenrand,
es wird sie leider immer wieder geben,
und doch muss es immer irgendwie weitergehen im Leben.

Ich bin reich

Ich bin reich, weil es dich in meinem Leben gibt
und es niemanden gibt, der mich so wie du doch liebt.

Ich bin reich, weil du mir täglich deine Liebe schenkst
und ganz sanft mein Leben in die richtigen Bahnen lenkst.

Ich bin reich, weil ich dich an meiner Seite habe,
wie viel du mir bedeutest, steht außer Frage.

Ich bin reich, weil du etwas ganz Besonderes bist,
ich hab niemals zuvor einen Menschen so vermisst.

Ich bin reich, denn du bist wie
mein persönlicher Sonnenschein,
dringst mit deiner Wärme und Herzlichkeit
tief in mein Herz hinein.

Ich bin reich, weil das Schicksal dich mir schickte
und ich seither in die Augen der Liebe blickte.

Ich bin reich, weil du deine Zeit mit mir verbringst
und alles Negative von mir nimmst.

Ich bin reich, denn du bist mehr wert als alles Geld der Welt,
es ist das Band der Liebe, was uns für immer zusammenhält.

Ich bin reich, weil du mich liebst
und mir alles, was ich brauche, gibst.

Für diesen unglaublichen Reichtum
kann ich nur Danke sagen,
auch ich werde dich immer voller Liebe
in meinem Herzen tragen!

Mein Stern

Du bist am Himmel mein leuchtender Stern,
ja, ich liebe dich und hab dich nicht nur gern.

Jeden Abend, wenn es dunkel wird, blinkst du mir zu,
erst dann finde ich meine nächtliche Ruh'.

Du erhellst mir meinen Weg,
mein ganzes Leben sich nur noch um dich jetzt dreht.

Mit vielen Sternen leuchtest du um die Wette,
wenn es besonders dunkel ist,
ich weiß, dass du mich nicht an einem Tag vergisst.

Du bist mein täglicher Begleiter,
mit dir an meiner Seite komm ich einfach weiter.

Der Stern, der deinen Namen trägt, steht mir immer zur Seite,
ist immer da, selbst in unendlicher Weite.

Du, mein Stern, manchmal zum Greifen nah, dann wieder so weit,
in solchen Momenten macht sich in mir die Sehnsucht breit.

Doch ich weiß, du wirst an meinem Himmel
fur immer scheinen,
ich bin mit dir nie allein, brauch nie mehr zu weinen.

Mein Stern, du machst mir immer wieder Mut,
mit dir an meiner Seite geht es mir einfach gut.

Mein Stern, leuchte bis in alle Ewigkeit,
für dich bin ich zu allem bereit.

Mein Stern, ich trage dich immer in meinem Herzen
und hoffe, du bereitest mir nie irgendwelche Schmerzen.

Du bist für mich der schönste Stern am Himmelszelt,
ich möchte dich gegen nichts mehr tauschen auf dieser Welt.

Mein Stern, das Kostbarste, was es für mich gibt,
ach, ich bin ja so in dich verliebt.

Menschen in deinem Leben

Menschen, die dir in deinem Leben begegnen,
dir vielleicht sogar manchen Weg ebnen.

Menschen, manche gehen nur kurz den Weg mit dir,
andere wiederum sind immer hier.

Menschen, manche nur eine falsche, leere Hülle,
die richtigen musst du herausfinden bei all der Fülle.

Menschen, die es gut mit dir meinen
und dich festhalten, wenn du bist am Weinen.

Menschen, die dir wirklich zur Seite stehen
und auch in schlechten Tagen den Weg mit dir gehen.

Menschen, die aber vielleicht nur ihren eigenen Vorteil sehen
und sich in der Not ganz schnell weg von dir drehen.

Menschen, die freundlich lächelnd ins Gesicht dir schauen,
doch pass auf, wem kannst du wirklich trauen?

Menschen, jede Begegnung in deinem Leben hat einen Sinn,
manch einer hebt dich auf, wenn du mal fällst hin.

Menschen, in deinem Leben ein Kommen und Gehen,
oft tut es weh, wenn sich manche nicht
mal mehr nach dir umdrehen.

Menschen, sie sind so verschieden,
manche wirst du hassen, andere wiederum lieben.

Menschen, lass es zu, dass sie dich begleiten,
versuch zu verzeihen, wenn man sich mal ist am Streiten!

Menschen, jede einzelne Begegnung bereichert dein Leben,
denn jeder kann auf seine persönliche Art dir etwas geben.

Menschen, du suchst sie und die richtigen werden dich finden
und sich dann in deinem Lebensweg einbinden.

Gedichte

Fenster

Dunkles Kreuz im Sonnenlicht,
dunkle Fläche bei Nacht –
sag: Wann wirst du dich öffnen?

Gefühl

Gefühl – das darfst du nicht haben,
sagen die Leute,
du musst objektiv sein.
Es kümmert sich nicht darum.
Es ist.

Bebend schmiegt sich
der seidig kleine Hund
an mich
und seufzt.
Könnt es sein,
dass Gott in dir,
du schwarzer Fremdling
sich eine Wohnstatt sucht
bei mir?

Bussgebet

… durch meine Schuld –
durch meine Schuld?
Durch meine übergroße Schuld???
Was bin ich denn schuldig geblieben? Den Gehorsam?
Habe ich vielleicht nicht gehorcht?
Ich habe nicht gelauscht,
ich habe nichts gehört.
Ich bin taub geblieben für Herzschläge.
Du hast auf Antwort gewartet, aber ich war stumm.
Du hast mich angerührt. Aber ich war starr.
Du hast das Leben versprochen – in Fülle.
Ich habe nichts gehört.
Ich habe dich nicht gehört.
Ich habe dir nicht gehört.
Du warst mir zu nah.

Seither gehöre ich auch mir nicht mehr.
Ich gehe im Nebel –
im Kreis,
in der Kälte,
ins Dunkel.
Ertaubt.
Erstarrt.
Verstummt.
Nur du hörst meine lautlose Bitte:
Öffne mein Ohr – ruf mich wieder!
Gib mir die Richtung!
Vergib!
Ich horche.

Untergrundbahn

Den Weg nicht verlieren,
auch wenn die Rolltreppe
stillsteht, wenn
das Glasdach den Tag aussperrt
und die Nacht –
wenn die Züge in entgegengesetzte Richtungen
gleiten –
wenn
sich die Tür schließt
mit Druckluft,
so
dass der Rückweg sich
erst nach Stationen auftut.
Es gibt ein Ziel.
Der stumme Zugführer sagt dir's
auch im Dröhnen der Tunnel.
Halt dir die Ohren nicht zu,
wenn
du wissen willst,
wann es Zeit ist,
den Zug zu verlassen!

Der Zugführer zeigt auch
die Treppe,
die dich weich
in den Tag trägt.

Buchendrilling

Alte Buche –
im dreifachen Zwiegespräch deiner Krone
mit dem Wind:
Sprich –
ich öffne das Fenster
Sprich –
das Fenster bleibt offen,
die ganze Nacht
Sprich –
ich will dich noch hören,
wenn es geschlossen ist.

Selig die Toten –
Trost brauchen die,
die zurück bleiben.
Doch: Die Toten
leben in unserer Trauer.
Mehr noch:
Im Dank für die Zeit,
die sie uns schenkten.

Zeit-Reflexionen –
Versuche einer Annäherung an (Un-)Nahbares

Zeit – 1. Versuch einer Annäherung

Zeit ist …
ökonomisch gesehen viel Geld
ökologisch gesehen unbezahlbares Leben
rational gesehen eine Messgröße
dialektisch gesehen ein Widerspruch
psychologisch gesehen ein Selbstversuch
physiologisch gesehen ein Zerfallsprozess
emotional gesehen ein Lach- und Weinkrampf
soziologisch gesehen ein Konfliktherd
biologisch gesehen eine tickende Uhr
existenzialistisch gesehen sinnlos
lebensgeschichtlich gesehen immer zu kurz
menschlich gesehen ein Auf und Ab
kindlich gesehen nahezu unbegrenzt
physikalisch gesehen eine Variable in Gleichungen
physikalisch radikal neu interpretiert eine Illusion
quantenphysikalisch gesehen relativ
anthropologisch gesehen ein aufrechter Gehversuch
historisch gesehen eine Melange aus Wahrheit und Lüge
geologisch gesehen ein lächerlich kurzer Abschnitt
religiös gesehen eine absichtsvolle Laune Gottes
therapeutisch gesehen eine Fundgrube
philosophisch gesehen ein Alles und Nichts
religionsphilosophisch gesehen ein Auftrag
protestantisch gesehen ein unentwegtes Schaffen
transzendental gesehen ein ewiges Rätsel
taoistisch gesehen Weg und ewige Wiederkehr
zenbuddhistisch gesehen vollendeter Gegenwartssinn
islamistisch gesehen verheißungsvoller Jenseitssinn

euphemistisch gesehen ein nettes Ringelspiel
euphoristisch gesehen ein andauerndes Fest
defätistisch gesehen ein permanentes Trauerspiel
komisch gesehen ein Affenzirkus
hedonistisch gesehen ein Schlaraffenland
fatalistisch gesehen egal
epikureisch gesehen ein sinnlicher Genuss
konstruktivistisch gesehen eine Lüge
systemisch gesehen ein vernetztes Etwas
objektiv gesehen demokratisch gleich verteilt
subjektiv gesehen zutiefst ungerecht
nüchtern gesehen eine Aporie
realistisch gesehen einfach unfassbar –
ohne Ende und Anfang,
einfach infinitesimal.

Zeit – 2. Versuch einer Annäherung

Zeit ist …
für Gott Kairos etwas zyklisch Wiederkehrendes
für Gott Kronos etwas sich selbst aufzehrend Vergängliches
für Aion, den Gott der Weltzeitalter (Äon),
etwas unaufhörlich Ewiges
für frühe Hochkulturen etwas, was vom Himmel fällt
(als Eigentum der Götter)
für manch arabische Kulturen eine Dreiheit von:
gar keine Zeit, jetzt, ewig
für indianische Kulturen wie die Sioux etwas,
wofür sie keinen Namen hatten
für Goethe etwas Veloziferisches
(velocitas = Eile, Lucifer = Gott der Illusion)
für Marcel Proust eine Suche nach Verlorenem
für Hesse eine Kunst des Müßiggangs
für Thomas von Aquin ein ewiges Jetzt

für Hofmannsthal ein sonderbar Ding,
das in den Gesichtern rieselt
für J. G. Herder etwas,
was sich in allen Dingen in einem andern Maß äußert
für Augustinus etwas, wovon er wohl wüsste, was sie sei –
solange er nicht gefragt würde
für Augustinus aber auch einzig eine Bewegung der Seele
für Nietzsche eine atemlose Hast
für Marx das Recht auf Arbeit
für Lafargue das Recht auf Faulheit
für Kant praktische Vernunft
für Schlegel ein Fragment aus dem Paradies
für Hegel verbunden mit Leiden(schaft) & Lernen
(pathein & mathein) –
durch das erst Großes geschieht
für Seneca maßvolles Otium und Negotium
für Aristoteles gemessene Bewegung,
das Maß der Bewegung
für Einstein das,
was man an der Uhr ablesen kann –
und zugleich etwas Relatives,
das sich dehnt und zusammenzieht wie Kaugummi

Zeit – 3. Versuch einer Annäherung

Zeit ist …
für Karl Jaspers ein Auf-dem-Weg-Sein
für Ilya Prigogine ein unzerstörbares Gewebe der Natur
für Karl Wittgenstein verbunden mit dem Aufruf
zu einer Kultur des Schweigens
für den Dialektiker Peter Heintel
ein aporetisches Be- und Entschleunigungsdilemma
für den Mathematiker Rudolf Taschner etwas,
was nicht vergeht – im Gegensatz zu uns

für Sten Nadolny eine Entdeckung der Langsamkeit
für Jacob Needleman die Summe aller Lügen über das,
was wir sind und sein wollen
für den Philosophen Zimmerli ein infinitesimaler Punkt
zwischen Vergangenheit und Zukunft
für Friedhelm Moser ein Leben als einziges Rückzugsgefecht
im Kampf gegen den Verfall
für Paul Virilio rasender Stillstand
für S. J. Lec eine Uhr, die alle schlägt
für Mark Twain eine miserable Kosmetikerin
für Jean-Luis Gianni eine überdrehte Maschine –
die sich nicht stoppen lässt und hoffnungslos fremd bleibt
für Miles Davis nicht die Hauptsache,
sondern das Einzige.
für Karlheinz Geißler eine Suche
nach dem pausenlosen Glück
für Axel Braig und Ulrich Renz die Kunst,
weniger zu arbeiten
für Marianne Gronemeyer ein Leben als letzte Gelegenheit –
angetrieben von der Macht der Bedürfnisse.

Zeit – 4. Versuch einer Annäherung

Zeit ist …
für die meisten SchülerInnen ein Zwangsdurchgang
für Top-ManagerInnen ein Pendeln
zwischen Macht und Ohnmacht
für Arbeitslose eine gähnende Leere
für Junkies ein deliriöses Intermezzo von Schuss zu Schuss
für Zyniker eine permanente Hinrichtung
für plastische Chirurgen eine unheilbare Krankheit
für Workaholics ein Dauerfeind
für Humoristen ein Scherz
für Optimisten eine Chance

für Pessimisten eine Gefahr
für Chauvinisten ein Suchtmittel
für Illusionisten ein Fluchtmittel
für Narzissten ein Schaumittel
für Sophisten ein Lehrmittel
für Positivisten ein Lernmittel
für Aktivisten ein Lebensmittel
für Hedonisten ein Genussmittel
für Utilitaristen ein Gebrauchsmittel
für Altruisten ein Geschenk an Zeithungernde
für Mechanisten eine Uhr mit Zeigern
für Ökonomen etwas zu Bewirtschaftendes
für Pragmatiker ein Kalender –
mit definitivem Ende und Anfang
für ZeitforscherInnen eine zeitraubende Angelegenheit –
aber sinnstiftend.

Und die Zeit selbst?
Sie ist die Zeit los.
Einfach zeitlos.
Ein Alles und Nichts.
Fülle und Leere.
Un-fass-bar.
Zeit ist.
Ewig.
Zeit isst
uns auf.
Mahl-Zeit.

Aber wir kehren wieder.
Als Zeit.
Als ein Alles und Nichts.

Nacherzählung meines Büchleins

Meine Welt, deine Welt
Dritte Welt, Um- und ganze Welt

Es handelt sich um ein alternatives, besinnlich-heiteres, leicht autobiographisches Haushaltungsbuch, das aus drei Teilen besteht: Ernährung, Recyclingbasteln und Kinderbeilage. Leider können die Illustrationen in dieser Anthologie aus technischen Gründen nicht abgedruckt werden.

Vorwort

Da das ursprüngliche Vorwort nicht jedermanns Sache sein dürfte (es leidet an einem Stich ins Religiöse) habe ich es durch einige Vorbemerkungen zur Entstehungsgeschichte des Büchleins ersetzt, in denen ich die These vertrete, dass das gesündeste Rezept auch das mitweltbezogenste ist. Zu einem späteren Zeitpunkt habe ich anstelle des Vorworts ein „Mittewort" eingeschoben.

Ernährung

Damit die Verwirklichung der Eingangsthese nicht genussfeindlich wird, stehen an erster Stelle Schlemmertrennkostrezepte, Trennkost verstanden als alternativer Ernährungsstil.

Darauf folgen elf Seiten Ausführungen zu einem alternativen Rezept „Dörrobstsalat", durch eine wohlschmeckende Marinade aus Schwarztee, Honig, Nelken usw. verfeinert.

Das Kapitel enthält drei Einschübe: 1. über den alternativen Süßstoff Stevia, 2. Essen und Sucht, 3. Anekdoten zur gelegentlich eigenen Diskrepanz von Theorie und Praxis – ein Indiz dafür, dass das Büchlein nicht immer ganz ernst, sondern als Scherz gemeint ist; dass es trotz ernsthaften Hintergründen fröhlich bleibt. Denn Lebenskunst dürfte u. a. darin bestehen, vor lauter (Mit-)leiden nicht selbst das Gleichgewicht zu verlieren.

Ich zitiere den Anfang der Ausführungen zu einem weiteren Kapitel „Alternatives Eiweiß":

„Es […] muss auf die Errungenschaften hingewiesen werden, die auf der Suche nach neuen Eiweißquellen geschaffen wurden, indem durch Gärung ein dem Champignon verwandter Schimmelpilz gezüchtet wurde. Das hat den Nachteil, dass das sehr fein schmeckende, mit Hühner- oder Fischfleisch vergleichbare Produkt relativ schwer verdaulich ist …" Das Produkt heißt Quorn, das erste Rezept in diesem Kapitel nennt sich Quornhackbraten.

Eine weitere Gruppe Rezepte widmet sich dem Thema „ungebackene Dünnen", andernorts auch Kuchen, Fladen oder Wähe genannt. Grund: Backen ist energieaufwendiger und erfordert bei alten Backöfen deren Reinigung … Herstellung nach dem Prinzip: Grießbrei herstellen, auf ein Blech gießen, erstarren lassen und mit einem Belag, z. B. eingelegten Pflaumen, bedecken. Das Kapitel besteht aus 18 weiteren Rezepten mit anderen Böden und Beilagen – von afrikanischen bis russischen Varianten.

Kleie ist ein Mehlersatz und umweltfreundlich, da es sich um ein ursprüngliches Abfallprodukt handelt. Das erste Rezept heißt Kleiebrötchen und wird aus Eischnee und Kleie hergestellt, gewürzt und in kleinen Portionen in der Bratpfanne mit wenig Pflanzenöl gebraten.

Abrundende Gedanken schließen den Ernährungsteil, sie betreffen beispielsweise Erörterungen zum Fisch- und Fleischgenuss.

Ein ausführliches Beispiel für ein Kapitel aus dem Ernährungsteil:

Süßstoffe

Es fällt auf, dass das Rezept „Dörrobstsalat" statt Zucker Honig verwendet. Das mag zum einen geschmackliche Gründe haben – und solche zählen immer auch bei der *Freude* am alternativen Kochen und Basteln. Ökologie soll im Sinn der Einleitung die Genussfähigkeit nicht beeinträchtigen. Zum andern lässt der Ersatz von Zucker durch Honig vermuten, dass gesundheitliche Bedenken gegen Zucker bestehen, die Honig aber möglicherweise nicht ausreichend löst. Festzuhalten bleibt freilich, dass die Gewinnung von Honig ökologischer sein dürfte, arbeitsintensiv und häufig von Kleinunternehmen betrieben, während Zucker eher energieaufwendig in Zuckerrohrplantagen von Großgrundbesitzern gewonnen wird, hohe Transportkosten verursacht und auch im Unterschied zur Honiggewinnung eine Menge Land beansprucht, das nicht für Monokulturen gerodet werden müsste, zumal unraffinierter Zucker das gesundheitliche Problem auch nicht zu lösen vermag. Gesundheitliche Bedenken bestehen möglicherweise auch gegen die Verwendung von künstlichem Süßstoff wie Assugrin. Außerdem soll dieses appetitanregend wirken, was auf der Nordhalbkugel eher wenig wünschenswert ist.

Möglich, dass der neu wiederentdeckte pflanzliche Süßstoff Stevia mit praktisch null Kalorien eine Lösung bringt … Gesundheitliche Bedenken gegen das uralte Aztekenkraut scheint die WHO zerstreut zu haben, sie scheinen vorwiegend aus Kreisen der Zuckerindustrie zu kommen, wie bei Quorn (siehe unten!) vonseiten der Fleischindustrie.

Stevia ist sehr viel süßer als Zucker und hat den Vorteil, dass es vorwiegend von *Kleinbauern* der Dritten Welt angebaut wird und als arbeitsintensives Produkt Arbeitsplätze schafft. Entsprechend ist Stevia aber wie einheimischer Honig ziemlich bis sehr teuer. Es hinterlässt auch wie Assugrin einen etwas lakritzartigen Nachgeschmack, an den man sich aber gewöhnen kann. Ein Nachteil von Stevia: Es eignet sich wie Assugrin nicht für alle Gerichte und Gebäcke. Gelieren und Karamellisieren sind unmöglich. Andererseits kommt das im Vergleich zum Tiefkühlen energiesparende Konservieren mit Stevia auf.

Stevia ist in Drogerien und in Onlineshops erhältlich, als Blätter, Flüssigkeit, Granulat oder Pulver. Große Getränkefirmen wie Coca Cola sollen sich mit der Einführung von Stevia befassen. Das Beispiel zeigt, dass es unangebracht ist, „die" Industrie oder „die" Wirtschaft in einen Topf zu werfen. Die anstehenden Probleme erfordern ein Zusammenwirken aller Kräfte; Zusammenarbeit, nicht Konfrontation ist gefragt.

Es gibt eigene Koch- und Backkurse mit Stevia, auf www.prostevia.ch. Achtung: Es bestehen bei unterschiedlichen Händlern beträchtliche Preisunterschiede. Verunreinigtes Stevia kann gesundheitliche Probleme verursachen. Stevia ist nicht winterhart, kann aber in Töpfen auf der eigenen, sonnigen Terrasse selbst angebaut werden. Nähere Informationen im Buch von B. Simonsohn: Stevia, sündhaft gut und urgesund. Aitrang 2000.

Recyclingbasteln

Da zur Ernährung auch die Verpackung gehört, besteht der zweite Teil des Büchleins zur Hauptsache aus Anleitungen zum Recyclingbasteln. Grundlagen sind weitgehend aus Plastiktüten hergestellte Plastikfolien.

Beispiele

Sitzsack
Sehr großen Sack aus Plastikfolien herstellen, mit zerknülltem Zeitungspapier oder noch besser Verpackungsstyroporkügelchen füllen – gemäß Internetanleitung mit einem alten, gefärbten Laken überziehen. http://handarbeit.schnugis.net/naehen/hocker/sitzsack-styroporfuellung.html

Drachen aus Plastikfolie: siehe Skizze www.bauanleitungen.ch/deko_drachen.php

Sitzwürfel, -block

Zeitungen in der Hälfte falten und gefaltete Hälften so lange aufeinanderschichten, bis ein Quader entsteht. Eventuell Zwischenlagen nach je vier Zentimetern leimen oder den Quader mit einem Klebeband fixieren. Plastikfolie von entsprechender Größe ausschneiden und den Quader wie ein Paket damit einpacken und anleimen.

Küchenschürze

Anleitung: Schnittmuster herstellen, indem ein quadratisches Papier von circa 90 cm Seitenlänge in einer Mittellinie gefaltet wird. Von ihr aus für das Oberteil eine Markierung von 15 cm machen.

Vom unteren Rand an den offenen Seiten eine Markierung von 65 cm anbringen. Die beiden Markierungen durch einen Bogen nach innen verbinden und ausschneiden. Das Schnittmuster auf eine in der Mittellinie gefaltete Plastikfolie geben, die wegen des Saumes etwas größer sein muss als das Schnittmuster: Unten 6, sonst 4 cm zugeben. An den Rändern des Bogens in regelmäßigen Abständen 3 mal 3 cm Einschnitte anbringen. Säume heften oder kleben, jene der Bogen zuletzt.

An den Enden der Bogen Schlitze offenlassen, durch die ein drei Meter langes Band gezogen wird. Am unteren Ende eines Bogens anfangen, zum oberen durchziehen (z. B. mithilfe einer Haarspange oder Sicherheitsnadel), zum oberen Ende des anderen Bogens gehen (nur so weit anspannen, dass der Kopf noch durchgeht), dann das Band zum unteren Ende des Bogens führen. Schürzen umbinden und mit den Band-Enden auf dem Rücken eine Masche bilden.

Ein Abschnitt aus dem „Mittewort" und weiteren Nachträgen:
„… für alle, die sich verpflichten, einen verantwortungsvollen Haushalt anzustreben, ist ein Haushalts- (und Erziehungs-)lohn zu fordern. Es gibt viel zu viele „Stellenbesitzer", Menschen, die aus Finanz-, Prestige- und ähnlichen Gründen „arbeiten". Es wird viel zu viel produziert (Rohstoffverschleiß, Müllberge als Folge …)"

Kinderbeilage

Ein Verslein aus der Kinderbeilage zum Thema Hochstamm-
baum:

Was im Hochstammbaum geschieht (im Original ist fast jede
Zeile mit einem Bild illustriert):

Ein Hochstammbaum steht ganz allein.
Da fliegt ein kleiner Spatz hinein.
Kommt die Spätzin noch hinzu,
ist's bald fertig mit der Ruh!
Die beiden bauen jetzt ein Nest
und feiern bald ein Eierfest.
Die beiden brüten Tag und Nacht,
bis sehr es in den Schalen kracht.
Der Hochstammbaum ist voll Geschrei:
Wo denn nur das Futter sei.
Schnell sind die Spatzen nicht mehr klein,
im Hochstammbaum, da lebt sich's fein.
Der Vater schimpft: Aus ist der Traum,
sucht euch einen andern Hochstammbaum.

Das Büchlein ist erschienen im Verlag novum pro 2010.

Gedichte

schneeglöckchen

schneeglöckchen steckt den kopf hervor
auf gar mut'ge weise
schwestern folgen nach dacor
auf ihre frühe reise

ein wohlig warmer sonnenstrahl
lockt blümchen aus der erde
aufwachgeflüster geht durchs tal
das frühlingsglück nun werde

auch der krokus bunt und keck
streckt sich raus zur sonne
aus behütet erdversteck
blühend freudig wonne

weiße flecken da und dort
dazwischen blüht schneeröschen
der grüne jagt den winter fort
aufspringend elfendöschen

die elfchen voll von goldig staub
schweben freudig durch die sonne
frischest grün von neuem laub
sorgt für die herzenswonne

schwermut nun verlässt den ort
das steife flieht aus den gliedern
alle trübsal ist nun fort
lasst uns den frühlingsgruß erwidern

materie

alles ist so schwer
kann mich nicht mehr bewegen
wo kommt dies bloß nur her
möcht mich niederlegen

fühle mich wie der block
in einer eisig pyramide
eingefroren schock
und panisches gesiede

gedanken tragen tonnenschwer
des tages bleiern lider
drücken das gemüt gar schwer
bis abends brech ich nieder

so zäh ich mich von tag zu tag
fortwährend bin ich müde
egal was ich auch zu mir sag
die schwere plagt mich rüde

wie komme ich bloß da raus
aus dem betongefühle
wäre ich nur eine maus
die sich den weg erwühle

oh theophanus zeige mir
den weg aus diesem tal
für deine treue dank ich dir
jetzt und alle mal

gott sei dank

erlebte alles wie durch watte
da ich keine ahnung hatte
was mit mir so los

gewicht enorm welch' ich zu tragen
hörte ich auf nicht mehr zu klagen
bis ich ein traurig kloß

so humpelte ich durch die gassen
als hätte gott mich ganz verlassen
mein selbstbildnis voll schief

leiden leiden ohne ende
leise hoffend auf die wende
suhlte ich mich in meinem mief

bis ich aus liebe auf mich machte
ein unerträglich muss erdachte
und es in mir erschuf

ich tat es wut und angst zum trotz
es flossen bäche von tränen und rotz
demut heißt nun mein beruf

müde leg ich mich jetzt nieder
um zu erholen meine glieder
betend um seelenruh

langsam senk ich meine lider
ich schmeck die luft wie frühlings flieder
lass glücklich meine augen zu

der weg

mein herz sagt mir wohin es geht
doch mein verstand will es nicht glauben
und wo für mich erfüllung steht
da will er mich stets berauben

doch hoffnung meinen weg erhebt
sodass ich langsam glaube
bis meine träume ich erlebt
und ich schick die friedenstaube

so kann ich gehn nun meinen weg
da ich es mir nun erlaube
übersetz nun freudig jeden steg
mein wanderstab der glaube

der himmel meine füße lenkt
wohin sie mich auch tragen
das leben ist mir nun geschenkt
und ich hab keine fragen

rosenblüte

in kurzer zeit und voller pracht
blüte in die sonne lacht
geben und nehmen in einem guss
voll leichtigkeit im lebensfluss

süß und betörend lädst du ein
mit dir bunter reigen zu sein
immer vollkommen unbeschwert
ist niemals dir etwas verkehrt

sanftmütige zufriedenheitsekstase
ob wiese oder blumenvase
niemals du deine freude vergisst
da du bewusst und einfach bist

oh wunderbarer quell der liebe
ob könig, bettler oder diebe
duftend botschaft in farbig pracht
das ist's, was dich zur göttin macht

rosige zeiten wünsch ich mir
für immer sein im jetzt und hier
nie mehr in der schwere ich verzage
oh duftende zu blühn ich wage

mutter

du hast mir das leben geschenkt
du tatest dein bestes und ich ward gekränkt
mutter, du hast mir das leben gegeben
da ich dies weiß, verehr ich dich eben

nicht alles, was du machtest, tat mir gut
ich zitterte und weinte eine endlose flut
in seele und leib peinigend schmerzen
zusammengepresst die liebe im herzen

die liebe zu tragen, als wär sie die pest
nah war ich dran, mir zu geben den rest
es gab viele dinge, ob der ich dich gehasst
du hast einfach nicht in mein weltbild gepasst

ich habe einfach alles infrage gestellt
wofür du so standest in meiner welt
jahrzehntelang hab ich auf erden hinterfragt
was wurde jemals getan und gesagt

bis ich dann endlich die liebe fand
seither bin ich ein krieger in gottes hand
seither fühl ich mich unendlich geborgen
und liebend besieg ich all meine sorgen

da dies alles dank gott und meinem willen so geschehn
wurde ich erwählt den kern der wahrheit zu sehn
so durfte ich direkt von der quelle erfahren
dass mütter den schlüssel zum leben bewahren

sperrt frau tief in ihrem herzen auf
nimmt ein neues schicksal seinen lauf
eine seele darf binden sich an ihren schoss
und mutter trägt und lässt dann los

dann hält sie in händen ein erdenleben
und beschließt freudig ihr bestes zu geben
oh mutter, nun weiß ich, du hast immer dein bestes getan
drum fang ich nun zu leben an

❧

erinnerung

der baum erblüht in voller pracht
dem mensch erfreut das herzerl lacht
im garten milder sonnenschein
der himmel lädt zum leben ein

sanftes lächeln jeder blüte
der baum erstrahlet voller güte
freudig lädt er alle bienen ein
zum göttermahl im liebeshain

das lied der bienen ihn berauscht
voller sanftmut er's erlauscht
da fällt's dem alten wieder ein
es muss wohl frühling sein

❧

papa

papa, warum hast du mich verlassen
papa, warum muss ich dich jetzt hassen
papa, jeden tag wart ich auf dich
warum besuchst du mich denn nicht

hab ich angst vor andren kindern
kommst du nicht sie mir zu lindern
hab ich angst etwas zu sehn
kann ich hinter dir nicht stehn

zeigst mir nicht, wie man bögen baut
zeigst mir nicht, wie man sich selbst vertraut
ich weiß nicht, wie man größere besiegt
weiß nur, wie man am boden liegt

führst mich nicht zu meiner kraft
lehrst mich nicht, wie man unmögliches schafft
lehrst mich nicht in mir den krieger
weiß nicht, wie man sich fühlt als sieger

papa, warum hast du mich verlassen
papa, ich mag dich nicht mehr hassen
papa, jeden tag wart ich auf dich
doch ich weiß, du bringst das nicht

jeder saugt an meiner kraft
und ich weiß nicht, wie man es schafft
gegen diese diebe sich zu wehren
geschweige denn sie zu belehren

fühl mich schwach wie eine flamme
der man das wachs entzieht
oh vater, wie ich dich verdamme
da all dies mit mir geschieht

ohne sich selbst vertrauende kraft fast
leb ich so gedemütigt jahr für jahr
da ahn ich leise, warum du das gemacht hast
weil's bei dir viel schlimmer war

von der mutter gelegt vor eine gasthaustür
ähnlich wie's bei moses war
doch auch mutter 's beste gab dafür
verfolgt von einer garstig schar

papa, warum hast du mich verlassen
papa, nie mehr will ich dich hassen
papa, jeden tag denk ich an dich
papa, bist jetzt da, ich liebe dich

seelchen

ein seelchen jetzt in unsrem haus
füllt langsam unser leben aus
monate bevor's geboren
schon zum liebling ist's erkoren

dinge sich um uns da scharen
die vormals gar nicht wichtig waren
worin sinn und liebreiz wir jetzt erkennen
auch um zu ertragen unser sehnen

viele der lieben, die wir kennen
vor lauter rührung jetzt schon flennen
manche heimlich, manche offen
und alle sie das beste hoffen

unser seelchen schickt die boten
damit selbst wir uns benoten
um von grund auf uns zu hinterfragen
um der reinheit botschaft zu tragen

um zu bereiten das wärmende nest der liebe
um zu empfangen die frucht unsrer zarten triebe
um das seelchen würdig auf die erde zu gebären
um es in liebe im lichte zu nähren

s heazal

mein universum entrissn
woaundas hieg'schissn
so hob i mi gfühd
grod hob i no g'spüd

in hochn bogn
woaundas hiegflogn
steh i jetzt do
und schnoin völlig o

bin fost apathisch
mei hirn fost quadratisch
wos isn do los
i füh mi so blos

de mama hod gsogt
dass es daham nimma pockt
und i bleib jetzt do
bei da oma hoid so

sie wird mi wieda hoin
doch i füh mi so bstoin
füh mi so beschissn
da liebe entrissn

mei heazal liegt bloß
wo is da mama ihr schoß
wo soll i jetzt wana
loss mi ned so lana

bin ohnmächtig voa zurn
a dämon wird geburn
a riesiges zittern
losst mis hearzal vergittern

mit aungst überfüllt
ausgspuckt und zerknüllt
so lieg i jetzt do
i wia nimma froh
doch do siach i a licht
in da oma ian gsicht
liebe und güte
aus des herzens gemüte

des lächln mocht mi woam
füh mi a bissal dahoam
i blinzl aussa aus mein frust
die liab kitzlt mei lebnslust

daun renn i in woid
wäu ma dea so gfoid
vagrob duat mei herz
vastecks hoid vuan schmerz

de elfaln passn drauf auf
se bewochns zuhauf
's schicksal schiaßt mi noch wean
und scho wieda muaß i blean

i wohn jetzt im beton
olle rennan fia an lohn
siach an hauffn frustrierte
zu robotern mutierte

des kauns fia mi ned sein
doch wos moch i allein
allein mit fünf joa
des geht unmöglich na kloa

so bleib i hoid do
gib mei bestes aso
is hoid a vasuach
glaub do muass i duach

doch wos i a dua
nix is guat gnua
i suach und suach
verbrauch etliche schuach

doch wos i a moch
wia i mi a ploch
es ged ned fü weida
i füh mi ned gscheida

owa i bleib auf mein weg
bau maunchmoi an steg
gib niemols auf
erleid schiffbruch zuhauf

doch wuascht wia's mi trifft
es wird weida geschifft
i gib ned noch
de liab hoid i hoch

so vageht joa fia joa
's geht bessa wirklich woa
noch da johre prüfung und leidn
möt ses glick gaunz bescheidn

nimm's goa ned glei woa
wäu's so unglaublich na kloa
daun siach is endlich vua mia
bin aufgregt ois wia

daun foa i in woid
grob duatn boid
in bodn umanaund
bring zutog ollahaund

schmeiß d'erden in d'luft
stoß auf a gruft
stemm in deckl in d'he
schau mei hearzal juchee

hob's jetzt bei mia
pass auf drauf ois wia
gib's nie mehr weg
vor gott braucht's ka vasteck

das brot

von jesus vermehrt
von menschen geehrt
gewonnen von ähren
lässt man es gären
um es zu geben
ins feuer eben
knuspernd heraus
so teilt man es aus

den menschen lässt's leben
von gott ist's gegeben
in allen landen
ist es vorhanden
seit ewig zeit
dem menschen ist's geleit
der erde gabe
damit es uns labe

es nicht zu entehren
es niemand verwehren
es mit allen zu teilen
die in hunger verweilen
dorthin zu tragen
wo knurrend magen
es allen zu geben
damit sie leben

jeden beschenken
an jeden zu denken
jeden zu fragen
zu tilgen das klagen
zu verjagen das leid
damit die menschheit befreit
zu öffnen die herzen ganz weit
damit gott uns ewig geleit'

der zirkus ist in der stadt

schneeweiße tauben schweben
darf den zirkus erleben
bin zu tränen gerührt
vorher schon gespürt

bin geladen jetzt ein
freudig kind zu sein
berührender clown
bricht spaß vom zaun

der mensch und das tier
im einklang lebt hier
voreinander respekt
die liebe entdeckt

akrobat schwebt im tuche
staunend halt ich suche
den mund weit offen
den mut ich getroffen

junger mann jongliert
geschick zelebriert
spaß im herzen
mit dem leben scherzen

dame liegt am rücken
balanciert zum entzücken
zylindrig stäbe und stern
oh wie seh ich sie gern

frau direktor moderiert
hat ihre kinder integriert
artisten vom feinsten
dietmar, warum weinst denn

mir war lang nicht bewusst
warum diese sehnsucht in der brust
doch heut hab ich's gespürt
mich hat die freiheit berührt

zuckerwatteduft
lebensgewürzluft
popcorn zur jause
geh glücklich nach hause

Die Bankräuber –
Eine Spiegelgeschichte

Auf der Straße war ein Auto in eine Straßenbahn gefahren. Der schwarze VW war völlig kaputt. Während in der Straßenbahn die Menschen mit dem Schrecken davongekommen waren, sahen sie von den Fenstern aus auf den verbeulten VW hinab und fragten sich, ob den drei Insassen etwas zugestoßen war. Im Wrack rührte sich nichts, doch war wie durch ein Wunder niemand ernsthaft zu Schaden gekommen. Dennoch waren alle drei Männer, die sich zum Glück angeschnallt hatten, bewusstlos. Einem von ihnen gingen die letzten Ereignisse durch den Kopf.

Der Wagen war mit der Straßenbahn zusammengestoßen. Plötzlich begann er sich auszubeulen, und das ganz ohne Fremdeinwirkung, als wolle Luft aus dem Auto entweichen und schaffe es nicht. Während sich der Wagen wie erwähnt ausbeulte und in die Länge zog, wobei er seine ursprüngliche Form anzunehmen schien, bewegte er sich rückwärts, bis von dem Schaden am VW nichts mehr zu erkennen war. Die drei Männer fuhren sehr schnell und legten ein rücksichtsloses Fahrverhalten an den Tag, was angesichts der Tatsache, dass sie rückwärts fuhren, noch riskanter wirkte. Im Rückwärtsgang fuhr der Wagen bei Rot über die Kreuzung und bog jetzt scharf nach links in eine kleine Seitengasse ab. Nun fuhr das Auto wieder rechts und bewegte sich erneut auf einer breiten Straße, die aufgrund der vielen Fußgänger und zahlreicher anderer Automobile sehr belebt wirkte. Der schwarze VW fuhr nun tatsächlich rückwärts auf dem Fußweg, da auf der Straße die Autos im Stau standen. Die drei Männer im Wagen hatten es eilig. Wie durch ein Wunder wurde niemand bei dieser Amokfahrt getötet, besser noch: Drei Passanten mit gebrochenen Gliedmaßen erhoben sich sogar vom Boden und ihre Brüche verheilten. Nun fuhr der Wagen wieder auf der Straße, allerdings immer noch rückwärts und kam vor einem großen Bankgebäude zum Stehen. Die drei Männer schnallten sich ab, setzten schwarze Sturmhauben auf und zogen Handfeuerwaffen aus ihren Jackentaschen. Einer nahm eine schwarze Tasche vom Rücksitz, und im Eiltempo liefen die drei nun durch den Haupteingang in die Bank.

Die Besucher lagen bereits verängstigt am Boden. Der eine Bankräuber schrie jetzt: „Keiner rührt sich! Niemand ruft die Polizei!"

Unterdessen begab sich ein zweiter Verbrecher zum Schalter und gab dem verängstigten Angestellten die schwarze Tasche, gefüllt mit dicken Geldbündeln. Der Angestellte ging nun schnell in den hinteren Bereich der Bank und begann, Geldscheine aus der Tasche in den bereits geöffneten Tresor zu legen.

„Beeil dich mal! Wir haben schließlich nicht den ganzen Tag Zeit, oder willst du etwa, dass hier einer draufgeht?!", brüllte ihm der Bankräuber am Schalter hinterher, während die beiden anderen die am Boden liegenden Menschen in Schach hielten und achtgaben, dass keiner die Polizei verständigte.

Der Angestellte hatte nun fast alle Bündel in den Tresor gelegt und machte sich jetzt mit zittrigen Fingern daran, ihn durch Drehen am Zahlenschloss zu verschließen. Dann kehrte er zum Schalter zurück, wo der Bankräuber wartete, und übergab diesem die leere schwarze Sporttasche, während er zweimal hastig nickte.

„Pack so viel Geld rein, wie geht!", schrie der Bankräuber ihn an, nahm die Tasche ganz an sich und begab sich rückwärts zum Ausgang. Die beiden anderen vermummten Männer folgten ihm. Die Kunden standen jetzt alle rasch auf. Zeitgleich schrie einer der Räuber: „Das ist ein Überfall, alle auf den Boden!"

Er hob seinen Arm und feuerte mit der Waffe nach oben, wobei sich das Projektil von der Decke kaum sichtbar in den Lauf schob und das Loch in der Deckenverkleidung sich in Windeseile schloss. Die drei Männer begaben sich jetzt rückwärts im Laufschritt zu ihrem Wagen, während sie die Pistolen in ihren Jackentaschen versteckt hielten. Dann stiegen sie in ihren VW, legten die Sporttasche auf den Rücksitz und fuhren los, allerdings wesentlich ruhiger als zuvor. Der schwarze Wagen fuhr durch die halbe Stadt, bis er schließlich vor einer schäbigen Wohnhausanlage anhielt. Die drei Männer stiegen aus und gingen die Treppen hinauf in ihre Wohnung. Jeder legte Sturmhaube und Waffe in eine große Lade und zog sich seine Jacke aus, dann gingen sie den ganzen Plan noch einmal genau durch. Es durfte nichts schiefgehen. Jetzt setzten sie sich an den Tisch, räumten das schmutzige Geschirr aus der Küche herbei und frühstückten, wobei jeder seine Cornflakes wieder hochwürgte und auf einen Löffel spuckte. Seltsamerweise sahen die Frühstücksflocken ganz normal aus, nicht gekaut und unverdaut. Die Männer würgten das Frühstück hoch, bis sich ihre Schüsseln füllten. Dann trennten sie Cornflakes und die fettarme Milch und verschlossen alles luftdicht in der jeweiligen Verpackung. Die Milch kam in den Kühlschrank.

Dann legten sich die drei Männer schlafen, und nach einigen Stunden war es finstere Nacht. Um zehn Uhr abends standen sie alle auf und setzten sich an den Tisch im Wohnzimmer.

„Morgen ziehen wir's durch", sagte einer der Räuber, und sie begannen, alles noch einmal zu besprechen.

Der eine Bankräuber wachte nun auf und erkannte, dass er sich im Wrack des schwarzen VW befand. Sirenen heulten auf.

„Verdammt!", dachte sich der Mann. „Das Geld muss verschwinden!"

Doch dafür war es längst zu spät. Die anderen beiden Männer waren noch bewusstlos, und er selbst war eingeklemmt. Befreien konnte er sich nicht, sosehr er es auch versuchte. Und selbst wenn er es könnte, was sollte er schon tun? Draußen standen schon Mengen von Schaulustigen. Bald würde auch die Polizei hier sein, und sie säßen hinter schwedischen Gardinen, ging es dem Mann durch den Kopf. Ihr großer Coup, ein Fehlschlag. Hätte doch nur er den Wagen gelenkt!

Freitag

Es war ein sonniger Freitag, an dem sich zahlreiche Einwohner der Stadt entlang der Route vom Flughafen Dallas Love Field durch die Innenstadt zum Dallas Trade Mart, wo der Präsident eine Rede halten würde, versammelt hatten, um den Gast zu bejubeln. Der Himmel war klar, die Stimmung freundlich, schien nicht aufgeheizt. Die herabfallenden Sonnenstrahlen versprachen einen schönen Tag. Die umstrittene Kuba-Politik des Präsidenten schien vergessen. Die Luft war nicht mehr trügerisch, und gleichzeitig war sie es noch nicht. Die Menschen waren auf eine angenehme Weise unruhig, und als die Kolonne mit den stets wachsamen Sicherheitsleuten gegen Mittag in Sichtweite war, reckten wie Giraffen alle ihre Köpfe, um einen besseren Blick zu genießen.

Die erwartete Limousine fuhr vorbei, der erwartete Mann winkte, und die Massen jubelten, denn sie hatten bekommen, worauf sie gewartet hatten. Man applaudierte, als hätte man eben seines Lebens glücklichste Nachricht erfahren. Und alles schien froh und glücklich, und mehrere Schüsse fielen, unbeachtet zuerst, als säße man vor einem Fernsehgerät und bekäme von der Gattin etwas mitgeteilt, was man auch erst bei einer Wiederholung des Gesagten realisieren würde. Und während die hinteren Reihen noch fest in die Hände klatschten, waren die vorderen nun bereits verstummt, denn etwas Unerwartetes war geschehen. Man war verständnislos, während weiter geschossen wurde, und mit jedem Schuss wurde das immer stärker wahrgenommene, immer lauter hallende, prägnante Geräusch eines aus einem Gewehr abgefeuerten Projektils unerträglicher. Viele realisierten noch nicht das Geschehene, während dem Präsidenten in den Kopf geschossen wurde und seine Frau Jackie in Panik versuchte, die Limousine über das Heck zu verlassen, um anscheinend instinktiv ein Stück des

Schädels ihres Mannes zurückzuhalten, das darauf geflogen war, als hätte man grob eine Frucht zerteilt. Blitzschnell sprang Clint Hill, ein Service-Mann, auf den Wagen und drängte die Frau auf ihren Sitz zurück, während der Chauffeur beschleunigte. Als der Letzte der Menge zu klatschen aufhörte, waren die Ersten schon panisch, und Panik und Hilflosigkeit brachen wie eine Welle in kürzester Zeit über die Zuschauer herein, zumal einer der Bewohner einen Streifschuss im Gesicht erhielt. Wie eine Seuche breitete sich die Panik in Sekundenschnelle unter den Bewohnern von Dallas aus. Viele irrten hilflos und verzweifelt umher, wie ein Schwarm Bienen, denen die Königin zertreten worden ist.

Das geschah am sonnigen Freitag, den 22. November 1963, und die Sekunden der amerikanischen Tragödie gingen als Attentat auf Präsident John F. Kennedy in die Geschichte ein.

Poetischer Glaube und Nichtglaube ... (ausgereifte Bedürftigkeit)

In unserer Aufmerksamkeit bewegen sich Bewusstsein und Sein so zueinander, dass wir die Betrachtungsweise in Art und Folge zu berücksichtigen haben.

Nämlich unterstützend herauszufinden, dass die Wirklichkeit tiefer Gedanken ineinander rezidiv überzugehen gedenkt.

Freiwilliger Zwang zur Übermacht der Gelöstheit, die ein weites und fortschrittliches Handeln bewirkt, beginnt in neuer Kreation zu atmen. Wir müssen das Leben sichern.

Die Wichtigkeit unserer Verhältnisse benötigt nicht nur die Hilfe derer, die in Größe und Substanz bewusst sind, sondern jener, die aus der Wahrheit all die Erkenntnisse schürfen und den Zusammenhalt der Gesellschaften bewirken.

Genau jener Impuls: der sich erlaubt in Friedlichkeit zum Glauben und Nicht-Glauben und zum Leben zu sein.

Wirken und Handeln sind Interessen einer intelligenten und geistigen Präsenz, weitestgehend der des Menschen.

Wir sind in der Lage, die Kommunikationsfähigkeit zu benützen, sie voranzutreiben und sie in regenerierende Phasen zu ordnen. Bezugzunehmen auf die Allianz der Liebe, ist der Mensch Indikator der Überlegung, somit auch verantwortlich für das – Überleben der Menschheit.

Beweisen wir nicht den Umstand, Philosophie und Glauben zu ertragen, sondern erweitern wir die Argumentationen zur Zufriedenheit der Beweglichkeit unserer Vernunft.

Ausschlaggebend für den Frieden neuerer Zeit beweisen wir dahingehend, wie konstruktiv und toleriert sich die Verbundenheit und das detaillierte Wissen zum festen Bestand eignen.

Lernindikator sollten wahre Begebenheiten sein und bleiben. Zur Überlieferung der Dialektik bedarf es einer entscheidenden Zuwendung, die sich in Leidenschaft von Theorie und Praxis verbinden lässt.

Erkunden wir den Zyklus der imposanten Lebensweise als Importeur von Gleichstellungen und Rekonstruktionen, die es ermöglichen, Freiheiten zu beleben.

Ich werde sein und alles um mich gestaltet sich im Lauf der Geschehnisse. Ungeachtet der impulsiveren Glaubensentwicklung. Das wird nicht sein!

Bewirken wir die Kräfte der Vielfalt und der Erläuterungen dazu, dass all die Glaubensrichtungen und Nichtglaubensbewegungen rechtmäßig und kultiviert geordnete sind, dann ist der Anschluss an Verständigungen Träger von gewaltlosen Gesellschaften.

Somit versuchen wir nicht nur den kulturell historischen Vorhof zu implantieren, sondern verweisen uns multivalent des Fortschritts unserer gedanklichen Weite, die imposant erduldet und freiheitlich konstant wirkt.

Glaube und Nicht-Glaube begreifen einher zu funktionieren, um die Lebendigkeit ihrer Normen und Werte an eine reimende Performanz und Reizbarkeit zu erheben.

Leidenschaft erinnert nicht nur an Vollkommenheit, vielmehr berührt sie die Thematik des Anpassungswillens genauso wie die der Freude.

Der Atem ist uns nicht Widerstand, sondern Lebensgenuss geworden, das Sehen beinhaltet Audienz und Schönheit vorrangig, doch zweitrangig erlaubt sie die Berührbarkeit der Verhältnismäßigkeiten zu erkennen, um sie wahrnehmen zu dürfen. Doch bewirkt die Unberührbarkeit gleichermaßen auch Gleiches zu sein.

So verstehen wir miteinander nicht nur umzugehen, sondern erfassen zum Leben wichtige Elemente in Größe und Struktur – verteilend.

Eigentlich ist unsere gedankliche Linie zeitliche Nähe, die wir unserer Schuld einzuordnen haben, denn diese Schuld ist Verursacher nachhaltiger Bedürfnisse, die niemals oder unter ideellen Bedingungen verschobene sind.

So aktiv wir auch sein wollen, so bedeutend wir die Verkündung von Frieden und Gesellschaft auch annehmen, so sehr sind wir an den Halligen einsam und Ausgegrenzte.

Ich erlebe meinen Herzschlag in Vergnügtheit und Verführbarkeit freiheitlich und versetzt.

Der Puls der Zeit arbeitet gegen industrielle Übermacht und strukturelle Einöde.

Sollten wir nicht mehr noch Teilnahme bekunden, als dass wir Zusehende sind? Unbeeindruckt von Terror und Impertinenz beurteilen wir den schamlosen Selbstdarstellungstrieb als den zu erhaltenden. Der störende Faktor revoltiert in seiner Behauptung schon, als dass Er die Bereitschaft von einheitlicher Achtbarkeit und Dankbarkeit entwickelte und sich ihrer getraute.

Multilateral ist Deutlichkeit und Überzeugung, dass die Verhältnisse und Beiträge im einundzwanzigsten Jahrhundert ausladender denn je bemüht sind, die Weiten der Evolution zu gestalten.

Menschheitswille bedeutet auch festzumachen an der Implikation. So dürfen wir einhergehend sagen, Gewaltprozesse sollten der Gegenstandslosigkeit Angehörige sein.

Einen kurzen, aber feinen Prosastreifen hineinzulegen, bezirzt sich in die Verführbarkeit der Sinne und versucht die Bedeutungen aufzunehmen, die uns konstruktiv erlaubt wären.

– Vermischen –

Tagesfreuden wagen sich zu beugen, dass der Morgen sich erlebender umwirbt.

So nimmt sich frischer Tau aus Schleiern, Wildheit und Romantik wagemutig her und applaudiert.

Begrüßen wir die Leidenschaft, so wahre Träger unseres Seins geworden, und erbringen wir der feinen Saat die Ungeduld und Überzeugung.

Bezirzen wir den blauen Charme, der so verlangt an Hülle, versuchen wir den Gassendrang, in Ohnmacht, Extraktion und Willen. Der Schlag, der sich an uns vollzieht, er wagt des Denkens und des Sehens. Er pocht beweglicher und grüßt, dass Herzlichkeit und Fortschritt überleben.

Ist Vakuum uns heilsam und Bewunderung? Ist uns der Drang die Frische mehr, dass wir einander wollen? Ein kleines Unheil nur, als das wir zur Erneuerung getreuen.

Tagesfreuden sind erlaubt, sie sollten uns erfahren dürfen, ein Übermorgen auch.

Die Nacht ist ausgereift, Erholungswert ist tragischer geduldet. So zieht geringer sich die Sicht und führt gedanklich zur Versuchung.

– Dein Pochen ist mein Herz –

So von Geburt an – treibt ein Traum sich – Schnupperkurse landen. Er begreift nicht – sucht erneut dich – Linderung verhangen.

So des Atems wilder Treue – seines wahren Glückes Reue – steht er ausgewachsen, wirklich – und bewegt sich nur unmöglich. Sei mir Rose gar Lavendel – oder sei mir Kuss und Ende – doch dein Pochen ist mein Herz – das ersuchender der Terz – drum befreie den Gedanken – Danken!

So Freiheit ist:

Dass Freiheit ist, ist nahender der Sinn.
  Er hegt und wiegt sich taumelnder.
    Gar reicht er sich gebracht, vernimmt
      Eindeutigkeiten baumelnder.
        So Wahrheit ist, ist dir der Ruf?
        So leidlich scheint Befinden.
          Doch störe nicht den
            Freiheitstraum,
          Unendlichkeit mag sich verkünden.
        Die Lebendigkeit das Herz gebärt!
      Der Glaube ragt, weil Sinnlichkeit berührt.
      Die Rose lebt, dass Liebreiz uns verführt.
    Der Geist ist uns, dass ein Wissen sich ernährt.
Das Herz löst, wenn Grausamkeit verlangt, erfährt.

Bestimmen wir also zur Wichtigkeit des Lebens auch die Vielfalt der Bedürfnisse.

Sie dürfen unangefochten stabil und human und relevant gereicht sein. Die Artikulation der Erfahrungen sollte nicht nur terrestrisch gedacht, sondern auch territoriale Erfüllung bedeuten.

Verbeugen wir uns vor der eigenen Artikulation, der wir nicht nur zu begegnen versuchen, der wir erlauben, in Wirklichkeit, auch zum Sein Bewunderung zu tragen.

Die Fülle ist uns der Grat der Überzeugung?

Wir bequemen uns der Rand-Philosophie, die uns erinnernd versucht. Gemessen an so unzähligen Fehlschlägen von Gesellschaft und Kommunikation, gewinnen wir nur fortan einen kompatiblen Wert, wenn wir ihn des Bedarfs gemeinsamer Sinnlichkeit zur Argumentationsfreiheit erörtern und ihn zur stimmlichen Resonanz entwickeln dürfen, einen wiederholbaren Erfolg, der sich zum außerordentlichen Bewusstsein trägt.

Sind wir also außergewöhnlicher des Lebens in der Gesamtheit? Verdienen wir den Preis, dass Bewunderung uns Zierde ist?

Der wahre Vergnügungswert behauptet sich wohl eher zur Allgemeinheit und übertrifft seinen Charme in der Erfüllbarkeit wichtiger Ereignisse:

Wie Religion, Wissenschaft, Bildung und Leben, welche in Anerkennung einen Patriotismus gleichermaßen verknüpfen und somit detaillierter auch Bewilligungen beweisen.

Die Beweisbarkeit in Sinfonien ist mir erlaubtes Sein. Sie beflügeln nicht nur ein Arrangement, sondern begegnen sich in selbiger Struktur wandelbar. Eine wirkliche Herausforderung der Gefühle, die analoger sich zu interpretieren versuchen.

Möglicherweise erhält sie den Charakter der Eineindeutigkeit zuerkannt. Bewegen wir uns seitlich zum schmalen Grat der Vernunft oder, anders betrachtet, sind wir der schmale Grat? Auslösend zur Gesamtheit ist die Vereinbarung zum Leben auch eine Inspiration der Bedürfnisse geworden.

Unausweichlicher Gedanke begleitet die Herausforderung und den Puls der Leidenschaft zu zügeln, gemessen ihn zu umwerben.

Wodurch die Vorstellung zur Lebendigkeit Schulung und Wirken ist.

Lassen wir sämtliche Gedanken auf uns wirken und artikulieren wir sie in gewohnter Manier!

So erweisen sie sich harmonisch und wohltuend in der Vorstellung zueinander. In ihrer Artikulation bewegen sich Fragmente, die sich aneinander versuchen.

Sie nehmen Bezug auf den Sinn der Gedanken und tragen den Sinn der Variablen. Der Variablen deswegen, weil sie sich nebenher untergeordnet inspiriert.

Verdeutlichen wir dessen Wert gesondert, stellen auch wir zunehmend fest, dass wir uns stetig in Konfrontation mit dem Selbst bringen.

Eine Konsultation mit dem Zweifelhaften und Argwöhnischen gemein.

Somit erledigen wir wieder und wieder Denkstrukturen, die sich fließend erobern und finden.

Sind wir dahingehend vielleicht weniger beeinflussbar?

Wir sind es, denn der Zustand verweist genau auf diese so phänomenale Antwort.

Die Kritik an den Schuldigen ist immer vor die eigene Schuld gebracht, verdeutlicht unseren Selbst-Gehorsam.

Wir sind unschlagbar!

Doch sind wir es wirklich?

„Das Leben bringt sich genauso dar, wie wir uns dem Leben darbringen."

Eigentlich ist somit die Klarheit erkannt und die Notwendigkeit aufgezeigt. Endgültig bestehen wir aus innerer Unruhe, die sich taktartig gegen uns vernimmt. Der Glaube und Nicht-Glaube suggeriert sich zum Lebenskreis zugeordnet, er absolviert und fordert, er atmet und haucht, er lebt und verlebt, er bestimmt und verleiht Bestimmung.

Wir sind besonders dahingehend beansprucht und bedienen uns oft der Intoleranz eher, als dass wir mehr und mehr die Selbstverständlichkeit akzeptieren, dass es so ist.

Eine weitaus banale Erfindung kann der Anspruch nicht sein. Leben wir mit den Begriffen der Toleranz und des Glücks genauso – wie mit den Eigenschaften Freude, Verständigung, Gefühl und Liebe, dann beginnt der Sinn des Lebens sich aufzuzeigen.

Sind wir in der Lage, all diese Bedingungen zu erfüllen, sind wir der Zufriedenheit und dem Weltfrieden einen großen Schritt näher gekommen.

Wer erkennt nun nicht den Prozess zur Deutlichkeit – für das Leben. Erfüllen sich nun die Gedanken in Sorgfalt, bewegt sich der Rhythmus des menschlichen Handelns bestimmter und klangvoller? Erkennen wir den Drang zur Vernunft und verweilen wir am Prozess des Pulses!

Des Pulses, der uns ganz besonders ans Herz gelegt ist.

———

Lisa und der Fuchs

Es war noch dunkel, als Lisa aufwachte. Es war der 24. Dezember. Weihnachten.

„Zum Glück sind gerade Ferien", dachte sie.

Es war kalt im Zimmer und sie zog sich die Decke über den Kopf. So konnte die Kälte sie nicht mehr in die Nase zwicken.

Draußen heulte der Wind und rüttelte an den Fensterläden. Heute Nacht sollte der erste Schnee kommen, hatte der Nachbar gestern über den Gartenzaun gerufen. Lisa wickelte sich in ihre Decke ein und ging ans Fenster. Tatsächlich sah es im trüben Licht der entfernten Straßenlaterne so aus, als jagten Schneeflocken durch die Nacht.

Eigentlich mochte Lisa den Schnee. Zumindest bei Sonnenschein und wenn er neu und noch ganz weiß war.

Wenn er aber mit dem Sturm zusammen über die Lande fegte, machte er ihr manchmal Angst.

Besonders nachts. Jetzt stand sie da, lauschte dem an- und abschwellenden Heulen und dachte an die Tiere im Wald, die jetzt sicher sehr frieren mussten. Der Wald begann gleich am Ende der großen Wiese vor dem Haus. Von ihrem Zimmer aus hatte sie schon einige Male Rehe am Waldrand gesehen. Besonders jetzt im Winter standen manchmal ganz viele beieinander.

Im Sommer konnte sie die Rehe schon früh am Abend mit ihren Kindern auf der Wiese stehen sehen. Die Rehmamas nennt man Ricken und deren Kinder Kitze. Das wusste sie.

„Der Vater von den kleinen Rehen ist der Rehbock und nicht der Hirsch wie im Bambifilm", sagte Papa. Der war nämlich Jäger und der musste es ja schließlich wissen.

Er sagte, der Hirsch sei der Mann von der Hirschkuh und beide seien die Eltern vom Hirschkalb. So nannte man das Hirschkind.

Besonders wenn Schnee lag, konnte man bei Vollmond auch den Fuchs an den Entwässerungsgräben auf der Wiese entlangziehen sehen. „Er ist dann auf der Suche nach Mäusen und Würmern", sagte Papa. Lisa mochte Füchse und sie freute sich immer, wenn sie einen sah. Wenn man dann am nächsten Morgen am Graben entlanglief, konnte man dort, wo er gelaufen war, die Abdrücke seiner Pfoten erkennen. Sie sahen aus wie die von einem kleinen Hund und reihten sich wie an einer Perlenschnur aneinander. Lisa ging gern den Spuren nach und immer wieder fand sie Stellen, an denen der Fuchs nach Würmern gegraben hatte. Manchmal legte Lisa heimlich ein Stück Wurst an die alte Weide am Graben und morgens war es dann immer weg.

Einmal waren aber auch ihre roten Stiefel weg, die sie vor dem Haus hatte stehen lassen. Da war sie sehr traurig. Die hatte sie von ihrer Oma bekommen und es waren ihre Lieblingsschuhe.

Ein anderes Mal hatte jemand nachts Mutters Tomaten aus den Töpfen gerupft und die Töpfe geklaut. Das fand Mutter gar nicht schön und schade war es um die Tomaten.

Früher hatten sie auch noch Hühner gehabt. Eines Morgens waren die dann auch alle weg gewesen. Mutter hatte ihr gesagt, die seien vielleicht nach Süden geflogen, aber Lisa glaubte ihr nicht so ganz.

Seit wann zogen Vögel im Frühjahr nach Süden, und Hühner ihres Wissens sowieso nie.

Die waren so dick, die konnten auch mit Federn nur wenige Meter weit fliegen, aber diese lagen ja auch noch alle im Stall verstreut.

Der Wind legte sich und langsam begann es über dem Wald heller zu werden. Aus Lisas Fenster blickte sie genau nach Osten. Bei klarem Wetter konnte sie vom Bett aus die Sonne aufgehen sehen. Heute jedoch war es so grau, dass nur ein etwas heller werdender Grauton den Aufgang der Sonne verkündete. Aber es hatte tatsächlich geschneit. Wie mit Puderzucker bestreut lagen die Wiese und der Wald vor ihr.

Schnell zog sie sich an, schob die Mütze ins Gesicht und wickelte sich den Schal um.

Sie musste unbedingt schauen, ob der Fuchs da gewesen war.

Im Haus war es noch ganz still, als sie ganz leise zur Tür hinausschlich. Über Nacht war es bitterkalt geworden und es knirschte unter ihren Füßen. Sie ging zum alten Holzschuppen. Dort fand man im Winter oft seine Spuren, wenn er nachts ums Haus geschlichen war.

Erst fand sie nur unberührten Schnee, doch dann hatte sie Glück, es schien, als sei er erst vor Kurzem hier gewesen. Ganz deutlich sah man seine Fährte im neuen Schnee.

Der Fuchs hatte einmal den Schuppen umkreist und war dann schnurgerade Richtung der alten Weide gegangen. Sicher hatte er nach ihrem Futter gesucht. Leider hatte sie gestern Abend keines dort hingelegt. Lisa ging der Spur nach, an der Weide vorbei, zum Graben. An diesem entlang standen viele kleinere Weidenbäume. Großvater hatte früher immer die langen Ruten gekocht, bis sie ganz biegsam waren und die Rinde verloren, dann hatte er wunderbare Körbe daraus geflochten. Und Erlen standen da, das waren die mit den ganz kleinen, dunkelbraunen Zapfen. Lisa folgte der Spur, die sich am Graben entlangzog.

An den Bäumen entlang ging es immer weiter. Mal sprang sie, der Spur folgend, auf die eine, mal auf die andere Seite des Grabens.

Auf einmal hörte die Spur auf und ging auch auf der anderen Seite nicht weiter.

Wohin mochte der Fuchs denn verschwunden sein? „Fliegen kann er nicht", dachte sie.

Als Lisa so mit gesenktem Kopf dastand und überlegte, hörte sie ein eigenartiges Wimmern.

Es schien aus dem Graben zu kommen. Dort war aber nichts zu sehen, außer einem alten Betonrohr, das wohl zu einem alten Brunnen gehörte. Seine Öffnung war fast vollständig von der hier überall wachsenden Brunnenkresse überwuchert. Doch daraus schien das Geräusch zu kommen. Sie beugte sich vor, schob das Grün etwas zur Seite und schaute hinein. Aus dem dunklen Schacht schauten sie zwei weit aufgerissene gelbe Augen an. Erschrocken wich sie einen Schritt zurück. Sie schaute noch einmal hinein und sah auch noch zwei spitze Ohren mit weißen Spitzen und eine spitze Nase mit Schnurrhaaren. Jetzt erkannte sie, was sie da vor sich hatte. Es war der Fuchs, der in dem Schacht saß. „Was der wohl darin macht", sagte sie halblaut zu sich selbst.

„Welch höchst unsinnige Frage!", raunte es aus dem Rohr. Lisa erschrak fast zu Tode. Wer hatte das gesagt? Sie schaute sich um, konnte aber niemanden sehen. „Ich bin hier leider sehr unglücklich hineingefallen, warum sollte ich denn sonst hier verweilen?" Diesmal war sie sich sicher, es kam aus dem Schacht.

Sie schaute wieder hinein und sah, dass es wirklich der Fuchs war, der sprach.

Sie konnte seine großen, weißen Fangzähne erkennen.

„Seit wann können Füchse sprechen?", fragte sie ihn aus sicherer Entfernung.

„Heute ist Weihnachten, Lisa", sagte er gequält. Sie dachte kurz nach, dann fiel ihr ein, was Großvater ihr einmal gesagt hatte. „Stimmt", sagte sie, „mein Opa sagt immer, an Weihnachten können die Tiere sprechen." „Falsch", sagte der Fuchs, „wir können immer sprechen, es liegt an euch Menschen. Ihr könnt uns nur zu Weihnachten verstehen, vorausgesetzt, ihr nehmt euch Zeit und hört genau hin. Doch das scheint mir euer größtes Problem zu sein. Nun, genug des Geplänkels, wäre es dir vielleicht möglich, meiner Wenigkeit aus diesem Loch zu helfen?", fragte er mit schief gehaltenem Kopf.

Lisa zögerte und dachte daran, was Vater ihr oft gesagt hatte.

„Streichle keine Wildtiere! Ein gesundes Wildtier lässt sich nie streicheln, und wenn man Jungtiere streichelt, werden dessen Eltern vom Menschengeruch abgeschreckt und sie kümmern sich nicht mehr um das Kleine. Es muss dann elend verhungern.

Findet man etwa ein kleines Reh in der Wiese, geht man am besten ganz vorsichtig wieder weg. Die Mutter hat es nicht verloren. Sie hat es dort abgelegt und kommt immer wieder, um es zu füttern.

Lässt sich ein Fuchs streicheln, ist er meist krank und es kann sehr gefährlich sein für dich."

Lisa befand, dass dieser bemitleidenswerte Fuchs wohl eine Ausnahme sei, und griff beherzt zu. Sie packte ihn am Genick, ungefähr so, wie man kleine Katzen trägt.

Er war wunderbar weich und flauschig. Viel weicher, als sie gedacht hatte. Nicht so rau wie ihr Dackel zu Hause, aber fast so schwer. Sie hob ihn wie ein durchnässtes Bündel aus dem Schacht und setzte ihn vor sich in den Schnee. Nachdem er sich ausgiebig geschüttelt hatte, sprach er. „Ich bin Martin, der Fuchs, und bin dir zu tiefstem Dank verpflichtet. Auch wenn du vielleicht noch lernen musst, wie man erwachsene Füchse standesgemäß trägt", sagte er mit strengem Ton, lächelte aber dabei und fuhr fort: „Komm mit mir, ich möchte dir zum Dank etwas schenken!" Sprach's und trottete los, ohne eine Antwort abzuwarten. Lisa musste sich beeilen, dass sie ihm überhaupt folgen konnte, so flott schnürte er vor ihr her. Sie überquerten die Wiese und kamen in den Wald. Dort führte ein Bach entlang mit steilen Ufern. Hinter dem Bachufer begann eine mit Fichten bewaldete Kuppe. Sie sprangen über den Bach und kletterten auf die Kuppe. „Fällt dir was auf?", fragte der Fuchs. Lisa schaute sich um.

Verstreut auf dem Hügel waren kleine Höhleneingänge. An einigen konnte man sehen, dass erst kürzlich jemand viel sandigen Boden herausgebuddelt hatte.

Die röhrenförmigen Höhlen waren gerade so groß, dass Lisa ihren Kopf hineinstecken konnte.

Zwei davon waren etwas größer und sahen am Eingang aus, als schleife immer jemand mit dem Bauch auf dem Boden, wenn er hineinging. Um diese zwei größeren Eingänge waren viele kleine Vertiefungen, von der Größe, als hätte jemand einen Apfel vergraben wollen.

„Wohnst du hier?", fragte Lisa. „Ja", sagte der Fuchs. „Hier wohne ich mit meiner Familie Reineke und Gevatter Grimbart, dem Dachs. Der hat aber seine eigenen Ausgänge", sagte Martin und zeigte auf die zwei größeren Röhren. „Und was sind das für kleinere Löcher um die Eingänge?", fragte Lisa. Der Fuchs legte verlegen seinen Kopf auf die Seite und murmelte halblaut: „Das ist das Klo von Gevatter Grimbart, der ist zu faul, um weit zu laufen." Lisa lächelte, denn sie hatte den Dachs schon einige Male über die Wiese wackeln sehen. Man konnte ihn gut erkennen, an seiner plumpen Figur und der weißen Maske im Gesicht. Papa hatte gesagt, Dachse könnten zwanzig Kilo schwer werden, hätten lange Krallen zum Graben und ein starkes Gebiss.

Einmal war der Dackel übel zugerichtet nach Hause gekommen. Er hatte überall geblutet und Papa hatte gesagt, dass er sich mal wieder mit dem Dachs angelegt habe. Das passiere manchmal, wenn der Hund in einen Fuchsbau gehe, um den Fuchs herauszujagen. Wenn dann aber ein Dachs drin sei, gebe es für Waldi ein böses Erwachen. Oder gar keines mehr. Armer Waldi, aber was rannte er auch in den Fuchsbau?

„Komm doch mit hinein!", sagte der Fuchs. Lisa fragte sich noch, wie sie da hineinkommen sollte. Es war doch viel zu eng. Sie lief dem Fuchs nach und auf einmal waren sie in der ersten Höhle. Während sie sich noch wunderte, dass sie sich so frei bewegen konnte, waren sie schon tief in die Erde vorgedrungen. Überall hingen Wurzelfäden von der Decke und es war angenehm warm. Immer dunkler wurde es und manchmal konnte sie nur noch die weiße Schwanzspitze von Martin sehen. „Blume heißt die weiße Spitze", sagte Papa, „wie der Schwanz vom Hasen auch." Sie bogen mal links und mal rechts ab und kamen immer wieder in einen Raum, in dem mehrere Gänge zusammenführten. Nach einer ganzen Weile erreichten sie einen großen Raum. Sie mussten bereits an der anderen Seite des Hügels angekommen sein, denn durch einen Tunnel schimmerte das Tageslicht. Überall auf dem Boden lagen bunte Spielsachen. Sandformen für Kinder, Schuhe, Hundespielzeug, Mutters Gartenhandschuhe und Blumentöpfe verstreut.

Das meiste war von vielen spitzen Zähnen arg zerkaut und zerrupft. Inmitten dieses Berges erkannte sie ihre geliebten roten Stiefel. „Das sind ja meine!", rief sie. „Ich weiß", sagte Martin lächelnd. „Ich würde sie dir gerne wieder zurückgeben. Du hast mir das Leben gerettet. Wir sind jetzt Freunde."

Sie setzten sich in der warmen Höhle und der Fuchs begann ihr von seinem Leben zu erzählen, von der gemeinen Falle, mit der Lisas Nachbar sie immer zu fangen versuchte, vom Dachs, der immer sehr grimmig war, sie aber schon einige Male vor einem bösen Hund gerettet hatte, von den Jägern, die im Herbst und Winter immer versuchten sie aus dem Bau zu treiben, und von den geheimen Ausgängen auf der anderen Seite des Baches, die sie dann benutzten. „Darum haben die Jäger noch nicht einen von uns erwischt", sagte er und lächelte verschmitzt. Lisa musste lachen bei dem Gedanken daran, wie Papa, Onkel Max und die anderen Jäger jedes Jahr umsonst die große Fuchsjagd veranstalteten. Es schien ihnen aber trotzdem immer viel Spaß zu machen, denn Papa kam immer sehr spät und laut nach Hause. Sie sagte aber nichts. Mittlerweile hatte Martin sich zusammengerollt und Lisa kuschelte sich in sein weiches Fell. Es war wunderbar warm und sie spürte seinen gleichmäßigen Atem.

Während er so erzählte, fielen ihr die Augen zu.

Sie erwachte, als sie jemand sanft an der Schulter berührte. „Steh auf, Lisa, heute ist Weihnachten!" Es war ihr Vater, der neben ihr am Bett stand. Sie schaute sich um. Sie lag in ihrem Bett und draußen war es schon taghell. „Hast du was Schönes geträumt, Lisa?", fragte er. „Ja", sagte sie, „ich habe von einem Fuchs geträumt."

Jetzt wollte Vater alles ganz genau wissen.

„Ganz genau weiß ich das leider nicht mehr", sagte Lisa lächelnd und dachte: „Nur zur Sicherheit."

„Ach, im Übrigen, es hat geschneit, pünktlich zu Weihnachten", sagte Vater. Lisa sprang aus dem Bett und rannte zum Fenster. Wie mit Puderzucker überzogen lagen die Wiese und der Wald vor ihr. Sie musste unbedingt schauen, ob der Fuchs da gewesen war.

Sie zog sich hastig an, rannte zur Tür hinaus und wäre fast darüber gestolpert.

Vor der Tür standen, hübsch nebeneinandergestellt, ihre geliebten roten Stiefel.

Ausschnitte aus:
Totaliter Aliter (Völlig anders)

Außenseiterbriefe

(Versuch einer alternativen Geistesgeschichte in Beispielen als Zeitkritik)

Statt eines Mottos:

„Die Auskunft"
(Nach einer alten Sage)

Zwei alte Mönche,
Freunde lange schon,
unterhielten sich oft
in ernstem Ton;
die vieljährigen Gottesrufer
interessierten sich
für das „andere Ufer".
Zuletzt gaben sie
einander das Wort,
dass, wer sich zuerst
hier mache fort,
dem anderen gäbe Kunde.
Bald schlug nun
des einen Stunde,
auf Erden zurück
der andere blieb
und hatte mit Lauschen
lange kein Glück.
Doch eines Nachts
hörte vom Bruder

er einen Satz,
das war ein wahrhaft
unschätzbarer Schatz,
zwei Worte nur,
nicht sauer, nicht süß,
nicht milde, nicht bitter –
sie lauteten:
TOTALITER ALITER.

Erster Brief

Über das Unbehagen, sich zu religiösen Fragen zu äußern
(Gründe in Beispielen)

Lieber Neffe!

Du hast mich neulich auf dem Fest angesprochen, hast mir einige Fragen zu wichtigen Problemen gestellt, auf die du gestoßen bist, als du mein Gast warst und in etlichen meiner Bücher gelesen hast. Zunächst jedoch hast du dich auf ein angebliches Prestige bezogen, das ich wohl in der weiteren Verwandtschaft genieße, gerade im Hinblick auf deine Fragen. Nun, Ruhm ist keine relevante Größe, jedenfalls nicht für mich. Allerdings habe ich mich immer für vieles interessiert, für alle Wissensbereiche, für Politik und Gesellschaft unter Einschluss eigenen jahrzehntelangen Engagements, für alle Künste und die Natur, aber eben auch für zentrale menschliche Angelegenheiten, die über das Alltägliche hinausgehen, und habe dabei seit Langem als Motto den Anfang eines Spruches des Mystikers Angelus Silesius im Kopf: „Mensch, werde wesentlich!" Bei der Betrachtung der wahrlich nicht geringen Probleme der westlichen Gesellschaften in unserer Zeit hatte ich immer das Gefühl, dass dieses *Wesentliche* viel zu kurz kommt. So stieß ich auf die Frage nach dessen Ursache und Herkunft und geriet in den weitesten Horizont, nämlich den religiösen.

Mir selbst Klarheit zu verschaffen war mein Bestreben, und ich habe mich deshalb mit diesen Dingen niemals von selbst an jemanden, gar in der Öffentlichkeit, gewandt; doch es bleibt im Laufe der Jahre wegen wichtiger Vorfälle nicht aus, dass man Stellung beziehen und Farbe bekennen muss. Ebenso sind viele zeitgeschichtliche und aktuelle Erscheinungen nicht zu begrüßen, zu denen man dann seine Meinung kundgibt.

Wenn man keine Scheuklappen trägt und dem Zeitgeist nicht zu sehr verhaftet ist, weiß man, dass alle tiefer gehenden Fragen zuletzt in den religiösen Bereich münden, woher sie ja eigentlich auch stammen. Und just bei diesen Dingen fühle ich ein großes Unbehagen, mich in einem größeren Rahmen zu äußern. Das hat viele Gründe.

Zum einen fehlt es vielen Menschen bei uns an der erforderlichen Ehrfurcht vor heiligen Dingen, auch wenn sie einem selbst nicht heilig sind; doch Riten, Gebet und sakrale Werke sind in allen Glaubensformen zu achten. Religiöse Themen aber sind den meisten Zeitgenossen weitgehend gleichgültig, ein Sich-Bekennen wird vermieden.

Zum andern gibt es im Bereich der religiösen Institutionen zu viele festgefügte Positionen, d. h. keine hinreichende Offenheit und geistige/geistliche Beweglichkeit. (Damit meine Antworten nicht ausufern, will ich mich hier vor allem auf das Christentum und die Kirche beschränken.) Nach meiner Meinung muss sich eine Religion weiterentwickeln, und zwar nicht nur sozusagen blind und zufällig durch den allgemeinen zeitlichen Wandel, sondern bewusst und durch Einsicht.

Wenn der Gott des Alten Testamentes zuerst auch ein wütiger Stammesgott und danach der – immer noch zürnende – „Herr der Welt" war, selbst noch bei Hiob ein unangreifbarer absolutistischer Fürst, so wandelt er sich bei Jona, wo er sein eigenes Vorhaben später „bereut"; und dann kommt ein anderer Auffassungsstrang zur Geltung, nämlich der des „guten Hirten", so in den Psalmen und vor allem bei Hesekiel. Da jedoch der Zorn Gottes immer noch galt, konnte die Überschreitung der engen Einschränkung des Gottesbildes erst im Neuen Testament durch Jesus von Nazareth erfolgen, der den

„liebenden Vater" unmittelbar als solchen ansprach. Im ersten Johannesbrief heißt es schließlich: „Gott ist die Liebe", an anderen Stellen heißt es „Licht" und „Feuer", womit alle Anthropomorphismen (Vermenschlichungen) ausgetilgt wären. Leider ist die Kirche nicht eindeutig auf dieser Linie geblieben.

Ein anderes Beispiel der Weiterentwicklung einer Religion bietet das Thema *Vergeltung,* wieder aus dem jüdisch-christlichen Bereich. Ursprünglich war die Rache für erlittenes Unrecht maßlos. Demgegenüber bedeutete die Formel „Auge für Auge, Zahn für Zahn" (und zwar zu *geben,* nicht zu nehmen) einen rechtsgeschichtlichen Fortschritt, weil jetzt die Rache dem Schaden angemessen sein sollte. Das Unheil aber, das sich von der Zeitenwende bis heute allein im Nahen Osten, dem damaligen Palästina, ereignet hat, unterstreicht die Bedeutung des Racheverzichts Jesu, den er bis zum letzten Augenblick seiner Sterbestunde durchgehalten hat. Hier müssten sich also die verschiedenen Religionen gegenseitig positiv beeinflussen.

Mein Unbehagen über öffentliche Äußerungen zu unserer Thematik hat noch einen weiteren Grund: die allgemeine Verkümmerung des *symbolischen Sinns.* Durch unsere Wissenschaftskultur geblendet, die alles direkt benennen und definieren will und das, was sich dem entzieht oder sich dagegen sperrt, nicht gelten lässt, hat man im buchstäblichen Sinne keine „Ahnung" mehr von Dingen, die unsere „Schulweisheit sich (nicht) träumen lässt". Glaubensaussagen entsprechen, wenn sie ursprünglich sind, immer inneren Erfahrungen, und die lassen sich nur sehr zeitgebunden formulieren, d. h. sie finden immer schon eine Sprache vor, in der man sie ausdrücken kann. Das begründet den Unterschied zwischen dem zu Sagenden und dem real Sagbaren; man muss eben die „alten Schläuche", die nicht alles und nicht auf Dauer fassen, doch verwenden, zumindest teilweise, was zu gegenwärtigen und zukünftigen Schwierigkeiten führt. Die hierin begründete Geschichtlichkeit religiöser Vorstellungen bewirkt einen völlig neuen Sinn des Wortes „Der Mensch ist das Maß aller Dinge"; denn was nicht über die Brücke vorhandener Vorstellungen in die Köpfe transportiert wird, ist nicht vermittelbar oder nicht überzeugend. Das wusste schon Lessing, der Nathan diesen Sachverhalt dem Sultan mit dem Hinweis erklären lässt, dass alle Religionen auf Geschichte gründeten und man die eigene doch wohl allein auf „Treu und Glauben" von den Seinen, den Vätern annehme. So ist jeder Glaube (als Bekenntnis) relativ, das Absolute durch ihn als Ahnbares nur andeutbar, und ich füge hinzu, als persönliche Erfahrung und Formulierung ist er auch individuell, ein ganz Eigenes. Was sollen da theologische Diskussionen und dogmatische Spitzfindigkeiten? In ihnen drücken sich oft ganz andere Bedürfnisse und Interessen aus.

Du siehst, ich habe eine Menge Bedenken hinsichtlich einer breiten Erörterung der aufgeworfenen Fragen, wenn auch nicht so extreme wie die Mönche vom Berg Athos, die jedes Studium, auch das theologische, als für den Glauben schädlich ansahen. Doch dir will ich in weiteren Briefen Rede und Antwort stehen, soweit meine Überlegungen und privaten Studien das erlauben.

Mit herzlichen Grüßen, dein Onkel Tobias Knauth

Zweiter Brief

Paul Klee, „Grenzen des Verstandes"

Lieber Neffe Rudi!

Habe Dank für deine Antwort auf meinen ersten Brief! Heute will ich deine dem eigentlichen Anliegen noch vorausgehende Frage aufgreifen, wieso ich überhaupt zu meiner Beschäftigung mit diesem ganzen Themenbereich gekommen sei.

Was ich betreibe, nannte man um das Jahr 1800 Zeitkritik, ein viel weiterer Begriff als das heutige Wort „Gesellschaftskritik". Eine Prädispositionierung dafür haben mir wohl meine Eltern vermittelt, gläubige und fromme Menschen, ohne Kirchenläufer zu sein. Damit hatte ich schon sehr früh eine gewisse Distanz zu meiner eigenen Zeit und menschlichen Umwelt. Die Erfahrung der Turbulenzen um das Kriegsende und die ersten Nachkriegsjahre herum haben sicherlich auch dazu beigetragen. Doch für die Ausbildung des eigenen Kerns gibt es bestimmte Schlüsselerlebnisse, und eines davon möchte ich dir berichten.

Von Haus aus zu intensiver Auseinandersetzung mit guter Musik, Kunst und Literatur angeregt, gelangte ich frühzeitig in den Besitz eines Buches über Paul Klee. Darin stieß ich auf eine Schwarz-Weiß-Reproduktion einer aquarellierten Federzeichnung, die mich schlagartig „traf"; eine Erkenntnis durchzuckte mich zugleich leiblich und seelisch. Sie zeigte einen Menschenkopf, gebildet aus nur graphisch umrissenen Flächen, die wie Papier gefaltet waren; darinnen standen zwei Augen, das eine geradeaus, das andere zur Seite blickend, dieses wie aus einem Anatomiebuch genommen. Aus dem Kopf wuchs gerüstartig ein Aufgang aus drei Leitern, von denen sich zwei dünne Stäbe wie Antennen erhoben und in einer dunklen Wolke verloren. Doch über der Wolke schwebte eine vollendete schwarz-metallisch glänzende Kugel. Das Bild hieß „Grenzen des Verstandes". Auf einen Schlag hatte ich mich darin wiedererkannt – mein rationales, intellektuelles Verhalten und gleichzeitiges Streben nach dem überrationalen Ganzen, dem Vollkommenen, das in der Kugel anschaulich geworden war: dem lebendigen Kosmos. Von dem Augenblick an hatte ich einen Maßstab.

Und ich wusste: Beides muss zusammengebracht werden – Hirn und Herz, rationales Denken und Gefühl. Diese Einsicht, fast Erleuchtung, bearbeitete ich lange, so wie sie an mir arbeitete, und um sie ausdrücken zu können, bildete ich mir, ähnlich wie die alten Griechen mit ihrer „Schöngutheit", einen Doppelbegriff in zweifacher Version, nämlich das „Fühldenken" oder „Denkfühlen", je nach dem Schwerpunkt der Bewusstseinstätigkeit. Ich meinte und meine damit, dass im Lebensvollzug immer beide Seiten beteiligt werden sollten und jeweils die eine sich an der anderen prüft und korrigiert, sodass stets der ganze Mensch und der ganze betroffene Gegenstands- oder Handlungsbereich im Spiel sind, denn nur auf diese Weise lassen sich ethisch haltbare Entscheidungen treffen. Das war meine *Findung*.

So war ich inhaltsbezogen und methodisch gut gerüstet, um Zeiterscheinungen und Grundprobleme nach ihrem Auftreten genau wahrzunehmen und zu „hinterfragen", wie es seit etlichen Jahren heißt. Dass die Ganzheit, die mir begegnet war, ständig wieder zu zerfallen droht oder tatsächlich sich entzieht, ist mir sehr schnell klar geworden, doch gilt es, dagegen anzugehen und die Einheit beider Seiten wiederherzustellen.

Das Gegenteil meiner Auffassung stellt jene Gegebenheit dar, die ich das „halbe Menschentum" nenne. Dieses kennzeichnet sich durch die Leugnung oder bloße Vernachlässigung des religiösen Bereichs oder besser dessen, was man das Transzendente oder Metaphysische nennt. Menschen, die diese Position vertreten, kommen mir vor wie Radiogeräte, denen der UKW-Teil fehlt; sie können deshalb auf der entsprechenden Frequenz nichts empfangen und meinen, es gäbe sie überhaupt nicht. Darum nenne ich sie „halb". Sie bedürfen aber einer Kompensation für ihren Mangel, und die finden sie in der wissenschaftsbedingten ungeheuren Informationsfülle, der sogenannten Wissensexplosion, die jedoch die Erkenntnis nicht vertieft, sondern wie einen Ballon nur unmäßig aufbläht, also die Oberfläche ausdehnt. Diese Feststellung sagt nichts gegen die Wissenschaft aus, vor allem die Naturwissenschaft in *ihrem* Bereich, aber wer mit ihren Ergebnissen die Gebietsgrenzen in philosophierender Absicht überschreitet und eine materialistisch-atheistische Ideologie formuliert, der wird eben wegen der angeführten *Oberflächlichkeit* zum „zweidimensionalen Menschen". Wesentliches entgeht ihm dabei. Dieses Bild eines bestimmten modernen Menschentyps soll aber nicht ausdrücken, dass ein davon Betroffener nun ein Mensch minderen Wertes sei; er hat sein volles Dasein und seine volle Menschenwürde. Mir geht es hierbei „nur" um den Grad seines Bewusstseins.

Lieber Rudi, ich hoffe, ich habe deine Frage nach den Anfängen meiner Auseinandersetzung mit „Gott und der Welt" einigermaßen hinreichend beantwortet, vor allem mit den

Vorstellungen vom Denkfühlen und vom eingeschränkten Bewusstsein. Du wirst vermutlich ahnen, dass meine Ausgangsposition dafür einige manchmal nicht ganz „im Trend" liegende Folgen haben muss. Doch darüber das nächste Mal etwas.

Ich grüße dich herzlich, dein Onkel Tobias Knauth

Dritter Brief

Ursachen und Wirkungen –
in unserer Epoche und in unserem Äon

Lieber Rudi!

Mit Dank antworte ich auf deinen letzten Brief. Du bist ein geduldiger Abnehmer meiner Ausführungen, obwohl du als angehender Sozialwissenschaftler damit dir ganz ungewohnten Dingen ausgesetzt wirst. Andererseits verfügst du über eine konsequente Frageweise, die mich zu genauen Aussagen nötigt.

Jetzt willst du, in einem zweiten Anlauf, den grundlegenden Ansatz meiner Zeitkritik erfahren, meine Strategie also, und ich muss mich stellen. Den ersten Teil des Begriffes, das Bestimmungswort „Zeit", muss man differenziert sehen, ich meine, zum einen als Epoche, d.h. unsere Gegenwart im Sinne dessen, was wir als für uns noch lebensbestimmend betrachten, zum andern als Äon, d.h. wirklich als Weltalter, für das es über Epochen hinweg noch einen gemeinsamen Nenner gibt. Unsere Epoche würde ich dann mit der Aufklärung und dem wissenschaftlich-technischen Zeitalter beginnen lassen, den Äon hingegen mit der Zeitwende, die wir nach der Geburt Jesu zählen.

Mit dem Grundwort „Kritik" aber im Terminus „Zeitkritik" verbinde ich mein „erstes Axiom", das von der *Unvollkommenheit der Welt,* ferner die Hypothese, dass die wesentlichen Fehlentwicklungen unserer Epoche auf massive Mängel und Fehlentscheidungen des Äons zurückgehen, und zwar im Bereich der Bekenntnisentwicklung. Da viele Vorstellungen des Christentums auf dem Alten Testament basieren, muss ich streckenweise auf den davor liegenden mosaischen Äon zurückgreifen. Und etwas ist noch besonders herauszustellen: Ich muss mich mit alten Autoren und Texten auseinandersetzen, nicht nur deshalb, weil ich Fehlentwicklungen mit gravierenden Folgen aufzeigen will, sondern weil ich völlig sicher bin, dass in den alten Texten und Zeiten „Goldkörner" der tieferen Wahrheit enthalten sind, die der „triumphierenden Kirche" aber nicht genehm waren. Etwas anspruchsvoll ausgedrückt versuche ich, eine „alternative Geistesgeschichte" zu schreiben, die eigenständige Erfahrungen unterdrückter Geistesgrößen und einen daraus resultierenden Geschichtsgang als „TOTALITER ALITER", „völlig anders", denkbar macht.

Ich sprach von Strategie. Diese verfolgt ein Ziel – sonst wäre sie keine –, und sie geht von einem fundamentalen Motiv aus, das natürlich nur in der eigenen Gegenwart liegen kann. Beide, Ziel und Motiv, lassen sich zusammenschauen, und so will ich sie jetzt auch darstellen. Ihr erster Quellgrund ist eine tiefe Besorgtheit um unsere eigene Epoche, ebenso, ich will das nicht verschweigen, „sub specie aeternitatis", „im Angesicht der Ewigkeit":

Was ich konkret damit meine, drückt sich in den heute durchaus üblichen Klagen über den allgemeinen Werteverfall aus, der sich durch seine Erosionsbeschleunigung und -tiefe von dem angenommenen oder wirklichen Verfall vergangener Epochen deutlich unterscheidet. Mir fällt da eine enorme Oberflächlichkeit auf, die sich in einigen Merkmalen erkennen lässt, die ich hier nur aufzählen will: Konsumismus und Eventkultur, auch der weltzerstörende Tourismus; weiter reichend dann ein missverstandener Individualismus, der zu bindungsfeindlicher sozialer Desintegration und mangelnder Verantwortungsbereitschaft führt; moralische Gleichgültigkeit und ein verabsoluterter Sexus; damit und mit der heutigen Medienkultur verbunden eine generelle Distanz- und Schamlosigkeit; ein ungezügelter Kapitalismus mit seinem unmenschlichen Gewinnstreben, welcher, wie manche Wissenschaftsideologie, mit einem überbordenden pragmatischen Materialismus verknüpft ist, der auch seine intellektuellen Propheten hat und als seine Kehrseite eine verbreitete Areligiosität aufweist. Die entsetzliche Folge all dieser Phänomene ist die allgemeine Gewaltbereitschaft, die sich in den verschiedensten Formen zeigt.

Das ist keine begeisternde Beschreibung der Zeitlage, aber für mich der Anlass, nach den Ursachen für die Entwicklung hin zu diesem Zustand zu fragen. Wie früh im historischen Rahmen ich diese Ursachen verankert sehe, habe ich oben schon aufgezeigt.

Ein Wort noch zu meinen Quellen. Ich schreibe hier keine wissenschaftliche Abhandlung, sondern antworte privat einem jungen Verwandten. Ich möchte mich also nicht mit Fußnoten und Literaturangaben aufhalten, doch an wichtigen Stellen werde ich Autoren angeben. Ich erklärte bereits, dass ich mir sehr früh schon eigene Gedanken gemacht habe und dass mir meine Lektüre oft als nachträgliche Stützung derselben gedient hat. Auf der anderen Seite haben sich viele meiner Überzeugungen bei Gesprächen im Familien- und Freundeskreis gebildet. Am wichtigsten bleibt jedoch für jeden Einzelnen, dass eine Überlegung oder eine „Eingebung", die zur Überzeugung wird, für ihn selbst evident, also augenscheinlich, geworden ist.

In diesem Sinne will ich im Fortgang meiner Antworten an dich zunächst Grundfragen des Glaubens behandeln, und zwar gerade solche, die unseren armen Zeitgenossen Schwierigkeiten bereiten, und dann den Weg des Christentums durch die erste Hälfte unseres Äons verfolgen, nicht aber bloß berichtend, sondern es kritisch durchleuchtend und notwendige Korrekturen aufzeigend, auf dass wieder mehr Menschen zu dieser reichlich sprudelnden Quelle hinfinden mögen. Der zeitliche Rest folgt dann.

Ich denke, mit den Angaben zu Motiv, Ziel und Strategie sowie den Quellen meiner Antwort auf deine „große Anfrage" habe ich den Rahmen meiner folgenden Ausführungen hinreichend dargelegt.

Mit den besten Grüßen, dein alter Grübleronkel Tobias Knauth

Siebenundzwanzigster Brief

Das „neue Höhlengleichnis" – ewige und zeitliche Seele

Lieber Neffe!

„Alles Vergängliche/Ist nur ein Gleichnis" – Eine Frage hattest du noch, die nicht erörtert war. Meine Deutung kosmischer Zusammenhänge, eben des Ganzen, habe dich sehr interessiert, doch sei dir der „innere" Zusammenhang des Menschen wichtiger, weil unklarer. Denn einerseits gebe es die *greifbare Wirklichkeit,* andererseits jene *ungreifbaren Bereiche,* von denen so viele Menschen überzeugt seien, ohne dass sie sie beweisen könnten. Diese von dir gebrauchte Formulierung, im wissenschaftlichen Diskurs durchaus berechtigt, verrät den geschulten Verstand, die moderne Denkweise in dir, deren lange Tradition sie fast zwangsläufig unbefragt als gültig erscheinen lässt. Das Leben aber, das in einem Menschen pulsiert, will und muss sich nicht erst beweisen – es *lebt* und *überzeugt* so von sich, da es selbst *überzeugt* ist. Viel Geheimes umgibt es noch, das sich nicht *aussprechen* lässt, im Gleichnis jedoch zugänglich wird.

So erging es mir vor längerer Zeit, als ich im Oberharz die Iberg-Tropfsteinhöhle besuchte, nicht das erste Mal. Und wie immer, wenn ich eine Höhle betrat, fielen mir auch dieses Mal Platon und sein bekanntes Höhlengleichnis ein: Die „Urbilder" gehen am Höhleneingang vorbei und werfen ihre „Schattenbilder" an die Höhlenwand, und die Höhlenbewohner sehen von der Wirklichkeit nur diese „Abbilder", eine geistesgeschichtlich folgenreiche Vorstellung. Parallel dazu kam mir stets der Gedanke, unser Erdenleben sei ein Film, der woanders spiele und in unsere Welt bloß hineinprojiziert werde, Text und Handlung vorgegeben. Das drückt ein gewisses Fremdheitsgefühl aus, das uns in *dieser Welt* immer wieder einmal überfällt und mit der Empfindung des Gefesseltseins, der Vorherbestimmung verbunden ist. Solcherart eigentümlich berührt, hielt ich mich am Ende der geführten Gruppe, um nur zu *schauen* – ich bin ein

Augenmensch. Da entdeckte ich eine vollkommene Tropfstein-*säule,* entstanden aus der Vereinigung eines Stalaktiten (von oben gewachsen) und eines Stalagmiten (von unten gewachsen), und mich durchzuckte eine Erkenntnis: So ist es mit dem Menschen, mit seiner Seele auch.

Beide Bereiche sind aufeinander zugewachsen – die Tierseele und die Geistseele –, haben sich vereinigt, sind nur noch eins: Eine Nahtstelle ist nicht erkennbar, eine Wiedertrennung beider Teile im Diesseits unmöglich. Eine Seite spielt in die andere hinüber, beide durchdringen einander, setzen Impulse. So verbindet diese *Säule* Himmel und Erde durch die Inkarnation jedes einzelnen Menschen, sichtbar gemacht in seinem aufrechten Gang.

Doch nun müssen wir das statische Bild verlassen, denn es hat nur eine bedingte Reichweite, und das Leben ist ein Prozess. Aber einen Gedanken können wir aus dem Gleichnis noch mitnehmen – das menschliche Einzelwesen hat nicht nur eine körperliche Gestalt, die unsichtbare Geistseele gehört dazu. Da der Mensch jedoch vor der Wiedervereinigung mit seinem Gott sich nie in voller Gänze bewusst ist (und hier greift Freuds *Unbewusstes*), weilt sein bewusstes Ich, sozusagen als ein „springender Punkt", zu einer bestimmten Zeit überwiegend im leiblichen oder im seelischen oder im geistigen (d. h. hier zunächst im intellektualen) Bereich seines Wesens. Diese Bereiche auf Dauer zusammenzubringen, auf dass die Gottheit sie als *ein* Gefäß füllen könne, das ist der *Königsweg* und *das höchste Ziel* des Erdenmenschen. Die vielen Meditationsanleitungen, die es von alters her und in zahlreichen neuen Formen gibt, liefern dazu nur die Vorbereitung, sind nicht selbst das Gesuchte – deshalb allein sind auch die Lehren zur geistigen Versenkung aus apersonalen Gottesvorstellungen oder aus atheistischen Weltanschauungen (etwa Asiens) zunächst brauchbar, weil jeder, der auf dem Wege weit genug kommt, von selbst bzw. durch höhere Lenkung auf die tiefere Wahrheit stößt.

Der „springende Punkt" des Bewusstseins hat das statische Bild von der Tropfsteinsäule schon etwas belebt. Denken wir uns nun die *Säule* als *Baum* (etwa als die Weltesche Yggdrasil), so kreisen die Säfte des Lebens vom Himmel zur Erde und wieder hinauf, und der Baum setzt immer neue *Jahresringe* an. So auch wächst die Seele; das ewige Ich als ihr Kristallisationspunkt setzt ständig mehr der frei fluktuierenden Seelenkräfte an, je nach den bewältigten Lebenssituationen, woraus sich gleichfalls Goethes Rede von den unterschiedlich großen *Entelechien* erklärt. Das „Kreisen der Säfte des Lebens vom Himmel zur Erde und wieder hinauf" zeigt indessen an, dass „der Himmel", also die *Transzendenz,* doch dominiert, denn alles hat seinen Ursprung in ihm – durch Zeugung.

Mein „neues Höhlengleichnis" lässt zum Abschluss erkennen, dass der Mensch in der Leib-Seele-Geist-Einheit selbst ein „Ganzes" ist und über das Sichtbare hinaus an allen drei Seinsbereichen Anteil hat: mit seinem ewigen Ich am Geist Gottes, mit seiner unsterblichen Seele am Reich der Seelenkräfte und mit seinem physischen Leib an der materiellen Welt. Die Frage ist nur, ob der einzelne Erdenbürger sich dessen und in jedem der drei Bereiche schon bewusst ist. Der Regelfall ist es nicht, doch jedem ist es als Aufgabe gestellt, sich darauf zuzubewegen. Der „Himmel" wartet darauf, seine Hilfe steht bereit.

Mein lieber Neffe, nun bin ich am Ende meiner Antwort auf deine Anfragen. Es war ein hartes Stück Arbeit, und ich habe nicht vorausgesehen, was ich mir damit aufladen würde. Ich hoffe, es hat sich gelohnt, aber jetzt brauche ich die Zeit wieder für die innere Einkehr. Die Mönche vom Berg Athos haben – hinsichtlich des Glaubenslebens – mit ihrem Argwohn gegenüber dem Studium wohl etwas Richtiges geahnt. Ich jedenfalls fühle mich ausgelaugt wie ein viel schreibender Theologe, der zu viel weiß und nicht mehr beten kann: das Elend des Räsonnierens! Dennoch muss ich dir noch eine Konklusion zukommen lassen, in einem letzten Brief. Bis dahin alles Gute von deinem Onkel

Tobias Knauth

Achtundzwanzigster Brief

Schlussfolgerung – Die Emanzipation von religionsgeschicht-
lichen Altlasten, eine Freisetzung moderner Christlichkeit

Mein lieber Neffe Rudi!

Was bleibt als Summe unseres kritischen Durchgangs durch
zwei Jahrtausende europäischer Geistesgeschichte? Du weißt,
dass von meiner Warte aus falsche Weichenstellungen in der
dogmengeschichtlichen Entwicklung des Christentums, ge-
nauer: der alten Kirche –, Weichenstellungen, die durchaus
kirchenpolitisch interessegeleitet waren – zu intellektuellen
und mentalen Fehlentwicklungen geführt haben, die, meistens
mit umgekehrtem Vorzeichen, auch das neue wissenschafts-
bestimmte Zeitalter geprägt und viele heutige Probleme mit
ausgelöst haben. Zwei Epochen, die christliche und die auf-
klärerische, bilden so den Äon, zu dem wir gehören. Also steht
eine große *Entrümpelung* an, deren Gegenstände ich in den
früheren Briefen bereits gekennzeichnet habe. Danach erst
kann auf den weiteren Weg verwiesen werden.

Ich sagte schon einmal, dass heute unglaublich viele Neu-
erscheinungen ähnlicher Thematik auf den Markt kommen,
z. B. von emeritierten Theologieprofessoren oder pensionierten
Superintendenten, die im Ruhestand mutig werden, aber nicht
ganz bis zum Kern vordringen, weil sie partiell immer noch al-
ten Fesselungen folgen, letzten Endes doch an der Leine der
Dogmatik liegen. Das hat natürlich seine Ursache in der frühen
Prägung und in den zweitausend Jahre alten Denk- und Fühl-
spuren, von sozioökonomischen Abhängigkeiten von der Groß-
organisation einmal ganz abgesehen. Ein solches Werk ist das
ausgezeichnete Buch „Notwendige Abschiede – Auf dem Weg
zu einem glaubwürdigen Christentum" von Klaus-Peter Jörns
(2. Aufl. Gütersloh 2005), in dem der Autor jedoch bei aller
Progressivität jene besagten Schranken in wichtigen Punkten
nicht überwinden kann; so beschreibt er sein Ideal, noch nicht
eine kirchliche Wirklichkeit – es müsste Ungeheures gesche-

hen, damit seine Vorstellungen realisiert werden könnten, auch in der Ökumene. Eine katholische Freundin sagte vor Kurzem: „Erst die letzten zwei Vertreter von Katholisch und Evangelisch im letzten Bunker vor dem Untergang würden sich wohl auf die Einheit der Kirchen verständigen!" Ließe sich das nach Jörns Vorstellungen schon früher erreichen, es wäre noch längst nicht die letzte Stufe des zu Leistenden im Sinne der Freisetzung einer modernen Christlichkeit.

Wir aber müssen nun unsere Arbeit erledigen und uns in der Zusammenfassung endgültig von den Altlasten der christlichen Religionsgeschichte verabschieden, um die wesentlichen Inhalte und Wirkungsmöglichkeiten des Christentums freizulegen und in moderner Form zu verdeutlichen.

Zuallererst muss der Mythos von der *Schöpfung* aufgegeben werden. Der Kosmos ist nicht „ex nihilo" (aus dem Nichts) geschaffen worden, sondern durch *Zeugung* entstanden.

Damit ist zugleich die *Bipolarität* des Göttlichen ausgesprochen, Gott als Mann und Frau, Vater und Mutter (VAMUR), und, in Fortführung des Origenes, die Entstehung der Seinsbereiche bis hin zu den physischen Universen durch *Emanation* (des Cusaners „explicatio" oder *Entfaltung* dessen, was vorher als „implicatio" in Gott *eingefaltet* war). Auch das Mariendogma einschließlich ihrer Jungfräulichkeit ist verzichtbar; die Madonna geht in der Bipolarität Gottes auf – als ewig Mitzeugende. Immer verehrungswürdig bleibt jedoch die wirkliche Mutter Jesu.

Jeder Seinsbereich hat seine eigene Gesetzlichkeit, welche Gottes Macht *beschränkt* (so schon Origenes), womit sich Gott seiner *absoluten Allmacht begeben* hat. Darum muss er sich wegen des Bösen nicht rechtfertigen (es hat seinen Ausgang beim *Nichts,* das sich unter den Menschen seine *Agenten* sucht; potenziell gefährdet ist jeder und jede).

Zu dieser *Topographie des Kosmos* gehört die dreiphasige Existenz der ewigen Geistseele eines jeden Menschen: ihre *Präexistenz* (gezeugt in Gottes Welt), ihr *Erdendasein* (nach dem je individuellen Fall, ohne *Erb*-Sünde) und ihre *Postexistenz* (nach dem Tode, auf dem Rückweg *zu* und für die Glückseligkeit *in*

Gottes Welt); die *Auferstehung* ist da kein Problem mehr, der Tod jedoch der zugehörige schmerzhafte Durchgang.

Auch das *Trinitätsdogma* muss aufgehoben, eine *geist*orientierte Trinitätslehre, wie schon gezeigt, installiert werden: Das *Ur-Sein* umfängt *Urlicht, Urwort* und *VAMUR* (Vater und Mutter), und so sind die *Drei* und die *Vier* heilige Zahlen (vgl. den 17. Brief!).

Dann muss die *Vergottung Jesu aufgehoben* werden. Der Logos („Im Anfang war das Wort") ist Gott, nicht Jesus von Nazareth als Christus. Jesus war ein Mensch unter Menschen, war und ist „ein Hohepriester in Ewigkeit nach der Ordnung Melchisedeks", ein Gottgeeinter, der als Bote die Botschaft verkünden sollte: „Gott ist die Liebe!"

Da kann ER kein *zürnender* und *rächender* Gott sein. ER vergibt, doch die Folgen eigenen Tuns muss der Mensch tragen. Die *Urschuld* eines jeden einzelnen Menschen ist seine *innere Trennung* von Gott (früher „Fall" oder „Lapsus" genannt) in der Präexistenz, sein *Auftrag* die *Umkehr* und *Rückkehr* für die Zeit des Erdendaseins und die danach.

Dieser Gott wollte auch nicht seinen „Sohn" als Schlachtopfer, und so bedeutet Jesu Hinrichtung am Kreuz keinen Opfertod zugunsten der Menschen, sondern seinen „Liebestod" als Überwindung des „Fürsten der Welt", um ihnen den Rückweg zu Gott – durch die Apokatastasis (Die „Wiederbringung", nach Origenes) – zu eröffnen.

Darum ist auch das Abendmahl als *Opfer*mahl hinfällig, es kann nur ein *Liebes*mahl *zum Gedächtnis Jesu* sein, das sich sehr unterschiedlich gestalten ließe, wie Klaus-Peter Jörns in „Notwendige Abschiede" sehr überzeugend gezeigt hat, z. B. als „Fußwaschungsmahl" (nach Joh).

Weiterhin sind der Kirchengründungsauftrag („Du bist der Fels …") sowie der Missions*befehl* („Darum gehet hin …") ungültig; folglich gibt es keinen Alleinvertretungsanspruch gegenüber anderen Konfessionen und Religionen („In meines Vaters Haus sind viele Wohnungen …" sowie „Und ich habe noch andere Schafe, die sind nicht aus diesem Stall."); *Verketzerungen* sind Verstöße gegen das Liebesgebot.

Aus dem Opfermahl wurde später, unter Aufnahme heidnischer Motive und angesichts antiker Erlösungsbedürfnisse, das *Opferpriestertum* abgeleitet (vgl. den 12. Brief, Der „Dritte Weg"): „nulla salus extra ecclesiam" (Kein Heil außerhalb der Kirche). Der einzelne Gläubige war entmündigt, wohl wirklich „gefühlte" Fürsorge wurde Bevormundung (vgl. auch die Abschaffung des Abendmahls „in beiderlei Gestalt" für die „Laien").

Mit beiden letzten Punkten ist der *Weg* der frühen Christen zur Gemeinde (mehr als „zwei oder drei"), zur *Großgemeinde* und zuletzt zur *Großkirche* (einer Überorganisation) für mich ein *Irrweg,* die Institutionalisierung zur Staatskirche und die volle Übernahme des weströmischen Staatsgehäuses der *Sündenfall des Christentums.* Den damit gewonnenen Machtzuwachs will keine Kirche aufgeben. So hatte sie den Glauben erfolgreich sozialisiert.

Parallel zur Institutionalisierung der Kirche ging die *Intellektualisierung,* d.h. die Verkopfung, *der Theologie,* die durch die *Dogmatisierung* der Christenlehre der Kirche Herrschaftsinstrumente lieferte – auch ein *Irrweg,* der bis zur Inquisition führte. Glaube, eine Kraft des Herzens, wurde zum Fürwahrhalten, dessen Bekundung oft erzwungen wurde. Die Auswirkungen dessen auf die späteren Kolonialgebiete der Europäer, seit dem Beginn der Neuzeit, waren verheerend. Im Mittelalter hatten es die Frauen (Hexenverbrennungen), die Katharer, Waldenser, Albigenser und Hussiten zu erleiden. Paulus, zur Erinnerung: „Ich will das Gute und tue das Böse."

Mein lieber Neffe, das ist die kurze Summa meiner Überlegungen zu deiner „großen Anfrage". Die „Entrümpelung" der Altlasten muss, ja kann den Kern des Christentums gar nicht treffen, denn dieser Kern ist das *Leben* und die *Lehre* des Menschen und Gottesboten Jesus von Nazareth. Seiner berichteten Wunder bedarf er nicht; wenn er die Fähigkeit zu heilen hatte, dann ist das für die beiden anderen Bereiche unerheblich.

Jesus lehrte und lebte die *Liebe,* durchbrach soziale Schranken und tat das immer zugunsten eines einzelnen Menschen – er meinte stets die Seele dieses einen; er sprach wahr, und er war gehorsam gegen Gott – „Dein Wille geschehe" – aus innerer Übereinstimmung mit ihm, und er verzieh seinen Feinden noch in der Todesstunde. Das war die Überwindung des „Fürsten dieser Welt", womit Jesus den Rückweg *aller* zu Gott öffnete, und zum Beistand für alle Zeiten gegen dessen Macht versprach er seine Gegenwart in der Aura der Erde „bis an der Welt Ende". Hinweise für eine förderliche Lebensführungslehre hatte er in der Bergpredigt hinreichend gegeben.

Du hast mich gefragt, warum ich noch in der Kirche sei. Ich habe mich das oft selbst gefragt, und meine Antwort lautete jahrelang: „Ich will nicht die Front des Atheismus stärken!" Denn dieser ist eine Hauptgefahr für die geistige Existenz der Menschen im Westen. Außerdem wollte ich mit meiner Kirchensteuer regelmäßig zu guten sozialen Werken der Kirche beitragen, die sie trotz mancher Kritik doch leistet. Eine neue, eine Goethe'sche Antwort ist hinzugekommen: „Aus Ehrfurcht vor dem Gewordenen!" Die Menschen haben es einfach nicht besser hinbekommen, aufgrund ihrer buchstäblichen geistig-geistlichen, nicht intellektuellen, Beschränktheit. Jesus hat schon die geistige Blindheit seiner eigenen Jünger beklagt. Wir haben hier die Anpassung des Geoffenbarten an die Wahrnehmungs- und Verstehensmöglichkeiten der Menschen vor uns, die so zu ihren eigenen Ungunsten „das Maß aller Dinge" werden. Also müssen notwendige Änderungen allmählich vor sich gehen.

Was aber ist zu tun?

Zuerst steht die „Entrümpelung" der aufgelisteten Aspekte aus der „Christenlehre" als eine Art praktischer *Entmythologisierung* an. Dazu gehören zwei Dinge, die Luthers Reformation nicht bewältigt hat: die Aufhebung des Nicänischen Glaubensbekenntnisses, in dem alle die genannten „Fehler" enthalten sind, und die Aufhebung der kirchlichen Hierarchie.

Positiv ausgedrückt: Das Luther'sche „allgemeine Priestertum" muss realisiert werden, sodass ein jeder Gläubige sein eigenes Glaubensbekenntnis formuliert, und die Kirchenstruktur ist zu dezentralisieren bis hinunter zu den kleinsten Zellen („zwei oder drei"), in denen sich das Glaubensleben vollzieht, die sich aber freiwillig vernetzen können.

In den „kleinen Zellen" können eigene Rituale und vor allem die *meditative* Praxis entwickelt werden, die jedoch immer erst von jedem Einzelnen gewonnen werden muss. Denn der Einzelne ist der Träger des Glaubens, der stets nur ein persönlicher sein kann, entsprechend dem „persönlichen Gott".

Glaube und Glaubensgemeinschaften müssen *geist*orientiert sein, denn „Gott ist Geist"; und die *Liebe* soll im Zentrum des Lebens stehen, denn ebenso gilt: „Gott ist die Liebe." Mit der Liebe ist es wie mit dem Licht: Es brennt in seiner Glut, und wer sich ihm nähert, gerät in sein Leuchten, das Leuchten der *Zuwendung* – das Ur*gefühl* wird *Tat*. So kann und muss man nicht *alle* Menschen lieben, aber wer sich einem menschlich nähert, den erreicht ein Liebesstrahl.

Wer als Christ für eine altlastbefreite, moderne Christlichkeit ist, der muss auch seinen Standpunkt vertreten, heute vor allem gegenüber dem Ungeist nicht der Naturwissenschaften an sich, sondern einiger wortführender Naturwissenschaftler, die die Grenzen ihres Fachgebietes (einschließlich der Nachbargebiete) weit überschreiten und einem aggressiven Materialismus sowie Atheismus huldigen (Mitläufer finden sie natürlich zahlreich). Dass manche neben ihrer Naturwissenschaft auch noch Philosophie studiert haben, bewahrt sie nicht vor schwachem philosophischen Niveau, wenn sie ihre Forschungsergebnisse transzendieren und wie Propheten sprechen, so z. B. der Bremer Neurobiologe Gerhard Roth oder der Wiener Evolutionsbiologe Franz Wuketits. Da tröstet es einen, dass es auch Forscher gibt, die nicht einfach bei der (natürlich zu registrierenden) Faktizität stehen bleiben, dann eine unreflektierte Übertragung von der Tierwelt und der Frühzeit des Menschen auf seine heutige Situation vornehmen und dabei die Möglichkeit seiner ethischen Orientierung kategorisch ausschließen, sondern die – im Gegenteil – die völlig neuartige kultursoziologische Lage der modernen Menschheit als nicht mehr steinzeitlich geprägte Umwelt berücksichtigen und als existenzielle *moralphilosophische Aufgabe* verstehen, so etwa der Evolutionswissenschaftler Bert Hölldobler, jetzt in Phoenix/Arizona. Das größte Gegenbeispiel zu dem evolutionsbiologischen Determinismus hat vor schon zweitausend Jahren Jesus von Nazareth mit seinem *Liebestod* gegeben.

„Gott ist die Liebe!" Ist ein Mensch, Christ oder Nichtchrist, von dieser Liebe erfüllt, dann heißt sie im Tätigwerden (ohne welches es nicht geht) gegenüber der Welt „Zuwendung". Ihre Tätigkeitsfelder sind: das eigene menschliche Umfeld, der Beruf, das öffentliche Gemeinwesen, alle darüber hinausgehenden gesellschaftlichen Bereiche, die Natur oder Mitschöpfung und unsere „Umwelt", die wir uns aus jener als „Kontaktzone" (eigentlich ein geologischer Begriff) und als Handlungsraum erschaffen; zweien oder dreien dieser Bereiche kann sich der Einzelne mindestens widmen.

Diese liebende *Zuwendung* ist einer *Verantwortlichkeit* unterworfen, die sie in *Nächsten*liebe aus sich selbst hervorbringt und die heute mit dem säkularen Begriff „Menschenwürde" verbunden ist, die den anderen als DU achtet, das auch ein ICH ist. Daraus folgen bestimmte *Normen*: die Menschenrechte mit all ihren politischen, sozialen, ökonomischen, kulturellen und religiösen Aspekten, die jegliche Diskriminierung ausschließen, aber Kommunikation und Kooperation praktizieren – zur gegenseitigen Förderung. Toleranz nicht als *Duldung,* sondern als *Anerkennung* (Goethe) Andersdenkender und Barmherzigkeit gegenüber Notleidenden gehören zu dieser modernen Christlichkeit, die aus dem *Innersten* eines jeden Gläubigen erwachsen muss; er wird keinen anderen Menschen „richten". Dort jedoch, in seinem „Seelenfünklein", muss er sich auf den *Geist Gottes* hin orientieren, und dass dies möglich ist, dafür hat er einen wegweisenden Gewährsmann: seinen gotterfüllten Mitbruder als Beistand, Lehrer und Boten des Höchsten, Jesus von Nazareth. In den Schriften zu lesen, die von ihm handeln, das ist, wenn man durch die Verhüllung der Altlasten hindurchschaut, immer noch Leben spendend.

Damit sind wir bei einem weiteren wichtigen Punkt. Wenn schon das Glaubenkönnen selbst ein Gnadenakt Gottes ist, so heißt das nicht, dass der Mensch gar nichts für sein Glaubensleben tun könne. Hierzu sagt erstaunlicherweise gerade wieder Goethe (in den „Wanderjahren") etwas Grundlegendes:

„Frömmigkeit ist kein Zweck, sondern ein Mittel, um durch die reinste Gemütsruhe zur höchsten Kultur zu gelangen." Darin drückt sich abermals der sich versteckende Mystiker aus, denn die „höchste Kultur" ist nicht mehr die Pflege des Ackerbodens oder der kreativen Hervorbringungen des Menschen im Rahmen der Gesellschaft, sondern die des „Seelengrundes", die letzten Endes zum gemeinsamen Kult Gleichgestimmter führt, die vom Geist Gottes erfasst sind. Dass man diese „reinste Gemütsruhe" nicht nur im sakralen Raum erlangen kann, macht Goethe an einer anderen Stelle der „Wanderjahre" deutlich, wo er erst von der zu lobenden „Hausfrömmigkeit" spricht, die aber, da nicht mehr hinreichend, zur „Weltfrömmigkeit" ausgeweitet werden müsse, in der man „die ganze Menschheit" fördernd mitnehme. Wie man vor Dingen unserer Welt *fromm* werden kann, hat der Dichter oft genug in seiner Natur- und Erlebnislyrik gezeigt, doch auch an anderen Stellen; hier möchte ich an die wunderbare „Faust I"-Passage erinnern, die wir schon besprochen haben: „Verlassen hab ich Feld und Auen …" Die Goethe-Worte zur Frömmigkeit sollte man der heutigen westlichen Medien- und Eventkultur ins Stammbuch schreiben, bei der es größtenteils nur um Betäubung und Vertreiben der Zeit, um ihr „Totschlagen", geht.

Was kann der im definierten Sinn *moderne Christ* über den gezeigten Selbst- und Weltbezug hinaus noch tun? Er kann, ja er muss sogar w a r t e n .

Warten, Harren, gehört immer zum Glauben, Harren auf etwas Künftiges.

Worauf aber soll man heute warten? Auf eine neue, die *deutliche* Offenbarung!

Denn bisher haben wir, wie schon einmal angeführt, nur eine *undeutliche* Offenbarung „in Splittern" oder „Bruchstücken" erhalten, wie, auf die heidnische Weisheit bezogen, Clemens von Alexandria und Origenes sagten. Heute müssen wir das, angesichts der intellektuellen Entwicklung der Menschen in der modernen technisch-wissenschaftlichen Welt, auch vom Christentum sagen. Wir brauchen eine *neue Offenbarung* von umfassender klarer Aussage und klassischer Gestalt, die der heutigen Bewusstseinslage und dem wissenschaftlichen Weltbild entspricht und die, trotz aller philosophisch-theologischen Bemühungen schon seit der Scholastik, die bisher unüberbrückbare Kluft zwischen Glauben und Wissen oder Denken, zwischen Gnade und Natur aufhebt. Alle erste *Weisheit* kam in den Frühzeiten der Kulturen aus der *Offenbarung,* und alles erste *Wissen* kam aus deren *Säkularisierung.* Bald standen sie gegeneinander, und nun müssen sie wieder zusammengeführt werden als tragende Säulen in dem Bau der *einen Welt* Gottes.

Mein lieber Neffe Rudi! Du wirst über diesen Schlussgedanken von mir gewiss erstaunt sein, aber du hast doch gesehen, wie mühsam es war, bei der Suche nach den Ursachen unserer heutigen westlichen Misere Spuren hilfreicher Ansätze zu finden, Ansätze, von denen man annehmen muss, dass sie absichtlich von bestimmten wechselnden Kräften verschüttet worden sind. Nein, Gott ist nicht der allmächtige *Herr der Geschichte,* nicht von *dieser;* er hat uns in die Freiheit gelassen, die wir uns genommen haben, aber er kann von fern her vorsichtig auf sie einwirken, dass wir Menschen im Durchgang durch die Phase zwischen Präexistenz und Postexistenz, also hier in unserem Erdenleben, nicht zuschanden werden. So bildet die Apokatastasis als „Heimholung" *sein Modell* von der „Erziehung des Menschengeschlechts", als eine langfristige Form der Teleologie, der naturwissenschaftliche Erkenntnisse nicht widersprechen müssen; denn die Wissenschaft weiß ja inzwischen auch, dass Universen entstehen und vergehen und somit jede Bewegung ein Ziel hat. Zumindest wir „Westler" jedoch brauchen heute mehr Detailwissen nicht nur über das Universum, sondern ebenso über dessen und unsre Zusammenhänge mit dem gesamten Kosmos als der Einheit alles Seienden in Gott. So können wir nur hoffen und harren auf die

deutliche Offenbarung.

Nun haben wir es geschafft, mein Neffe, wir sind am Ende und ich auch mit meinen Kräften. Mögen dich meine Antworten „erfreuen" und sie dir „nützen", im Sinne des Horaz-Wortes:

„delectare et prodesse!" Du findest noch einen Anhang, den ich „Certo" genannt habe. Darüber wirst du dich wundern, denn das Wort gibt es im Lateinischen nicht. Ich habe es neu gebildet, als Kurzform für „certus sum" (Ich bin gewiss) und Gegenform zu „Credo", um auch eine schlagkräftige Formel zu haben für das ganz persönliche Credo, das gemäß dem *allgemeinen Priestertum* jeder Glaubende für sich selbst formulieren sollte. Ich dachte dabei an eine Parallele zu Lüdemanns Epilog „Zehn Goldene Worte" zu seinem „Ketzer"-Buch, als er noch ein Christ war. Nur musste ich, nach meinem Durchgang durch die christliche Religionsgeschichte, inhaltlich ausführlicher sein, auch um meine *neue* Position profiliert zu umreißen. Es ist eine *Summa* meines ganzen Buches.

Mit den besten Grüßen bin ich immer dein Onkel Tobias Knauth

CERTO statt CREDO

Mein Certo

Ich bin sicher:
Gott ist Eines im Ursein,
umfassend
Urlicht, Urwort,
Vater und Mutter,
ewig zeugend allliebend alles, was ist,
in den Reichen: des Geistes,
der ewigen Seele,
der physischen Welt;
durch alle Stufen der Hierarchien,
so sich entfaltend
ins Nichts,
des Bösen Hort.

Sicher bin ich:
Gezeugt sind alle Menschen bipolar,
duale Wesen der Präexistenz,
Teilhaber an Gottes Welt,
dem Reich seiner Allmacht,
aus der sie sich lösten
durch innere Trennung
von ihrem Gott,
fielen, jedes für sich,
aus eigner Entscheidung,
in die physische Welt,
nun geschieden von ihrem Dual.

Ich bin sicher:
Durch diese Urschuld
eingeboren dem Menschentier,
Erdenbürger nun ganz,
verstrickt ins Erdengeschick,
verloren in seine erstrebte Freiheit,
wirkt nach außen und leidet der Mensch,
halb der Geschichte Herr;
der unsichtbaren Welten
und seiner ewigen Herkunft
nicht bewusst,
doch auf dem Wege nach innen,
allein gegangen oder zu zweit, zu dritt,
vermag sein Seelenfünklein
schon aufzuleuchten
im ewigen Licht.

Sicher bin ich:
Der Wille Gottes aber gilt
der liebenden Heimholung aller
durch seine Helfer,
die gottgeeinten Hohepriester
nach der Ordnung des Melchisedek,
unter ihnen der an Liebe Reichste –
Jesus von Nazareth,
Bruder Mensch und Gottesbote,
Überwinder der Erdenmächte
durch seinen Liebestod am Kreuz;
Zugang zum Rückweg
schuf und schafft er allen damit,
die die Erde verlassen.

Ich bin sicher:
Mit dem Aufstieg der ewigen Seele
beginnt der Rückweg und das Gericht,
ja, der Rückweg ist das Gericht,
als die Überwindung der vielen Impulse,
die der Mensch auf Erden gesetzt hat,
gute und böse, noch nicht erfüllt und gestillt,
Kinder von Wunsch und Wille,
Tattraum und Glücksbegehren.
Hohe Hilfe hilft zum Ziel.
Keinen Zorn aber kennt der HERR,
und zuletzt nimmt er in Allversöhnung
alle Seelen, dual vereint, liebend wieder auf.

Gedichte

werdend

wir wissen, wo
und wir fühlen, dass wir wissen
im land hinter dem denken
des glückes königreich
wo die liebe ist
alles entsteht & alles vergeht
in liebe sein
denn wir sind werdend
und wir fühlen, wo
denn dort hat alles begonnen
der kostbarkeiten zeitalter, einst
behutsam geboren und gezogen
zum eigentlichen sinn
im werden zu sein
denn alles entsteht & alles vergeht
durch liebe sein
denn wir sind werdend
am weg für die liebe
und finden großes glück
indem wir kleines glück ermöglichen
inmitten von liebe, mit liebe lieben
denn alles entsteht & alles vergeht
und wir sind werdend

der große kreis

mit lust beginnt der große kreis
dicht und ohne hemmnis
ist flucht und jagd zugleich
denn alle seelen, in jeder zeit
lieben das lustvolle an ihrer endlichkeit
weil unverständliches im eigentlichen sinn zu finden
so schön fein ist, so schön frei macht
achtung gibt, bedeutung schenkt, sinn gewährt
und dadurch scheinbar ewig macht
die suche lässt erahnen der seele unsterblichkeit
und diese ahnung trägt jede seele
und kommt ihr mehr und mehr auf die spur
mit der lust am fühlen, mehr und mehr
und so wächst der große kreis
dicht und ohne hemmnis
ist flucht und jagd zugleich
denn alle seelen, in jeder zeit
lieben das lustvolle an ihrer endlichkeit
weil aller seelen drang so unersättlich
weil jeder neue gipfel nur die basis für die nächste höhe ist
bedrohlich stürmend, wachsend ekstatisch, werdend leben
aber vielleicht nur ein kurzes schweben
im bewusstsein einer unerreichbarkeit für alle zeit
doch das ist kein ende im herkömmlichen sinn
kein ende, wie mein geist es erfinden kann
kein ende, wie mein herz es fürchten kann
denn mein einziger freund ist das ewige ende
lüsterner tanz mit der angst vor dem versagen
ist flucht und jagd zugleich
denn alle seelen, in jeder zeit
lieben das lustvolle an ihrer endlichkeit
weil aller seelen antrieb ist lust und angst
weil alle seelen haben angst und lust zu sterben
und die endlose ewigkeit lockt beständig
dicht und ohne hemmnis

und so schließt sich der kreis
aus angst wird lust wird angst wird lust wird angst wird lust
allezeit in jeder zeit
und alle seelen
lieben die angst in ihrer leidenschaft
alle seelen lieben die lust in ihrer ängstlichkeit
und so passiert alles immer
mit ehrfurcht und mit demut
dicht und ohne hemmnis

das eintastige klavier

es gibt diesen kurzen moment der verbundenheit mit allem
da sehe ich nichts, ich fühle nur
keine reinen schmerzen, keine reine ruhe
nur erlebnisse, die überall gleichzeitig sind
und meine beschränkte wahrnehmung versucht
einen ausschnitt zu erfahren
es ist wie mit einem klavier, von dem ich nur eine taste sehe
und nur diesen einen ton hören kann
aber ich ahne
ich ahne, dass da andere sind
gleich daneben
sowohl fürs auge als auch für die hand & das ohr
fehlen mir die wahrnehmungsorgane?
und doch spüre ich
die liebe. wo? ein blick? im kopf? ein wort? im herz?
eine geste? im bauch?
es gibt diesen kurzen moment der verbundenheit mit allem
da sehe ich nichts

schöne zeit

jetzt tut nichts mehr weh
jetzt ist alles rein
kein nichts drückt mehr meinen schlaf
kein blut fließt mehr in meinem herzen
nun spüre ich nur mehr leichtigkeit
nun finde ich alles schön & weit

wir hatten eine schöne zeit
träume waren mit uns
viel lachen, aber auch schmerz
und viel leid
doch wir waren
und wir hatten eine schöne zeit

mit jedem mehr an entfernung
wächst die seelenwunde erinnerung
und jede erinnerung erzeugt eine träne aus glas
in der ich eine spiegelung unserer zeit erahne
mit jedem weiter weg
wächst die herzzerreißende sehnsucht
und jede sehnsucht ist gefangen in einer träne
und die tränen fallen immer weiter weg von mir

wir hatten eine schöne zeit
liebe war mit uns
viel leben, aber auch tod
und viel lust
doch wir waren
und wir hatten eine schöne zeit

für mich steht die zeit jetzt still
kein gestern & kein morgen mehr
kein hoffen & keine liebe
jeder himmel ist so nichts
für mich war unsere liebe alles

wir hatten eine schöne zeit
und die tränen hören auf zu fallen
am ende ihres fluges berühren sie die ewigkeit
und zersplittern in tausend glitzernde sterne
und ihr leuchten strahlt noch weit
für alle liebenden herzen ewiglich
wir hatten eine schöne zeit

Piraterie im 21. Jahrhundert

Kapitän Klaus Petersen aus Hamburg stand auf der Brücke der „SULEIKA NAUTIC", des zweitgrößten Öltankers der Welt mit einer Ladekapazität von fast zwei Millionen Barrel, und bewunderte den Sonnenaufgang. Der Himmel war strahlend blau und es herrschte klare Sicht, als das Schiff mit dem Ziel Japan in den Golf von Aden einfuhr. Obwohl es ein schöner Tag zu werden versprach und der Kapitän nervenstark war, wurde Klaus nervös, er wusste, dass nun die schwierigste Etappe vor ihm lag. Er fuhr seit Jahren zur See und besaß mit 55 Jahren einiges an Erfahrung. Die Besatzung des Tankers war eine bunt gemischte Mannschaft, Klaus war Deutscher, sein erster Offizier Bertus war Holländer, die restliche Crew bestand aus Asiaten; die Verständigungssprache für alle war Englisch. Die Reederei Olympic Marine Ltd. hatte den Kapitän gewarnt, da es im Golf von Aden in jüngster Zeit zu Zwischenfällen mit Piraten gekommen war. Bertus verließ die Brücke, um sich Tee zu holen, und Klaus kniff die Augen zusammen, um im gleißenden Sonnenlicht besser sehen zu können. Die Sonnenbrille drückte ihn am Ohr und er nahm sie ab, um sie zurechtzubiegen. Dieser Moment genügte den Piraten vollkommen. Zwischen zwei Speedbooten wurde ein langes Tau gespannt, der Tanker konnte weder bremsen noch ausweichen, da er zu schwerfällig war, dann ließen sich die Piraten mit ihren Booten hinterherziehen und kamen immer dichter an den Tanker heran, sodass sie ihn von beiden Seiten entern konnten. Kapitän Klaus sah das Unglück von seiner Brücke her kommen und es gelang ihm, einen SOS-Ruf abzusetzen, dann spürte er etwas Hartes im Rücken. Einen Revolver.

„Die Piraten werden immer abgeschmackter", dachte er bei sich.

„Hands up!", bellte ihn Piratenchef Suleiman el Kantaoui, ein dicker Mann mit weißem Vollbart und ebenso weißem Turban, an. „We will follow your instructions!", gab Klaus zurück. Die Tür ging auf und Bertus ließ vor Schreck fast seinen Teebecher fallen. Mit einer lässigen Bewegung seines Revolvers bedeutete Suleiman Bertus, sich neben den Kapitän zu setzen.

Der Notruf der„SULEIKA NAUTIC" war in Hamburg eingegangen und löste dort hektische Betriebsamkeit aus. Machen konnte man nichts, die NATO konnte nicht einschreiten, weil sie kein Mandat hatte, die Bundesregierung arbeitete fieberhaft, um ein Mandat zu erhalten, aber es galt noch viele Hürden zu überwinden. Die Piraten forderten ein Lösegeld in Höhe von 3 Millionen US-Dollar, handelte es sich doch um eines der größten Schiffe, die bisher entführt worden waren. Die Piraten beschlossen, dass es sicherer wäre, auf die offene See auszuweichen, weil sie einen Befreiungsschlag befürchteten. Kapitän Klaus wurde gezwungen, vor Anker zu gehen. Sie saßen fest und wussten nicht, wie sie die Zeit verbringen sollten. Klaus versuchte, einen Roman zu lesen, er kam sonst nie zum Lesen, aber es gelang ihm nicht, sich auf das Buch zu konzentrieren. Bertus handelte nach dem Motto: „Abwarten und Tee trinken", er war ein sehr ruhiger Vertreter und seine Gesellschaft war Klaus angenehm. Meistens mussten sie die Zeit allerdings getrennt in ihren Kabinen verbringen. Der Rest der Besatzung war kleinlaut, sie waren alle im Maschinenraum eingesperrt, ein unangenehmes Gefängnis, es roch nach Öl.

Wochen vergingen, und der somalische Vize-Ministerpräsident Ahmed Abdulsalam, der demselben Stamm wie die Piraten angehörte, nahm Verhandlungen auf. Die Piraten blieben hartnäckig. Man kam keinen Schritt voran.

Ali, ein sehr dünn geratener Pirat, dessen weiße Kleider um ihn herum schlabberten, gab Klaus ein Zeichen. „Mein Gott!", dachte Klaus. „Der Vogel ist doch höchstens Ende zwanzig!" Es ging auf Weihnachten zu und Klaus dachte an seine Familie, seine Frau Rita und die beiden Jungs machten sich Sorgen, zu Recht. Kapitän Klaus empfand das erste Mal seit Wochen eine Art Freude, Ali hatte ihm gestattet, seine Frau anzurufen, um ein Lebenszeichen von sich zu geben. Er wurde nervös, als er die Verbindung herstellte und sich seine Frau so klar, als stünde sie neben ihm, meldete.

„Petersen?“

„Rita!“

„Du bist es. Du lebst! Wie geht es dir?“

„Wir werden anständig behandelt.“

„Wie viele Wochen soll das so weitergehen? Sie bringen es jeden Abend in den Nachrichten, die Verhandlungen sind völlig festgefahren …“

„Ich … weiß es nicht, wir bekommen hier nicht mit, was läuft, wir haben absolutes Kontaktverbot zur Außenwelt. Ich … ich bin so froh, deine Stimme zu hören! Wie geht es Thorsten und Jens?“

„Den Umständen entsprechend. Sie haben in der Schule keinen leichten Stand, weil sie von den Mitschülern bedrängt werden, was mit ihrem Papa los ist und warum er nicht nach Hause kommt.“

Klaus spürte, wie seiner Frau Tränen in die Augen stiegen, und er musste schlucken, bevor er weitersprechen konnte.

„Es scheint vor allem eine hochpolitische Kiste zu sein, bei Verhandlungen werden wir hinausgeschickt und bekommen nur Gesprächsfetzen mit.“

„Ja …“

Das Gespräch wurde jäh unterbrochen, Ali hatte die Nase voll von dem Gesäusel in der fremden Sprache. Klaus schaute ihn stirnrunzelnd an und Ali grinste breit, sein Grinsen war jedoch nicht makellos, da etliche Zähne fehlten. „Oh, my love!“, spottete Ali. Klaus wurde wütend und war kurz davor, seine Beherrschung zu verlieren, was bildete sich dieser komische Vogel eigentlich ein?

Dann besann er sich, setzte sich hin und legte die Fingerspitzen aneinander, um sich konzentrieren zu können. Irgendwie musste diesen Piraten doch beizukommen sein. Das Gespräch mit seiner Frau hatte ihn aufgewühlt. Schmerzvoll erinnerte er sich daran, wie er bei jedem Landgang Postkarten für seine Jungs gekauft hatte, sie sammelten die bunten Briefmarken aus aller Herren Länder und schnupperten auf diese Art und Weise den

Duft der großen, weiten Welt. Klaus hätte nie im Traum daran gedacht, dass sein Beruf derartig gefährlich sein könnte. Wenn er hier herauskäme, würde er ihnen abraten, den Beruf des Kapitäns zu ergreifen, falls einer seiner beiden Söhne das vorhaben sollte. „*Wenn* er hier herauskäme …", dachte er bitter. Die Piraten konnten ebenso gut die Nerven verlieren und mit der Besatzung kurzen Prozess machen. Er durfte gar nicht daran denken! „Immer positiv denken und handeln!", ermahnte er sich.

Draußen an der Reling jubelte es auf Arabisch. Abdullah, Ende dreißig, klein und untersetzt, und sein Kumpel Ahmed, dessen Haut pechschwarz war, hatten mit einer improvisierten Angel aus Nylonschnur ein paar Fische gefangen.

„Na, wenigstens ist das Abendessen gesichert", dachte sich Klaus, da allmählich die Vorräte zur Neige gingen. Die Piraten hatten ihre eigene Art, die Fische zuzubereiten, der Schiffskoch durfte lediglich spülen und Hilfsarbeiten verrichten. Natürlich gab es nichts Frisches mehr an Bord, Klaus und Bertus träumten nachts von riesigen Salattellern mit leckerem Dressing und aufgestreuten Kürbiskernen. Die Realität sah anders aus. Die Piraten schienen sich überwiegend von dem Gebräu, welches sie als Tee bezeichneten, zu ernähren. Deshalb waren einige von ihnen auch so dürr. Die Teeblätter mussten für mehrere Aufgüsse herhalten, da die Teedose sich stetig leerte. Klaus und Bertus knurrte der Magen, aber der Fisch war einfach nur eklig. Sie waren keine Freunde von Sushi.

Zu Silvester hatten sie vom Schiff aus das Feuerwerk in der Hafenstadt sehen können und kaum Hoffnung auf ein baldiges Ende ihrer unglücklichen Lage.

Es donnerte, Klaus schrak hoch, er musste eingeschlafen sein. Er hechtete zum Fenster und schaute in den Himmel, der sich pechschwarz verdunkelte, drohende Wolkenberge türmten sich auf. Ein Blitz zuckte durch die Wolken und blendete ihn. Ein Unwetter hatte gerade noch gefehlt! Hoffentlich blieb auf seinem Schiff alles ruhig, weiteren Ärger konnte er nicht gebrauchen.

Nach fast zwei Monaten war das Mandat endlich durch und die Fregatte „NORDERNEY" wurde sofort losgeschickt.

Plötzlich ging alles sehr schnell. Ein Hubschrauber schwebte über dem Schiff und forderte die Piraten per Lautsprecheransage auf, sich zu ergeben. Die Piraten versuchten, sich im Innern des Schiffes zu verschanzen, doch die Militäreinheiten, die sich vom Hubschrauber abgeseilt hatten, stürmten blitzschnell die Kommandobrücke.

Kapitän Klaus konnte sich mit Bertus in das Lager neben dem Maschinenraum retten, er hatte gut reagiert, ein paar Etagen über ihm kam es zu einem Schusswechsel, bei welchem Ali eine Verletzung am Arm davontrug, sonst gab es keine Verletzten.

Die Piraten konnten überwältigt und festgenommen werden.

Klaus war heilfroh, dass alles glimpflich abgelaufen war, und feierte am Abend die Befreiung seines Schiffes mit der gesamten Besatzung mit Sekt, den Bertus aus einem Geheimfach hervorgezaubert hatte. Als er die Flasche mit einem lauten „Plopp!" entkorkte, meinte Bertus nur ganz lässig, wie es seine Art war: „Schiff ahoi!"

Gedichte

Klaviatur des Lebens

Ein jeder sich dreht im Spiegel der Zeit
Zuvor zurück, entrückt, gar weit
Kaum einer sich beklagt des Wehens
Und munter spielt auf der Klaviatur des Lebens

Mal links, mal rechts, mal auf, mal ab
Man bewusst bedrängt und weitet
Entgegen dem Zorn der elenden Meute
Die Taten der ewigen Zweiten

Man baut den Weg um viele herum
Und bastelt am Glück des Guten
Man selbst nicht weiß, von wem man beseelt
Doch klar scheint, dass vielen es fehlt

Den Grat entlang für kommendes Licht
Kraft nur schöpft, wer auch zerbricht
Wer froh sich jeder Tugend bedient
Und Glück wie Frieden für sich erklimmt

ༀ

Leidenschaft

Vor gar nicht allzu langer Zeit
Auf einer Insel gar nicht weit
In einer Stimmung zu allem bereit
Traf ich das Mädchen nachts um zwei

Sie lachte mich an und nahm die Hand
Ein Hauch voll Stillstand so charmant
Sie drückte mich fest an den Tresenrand
Und raubte mir sofort den Verstand

Mit blauen Augen und schwarzem Haar
Und dem wohlgeformten Leibchen da
Blickte sie auf ganz lapidar
Man sah es gleich – ein Prachtexemplar

So stand ich da, die Freundin daheim
Versuchte, es zu ersticken im Keim
Ich dachte noch: Jetzt lass es sein!
Doch es war zu spät, ich Schwein!

Sie forderte jetzt ihr Honorar
Und damit war mir sofort klar:
Keine Chance, was auch war!
Dies hier würde kein Altar

Die Luft war heiß und kaum zu schneiden
Die Menge tobte – ich war zu beneiden
In dem Moment, als sie begann zu weiden
Und mich langsam zu entkleiden

Ich wollte es nicht, doch sie verführte mich
Ihre Lippen auf meinen so begehrlich
Energie und Leben so unwiderstehlich
Sie hatte es drauf, es war unumgänglich

So ging es die ganze Nacht bis früh
Ich dachte gar kurz an Bigamie
Doch mit dem Morgen leer die Batterie
Verschwand auch das Mädchen irgendwie

Lange Zeit später erst ins Bett gefunden
Hatt' ich dieses Erlebnis nie ganz überwunden
Hab lange lange Gedanken geschunden
Doch ich bin froh, es waren sehr schöne Stunden!

Über das Meer

Nach Eile, Hast und langer Flucht
Egal, was man so lang ersucht
Schenkt es uns frohe Heiterkeit
Es macht uns frei, es macht uns weit

Das Auge lauscht dem schönen Spiel
Aus Farben, Formen ohne Ziel
Es spiegelt eins ums andere wider
Und lässt ertönen des Lebens Lieder

Ganz nah es ferne Gedanken bahnt
Zugleich lieblich fordernd Ruhe mahnt
Was man sich denn auch je ersann
Verblasst versöhnlich in der Wellen Klang

Der Blick dann in die Ferne schweift
Am Horizont die Hoffnung streift
Es schafft, dass unsere Seele weint
Das Rund am Ende uns vereint

Liebe

Liebe wird aus Liebe gemacht
Liebe allein Liebe entfacht
Wer nicht fähig zu lieben, der nie geliebt
Geliebt wird nur, wer Liebe vergibt

Liebe ist Energie der andern
Gemeinsam vereint kann Liebe weit wandern
Liebe wächst mit jedem Schritt
Sie nährt sich selbst und nimmt sich mit

Liebe ist die Vernunft des Unbewussten
Manchmal schwer zu schlucken, mit allen Verlusten
Doch Liebe vermag, was Geist nicht kann
Weder Hirn noch Seele sich jemals ersann

Liebe ist sanft und zart, bunt und voll
Liebe ist Leben und Kraft, niemals im Soll
Liebe ist Hafen für Helden und Sühner
Ein endloser Reigen schöner Reichtümer

Liebe schafft, was keine Macht
Ein Trotzdem, kein Deshalb, raffiniert erdacht
Liebe ist Glück und Trauer zugleich
Liebe ist alles – sie allein macht uns reich

୬ଡ଼

Was ich vermisse

Ich vermisse so, wie du mich streichelst
Mir mit deiner Wangen Lächeln schmeichelst
Wie du dich löst und an mich schmiegst
Während du sanft träumend bei mir liegst

Ich vermisse so, wie du dich windest
dich lautlos, sorglos, selig bindest
Wie du dich selbst, dein Leben meinst
Und dich beschwingt mit mir vereinst

Ich vermisse so, wie du auch trauerst
Mit deinem Kummer verborgen lauerst
Wie du kostbare Tränen einfach weinst
Und dich zur Not dann selbst verneinst

Ich vermisse so, wie du aufblickst
Erstaunend, fordernd Blitze schickst
Wie bunt du Mimik und Gestik wählst
Und dabei unverblümt erzählst

Ich vermisse so, wie du dich stiftest
Selbst dunkle Schleier arglos lichtest
Wie du dir Stück für Stück erwanderst
dich tief und fest in mir verankerst

Ich vermisse so, wie du mich anlachst
Ein Meer von Farben in mir entfachst
Doch es naht der Tag, an dem du mich nicht mehr verdrießt
Wenn du mich wieder in deine Arme schließt

ﻬ

Gedichte

Der Löwenzahn

Im Mai, auf einer Frühlingswiese,
da wurd' von einer frischen Brise
ein Samenschirmchen fortgetragen –
ohne nach dem Ziel zu fragen.

In einem Spinnennetz gefangen
hat es drei Tage dort gehangen.
Der Wind, er hat es losgerissen
und blies es auf ein Waldmooskissen.

Hier wollt' es sich schon niederlassen –
doch eine Bö bekam's zu fassen!
Bei starken Winden aus Nordwest
machte es den Härtetest.

Ein zarter Windhauch hat zuletzt
das Samenschirmchen abgesetzt:
Hier an der Wand aus totem Stein
sollte seine Zukunft sein?

Den sicheren Tod schon nah vor Augen,
konnt' es der Samen fast nicht glauben,
dass die Natur es so gut meinte
und der Samen doch noch keimte!

Für Hoffnung ist es nie zu spät;
das Leben findet einen Weg.
Ein wunderschöner Löwenzahn
wuchs hier auf ödem Land heran.

Heute steht er stolz und groß,
und in seinem Blütenschoß
reißen sich die dicksten Hummeln
drum, sich im Blütenstaub zu tummeln!

❦

Ein Morgen im Algonquin Park

Für Nina

Barfuß trete ich hinaus,
alles sieht so friedlich aus.
Hier im Park der tausend Seen
scheint das Leben stillzustehn.

In dieser frühen Morgenstunde
mach ich leise meine Runde.
Die kühle Frische auf der Haut
ist mir jetzt schon so vertraut.

Der Pfad führt mich hinab zum See.
Und wie eine zarte Fee
schweben weiße Nebel dort
auf diesem zauberhaften Ort.

Zart umhüllt von ihrem Schleier,
steht im Schilf ein Seidenreiher.
Silbrig schimmert jetzt der See –
so wunderschön, es tut fast weh.

Meine Sinne nehmen klar
alle Einzelheiten wahr:
Tau, der mein Gesicht benetzt.
Duft, der mich in Trance versetzt.

Meine Seele staunt und spürt,
wie mich die Natur verführt.
Selten habe ich erlebt,
dass mich etwas so bewegt.

Der Traum ist nur von kurzer Dauer.
Der Alltag liegt schon auf der Lauer.
… Und plötzlich kommt mir in den Sinn,
dass ich nur ein Spanner bin.

Diesen Ort will ich nicht wecken,
nichts soll sich vor mir erschrecken.
Mein Gefühl rät mir zu gehn.
Doch danke! Es war wunderschön!

Heimwärts trösten mich Gedanken,
die sich um die Zukunft ranken:
Dieses Land, es wartet schon
auf meine beste Edition!

❦

Glücklich

Ich bin erschöpft vom Glücklichsein –
so viel Schwein, das kann nicht sein!
Doch es ist nicht das Schwein allein,
das man braucht zum Glücklichsein.

Glücklichsein stellt sich nur ein,
wenn man glücklich ist zu zweien.
Denn: Ist man nicht mehr ganz allein,
dann braucht man nur noch wenig Schwein

zum Glücklichsein.

Zu spät

Die Maus schaut übern Käserand
und denkt: „Wie spät hab ich erkannt,
dass da liegt hinterm Käsestück
noch so viel mehr vom Mäuseglück!

Mein Leben lang, und das ist kurz,
war mir die weite Welt echt schnurz –
egal, ich weile noch auf Erden;
und was nicht ist, kann ja noch werden."

… sprach die Maus –
und fiel tot um.
Kurz hinterm Käsestück.

Wie dumm!

Ewiger Sommer

Gedichte und Erzählungen aus Hawaii

Wir haben hier eigentlich alles: Fitnessstudios für Babys, Tannenbäume zu Weihnachten, tropische Stürme, Limos, Malasadas, verseuchte Flüsse, Hulagruppen in den Kirchen und tausende Obdachlose. Wo sonst kann man schon auf einer Beerdigung eine selbst gebastelte Jazzgruppe in Alohahemden spielen hören?

Es ist nicht einfach, die Sehnsucht zu beherrschen. Zu weit weg ist die Familie und der Sommer will einfach nicht enden.

Wunderverwobene Träume von türkisblauen Stränden schaukeln mich in den Schlaf. Die Sonne taucht von einem grünen Funken begleitet in den Ozean.

Manchmal fasse ich nachts an das kühle Fenster, oder ich mache es weit auf und lasse mich benetzen von dem Regen. Ich sehe dann plötzlich viel klarer. Vielleicht zünde ich danach auch eine Kerze an und lasse mich von ihrem hellen Licht erinnern an mein anderes, kälteres Zuhause. Hast du schon einmal Rosenblättermarmelade gegessen?

Wenn dann morgens die Sonne in mein Fenster scheint, ist es, als würdet ihr mich grüßen.

Dann lasse ich die letzte Träne frei und versuche in meine Welt zurückzufinden.

Aber sowohl Sonnenstäubchen als auch Rosenblättermarmelade sind nur Erinnerungen, wie ein schöner Traum vom fernen Land. Doch warum soll eine unglaubliche Geschichte nicht auch einen unglaublichen Schluss haben?

Ich hatte da ein wundersames Erlebnis mit einem Theologen. Er lud mich nach der Arbeit zum Abendessen in sein Haus. Ich begab mich dorthin und mein Magen knurrte hungrig. Aber leider gab es nur ein sehr kleines Brot und ich hatte ein riesiges Glas Wein zu leeren. Es löschte meinen Durst. So wurden wir lustige Gesellen. In meiner Erinnerung lebt Chrissy auf, die gerade an jenem Abend dem Leben auf den Grund gehen wollte. „Bist du eher Feuer, Wasser, Erde oder Luft?" „Ich bin wohl eher Luft. Worauf freust du dich im Himmel am meisten?" Ihre Antwort war: „Darauf, dass ich die ganze Zeit nur auf einer Wolke liegen, vor mich hindösen und Wasserpfeife rauchen kann." „Gibt es im Himmel Wolken?", fragten sofort alle. „Na klar, im Himmel gibt es alles."

Unsere Zeit bleibt immer begrenzt. Deswegen denke ich, wenn ich mir den Himmel vorstelle, an Zeitlosigkeit, man ist frei vom Wartenmüssen oder von der Angst, dass etwas zu Ende geht.

Auch die Grenzen dieser Erde können uns dann nicht mehr trennen. In dieser kosmischen Sinnlichkeit sind wir dann alle vereint.

❁ ❁ ❁

Movo

Schmetterling im Meere schwebend
lässt sich Traumgespinste webend
nieder in des Sanges Klang.
Sinnumgebend wird er wieder
eins mit Wunderwasserflieder,
betend, ruhig weltenlang.
Lass die Sonne wiederkehren,
du kannst mich die Wärme lehren,
mir ist um so vieles bang.

❁ ❁ ❁

Mana

Rote Kirschen auf Tau,
Tränen unter meinem Sofa.
Der Wind weht mir entgegen,
deswegen gehe ich weiter,
ich habe nur das, nur diesen Tag.

Herausgerissen aus dem Tag,
eine neue Welt erblickend,
ertragen müssen,
mit aller Macht zur Rückkehr strebend,
der Ruhe verlangend,
ahnungslos angelangt,
seufzend erholend,
DA SEIN.

❄ ❄ ❄

Pili Pa'a

Dann sehe ich plötzlich, wie Hawaii uns verändert. Es sind fliegende Gedanken, die auf dem sonnenbefleckten Ozean gleiten. Es ist der Tuberoseduft, die Wale, Ipu-Klänge und die Vulkanluft. Wer möchte bleiben?

Stehen gebliebene Zeit. Küsse hinterlassen ewige Spuren.

Das Inselgrün berauscht mich. Ich gehe den Pfad der lachenden Stimmen. Betend lasse ich die Wellen meine Füße kühlen. Sie wiegen meine Gedanken.

Ein Mädchen kommt aus der zeitverträumten Weite paddelnd an den Strand. Ihr windverstreuter Blick fängt mich ein. Tief. Warum gibt es verseuchte Palmenstrände? Warum glühen meine Füße von dornigen Wiesen? Wo ist Peles Paradies?

Kanoa kommt auf mich zu, ruhig, weltenlang. Lass uns eine Lei binden! Wir pflücken die Blüten, eine für Opa, eine für Großpapa, eine für die Großtante, eine weitere für die Freundin …

Traumgespinste webend lassen wir uns nieder. Wir tragen keine Schuhe, der Ort ist heilig. Eine wunderschöne Lei nimmt einen Teil unseres Lebensatems. Wir tragen sie zum Wasser. Wir gehen weiter, widerstehen den Wellen. Dann lassen wir sie treiben – in die Ewigkeit.

Kanoa nimmt mich an die Hand. Wenn du mit deinem Nachbarn ein Problem hast, dann ist es jetzt Zeit, es zu lösen. Wir schweben zurück entlang des Pfades. Wir können die Blüten nicht mehr sehen. Ja, es ist Zeit.

Ganz hinten am Horizont können wir einen Wal erkennen, der Wal schmunzelt. Es kündigt etwas Neues an.

❀ ❀ ❀

Ha'ina

Nackte, braun gebrannte Haut auf inselgrünen Pfaden,
lachende Stimmen entlockt der sonnenbefleckte Ozean.
Fliegende Gedanken kitzeln den Regenbogen.
Wer möchte bleiben?

Umarmende Liebesträume wiegen uns,
deine goldglänzenden Haare schützend,
in stehen gebliebener Zeit.
Feurige Küsse hinterlassen ewige Spuren.

Verseuchte Palmenstrände,
dornige Wiesen glühen unter meinen Füßen.
Die Inseln werden in die Meere sinken,
der Sommer schmunzelt zum Abschied.

❀ ❀ ❀

Autorenverzeichnis

MARION AECHTER-DROEGE

Marion Aechter-Droege, Dipl. Psych., systemische Familien-
therapeutin, Hypnotherapeutin, energetische Heilerin und spi-
rituelle Lehrerin, wurde 1955 in München geboren.

ART BAGANI

Art Bagani wurde 1960 in Tirol geboren. Trotz seiner Durch-
schnittlichkeit findet er, eigentlich so wie jeder, Poetisches in
kurzen Momenten zwischen Ermüdung und Sich-noch-erin-
nern-Können.

IOANA BALAN

Ioana Balan ist in Bukarest geboren. Sie studierte Germanistik
und Malerei und veröffentlichte Gedichte, Prosastücke und
Romane. Sie übersetzte Texte von Ingeborg Bachmann, Anne
Sexton und Sylvia Plath ins Rumänische. Sie ist Mitglied des
Rumänischen Schriftstellerverbandes.

LOTHAR BERNARDS

Es kann viel Spaß machen, Gedichte für Kinder zu schreiben.
Lothar Bernards, Jahrgang 1938, hat in seinem pädagogischen
Beruf als Sprachheillehrer besonders intensive Gespräche mit
Kindern geführt.

DIETER BEYER

Dieter Beyer wurde 1940 in Breslau geboren. Nach seinem Studium verbrachte er mehrere Jahre in den Vereinigten Staaten von Amerika und in Portugal. Er ist jetzt im Ruhestand und wird von Zeit zu Zeit als internationaler Wahlbeobachter tätig. Sein erstes Buch „Karim, die Geschichte eines kleinen Vogels" erschien 2009, sein zweites Buch „Eolo, Krähenfreundschaft" 2010.

ROSEMARIE BIRKENFELD

Rosemarie Birkenfeld wurde in der Nähe von Heidelberg geboren. Sie studierte Literaturwissenschaft und Sonderpädagogik und absolvierte eine Atem- und Stimmausbildung in Düsseldorf und Zürich, u. a. bei Prof. Dr. Coblenzer, emer. Prof. am Max-Reinhardt-Seminar in Wien.

URSULA DOLINGA

Ursula Dolinga ist Ernährungsberaterin, Berufsschullehrerin und Mutter von drei Söhnen. Sie teilt mit ihren Lesern Erkenntnisse aus der aktuellen Ernährungsforschung, Ernährungswissen aus dem Familienalltag und Erfahrungen ihrer Klienten zum Thema Essen und Trinken.

HELGA EBERLE

Helga Eberle wurde 1934 in Freiburg geboren. Nach einer Berufsausbildung im kaufmännischen Bereich war sie in verschiedenen Firmen tätig. Ihr erstes Buch „Leben zwischen zwei Welten" erschien 2009 bei edition nove.

HERBERT FISCHER-COLBRIE

Herbert Fischer-Colbrie, geboren 1945 in Bad-Hall, beschäftigt sich mit einem umfangreichen privaten Archiv über die Zeit von 1848 bis 1927 und schöpft aus diesen Materialien in authentischer Schreibweise die Erlebnisse von herausragenden Persönlichkeiten. Sein erstes Buch „Die Mission St. Petersburg 1913" erschien 2010.

BERND GOSSI

Der 1983 geborene Burgenländer ist seit 2004 als Journalist tätig. Seit 2008 studiert er am Studiengang „Journalismus und PR" an der FH JOANNEUM in Graz. Mittlerweile arbeitet der Hobbyfotograf als PR-Berater und Promoter in der Musikbranche.

SUSANNE JOHANNA GROETZNER

Susanne Johanna Groetzner wurde 1969 in Bad Gandersheim geboren. Sie wuchs in der Nähe von Lüneburg auf und machte dort auch ihre Ausbildung als Schwimmmeistergehilfin und Saunameisterin. Ihr erstes Buch „Die Waters" kommt im August 2011 bei novum pro heraus.

GERHARD GROLLITSCH

Gerhard Grollitsch wurde 1933 in Klagenfurt geboren und ist von Beruf Techniker. Seine Werke: „In den Fängen der Macht", „Auf Irrwegen ins Glück", „Seelenflucht aus Zeit und Raum", „Margarethe, Schicksal einer Liebenden"

LIANE HEFT

Liane Heft wurde 1961 geboren und lebt in Thüringen. Bereits als Kind hat sie Geschichten und Theaterstücke geschrieben. In den vergangenen Jahren arbeitete sie als Wertpapierspezialistin. Im Jahr 2008 erkrankte sie an „Burn-out" und begann während der Krankheit wieder zu schreiben.

ARIANA HEINE

Ariana Heine wurde 1960 in Berlin geboren und hat drei Kinder. Von 1980 bis 1987 studierte sie Medizin und promovierte 1989 an der Humboldt-Universität Berlin. Seit 1993 ist sie in Berlin als Fachärztin für Innere Medizin, Naturheilverfahren, Akupunktur und Homöopathie in eigener Praxis tätig.

KAI HELLWIG

Kai Hellwig wurde 1976 in Berlin geboren. Seine Leidenschaft gehört neben der Literatur auch der Musik und der Fotografie. Er veröffentlichte diverse Gedichte in der „Orkus". Im novum pro Verlag ist er in den Anthologien „Text Cocktail Mix" und „Nebelstreifzug der Literatur" vertreten.

HEIKE HEUN

Die 46-jährige Heike Heun ist seit 28 Jahren glücklich verheiratet und Mutter von drei erwachsenen Söhnen. Bei dem Gedichtwettbewerb der Bibliothek deutschsprachiger Gedichte wurde ihr Gedicht „Herbst" ausgewählt und in einem Lyriksammelband veröffentlicht.

KARL-HERMANN HÖRNER

Karl-Hermann Hörner studierte Soziologie, Ethnologie und Geschichte an der Johann-Wolfgang-Goethe-Universität in Frankfurt/M. Heute ist er Diplom-Soziologe, Lehrer a.D. für Politik und Geschichte und ehemals Mitarbeiter eines Schulbuchverlages.

ANDREA HORVATH

Andrea Horvath wurde 1967 in Niederösterreich geboren, wo sie noch heute mit ihrer Familie lebt. Seit ihrem Schulabschluss ist sie als Bürokauffrau tätig. Das Schreiben ist ihr liebstes Hobby. Ihre Ideen bekommt sie aus dem Alltag.

ANDRÉ HUTER

André Huter wurde 1992 in Fürth geboren und lebt heute in Franken. Nach Abschluss der Schule und einer neuen beruflichen Orientierung widmete er sich stark der Kinder- und Jugendliteratur. In der Winter-Anthologie 2010 veröffentlichte er gemeinsam mit Hanna Walter ein Märchen.

ALOIS KAUFMANN

Alois Kaufmann wurde 1934 in Graz geboren und wuchs bei verschiedenen Pflegefamilien auf. Als sogenanntes schwer erziehbares Kind landete er schließlich in einer psychiatrischen Klinik. Der Autor ist Träger des Goldenen Verdienstzeichens des Landes Wien sowie Mitglied der Theodor-Kramer-Gesellschaft.

TORSTEN KELSCH

Torsten Kelsch wurde 1961 in Remscheid geboren und lebt heute noch dort. Er erlernte den Beruf des Schaufenstergestalters. Seit September 2009 arbeitet er als Freiberufler im Bereich Mediengestaltung.

INGO KITZELMANN

Nach seinem Studium der Psychologie, Pädagogik und Philosophie begann Dr. Ingo Kitzelmann sich für Psychotherapie zu interessieren. Er ist ausgebildet als: Familientherapeut, Systemberater, Hypno- und Psychotherapeut.

EVA LENE KNOLL

Eva Lene Knoll erlernte ursprünglich einen Wirtschaftsberuf, aber schon seit ihrer Jugend befasste sie sich mit Themen wie Metaphysik und Ganzheitsmedizin sowie fremden Kulturen. Ab 1995 begann sie zu schreiben, und 2009 erschien ihr bislang letztes Buch „Das ewige Lied der Schöpfung".

ROSENI FELICIANO KURÁNYI

Roseni Feliciano Kurányi ist Brasilianerin. In Petrópolis im Bundesstaat Rio de Janeiro geboren, lebt sie seit 1997 mit ihrem Mann und den Kindern in Stuttgart. Sie studierte Psychologie und Fotografie und widmet sich bereits seit einigen Jahren literarischen Aktivitäten.

SYLVIA L.

Sylvia L. wurde 1973 in Wesseling geboren. Vor einer dreijährigen Lehre als Bürofachkraft besuchte sie die Handelsschule. Aufgrund einer Herzerkrankung ist sie seit sechs Jahren Rentnerin.

CAMILLE LABAS

Camille Labas ist eine zu verschiedenen Welten gehörende Prosa- und Poesie-Autorin, die lebensbezogene Texte vor historischem Hintergrund verfasst. Sie ist in der Slowakei aufgewachsen, hat in Deutschland Literatur studiert und lebt seit 25 Jahren in Österreich.

DIRK LEHMANN

Dirk Lehmann, 1956 in Düsseldorf geboren, ist Taiji- und Bagua-Meister mit chinesischem Zertifikat. Während langer Kabarettarbeit, Theater, Tanz und Hörspielarbeit gewann das Verfassen von Texten an Bedeutung.

GERD-PETER LÖCKE

Gerd-Peter Löcke wurde 1952 in Bochum geboren und lebt seit 1973 in Finnland. Seine Form der verbalen Fotografie versucht die zufällige Realität des Internets einzufangen, die letzten Endes unserem Alltag näher ist, als wir es vielleicht glauben wollen.

WALTER LÜCK

Walter Lück war Gymnasiallehrer. Seine Lebenserfahrungen sind verarbeitet in seinen Schriften „Menschsein im Internetzeitalter. Selbstwerdung als Verwirklichung von Offenheit", 2010, und „Begegnungen im Internetzeitalter. Eine Daseinsanalyse", 2009.

ERICH MAIER

Erich Maier wuchs im niederösterreichischen Weinviertel auf, absolvierte ein humanistisches Gymnasium in Hollabrunn, ein Kolleg für Sozialpädagogik und ein Studium der Philosophie und Psychologie.

TOM MASON

Tom Mason wurde 1957 in Meißen geboren. Nach Abschluss einer Lehre in einem Baubetrieb arbeitete er auf verschiedenen Baustellen. Heute ist er als Angestellter tätig. Als er durch einen tragischen Unfall seine Tochter verlor, schrieb er für sie und für sich selbst eine Erzählung über die Liebe und Zeit, die er allerdings bisher nicht veröffentlichen ließ.

THERES D. MÜLLER

Theres D. Müller wurde 1952 in der Schweiz geboren und wuchs mit ihrer Familie in einer ländlichen und behüteten Umgebung auf. Nach der Lehre, mit neunzehn Jahren, verließ sie das Dorf zum ersten Mal, um sich einer Gruppe von jungen Frauen anzuschließen, die nach England gingen, um zu arbeiten und die Sprache zu lernen.

JOACHIM MUSHOLT

Als Sohn eines Maurers wuchs Joachim Musholt in einem kleinen Dorf im Münsterland auf. Der Vater von vier Kindern engagierte sich seit seiner Jugend sozial und politisch auf unterschiedlichen Ebenen. Heute widmet sich der promovierte Dipl.-Pädagoge interkulturellen Projekten.

CLAIRE C. OLBRICHT

Geboren 1961, lebt Claire C. Olbricht bis heute in Baden und ist in einem mittelständischen Unternehmen für das Personalwesen verantwortlich. Sie hat einen erwachsenen Sohn und zwei Enkel. Außerhalb ihres Berufslebens widmet sie sich auch der Malerei.

ELKE PAGEL

Elke Pagel wurde 1957 in Vorpommern geboren. Nach der behüteten Kindheit begann das Leben Achterbahn zu fahren. Zu den Höhen in ihrem Leben gehören ihre drei Söhne, zu den Tiefen die Scheidung nach 22 Ehejahren.

KATRIN PANKART

Katrin Pankart ist ausgebildete Zahntechnikerin, Aromatherapeutin, ehemalige Lehrbeauftragte für Aromatherapie, Systemisches NLP i.A., gewerbliche Masseurin, Physio-Akupunkt-Therapeutin, SPA-Managerin und Fachpersonalvermittlerin.

ANDREA PFÄNDLER

Andrea Pfändler, 1971 in der Schweiz geboren, absolvierte eine Ausbildung zur Grundschullehrerin, später studierte sie klassische Musik. Seit 2007 lebt sie mit ihrer Familie in Burkina Faso.

WERNER PFELLING

Werner Pfelling wurde 1937 in Leipzig geboren. Von 1955 bis 1960 studierte er Theaterwissenschaften in Moskau. Danach arbeitete er in der DDR als Journalist und Theaterkritiker.

ARARE PHESATE

Arare Phesate wurde im Juni 1996 in der Nähe von Wels geboren und lebt dort mit ihren Eltern und ihren zwei Schwestern. Derzeit besucht sie die HTL 1 in Linz.

ANITA REISINGER
Anita Reisinger wurde 1972 in München geboren. 1998 schloss sie ihre berufsintegrierte Ausbildung zur Handelsfachwirtin an der Bayerischen Akademie des Handels ab. Ihr Texter-Diplom machte sie 2004 berufsbegleitend am Text-College in München.

ELKE RIESS
Der einzige Wunsch von Elke Riess war herauszufinden, was Menschsein bedeutet. 2006 erfuhr sie Erleuchtung. Ende 2009 löste sie alles auf und ging auf Reisen.

JOACHIM ROTH
Joachim Roth, Jahrgang 1971 lebt mit seiner Frau und seinen fünf Kindern in der Nähe von Stuttgart. Nach „Puzzle – Das Andere Ich", seinem ersten Roman, der bei novum pocket erschienen ist, arbeitet der Schriftsteller im Augenblick an einem Thriller mit dem Titel „Das Elixier".

HANS-GEORG RUDZINSKI
Der 1953 im niedersächsischen Bleckede an der Elbe geborene Hans-Georg Rudzinski studierte an der HS Lüneburg Biologie und Chemie und war von 1983–2010 als Lehrer an der KGS Schwanewede tätig.

SCHERFSKY
Scherfsky wurde 1935 geboren. Nach dem Examen arbeitete er bis 1965 als Fertigungs-Ingenieur bei der Firma Siemens in Bocholt. Als freiberuflicher Industrieplaner war er bis 2003 für Unternehmensberater im In- und Ausland tätig.

HARTMUT SCHMIDT

Hartmut Schmidt, 1946 in Bad Mergentheim geboren, emigrierte in die USA, um Mathematik und Astrophysik zu studieren. Ab 1964 studierte er am Mozarteum in Salzburg, seit 1972 ist er Mitglied des Mozarteum-Orchesters Salzburg. Als Komponist erhielt er zahlreiche Preise.

MARIA SCHMIDT

Maria Schmidt wurde 1964 in einer großen Stadt im Ruhrgebiet geboren. Sie lebt mit ihrer Familie am Niederrhein mit vielen Tieren auf einem ehemaligen Bauernhof. Schon als Kind verfasste sie Gedichte und kurze Geschichten zum Zeitvertreib, oft, um mit Erlebnissen besser klarzukommen.

GESINE SCHULER

Gesine Schuler, geboren 1970, ist Betriebswirtin und psychologische Beraterin. Im Oktober 2010 erschien ihr erster Gedichtband „Die schönsten Gedichte aus dem Leben", Weimarer Schiller-Presse. Teilnahme an der Anthologie „Lyrik und Prosa unserer Zeit", Neue Folge, Bd. 11, Karin Fischer Verlag.

INGRID CH. SCHWARZ

Ingrid Ch. Schwarz, geboren 1937 in Aachen, erwarb 1972 ihr Doktorat in Germanistik und Politikwissenschaft.
Bisherige Veröffentlichungen:
„Mönchsbergblätter", Filmtexte für Dokumentarfilme, Kurzgeschichten und Gedichte in Anthologien und Zeitschriften.

FRANZ J. SCHWEIFER

Zeit bzw. die Auseinandersetzung mit philosophischen Fragen war schon immer etwas, was Franz J. Schweifer, Zeitforscher und Doktor der Philosophie, außerordentlich faszinierte. Vielleicht liegt es auch an seiner Herkunft, zumal das Waldviertel, insbesondere auch der angrenzende Böhmerwald, den Nimbus des Mystischen, Verborgenen, Tiefgründigen hat.
www.managementoase.at

HEDWIG SCHWEIZER

Hedwig Schweizer wurde 1949 in Zürich geboren, wo sie einen Teil ihrer Kindheit verbrachte. Sie studierte Germanistik, Pädagogik und Sonderpädogik. Nach zehn Jahren Berufstätigkeit erkrankte sie, seitdem widmet sie sich der Schriftstellerei.

BENEDIKT STIMMER

Benedikt Stimmer wurde 1994 in Wien geboren und besucht derzeit das Gymnasium. Sein erster Roman, den er im Alter von 13 Jahren zu schreiben begann, ist im Juli 2010 unter dem Titel „Hostimentum" bei novum pro erschienen.

BERND STRATTNER

Bernd Strattner, geschieden und hoffnungsvoll, benützt die Poesie, um sich an ihr zu erfreuen. Es ist ihm immer wieder ein Genuss von Romantik, wenn Blüten sich aufzeigend verlangen.

FLORIAN TAUCH

Florian Tauch wurde 1977 in Ulm geboren. Der begeisterte Jäger und Naturliebhaber lebt mittlerweile im Bodenseeraum. Er ist verheiratet und Vater einer kleinen Tochter.

WENDELIN TEICHMANN

Wendelin Teichmann, 1934 geboren, ist in Cottbus aufgewachsen. 1963 trat er in den niedersächsischen Realschuldienst, war Wissenschaftlicher Assistent an der PH Göttingen, dann Fach- und Pädagogikseminar-Leiter am Studienseminar ebenda.

ANDREAS THÜRNBECK

Andreas Thürnbeck wurde 1973 geboren und wuchs in St. Andrä am Zicksee im Burgenland auf. Er ist seit 2007 verheiratet mit Barbara und lebt und arbeitet in Wien. Seit 1990 schreibt er Gedichte, Aphorismen und Kurzgeschichten.

KARIN VIDAD

Karin Vidad, geboren 1969 in Krefeld am Niederrhein, begeisterte sich immer schon für Sprache. Als Ausgleich zu ihrer kaufmännischen Berufstätigkeit beschäftigt sie sich viel mit Tieren und der Natur und ist seit Kurzem auch im Natur- und Tierschutz engagiert.

MAXIMILIAN VON FREIERSBERG

Maximilian von Freiersberg ist ein junger Autor und Verfasser zahlreicher Gedichte. Er schreibt auf Deutsch und Englisch, wobei viele seiner Werke auch als Liedtexte dienen.

KARIN WEISHAUPT

Karin Weishaupt wurde 1957 in Ahrweiler an der Ahr im Rheinland geboren. Die Autorin ist geprüfte Verhaltenstherapeutin für Hunde und Katzen. Sie ist interessiert an allem, was ihre Kreativität fordert.

INA YOUNG

Ina Young wurde 1982 in Rostock geboren. Sie hat Kirchenmusik studiert und arbeitet als Organistin und Handglockenchorleiterin. Seit 2006 lebt sie in Honolulu, Hawaii.

Bewerten
Sie dieses Buch
auf unserer
Homepage!

www.novumpro.com

Hrsg. Wolfgang Bader

Querschnitte Winter 2010

ISBN 978-3-99003-297-8
344 Seiten
Euro (A) 19,90
Euro (D) 19,40
SFr 35,40

Ein Lesegenuss für Liebhaber verschiedenster Literaturgattungen ist hier gewährt. Während der Schnee draußen rieselt und die besinnliche Weihnachtszeit näher rückt, laden die „Querschnitte Winter 2010" zu einem entspannenden und gemütlichen Abend zu Hause in der Leseecke ein.

Hrsg. Wolfgang Bader

Querschnitte Herbst 2010

ISBN 978-3-99003-296-1
340 Seiten
Euro (A) 19,90
Euro (D) 19,40
SFr 35,40

So bunt wie die Blätter im Herbst sind auch die Textbeiträge in der Anthologie. Mal düster und verschwommen, der Interpretation des Lesers offen, mal hell und beschwingt präsentieren sich die Kurzgeschichten, Essays, Gedichte und Ähnliches dem Leser. Nachdenkliche Lesestunden mit heiteren Einschüben sind garantiert.